桥梁船撞概率风险评估与措施

王君杰　耿　波　著

人民交通出版社

内 容 提 要

本书总结了作者在桥梁船撞方面近几年的研究成果，同时也对国际上相关的研究成果进行了比较系统的梳理。书中论述了桥梁船撞风险评估中涉及的各种问题及其基本的经验概率评估方法以及降低桥梁船撞风险的措施。主要内容包括：桥梁船撞风险管理的概念与方法，船撞风险评估数据库，船撞安全环境数据与分析，船撞事件发生概率计算，船撞损伤概率，船撞风险决策准则，船撞概率风险分析软件PRAVB与应用，船撞风险管理措施，船撞防护结构，桥梁船撞设计样板指南。

本书可供桥梁科研和设计人员、桥梁养护管理人员、桥梁安全管理部门的人员参考使用，也可作为高等院校桥梁工程专业研究生和高年级本科生的教学参考书。

图书在版编目（CIP）数据

桥梁船撞概率风险评估与措施 / 王君杰，耿波著．—北京：人民交通出版社，2010.3

ISBN 978-7-114-08004-3

Ⅰ.桥…　Ⅱ.①王…②耿…　Ⅲ.桥－船舶碰撞－概率－风险分析　Ⅳ.U447

中国版本图书馆CIP数据核字（2009）第190767号

书　　名：桥梁船撞概率风险评估与措施
著 作 者：王君杰　耿　波
责任编辑：周往莲
出版发行：人民交通出版社
地　　址：（100011）北京市朝阳区安定门外外馆斜街3号
网　　址：http：//www.ccpress.com.cn
销售电话：（010）59757969，59757973
总 经 销：北京中交盛世书刊有限公司
经　　销：各地新华书店
印　　刷：北京交通印务实业公司
开　　本：787×1092　1/16
印　　张：20
字　　数：474千
版　　次：2010年3月第1版
印　　次：2010年3月第1次印刷
书　　号：ISBN 978-7-114-08004-3
印　　数：0001~2000册
定　　价：69.00元
（如有印刷、装订质量问题的图书由本社负责调换）

前言 QIANYAN

跨越航道修建桥梁，船撞是一个重要的安全问题。

自20世纪80年代以来，我国开展了大规模公路与铁路交通基础设施建设，已修建和规划修建大量跨航道桥梁，同时我国船舶航运业也发展快速。上述两个因素使得我国桥梁工程领域的从业者必须解决桥梁的船撞安全分析和设计理论问题。特别是2007年6月15日广东省佛山市325国道原九江大桥因挖沙船撞击倒塌之后，桥梁船撞安全问题更加引起我国桥梁工程界的高度重视。

自2002年起，项海帆、范立础两位院士远见卓识，在同济大学学报发表了论文“船撞桥设计理论的现状与需要进一步研究的问题”之后，作者在两位院士指导下开展桥梁船撞安全问题的研究工作，至今已历7年。本书叙述的主要是作者在桥梁船撞概率安全评估方面的点滴研究成果。

本书第一章对我国的跨航道桥梁建设、桥梁船撞事故、桥梁船撞安全问题国内外研究现状和相关规范的发展情况进行了概要介绍。第二章对桥梁船撞事故发生原因进行了详细的分析，在风险管理环境的理念下提出了桥梁船撞安全评估的总体框架。第三章提出了桥梁船撞安全评估数据库的结构、数据内容和数据编码方法。第四章对桥梁船撞安全环境分析涉及到的基本问题通过典型的工程实例进行了叙述。第五章对桥梁船撞概率的计算方法进行了总结，提出了一个改进的计算模型，并结合三峡库区的观测数据，对模型参数的确定方法提出了建议。本章还对国内外桥梁船撞事故发生概率的观察结果进行了收集和总结。第六章提出了影响船舶撞击力和桥梁抗撞能力主要因素的概率描述方法。第七章对现有的工程结构风险决策准则进行了总结与分析，提出了桥梁船撞倒塌概率和多损伤状态的目标倒塌概率建议值。第八章介绍了作者开发的一个桥梁船撞概率安全评估软件。第九章概要介绍了桥梁船撞安全管理措施。第十章概要介绍了桥梁防船撞结构的研发情况。第十一章中，作者虚编了一个“桥梁船撞设计样板指南”，作为我国桥梁防船撞设计指南编写的一个建议。另外，书末两个附录分别提供了我国部分航道桥梁与船撞相关的基本信息和国内外主要桥梁船撞事故的基本统计资料，希望可以为读者提供实用性的基础统计信息。

能够完成此书，首先要感谢范立础和项海帆两位院士。作者在桥梁防船撞安全方面的研究工作是在他们的直接指导和大力支持下完成的，因此本书首先是献给他们的。同时对两位院士为我国桥梁工程理论与技术的发展尽心竭力的精神表示深深的敬意。

2002年以来第一作者指导研究生对桥梁船撞安全问题进行了持续的研究，颜海泉、钱铧、孙霁、陈诚、孙振、耿波和欧碧峰以及陈艾荣教授与第一作者共同指导的博士研究生林铁良等完成了系列的硕士和博士学位论文，本书是部分相关研究成果的总结。第一作者对学生们辛勤和出色的工作表示感谢。

感谢同济大学胡世德教授、陈艾荣教授、孙利民教授、石雪飞教授和徐利平教授级高工等同事的支持。

江苏省交通厅原副厅长周世忠提供的美国 Michael A. Knott 工程师制作的“Background & Historic Collisions Vessel Collision Design of Highway Bridges”CD-ROM，包括了 20 世纪 90 年代以前全球范围内众多的桥梁船撞事故统计资料和图片，合乐公司的陈淦伟博士提供的丹麦大带桥船撞研究的系列资料，为作者了解国际上桥梁船撞研究的历史提供了宝贵的信息，这里表达作者诚挚的感谢。

交通运输部总工程师周海涛与作者在南京关于考虑船撞因素时桥墩构造设计方面的讨论对本书部分内容的叙述起到了重要的参考作用，在此致以诚挚的感谢。

感谢中交公路规划设计院有限公司张喜刚教授级高工、崔冰教授级高工、王麒高级工程师和查亚平高级工程师的支持；感谢重庆交通科研设计院王福敏研究员、汪宏教授级高工的鼎力支持；感谢上海市政工程设计研究院邵长宇设计大师、卢永成教授级高工、丁健康教授级高工的支持；感谢广东省高速公路有限公司李卫民教授级高工、潘放高级工程师和吴玉财高级工程师的支持；感谢广东省路桥建设发展有限公司曹映泓博士的支持；感谢广东省公路工程公司吴玉刚总工的支持。

感谢中交公路规划设计院有限公司、重庆交通科研设计院、上海市政工程设计研究院、广东省高速公路有限公司等科研合作单位长期的支持与协助。

感谢博士研究生姜华、付涛、董正方，硕士研究生卜令涛、曹聪慧、张君健等在书稿整理过程中完成的大量的文字整理工作。

作者在桥梁船撞方面的研究工作得到了交通运输部西部交通建设科技项目（西部地区内河桥梁船撞标准与设计指南研究，200731882234；三峡库区跨江大桥船桥碰撞规律、防撞措施设计与预警系统研究，200631800047）、国家自然科学基金重点项目（大型结构与特殊环境动力相互作用的数值试验，50538050）、国家高新技术研究发展专项（863 计划，超千米斜拉桥体系及减灾减振技术研究，2006AA11Z120）等国家和部委项目的支持，同时还得到了苏通大桥建设指挥部、上海长江隧桥建设指挥部、湛江大桥建设指挥部、广东省高速公路有限公司和汕头海湾大桥有限公司等单位的支持，特此致谢。

一些资料特别是图片来源于 Internet 的查询。部分来自 Internet 的数据和图片引用关系复杂，本书作者没有将所查询的网址一一列出，但对网络信息发布者的工作表示感谢。

由于我国在桥梁船撞安全方面的应用参考书籍很少，因此作者不揣冒昧写成此书，希望可以为我国的桥梁工程设计人员提供一本较为系统的参考资料。由于作者水平所限，书中疏漏与疑问之处在所难免，恳请读者不吝批评指正。

另外，作者的一些不成熟的想法也写在书中，供同行讨论、批评与指正，以期共同推进桥梁船撞安全问题的研究。

作者
同济大学桥梁馆
2009 年秋

目录 MULU

第一章 绪论

第一节 中国的航道桥梁

一、中国水系、海湾分布和水运规划[1]

中国河流和海湾(海峡)众多,从北至南可划分为松花江、辽河、海河、黄河、淮河、长江、珠江水系和太湖流域。中国的海湾(海峡)主要包括渤海湾、胶州湾、杭州湾、珠江口、琼州海峡和台湾海峡等。根据交通运输部的规划,中国内河高等级航道和主要港口布局方案见图 1-1。

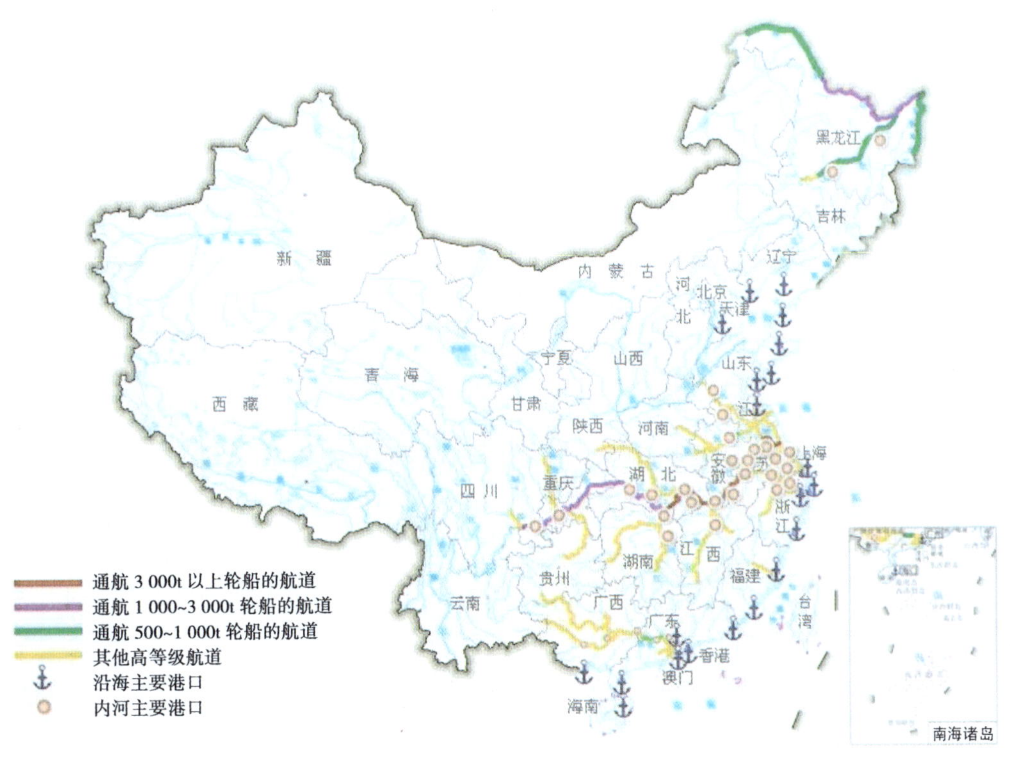

图 1-1 中国内河高等级航道和主要港口布局方案

1. 东北水运规划

东北地区内河航道总计 7 687km,其中重要航道包括松花江大安至同江 976km、黑龙江界河段 1 890km 和第二松花江吉林以下 370km,总计 3 236km。

2. 中部地区水运规划

中部地区内河航道以长江、淮河、湘江、沅水、汉江、江汉运河、赣江、信江、合裕线、芜申线、沙颍河等“两干九支”共11条国家高等级航道为骨干，以资水、清江、涡河等27条重要航道为支撑形成干支通畅、江海直达的中部地区航道体系，沟通我国东中西部地区，连接沿江主要大中型城市、工业区和矿区。

规划中部地区国家高等级航道里程5 600km，其中三级及以上航道4 100km，四级航道1 500km；重要航道3 500km，其中四级以上航道约2 000km。

长江黄金水道横跨中部地区的湖北、湖南、江西、安徽四省，区域内长江干流航道长达1 420多公里，丰水期5 000吨级海船可直达武汉，区域内湘江、汉江、赣江、信江、合裕线等主要支流连接长江航道形成通江达海的运输优势，长江水运已成为中部地区内外物资运输的重要通道，在沿江冶金、石化、电力、汽车等重化工业和外向型经济发展中发挥着十分重要的支撑作用。中部地区拥有比较雄厚的工业基础，正处在工业化加速发展时期，中部地区要发挥自身比较优势，充分利用国际国内两个市场、两种资源，发展有竞争力的制造业，需要充分利用长江运输大通道和水资源优势，以加快沿江经济带的形成，这是中部沿江四省实现经济更快发展的战略举措。加快长江航道和港口建设，在更高水平上不断满足中部地区日益增长的运输需求，具有极其重要的战略意义。

中部地区的内河水运资源得到比较充分的开发和利用，基本形成以长江干线为代表的国家高等级航道和主要港口为核心，航道干支通畅、江海直达，港口布局合理、功能完善，运输船舶大型化、标准化，支持保障系统完善、技术先进，与其他运输方式相互衔接、协调发展的中部地区内河水运体系。

长江干流武汉至安庆航道水深提高到6m，利用自然水深通航5 000吨级海船；城陵矶至武汉航道水深提高到3.7m，利用自然水深通航3 000吨级海船，长江干线快速出海通道功能得到充分发挥。区域内国家高等级航道和其他重要航道基本建成，四级及以上航道里程达到7 600km。

3. 长江三角洲地区水运规划

长江三角洲是我国经济最发达、最具活力的地区之一，也是我国水运资源最为丰富、最有优势的地区之一，内河航运对沿江河产业带的形成和区域经济的快速发展起到了至关重要的推动作用，在全国内河航运体系中具有举足轻重的地位。

为了促进并适应内河集装箱运输发展的需要，将长江干线、京杭运河、杭申线、大浦线、大芦线、赵家沟、锡溧漕河、杨林塘、苏申内港线、苏申外港线、湖嘉申线和杭甬运河共12条航道规划为内河集装箱运输通道。

4. 泛珠江三角洲地区水运规划

泛珠江三角洲地区内河航道体系以“一网一干三线”为核心，以珠江水系其他支流、国际和独立入海河流等其他航道为补充，为泛珠江三角洲区域集装箱、大宗散货运输及西南地区物资出海服务。

一网：即珠江三角洲高等级航道网，由“三纵三横三线”16条三级及以上航道组成，规划里程939km。三纵：西江下游出海航道；白坭水道—陈村水道—洪奇沥水道；广州港出海航道。三横：东平水道；潭江—劳龙虎水道—莲沙容水道—东江北干流；小榄水道—横门出海航道。

三线：崖门水道—崖门出海航道；虎跳门水道；顺德水道。

一干：即西江航运干线，从南宁至广州，由三级及以上航道组成，规划里程 851km。

三线：即西南地区内河水运出海南（右江）、中（北盘江红水河）、北（柳江黔江）三线通道。右江：从剥隘至南宁，由三、四级航道组成，规划三级航道里程 355km，四级航道里程 80km。北盘江红水河：从百层至石龙三江口，由三、四级航道组成，规划三级航道里程 76km，四级航道里程 665km。柳江黔江：从柳州至桂平，由三级航道组成，规划航道里程 284km。

5. 西部地区内河航运规划

西部地区内河航运发展在布局规划上按三个层次考虑。

第一层次是水运主通道和主枢纽港口。水运主通道方面，强化长江干线、西江干线航运基础设施建设，加快与干线相连的嘉陵江、汉江、右江、柳江及黔江、北盘江及红水河的建设，规划航道总里程 4 060km，目前已建成并达到规划标准的有 1 568km，在建的有 350km，需新改建 2 142km。主枢纽港口：重点建设宜宾港、重庆港、南宁港、贵港港、梧州港 5 个内河主枢纽港口。

第二层次是与水运主通道相连接的重要支流和重要的地区性河流的航道以及地区重要港口。重要支流包括：长江水系的渠江、赤水河、乌江、岷江；珠江水系的南盘江、都柳江、左江；重要的地区性河流有澜沧江等。规划航道总里程为 2 545km，目前已建成 746km，在建 186km，需新改建1 613km。地区重要港口：建设水富港、泸州港、涪陵港、万州港、南充港等一批港口。

第三层次是其他支流航道和效益显著的区间通航河流（段）及库（湖）区。主要有其他支流航道及金沙江、黄河等区段及库区、湖区的航运基础设施建设，整治航道，配套建设港口设施，以满足旅游的需要和交通闭塞地区人民群众基本的交通运输需求。

我国除了众多河流之外，还是一个海洋国家，沿海岸有很多海湾、海峡、岛屿需要以固定交通方式加以连接。典型的如渤海湾、杭州湾、琼州海峡、台湾海峡等。通过这些海湾（或海峡）的船舶吨位大，流量也大，是我国船舶航运的要道。

二、中国的航道桥梁建设

随着我国经济建设的快速发展，公路交通已成为衡量国家和某地区经济实力和现代化水平的重要标志之一。“十五”以来，国家加大了包括公路在内的基础设施建设投资力度，高速公路建设进入了快速发展期，跨河流和海峡的航道桥梁数目迅速增多。

根据作者统计，至 2008 年底，长江及其主要支流上主要航道桥梁约为 200 座。为进一步加强长江两岸的陆上运输，交通运输部计划在 2020 年以前还将新修 52 座长江大桥，其中包括重庆 22 座，江苏 9 座，安徽 7 座等。跨越长江的主要大桥概况见附录 I 之附表 I-1。

珠江水系 167 条通航河流（航道）上共有 1 493 座桥梁，其中 1 020 座桥梁的通航净空达到了通航标准，通航净空不达标的桥梁 473 座。

此外京杭运河上有桥梁 45 座，其他河流上有桥梁 152 座。

除了跨越河流的桥梁外，我国还修建和规划修建数目众多的跨越海湾（海峡）的桥梁，如东海大桥、杭州湾大桥、青岛海湾大桥、平潭海峡大桥、厦漳海湾大桥、港珠澳通道、琼州海峡通道、渤海湾通道、台湾海峡通道等。主要跨海桥梁（通道）概况见附录 I 之附表 I-2。

我国跨河流、海峡(湾)的桥梁数目众多,而且还在增多。如此众多的桥梁,极大地促进了国家和地方经济的发展,但同时也产生了新的安全问题。航道桥梁的船撞安全问题表现在多个方面,如桥梁损毁、船舶损毁、丧失生命、航道中断、环境污染、经济损失、社会冲击等。因此既有和拟建航道桥梁的船撞安全是工程技术人员和桥梁管理者必须谨慎解决的关键技术问题之一。

第二节　船舶撞击桥事故综述

一、桥梁事故简述

桥梁建造于复杂的自然和人为环境中,经受各种外部作用,因此桥梁损毁事故时有发生。作者对国内外桥梁倒塌事故进行了资料收集和统计,详见附录 II 之附表 II-1、附表 II-2 和附表 II-3。主要数据来源见参考文献[3]、[4]、[5]和作者的收集。

本书作者对于收集到的桥梁事故资料按年代和类型进行了区分,具体做法是以 1950 年为时间分界点,区分为现代桥梁和近代桥梁;以是否跨越航道区分为航道桥梁和陆地桥梁(此处陆地桥梁特指非跨越航道的桥梁)。附表 II-1 中的桥梁倒塌事故资料即按上述两个原则分别进行统计分析。图 1-2 ~ 图 1-4 是事故原因分类统计图。

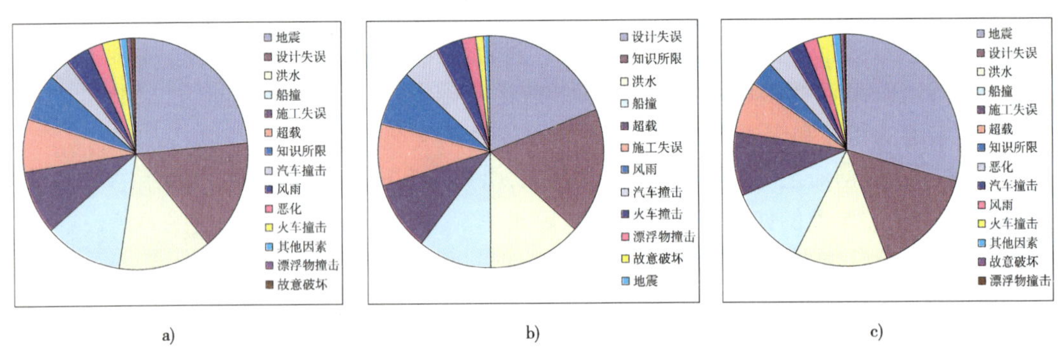

图 1-2　桥梁倒塌事故原因统计

a)1444 ~ 2008 年所有桥梁;b)1950 年以前的桥梁 c)1950 年以后的桥梁

从图 1-2 可以看到,1444 ~ 2008 年所有桥梁中,造成桥梁倒塌的第一位原因是地震,第二位原因是设计失误,第三位原因是洪水,第四位原因是船舶撞击。但从图 1-2b)来看,1950 年以前的桥梁,地震造成的倒塌排在最末位,这不一定是真实的,可能与统计数据的可靠性有关。很早的桥梁,统计信息可能不全。但 1950 年后,现代信息交流与统计变得容易,因此数据的可靠性较高。

从图 1-3 可以看到,对于非航道桥梁,造成桥梁倒塌的第一位原因是地震,第二位原因是设计失误,第三和第四位原因分别是施工过程失误和超载。

从图 1-4 可以看到,对于航道桥梁,造成桥梁倒塌的第一位原因是洪水,第二位原因是船撞,第三位和第四位原因则分别是设计失误和施工过程失误。

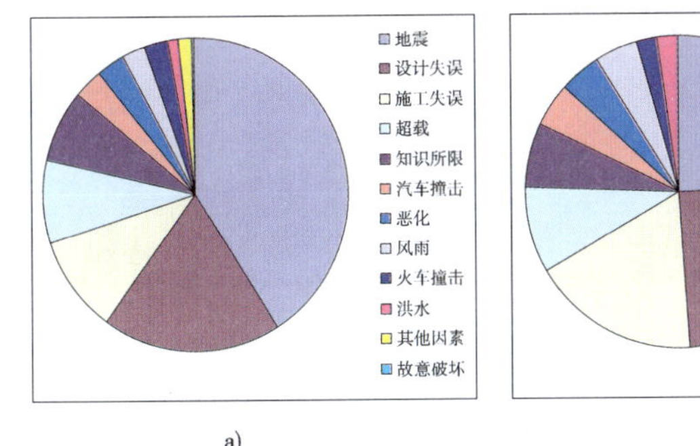

a)

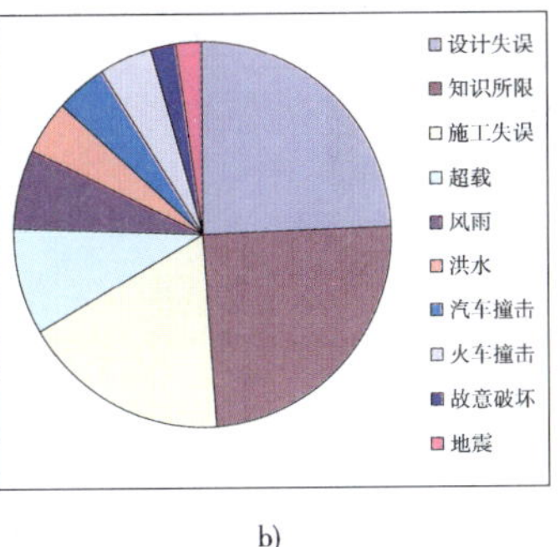

b)

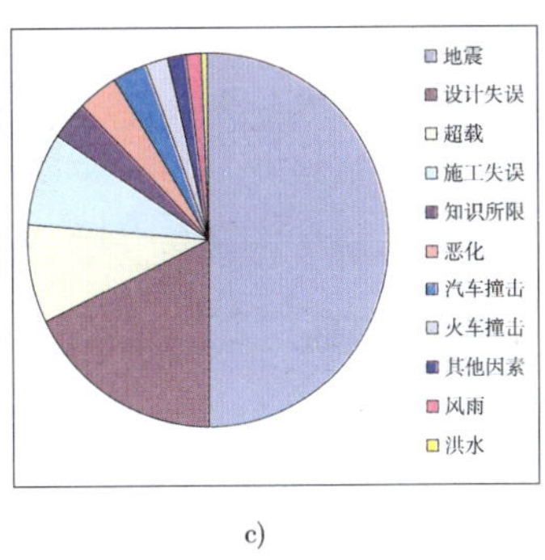

c)

图 1-3　非航道桥梁倒塌事故原因统计

a) 1444 ~ 2008 年所有非航道桥梁；b) 1950 年以前的非航道桥梁；c) 1950 年以后的非航道桥梁

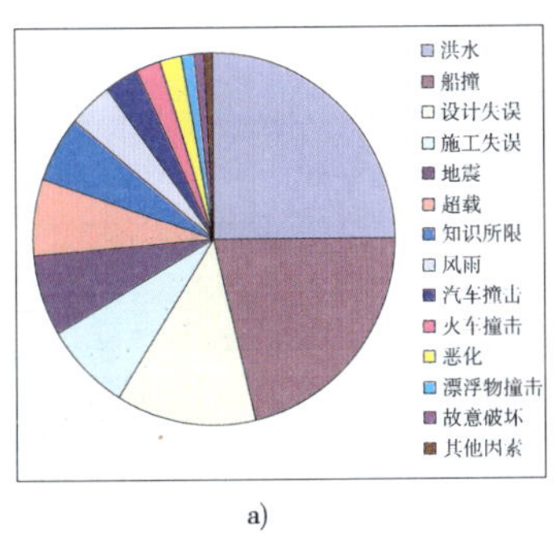

a)

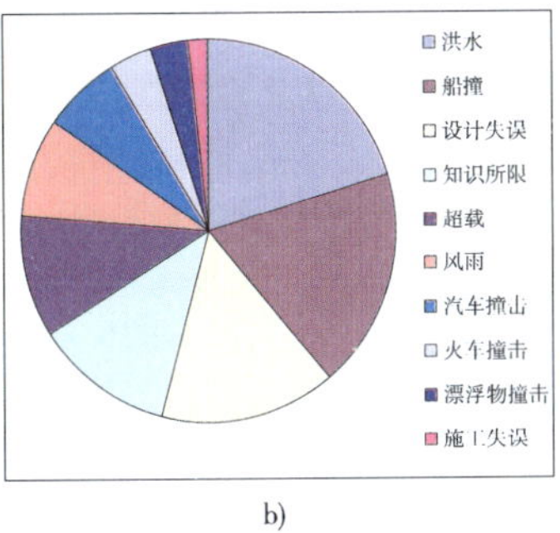

b)

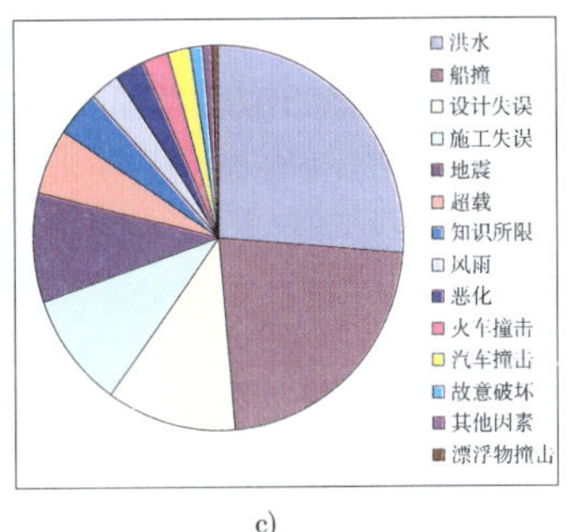

c)

图 1-4　航道桥梁倒塌事故原因统计

a) 1444 ~ 2008 年所有航道桥梁；b) 1950 年以前的航道桥梁 c) 1950 年以后的航道桥梁

因此对于航道桥梁，桥梁船撞安全是必须重点考虑的结构安全问题。

二、国外典型船撞桥事故实例

自 20 世纪 60 年代以来，世界各地航道桥梁受船舶撞击而倒塌或严重破坏的事件就常有报道。

澳大利亚霍巴特德温特河塔斯曼桥建成于 1964 年。1975 年 1 月 5 日，7 200t 的依拉瓦纳轮撞在两个未设防的桥墩上，撞击角度较小。发生事故的原因是船舶操纵设备失灵。碰撞发生后，桥梁的三跨上部结构坠水，两个桥墩完全被撞毁，依拉瓦纳轮沉没，20 人死亡。塔斯曼桥船撞事故照片见图 1-5。

美国佛罗里达州旧阳光大桥全长约 6 840m，横跨坦帕湾入口。1981 年 5 月 9 日，一艘 19 734t的空载散装货轮撞垮了一个主墩，桥墩的 4 根桩完全破坏，三跨上部结构垮塌，死亡人数约 35 人。阳光大桥船撞事故照片见图 1-6。

瑞典哥德堡群岛阿尔摩桥是瑞典工程界的一项重要工程，于 1960 年建成通车。该桥系哥德堡群岛与大陆联结工程的一部分，全长约 532m。主桥为跨度 278m 的钢管拱。1980 年 1 月，一艘数千吨的荷兰货轮碰撞大桥钢管拱基座，致使钢管拱倒塌，上部结构坍落在货轮上，死亡 10 余人。阿尔摩桥船撞事故照片见图 1-7。

图 1-5　塔斯曼桥船撞事故

图 1-6　阳光大桥船撞事故

1993 年，美国亚拉巴马州莫比尔附近横跨贝尤卡诺特的 CSX 铁路大桥，被一个因大雾而误驶入侧航道的拖驳船队严重撞击，桥梁结构产生巨大位移。几分钟后，一列旅客列车从桥上驶过，大桥即刻坍塌，列车出轨，47 人丧生。卡诺特桥船撞事故照片见图 1-8。

图 1-7　阿尔摩桥船撞事故

图 1-8　卡诺特桥船撞事故

2001 年 9 月 16 日，美国得克萨斯州的跨海大桥 Queen Isabella Causeway 被一艘拖轮撞击，倒塌两孔，长度约 72m。5 辆汽车坠入海中，4 人丧生，桥下各类通信系统中断，Padre 岛与外界中断交通数日。该桥船撞事故照片见图 1-9。

2002 年 5 月 26 日，美国俄克拉荷马州东部马斯科吉县附近的阿肯色河上，一艘货轮由于船长突发疾病，拖轮失去控制，顶着两艘空驳船与公路桥碰撞。阿肯色河公路桥坍塌，9 辆汽车坠河，17 人死亡。阿肯色桥船撞事故照片见图 1-10。该事故导致了横穿俄克拉荷马的 40 号州际高速公路中断，直到 6 个月后才得以重新开放。

2005 年 3 月 3 日下午，3 120t 集装箱货轮 Karen Danielsen 撞击丹麦大贝尔特西桥，桥梁底部严重擦痕，船舶严重破坏，驾驶人员丧生。丹麦大贝尔特西桥事故照片见图 1-11。

2007 年 11 月 7 日，"中远釜山"号货轮在驶进旧金山海湾时撞上桥梁，虽然大桥没有被撞坏，但货轮的船身被撕开一条 30m 长的裂缝，22 万升重油泄漏进旧金山湾区。旧金山海湾大桥船撞事故照片见图 1-12。

美国弗吉尼亚州的切萨皮克湾隧道桥于 1964 年建成，全桥长 28km。由于设计时未考虑船舶对桥墩的撞击作用，该桥在建成后遭受的多次船舶撞击事故中受损严重。1967 年的船撞

事故中，大桥 1 跨垮塌，5 跨严重破坏；1970 年的碰撞事故中，5 跨垮塌，另有 5 跨严重破坏；1972 年碰撞时，2 跨垮塌，另有 5 跨严重破坏。

图 1-9　Queen Isabella Causeway 船撞事故

图 1-10　阿肯色桥船撞事故

碰撞过程示意

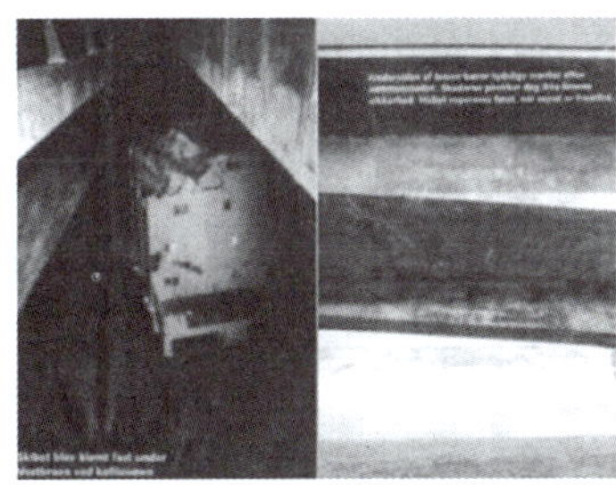

桥梁损伤

船舶破坏

图 1-11　丹麦大贝尔特西桥船撞事故

图 1-12　旧金山海湾大桥船撞事故

1975 年 12 月 26 日，新西明斯特的弗雷泽河开启桥受到由于大风而走锚的 70m 长的斯威夫特亲王号的撞击，致使 130m 长的桥跨结构垮塌。

1977 年 9 月 10 日，瑞典歌德堡港的廷斯塔特桥受到 1 600t 轮船撞击后，导致桥跨一端坠入水中。

1983 年 6 月，“亚历山大·苏瓦洛夫”号客轮在乌里扬诺夫斯克伏尔加河上通过一座铁路桥时，由于船长粗心大意，误驶入大桥侧跨，结果由于通航净空不够，导致该船的甲板室与桥梁的上部结构相撞，176 人丧生。

2001 年 8 月 11 日，加拿大一艘货船在通过安大略湖韦兰段时意外撞到一座吊桥，导致伊利湖和安大略湖之间的水上交通在 12 日中断。装载谷物的事故船舶 11 日从桥下经过时吊桥突然放落，200m 高的船烟囱撞到了桥的挡板，引发船上大火，17 名船员中有多人跳水求生，但无人受伤。

2002 年 8 月，俄罗斯一艘满载燃料油的油轮与一大桥相撞，导致油料泄漏，造成了环境污染。

三、我国船撞桥事故

2001 年 6 月 23 日晚，台风“飞燕”在福州市登陆，一艘停靠在大桥附近（约 500m 处）的 1 000t浮吊“上海港机 1 号”发生脱锚，撞击青州闽江大桥。吊船起重吊臂与斜拉桥主梁碰撞，造成部分拉索破损，部分检修道钢板绞卷撕裂和桥梁支座破坏，桥梁尚未使用就进行部分杆件更换。肇事船舶的扒杆钢丝绳折断，扒杆倒入江中，事故照片见图 1-13。

碰撞概况

检修道钢板绞卷撕裂

斜拉索HDPE套管裂缝和破洞，两股钢绞线松

支座的四氟板部分脱落在盆外

图 1-13 “飞燕”台风袭击青州闽江大桥事故

江苏省江都市樊川镇东汇大桥为三跨水泥桥面拱桥，跨径组合 50m + 50m + 50m。2004 年 5 月 26 日夜，该桥西侧桥墩遭受一铁驳船队中最后一艘驳船的撞击，导致上部桥面坍落并

压住了肇事驳船，严重影响了交通和河流的通航，事故照片见图 1-14。

2004 年 7 月 18 日，浙江温州瓯南大桥鳌江段施工便桥被一艘 500 多吨货轮撞塌，搭建在江中间的 5 号桥墩和 6 号桥墩施工平台被撞毁，事故照片见图 1-15。

2004 年 9 月，京杭大运河苏州段横塘亭子桥被货船撞毁，大桥坍塌后还压住了两艘货船，使得京杭大运河苏州段交通受阻，事故照片见图 1-16。

图 1-14　东汇大桥船撞事故

图 1-15　瓯南大桥船撞事故

2005 年 1 月 18 日中午 11 时 15 分，苏盐城货 92108 从松江驶至龙华铁路 1 号桥，由于河水涨潮速度太快，船被卡在桥下。下午 13 时 35 分，桥东北侧一角被船只巨大的上浮力顶起，13 时 45 分，另外一角也发生崩裂，整个桥面东侧被顶起约 30°，铁轨枕木螺口强行拔离，被损铁轨长约 70m。15 时 30 分，铁驳船因积水过多向西发生倾斜，翻入河内，船顶与桥梁脱离，事故照片见图 1-17。

图 1-16　横塘亭子桥船撞事故

图 1-17　龙华铁路 1 号桥船撞事故

2006 年 8 月 11 日 12 时左右，新加坡籍货轮 BITUMAN EXPRESS 船从浙江嘉兴乍浦二期码头附近海域（距大桥下游约 1 海里和码头前沿约 1.5 海里处，潮位 1.8m）走锚失控后，船舶右舷顺流撞击杭州湾跨海大桥中引桥和北航道桥南高墩区结合部位 B26、B27、C01 等混凝土承台、墩身及箱梁，位于船艏的驾驶台及其桅杆撞击大桥箱梁并卡在梁下，直至当日 14 时 25 分才被海事组织的施救船只拖离事故现场。该事件造成大桥部分结构毁损，事故造成经济损失高达 1000 万元。事故照片见图 1-18。

2007 年 5 月 23 日，具有百年历史的浙江奉化方桥被舟山一艘船舶撞击后倒塌，桥上两名行人落水，一死一伤，事故照片见图 1-19。

图 1-18　杭州湾大桥船撞事故

图 1-19　浙江奉化方桥船撞事故

2007 年 6 月 15 日 5 时 15 分左右，广东佛山市南海区九江大桥遭运砂船“南桂机 035”撞击，造成九江大桥三个桥墩倒塌，其所承桥面约 200m 坍塌，正在桥上行驶的 4 辆汽车(共有驾乘人员 7 名)及 2 名大桥施工人员当场坠入江中，致 8 人死亡，1 名驾乘人员下落不明，事故照片见图 1-20。

图 1-20　九江大桥船撞事故

2007 年 8 月 29 日中午 12 点 45 分左右，两艘船在昆山市区大洋桥水域行驶时，一艘因避让不及撞上大洋桥桥墩，致西面半幅桥面发生坍塌，桥面砸到肇事船头的驾驶舱上，死亡 2 人，

伤 1 人，事故照片见图 1-21。

2008 年 1 月 1 日清晨 5 时许，一艘安徽霍邱籍货船沿通吕运河行至海门市境内的国强大桥下时撞到桥梁上，货船被卡在桥下。被撞后的大桥两侧龙骨脱落，桥面仅靠货船支撑。据了解，被撞后的大桥几近报废，为确保短时内通航，海门有关部门不得不对大桥进行定向爆破拆除，事故照片见图 1-22。

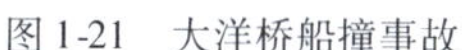

图 1-21　大洋桥船撞事故

图 1-22　国强大桥船撞事故

2008 年 3 月 27 日凌晨 4 时许，浙江台州路桥船务有限公司所属“勤丰 128”轮在航行至在建的浙江宁波金塘大桥时，船舶桅杆与该桥面发生碰撞，桥面箱梁塌落，压在“勤丰 128”轮驾驶台上，船上 20 名船员，16 人获救，4 人失踪，事故照片见图 1-23。

2008 年 6 月 14 日凌晨 4 时 30 分，河北省黄骅运通海运有限公司的“骅通 15”船空载从南海九江驶往珠海斗门，途经新会虎跳门水道劳劳溪入口处，船舶失控碰撞连腰大桥，船舶左舷横压桥梁，造成桥梁护栏 2m 左右受损，部分通信线路损坏。受冲击力影响，大桥桥面移位达 50cm，肇事货船船头严重变形，事故照片见图 1-24。据了解，肇事货船从西江虎跳门水道顺流而下，准备经斗门出珠江口，但由于前一日西江出现汛情，水流急，货船被水流带入劳龙虎水道，失控撞上连腰大桥。

图 1-23　金塘大桥船撞事故

图 1-24　连腰大桥船撞事故

2008 年 8 月 17 日上午 11 时许，一艘满载 3 000t 小麦的货船在停靠东莞穗丰食品有限公司码头时，不慎撞到麻涌大桥上，近 20m 桥栏杆被撞烂，路灯也被撞倾斜。事故原因是，肇事货船掉转船头时没有钩住锚链，涨潮时迅速漂移撞向大桥，事故照片见图 1-25。

2008 年 10 月 28 日下午 2 时 10 分左右，一艘安徽籍空载货船和一个射阳船队同时经过高邮市汉留镇四异村境内的三阳河时，空载货船驾驶舱顶撞上四异大桥拱顶，长达 130 多米的大桥瞬间被撞塌，断桥同时压住两艘船舶，两船内各有一名船员受伤，事故照片见图 1-26。

图 1-25　麻涌大桥船撞事故

图 1-26　四异大桥船撞事故

除上述事故外，武汉长江大桥自 1957 年建成以来，被撞 70 余次，其中除 3 次因桥下净空不足造成船舶撞击上部钢梁外，其余均为撞击桥墩。直接经济损失超过百万元的有 10 起。从北岸汉阳向南岸的 5 号至 8 号桥墩位于航道附近，被撞次数最多。尤其是 5 号墩，共被撞 14 次，其中最严重的一次在墩身上留下 0.15m 的凹痕。

黄石长江大桥仅 1993、1994 两年时间就连续发生 19 起船撞桥事故。

南京长江大桥自 1968 年建成通车以来，共发生大的碰撞事故 28 起，其中船队 25 起，单船 3 起，且事故主要发生在洪水期，占事故总数的 64%。

1998 年 9 月 21 日，时值大潮，浙鄞油 6 号船撞塌浙江温州市苍南敖江龙港大桥，桥上车辆坠落，造成 4 人死亡，油轮倾覆。船上所载甲苯外泄，造成鳌江下游近千亩海涂养殖的青蟹、对虾大量死亡。直接经济损失 600 余万元人民币。

1999 年 7 月，四川涪江一艘满载乘客的渡轮因舵机失灵而失控撞桥，导致渡轮倾覆，死亡 20 余人。

1998 ~ 2005 年，重庆白沙沱大桥共发生 9 起严重的船撞桥事故。最严重的一次发生在 1998 年 9 月 4 日，该桥遭重庆市武隆县航运公司所属的武航 512 船队撞击，事故造成武航 512 和武航 4-2 驳沉没，1 人失踪。

2003 年 8 月，安徽朝阳路淮河大桥遭驳船撞击，薄壁桥墩局部破坏，混凝土内部钢筋外露，驳船也受到严重破坏。

2004 年 8 月，杭州渔临关大桥被两艘货船撞击，导致桥梁坍塌。

2006 年 7 月 17 日晚 11 时 30 分，清远一艘载重 3000 多吨的自卸运砂船在撞击肇庆金马

大桥桥墩后翻沉，7 名船员 4 人上岸、3 人失踪。随后，该事故船沿西江进入高明水域。18 日凌晨 2 时许，沉船又撞塌了高明富湾大桥施工现场的栈桥。

2006 年 9 月 8 日上午，一重载船舶在无锡锡溧槽河途经惠山区洛社镇花明桥时将该桥撞塌。

四、严重桥梁船撞事故年度统计

图 1-27 和图 1-28 分别是国外和国内现代桥梁严重的船撞事故的年代统计。“毁损”一词意味着倒塌或接近倒塌。在图 1-27 和图 1-28 中绝大多数事故是倒塌事故，少量的是虽未倒塌但严重毁损的事故。

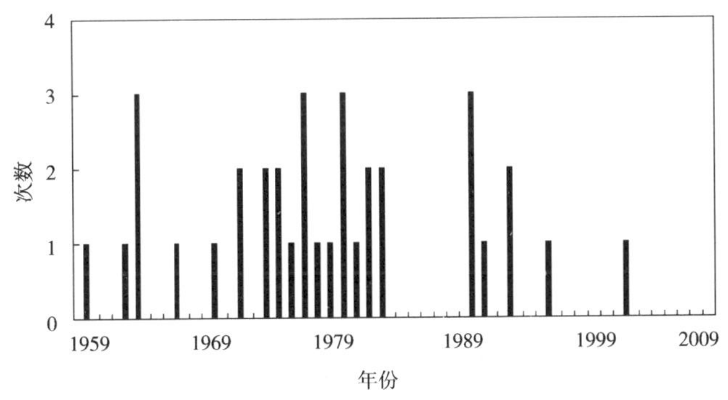

图 1-27　国外严重桥梁船撞事故年度统计

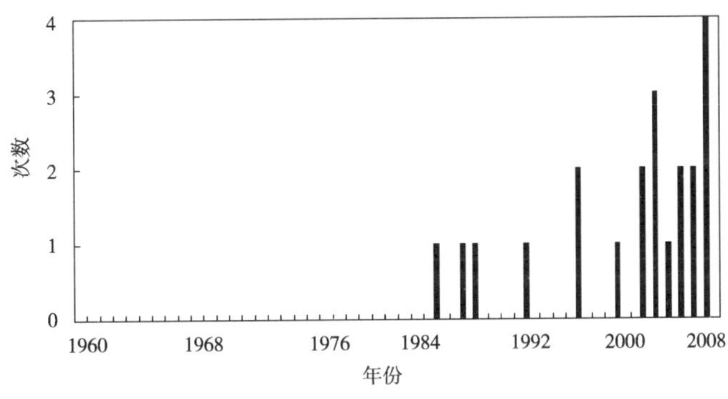

图 1-28　国内严重桥梁船撞事故年度统计

从图 1-27 可以看到，1960 ~ 2008 年间，国外船撞桥倒塌事故时有发生，1970 ~ 1984 年出现了一个事故高峰期，最近的一次桥梁船撞倒塌事故发生在 2002 年。自 1960 年以来的 48 年间，因为船舶撞击而发生桥梁倒塌的事故率约为 0.73 起/年。

从图 1-28 可以看到，中国严重桥梁船撞事故自 1987 年以来 21 年间共发生 21 起，年平均发生约 1 起，而且事故数目呈上升趋势。

第三节　船桥碰撞事故的后果

船桥碰撞事故发生后往往会造成各方面的损失，主要包括：桥梁损失；桥梁使用者损失；船只拥有者的损失；对工业、贸易和社会造成的间接后果；环境的破坏；对公众心理的冲击。参考文献[5]对桥梁船撞损失的分类，在补充“对公众心理冲击”一条后，这些损失可概括为表1-1。

船舶撞击桥梁可能导致的损失　　表1-1

损失分类	细节描述
桥梁拥有者损失	(1)桥梁损坏部件的抢修费用；(2)桥梁维修或更换费用；(3)如果是收费通行的桥梁，则在维修或更换期间的收益损失；(4)桥梁拥有者还要考虑由于事故带来的更多的维修或更换要求的附加费用
桥梁使用者损失	(1)死难人员的生命价值(换算为货币价值)；(2)车辆和货物的损失
船只拥有者的损失	(1)死难人员的生命价值(换算为货币价值)；(2)抢救船只的费用；(3)船只维修或更换的费用；(4)在维修期的收益损失；(5)装载在船上的货物损失；(6)桥梁拥有者和使用者的索赔费用；(7)安全保险费的增长
对工业、贸易和社会造成的间接后果	(1)事故造成公路和铁路运输的迟延而增加的费用，取决于桥梁在路网中的重要性，即选择路线的可行性，桥上交通的密集度和类型等；(2)倒毁的桥梁或破坏的船只阻塞航道而使港口中断使用而产生的损失；(3)在重要时间内由于交通运输破坏引起的商贸和公益方面的损失
环境的破坏	(1)污染清除费用；(2)自然恢复费用；(3)长期的生态破坏
对公众心理的冲击	(1)政府相关管理部门公信力的降低；(2)对工程规划、设计、施工和运营管理部门在法律、技术和道德等方面的疑虑

作者收集到的桥梁船撞事故造成的破坏与损失情况详见附录II之附表II-2和附表II-3，其中桥梁垮塌损失和生命损失整理列于表1-2和表1-3。由表可见因船舶撞击，桥梁发生了严重的毁损，并造成了重大的人员伤亡。

船桥碰撞事故导致的桥梁倒塌　　表1-2

桥　名	国　家	发生时间	桥梁倒塌情况
塞文河铁路桥	英国	1960年	两跨梁和一个支承桥墩坍毁
克里斯蒂安松桥	挪威	1963年	部分倒塌
马拉开波湖桥	委内瑞拉	1964年	三跨梁坍毁
旁查村湖桥	美国	1964年	四跨梁坍毁
齐沙皮克湾	美国	1967年	六跨梁严重损伤
齐沙皮克湾	美国	1970年	五跨梁被撞掉，另外11跨梁严重损伤
齐沙皮克湾	美国	1972年	两跨梁部分坍毁，其他五跨损伤
布朗斯维克	美国	1972年	三跨梁倒坍
旁查村湖	美国	1974年	两个桩排架损伤，三跨梁坍毁
威兰德	加拿大	1974年	提升跨落入运河，提升塔受损
德文	澳大利亚	1975年	三孔梁坍倒
法拉西河	加拿大	1975年	一孔120m梁坍毁
波曼渠	美国	1976年	桩排架墩摧毁，三孔梁坍毁
詹姆士	美国	1977年	两孔梁坍毁
哥德堡港	瑞典	1977年	两跨引桥梁摧毁
波威湾	美国	1978年	一孔70m钢梁落入水中沉没

续上表

桥　名	国　家	发生时间	桥梁倒塌情况
第二海峡铁路桥	加拿大	1979 年	一孔梁坍毁
泰佐桥	瑞典	1980 年	整个主跨坍毁
Tjorn 桥	瑞典	1980 年	完全倒塌
坦博海湾	美国	1980 年	三跨梁坍毁
那拉甘塞海湾	美国	1981 年	表面损伤
莫索河	法国	1982 年	一个桥墩倒毁,煤气管道坍毁
密西西比河	美国	1982 年	引桥一跨坍毁
圣朵拉	新加坡	1983 年	两个缆车坠入港中
伏尔加河铁路桥	俄罗斯	1983 年	桥梁倒塌
保纳桥	美国	1990 年	4 个桩排架墩毁坏,5 孔梁坍毁
妥斯特鲁	瑞典	1990 年	桥墩移位,边跨上部结构部分扯落
卡纳夫里河	缅甸	1990 年	一孔上部结构坠落
汉堡港	德国	1991 年	边跨梁坠入河中,提升塔严重损伤
贝育-开诺脱桥	美国	1993 年	桥严重损伤,后倒塌
阿肯色河大桥	美国	2002 年	桥梁两跨倒塌,落入河中
湖州市岂风桥	中国	2003 年	桥面落入水中
三阳河东汇大桥	中国	2004 年	中间一跨折断,落入水中
渔临关大桥	中国	2004 年	墩被船舶撞毁,两侧桥面落入水中
横塘亭子桥	中国	2004 年	上部结构落入水中
广东九江大桥	中国	2007 年	三跨落梁,船沉
昆山市大泽桥	中国	2007 年	落梁
宁波金塘大桥	中国	2008 年	落梁
海门市国强大桥	中国	2008 年	落梁
高邮市四异大桥	中国	2008 年	落梁,压住船只

船桥碰撞事故导致的人员伤亡　　　表 1-3

桥　名	国　家	发生时间	死亡人数
Severn River Railway Bridge	英国	1960 年	5
Lake Ponchartain	美国	1964 年	6
Sidney Lanier Bridge	美国	1972 年	10
Lake Ponchartain Bridge	美国	1974 年	3
Tasman Bridge	澳大利亚	1975 年	15
Pass Manchac Bridge	美国	1976 年	1
Tjorn Bridge	瑞典	1980 年	8
Sunshine Skyway Bridge	美国	1980 年	35
Lorraine Pipeline Bridge	法国	1982 年	7

续上表

桥 名	国 家	发生时间	死亡人数
Volga River Railroad Bridge	俄罗斯	1983 年	176
Claiborn Avernue Bridge	美国	1993 年	1
CSX/Amtrak Railroad Bridge	美国	1993 年	47
Port Isabel	美国	2001 年	8
Webber-Falls	美国	2002 年	17
温州龙港大桥	中国	1998 年	4
广东九江大桥	中国	2007 年	8
昆山市大泽桥	中国	2007 年	3
宁波金塘大桥	中国	2008 年	4

严重船桥碰撞事故发生后，对社会的冲击包括多个方面，主要是：①若处理不当，政府相关部门的公信力会受到极大伤害；②对工程规划、设计、施工和运营管理部门在法律、技术和道德等方面产生质疑。

由于现代信息传播的快速性与普遍性，也由于产生桥梁船撞原因的复杂性，严重船桥碰撞事故可能引起激烈的社会反应，特别是来自死难人员家属的激烈反应，处置不当，还会引起媒体、家属和公众的不满，产生不良的社会影响。

第四节 桥梁船撞安全研究与设计规范的沿革与现状

一、桥梁船撞研究的沿革

船撞桥问题的系统研究始于 1978 年，美国发生了多起船舶撞毁桥梁的恶性事故之后，美国政府和马里兰大学土木工程系签订了一项研究合同[9]，专门研究桥墩的防撞保护系统。1983 年 6 月，在丹麦大带海峡跨海工程的背景下，国际桥梁与结构工程学会在丹麦的哥本哈根举行“船只与桥梁和近海结构的碰撞”国际学术讨论会。这是关于这个题目的第一次研讨会，研讨会的一部分为船舶碰撞桥梁和近海建筑物的事故报告，会上提出建议，建立一个船舶碰撞桥梁事故的国际数据库，主要内容是自 1960 年以来世界范围发生的船撞桥事故。1980 年以后，一些技术咨询公司和研究机构，包括开普公司、茂盛公司、科威公司、摩吉斯基公司等，先后对丹麦大带桥、澳大利亚塔斯曼桥、美国的阳光大桥、直布罗陀海峡大桥以及路易斯安那州水道上的桥墩开展了船撞桥问题的研究，并取得了一些重要的研究成果[5]。

1980 年发生的美国原阳光大桥船撞倒塌事件促进了对跨越通航水域桥梁安全的重视，之后美国 11 个州和美国联邦公路局共同投资开展了一个研究项目，美国 Moffat and Nichlo 工程师事务所的诺特等人参加了研究工作，并陆续有成果发表。这项研究工作最显著的成果就是在此基础上，于 1991 年形成了美国第一部《公路桥梁船撞设计指南》[7]，并于 2009 年颁布了最新版本。这是第一部比较完整并得到广泛应用的桥梁船撞设计技术文件。后来该指南的有关内容已被写进美国《公路桥梁设计规范》[8]的有关章节。1991 年，IABSE 在列宁格勒召开了一次年会。在会上，IABSE 接受了由拉森主笔撰写的船舶碰撞桥梁—船舶交通与桥梁结构间的相互影响（综述与指南）一文[5]，对船撞桥研究的已有成果进行了系统的归纳和总结。该文作为 IABSE 的文件于 1993 年正式发表，系统地论述了在桥梁规划及设计时船舶撞击风险及防撞设计问题，从而进一步推动了对船撞桥问题的研究工作。之后，欧洲一些国家也相继对桥梁的船撞问题制定了一些技术标准或规范。

1995 年国际海协会常务会议 PIANC 工作小组成立，专门研究船撞桥的问题，参加国有 9 个：比利时、法国、德国、日本、西班牙、瑞典、英国、美国和荷兰。成立该工作小组的建议是在 1990 年日本大阪召开的第 27 届 PIANC 会议上提出的，之后在 1994 年 2 月 9 日召开的一次会议上，通过了小组名单并正式开始工作。小组成员由 9 个国家的 11 位专家组成，由荷兰的曼奈（Manen，S. E）担任负责人。工作小组主要工作是对所有可航内陆水道、港口入口和海峡的桥梁和船舶进行研究。该小组经过 5 年多的工作，到 2000 年已经建立了一个包括 151 起船撞桥事故的数据库[6]，并对相关问题进行了分析。

在建立船撞桥事故数据库的基础上，该小组还进行了进一步的研究工作。通过对事故有关资料的分析，对桥墩位置、桥墩保护装置、航道有效宽度、船舶航迹、船舶操纵等问题进行了研究，对基本碰撞概率及某些特定环境因素和保护措施的修正、碰撞机理以及经济性等方面作了部分研究工作。该小组还总结了当时各国船撞桥研究的情况以及减少碰撞措施的研究情况，对安全准则进行了分析，并对进一步的研究提出了建议。1998 年，国际桥梁界再次开会专题讨论船撞桥问题[6]。

在我国，对船撞桥问题的研究从 20 世纪 80 年代末期开始。从黄石长江大桥开始，我国相关技术部门和技术人员逐步认识到了船舶撞击对跨航道桥梁安全的重要性。之后结合重大跨航道桥梁工程的建设（如苏通长江大桥、湛江海湾大桥、上海长江大桥、杭州湾大桥、东海大桥等），开展了逐步深入的研究工作。

2006 年，考虑到三峡大坝改变了三峡库区的通航环境，交通运输部西部科技项目办公室编列了西部项目“三峡库区桥梁船撞发生规律、防撞措施和设计指南研究”。2007 年交通运输部西部科技项目办公室编列了西部项目“西部地区内河桥梁船撞标准与设计指南研究”。

2007 年 6 月 15 日，广东省佛山市 325 国道原九江大桥被采砂船撞倒，引起了全社会的广泛关注，同时对技术管理部门和技术工作者产生了巨大的推力，桥梁船撞安全问题得到了更加广泛的重视和研究。

二、桥梁船撞设计技术标准的现状

1991 年，美国道路工程师协会编写了美国的《公路桥梁船撞设计指南》[7]，专门针对美国的内河桥梁提出了基于风险的船撞设计技术标准和设计方法，内容涵盖了设计船舶的确定、碰撞概率分析、碰撞力的计算、船舶破损长度的计算、防撞保护系统设计等。自 1994 年起，该指南的核心条款又写入了美国《公路桥梁设计规范》[8]。2009 年美国对其《公路桥梁船撞设计指南》进行了更新[7]。1996 年，美国铁路工程师协会（AREA）出版了《铁路桥梁防撞保护系统设计规范》。在欧洲，1997 年出版了欧洲统一规范第一卷（Eurocode 1）第 2.7 分册[6]，指导桥梁船撞设计。此外，国外针对某些重要桥梁还专门制定了专用的设计技术标准，如 1978 年开普公司为丹麦大带桥专门研究了船舶碰撞荷载标准；1991 年，奥尔逊、弗莱德逊等人又对丹麦大带海峡连接线上的桥梁进行了比较方案的风险评估,并拟定了船撞荷载标准;1995 年,丹麦瑞典合营的奥立桑连接线咨询公司对跨越丹麦与瑞典间的奥立桑海峡大桥进行了船舶碰撞概率模型的研究。在这些专题研究的基础上还形成了专用技术标准。

在我国,2004 年颁布的《公路桥涵设计通用规范》[10]将船舶分为轮船和内河驳船两类,分别根据航道等级列表给出了设计船舶撞击力。1999 年颁布的《铁路桥涵设计基本规范》[11]中给出了设计船舶撞击力的计算公式。表 1-4 列出了我国桥梁规范与美、欧规范的概要比较。

中、美、欧规范中船撞桥条款的简要比较 表 1-4

项　目	中国公路桥梁规范	欧洲统一规范	美国桥梁设计规范
设计思想	基础不失效	基础等主要构件不失效	基础等主要构件不失效
设计方法	确定性的	确定性的,但隐含风险,目标倒塌频率约为 10^{-4}	方法 I:半确定性的,适用浅水桥梁; 方法 II:指定目标频率法,年目标倒塌频率取 0.001(普通桥梁),0.0001(重要桥梁),基本方法; 方法 III:投资效益分析,适用深水处有桥墩和很多桥墩可能遭受船舶撞击的桥梁以及因船舶撞击而需要加固的桥梁
适用范围	内河桥梁和跨海桥梁	内河桥梁和跨海桥梁	内河桥梁
船舶撞击力	驳船:表格形式给出 轮船:表格形式给出 塔楼撞击力:无	分内河船舶和海轮 按式 $v\sqrt{KM}$ 计算	驳船:$P = f(\alpha_B)$ 轮船:$P = 0.122\sqrt{DWT} \cdot v$ 塔楼撞击力:$P_{up} = \beta \cdot P$
力学计算方法	静力方法	静力方法	静力方法
设防船舶撞击力	驳船:表格形式给出 轮船:表格形式给出 塔楼撞击力:无	驳船:无 轮船:表格形式给出 塔楼撞击力:无	方法 I:按 $P = f(\alpha_B)$ 计算; 方法 II:概率分析得到; 方法 III:投资效益分析得到
总体评价	基于确定性静力设计理论。但严重的桥梁船撞是发生概率很低的风险事件,该规范没有明确给出处理这种桥梁外部作用的方法。设计采用静力法,不能考虑撞击的动力效应	隐含考虑了船撞的风险性质,但在设计中表现为确定性形式。船撞力的确定方法过于简化。设计采用静力方法,不能考虑撞击的动力效应	全面引入风险分析方法,适合处理桥梁船撞这类发生概率小但后果严重的桥梁外部作用。方法系统,但一些具体规定存在不足,需要进一步的研究和完善。方法 III 实际可操作性不强。设计采用静力方法,不能考虑撞击的动力效应

从设计思想上看,美国桥梁船撞设计规范全面采用了基于风险的设计思想。欧洲船撞设计规范虽然考虑到了严重的桥梁船撞是风险事件,在编写规范时也考虑到了失效频率的问题,但这种考虑是隐含的。美国的船撞桥设计指南明确规定了设计的目标倒塌频率(对于一般桥梁取 10^{-3},对于重要桥梁取 10^{-4}),欧洲规范未对一个事故作用规定任何年倒塌频率的允许值,但参照了 ISO 的 DP10252("由于人类活动导致的事故作用")中的相应条款,目标倒塌频率约为 10^{-4}。同时,欧美的规范都对桥梁结构的重要性进行了分类,如美国的设计指南将桥梁结构区分为重要桥梁和普通桥梁,同时对桥梁各部件的重要性进行了区分,倘若不引起桥梁结构的整体失效,允许由事故作用引起的局部失效。对于局部失效和整体失效的这一区分是

强制性的，以便区分常规设计和风险事件作用设计的本质不同。

概括地说，美国规范将船撞事件处理为风险事件，根据可接受风险的水平来指导桥梁的船撞设计；我国规范则是将船撞事件处理为偶然作用，根据航道和通航船舶情况给定设防船撞力。比较而言，我国桥梁船撞设计还没有形成一个系统的设计思想。

从设计实践看，对于船撞问题，美国相关的技术标准中关于船撞设计的技术规定方法明确、具体，应用简单，因而目前在国际上获得广泛应用。包括我国在内的很多国家航道桥梁的船撞设计都采用了美国的相关技术标准。但国外规范中毕竟有许多不符合我国实际情况的因素存在，如河势与航道、通航船舶、桥梁结构特征、可接受的风险水平等。其对我国航道桥梁船撞设计的适用性并没有得到论证，给我国桥梁的船撞设计带来很大的困扰。

有鉴于此，交通运输部正在着手编制我国的《公路桥梁船撞设计指南》，针对三峡库区的地方性设计指南也在编写中。

第五节 桥梁船撞风险决策与全寿命设计理念

一、基本概念与需求

土木工程结构全寿命设计理念在30年前就提出，经过长时间的研究，并伴随着材料、结构设计技术、施工技术和养护管理技术的进步，这一设计理念开始逐步为工程师接受，并逐步以各种方式体现在设计规范和工程师的设计中。全寿命设计理念和方法已经成为当前土木工程结构设计理论的主流发展方向[12,13,14]。

全寿命设计包含的内容众多，从结构安全方面考虑，主要的设计要点是：

(1)结构整体及各可更换部件的设计寿命的确定。

(2)构件和结构性能目标、性能指标和设计方法。

(3)为保证设计目标实现，对于材料和施工质量的控制。

(4)运营期结构的管养。

(5)寿命周期成本分析。

“基于性能”的设计方法近年来在土木工程领域得到广泛研究和发展，并首先体现在结构抗震设计方面。本质上，土木工程设计一直就是预定设计性能目标，然后采取各种技术手段达到预定的设计性能目标。从这一点来说，土木工程设计一直就是基于性能的设计过程。但是明确提出基于性能的设计概念则是近20年的事情，写入规范则是近几年的事情。

“基于性能”的设计方法本身意味着：

(1)成本—效益分析。

(2)多性能目标的预定、性能目标定量的概率表述。

(3)投资方的决策等关键内容。

因此“全寿命设计”和“基于性能设计”密切相关，核心内容是一致的，但二者之间在技术概念上的关系尚需厘清。

无论是“全寿命设计”，亦或是“基于性能的设计”，当应用于强烈地震、严重的船—桥碰撞等不确定性极大的事件时，都表现为基于风险分析和风险决策的理论和方法。我国“工程场

地地震安全性评价国家标准”、AASHTO 桥梁设计规范船撞设计部分都是目前“全寿命设计”或“基于性能设计”理念的规范体现。

航道桥梁可以分为两类,一类是在役桥梁,另一类是新建桥梁。许多在役桥梁在建设之初或没有考虑船撞问题,或对船撞问题认识不够,随着水运事业的发展,船与桥的矛盾也愈加突出。“一跨过河,河中无墩”无疑是避免船舶撞击桥梁的彻底方法,但不经济,特别是在跨长江等宽阔河流和跨海湾(海峡)修建大桥时,这也是不现实的。企图完全杜绝船舶撞塌桥梁或严重撞损桥梁事故的发生是极不经济、甚至是不可能的。基于全寿命和风险决策的理念,从桥梁规划、设计、建造和管理的实际情况考虑船撞安全问题得到了越来越普遍的认可。

二、我国桥梁船撞风险研究概况

2002 年同济大学项海帆、范立础院士等从我国跨越航道桥梁建设的大趋势出发,对国际上相关研究现状进行了总结[15],在此基础上富有远见地提出在我国系统地开展船撞安全问题研究的建议,其中第一项建议就是系统地开展基于风险和概率设计基本思想的桥梁船撞安全理论和设计方法的研究。

2003 年,同济大学范立础院士提议的《大型建筑工程风险评价与保险研究》获得中国工程院咨询项目立项。该项目由范立础院士负责,陈肇元院士、董石磷院士以及同济大学、清华大学、浙江大学多位教授参加,在更加广泛的视野下讨论大型工程的风险与安全问题,对于我国的工程风险评价与决策研究起到了巨大的推动作用。

在工程实践方面,2002 年,原上海市政工程局委托同济大学、中交集团四航院、香港奥亚纳公司组成联合体,对上海崇明越江工程进行可行性风险评估。评估内容分成 17 个专题,其中之一是“通航船只撞击大桥的风险分析”[16];2003 年,同济大学完成了蚌埠朝阳路淮河公路桥主桥墩船撞安全分析[17];2005 年,同济大学完成了青岛海湾大桥一期工程初步设计大桥基础防撞设施设计专题报告[18];2006 年,同济大学完成了南宁大桥施工和使用期间的工程风险评估[19],其中包括了桥梁船撞风险评估;2007 年,同济大学完成了南京长江第四大桥的船撞安全评估[20];2008 年,同济大学完成了汕头海湾大桥的船撞安全评估[21];2008 年,同济大学完成了广东省 325 国道九江大桥船撞安全评估[22];2008 年,同济大学完成了苏通大桥船撞安全评估[23]。

在桥梁船撞风险分析与安全评估的基础理论研究方面,我国学者也进行了初步的研究与探索,主要的研究成果可以参见文献[24 ~ 36]。总体来看,我国在桥梁船撞风险分析与安全评估的基础理论方面开展了一些研究工作,但在深度和全面性等方面还明显不足,还不能与我国大量的航道桥梁工程建设相适应。

桥梁船撞风险分析是一个多学科交叉问题,涉及到桥梁、水文气象、航运与航行等众多领域,需要开展多学科的交叉合作,在这方面已经取得了一些进展[37 ~ 46],但仍需要进一步加强相关领域研究的有机融合与衔接。

参考文献

[1] www. moc. gov. cn.

[2] 交通部长江航务管理局. 长江桥梁船闸与通航[M]. 武汉:长江出版社,2005.

[3] www. bridgeforum. org/dir/collapse.

[4] Michael A. Knott, Background & Historic Collisions Vessel Collision Design of Highway Bridges, CD-ROM .

[5] IABSE(顾翔,鲍卫刚译;张乃华校),交通船只与桥梁结构的相互影响(综述与指南),1991.

[6] Gluver & Olsen ,Ship Collision Analysis, Balkema, Rotterdam, 1998.

[7] AASHTO. Guide Specification and Commentary for Vessel Collision Design of Highway Bridges [S]. American Association of State Highway and Transportation Officials, Washington D. C. 1991,2009.

[8] AASHTO. LRFD Bridge Design Specification and Commentary[S]. American Association of State Highway and Transportation Officials, Washington D. C. 2005.

[9] 杨渡军. 桥梁的防撞保护系统及其设计[M]. 北京:人民交通出版社,1990.

[10] 中华人民共和国交通部. 公路桥涵设计通用规范. (JTJ D60—2004)[S]. 北京:人民交通出版社,2004.

[11] 中华人民共和国铁道部. 铁路桥涵设计基本规范(TB 10002.1—99)[S]. 北京:中国铁道出版社,2000.

[12] Officer Asset Management ,Department of Transportation ,FHWA. Life Cycle Cost Analysis Primer [R]. 2002.

[13] 吴海军,陈艾荣,寿命周期成本分析方法在桥梁工程中的应用[J]. 公路,2004,12(12):34~38.

[14] 徐国平,刘明虎,耿爽. 桥梁工程全寿命设计方法[J]. 公路,2007, 10(10):1~4.

[15] 项海帆,范立础,王君杰. 船撞桥设计理论的现状与需要进一步研究的问题[J]. 同济大学学报,2002,30(4):386~392.

[16] 王君杰,等. 崇明越江通道工程风险分析研究报告专题九"通航船只相撞及通航船只撞击大桥的风险评估"[R]. 上海:2002.

[17] 王君杰,等. 蚌埠朝阳路淮河公路桥主桥墩船撞安全分析[J]. 上海:同济大学,2003.

[18] 王君杰,等. 青岛海湾大桥一期工程初步设计大桥基础防撞设施设计专题报告[R]. 2006.

[19] 陈艾荣,阮欣,等. 南宁大桥工程风险评估报告[R]. 上海:同济大学,2006.

[20] 王君杰,等. 南京长江第四大桥船舶撞击动力分析研究[R]. 上海:同济大学,2007.

[21] 王君杰,等. 汕头海湾大桥船撞安全评估与对策研究[R]. 上海:同济大学,2008.

[22] 王君杰,等. 国道 325 线九江大桥船撞风险评估与防撞系统方案研究[R]. 2008.8.

[23] 王君杰,等. 苏通大桥船撞安全评估[R],2008.12.

[24] 戴彤宇. 船撞桥及其风险分析[D]. 哈尔滨工程大学博士论文,2002.

[25] 钱铧. 桥梁船舶碰撞的简化分析[D]. 同济大学硕士学位论文,2003.

[26] 林铁良. 船舶撞击桥梁风险评价[D]. 同济大学博士论文,2006.

[27] 耿波. 桥梁船撞安全评估[D]. 同济大学工学博士学位论文,2007.

[28] 汪宏,姚建军,王君杰. 重庆忠县康家沱长江大桥抗船舶撞击安全性评价[J]. 公路交通

技术,2005(1):51~56.

[29] 耿波,王君杰,汪宏,范立础.桥梁船撞风险评估系统总体研究[J].土木工程学报,2007,40(5):34~40.

[30] 林铁良,王君杰,陈艾荣.基于事故记录的船撞桥故障树建立[J].同济大学学报,2006,21(3):467~471.

[31] 林铁良,王君杰,陈艾荣.基于事故记录的船撞桥墩概率模型[J].同济大学学报,2007,21(2):181~186.

[32] 占雪芳,刘俊珂,邵旭东.现有桥梁船撞风险评估的建议方法[C].中国公路学会桥梁和结构工程分会2007年全国桥梁学术会议论文集.2007.

[33] 韩道均,刘孝辉,耿波,尚军年.莱园坝长江大桥船撞风险分析研究[J].公路交通技术,2008(6):55~60.

[34] 王增忠,王君杰,范立础.船撞桥风险评估与管理[J].自然灾害学报,2008,17(4):7~11.

[35] 王增忠,王君杰,范立础.船撞桥风险分析与安全经济决策[J].建筑经济,2008(2):108~111.

[36] 耿波,汪宏,王君杰,等.三峡库区桥梁船撞主要影响参数的概率模型[J].同济大学学报(自然科学版),2008,36(4):279~284.

[37] 陈明栋,王多银.探讨跨江桥梁通航净空尺度和通航安全保障措施[J].水运工程,2001(4):42~43.

[38] 王垵屹.浅析VTS监管及其法律责任[J].珠江水运,2008(11):41~43.

[39] 杨斌,李海林.从广东“6.15”事故中谈谈如何避免驾驶员的失误行为[J].武汉航海,2007,2(3):11~13.

[40] 黎维祥,张宏铨,何文钦.桥梁工程中河床演变的风险评估[J].水运工程,2004(3):30~33.

[41] 胡旭跃,欧阳飞,沈小雄,程永舟.桥区通航问题及对策研究综述[J].水运工程,2005,26(3):167~171.

[42] 庄元,刘祖源.失控船舶撞桥概率分析与预报[J].武汉理工大学学报,2007,31(6):962~965.

[43] 肖亮希.桥区水域通航评估的内容与方法研究[D].武汉理工大学硕士学位论文,2007.

[44] 甘浪雄.船舶在桥区安全航行可靠性分析[J].武汉理工大学学报(交通科学与工程版),2003,27(4):455~458.

[45] 陈厚忠,郭国平.内河并列桥梁桥区水域船舶领域模型与通过能力研究[J].船海工程,2008,37(5):113~116.

[46] 陈文斌.海湾及河口地区桥梁通航净空尺度的确定[J].国外桥梁,2001(1):75~77.

第二章 桥梁船撞风险管理的概念与方法

第一节　工程风险管理的一般概念

一、工程结构风险的定义

在工程结构的规划、设计、建造和运营期间存在大量明确的和潜在的不确定性因素，可能使预定的结构安全或功能目标不能实现，进而产生各种不利的后果或损失，称之为工程结构风险。

风险的概念早在19世纪末的西方经济领域中就已经出现，并广泛应用于经济学、社会学、工程科学、环境科学和灾害学等领域中。但迄今为止，学术界和工程界中对风险的定义仍未统一，不同的专业背景、不同的应用背景，对风险的定义常常不尽相同[1]。

1901年Willett在题为《风险及保险的经济理论》的博士论文中，认为风险是关于不愿发生事件的不确定性之客观体现。

日本学者Saburo Ikeda认为，风险是由于自然或人类行为所导致的不利事件发生的可能性，并强调风险由两部分组成：不利事件发生的概率及不利事件造成的后果。

国际地科联（IUGS）滑坡研究组风险评价委员会把风险定义为对健康、财产和环境不利的事件发生的概率及可能后果的严重程度，可用发生概率与可能后果的乘积来表达。

从现有的关于工程风险定义的表述来看，结合工程实践中对工程风险的理解和处理，从工程安全方面考虑，可以将工程风险定义为：**工程风险是指在一定的时间内，由于工程系统及其所处环境的不确定性给工程系统、社会活动和环境带来危害的可能性。**

根据上述定义，工程风险的概念主要包括以下两个要素：

(1)风险事件发生的可能性，一般用概率方法描述。

(2)风险事件发生所导致的不利后果。

从数学上描述，上述定义可以表达为：

$$Risk = f(P, C_{lost}; C_{cost}) \tag{2-1}$$

式中：P——风险事件发生的概率；

C_{lost}——风险事件发生造成的损失；

C_{cost}——为降低风险增加的投资。

二、工程结构风险管理[2~6]

风险管理研究风险发生的规律和风险控制技术。通过对工程结构及其所处环境中存在的各种风险加以识别、分析，并根据预先确定的可接受的风险准则采取有效的降低风险的措施，

实现对风险的有效控制和管理,达到以最小的成本获取最大安全保障的目的。工程风险管理一般涉及以下几个要素:

(1)明确风险承受的主体(如个人、企业、政府部门、社会或复合主体)。

(2)在成本效益合理、技术可行的前提下采取合理、有效的措施将风险降低到可以接受的程度,实现可能最大的安全保障,但一般不可能将风险完全消除。

(3)在规划、设计、建造和运营的不同阶段,工程结构和所处的环境因很多复杂因素的影响而发生改变,因此工程风险管理是一个动态过程。

(4)由于风险的来源、形成过程、潜在破坏机制、影响范围可能显著不同以及风险的复杂性,需要综合运用多种方法和措施,以最小的成本实现风险管理的目标。

目前,对于工程风险管理的过程还没有形成一个公认的、标准的意见。一般认为,风险管理主要包括四个相关阶段:风险识别,风险分析与评估,风险控制措施的实施,风险控制措施效果的后评估。工程风险管理的一般流程见图 2-1。

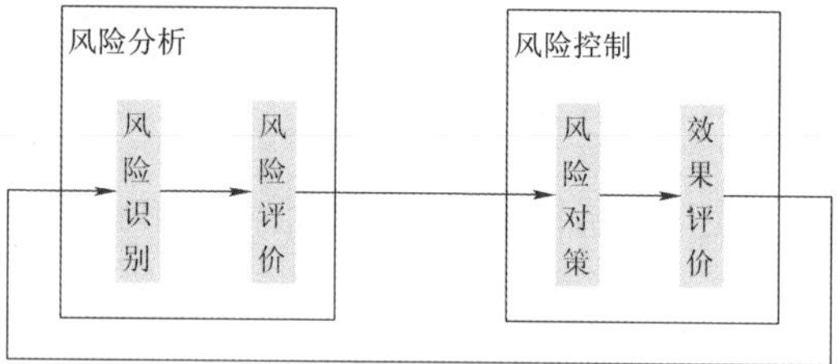

图 2-1 工程风险管理的一般流程

工程风险管理是工程结构规划、设计、建造和运营期间管理的一个重要组成部分。工程结构风险管理通过风险分析来识别、估计和评价这些风险因素,为选择合理的降低风险措施提供依据,具体来说可以达到以下目的:

(1)加深对工程结构及其所处环境风险的深入、充分认识和理解。

(2)检查相关的文件和技术资料随着工程阶段的变化和时间的迁移的合理性。

(3)估计潜在风险发生时工程结构可能受到的和因此而引起的损失或不利影响。

(4)为工程施工、运营制定应急预案提供依据。

(5)改善工程管理机构的内部和外部之间的沟通与协调。

(6)积累有关风险的资料和数据。

三、工程结构风险识别[2~6]

多数情况下,风险具有隐蔽特征,不容易准确地预测。风险识别是风险管理的第一步,它是整个风险管理系统的基础。风险识别是否全面,直接影响风险管理的最终结果。任何一种风险在识别阶段被忽略,尤其是重大风险被忽略,则可能导致工程重大损失。风险识别的目的是对潜在风险源和后果进行实事求是的全面调查。

工程风险的识别重要而复杂,并具有经验性和主观性。制定一个恰当的风险识别程序对于保证风险识别结果的合理性是必要的。工程风险识别的主要依据是:

(1)工程相关的文件。工程的建议书、规划和可行性研究报告,设计、施工、管理等文件,检查其随时间推移的有效性。

(2)历史资料。已有工程建设过程中的档案记录、工程总结、工程验收资料。工程质量与安全事故处理文件中记载着工程质量与安全事故,这对风险识别是很有帮助的。

风险识别可分两步进行:

(1)收集信息。风险识别需要全面了解有关信息,要对工程系统以及所处环境进行深入

的了解，并进行合理的预测。

(2)确定风险事件并分类。客观地确定工程存在的风险因素，分析这些风险因素引发工程风险的大小，然后对这些风险进行归纳分类。

风险识别常用的方法有：专家调查法、头脑风暴法、情景分析法等。

1. 专家调查法

选定相关工程领域适当数量的专家，通过函询收集专家意见，然后加以综合整理，反复多次，逐步使专家的意见趋向一致，作为最后预测和识别的根据。

2. 头脑风暴法

以专家的创造性思维来获取未来信息的一种直观预测和识别方法。头脑风暴法一般是通过专家会议，发挥专家的创造性思维来获取未来信息。通过专家之间的信息交流和相互启发，获取更多的未来信息，使预测和识别的结果更准确。

3. 情景分析法

根据发展趋势的多样性，设计出多种可能的未来情景，对系统发展态势作出情景和画面的描述。情景分析法在假定关键影响因素有可能发生的基础上，构造出多重情景，提出多种未来的可能结果，以便采取适当措施防患于未然。

对于大型工程结构的风险识别来说，仅仅采用一种风险识别方法是不够的。一般都应综合采用两种或多种风险识别方法才能取得较为满意的结果。而且，不论采用何种风险识别方法组合，都必须包含专家调查法。

风险识别的成果通过风险目录摘要表体现出来。通过风险目录摘要表，将工程可能面临的风险进行分类汇总。风险目录摘要表包含以下具体内容：分类罗列所有的风险因素，尽可能全面，不管风险事件发生的可能性、损失有多大，都要一一列出。对于引起风险的因素要有文字说明，说明中还应包括风险特征的描述、风险事件的可能后果以及不同风险事件之间的联系。

四、风险估计的方法[2~6]

1. 风险估计的常用方法

在风险识别和分类之后，要对风险进行估计，达到对风险的性质、风险事件发生的概率及其后果的大小的了解。风险估计的对象是单个风险。

衡量风险时应考虑两个方面：损失发生的频率(或发生的次数)和损失的严重性，而损失的严重性比其发生的概率更重要。

目前常用风险估计的方法很多，按照原理和各自特点的不同，风险估计大体可以分为定性风险估计、定量风险估计以及综合风险估计。

定性风险估计主要依靠人员的观察力和分析能力，借助于经验、知识和专家意见等对风险进行评估和判断的方法，如专家调查法等。

定量风险估计是一种以统计数据为依据，通过建立数学模型，运用数学计算或数值分析方法对风险进行量化估计的方法，如经验概率法。

如果要评估的问题比较复杂，涉及的影响因素众多，有些因素可以量化而有些因素则很难量化，这时就需要采用定性与定量相结合的综合风险估计方法。

具体采用哪种方法主要取决于拥有信息量的多少，当数据量较充足时可采用定量估计，否则通常采用定性估计方法或综合估计法。表2-1简要说明了目前常采用的评估方法[4,5,6]。

常用的风险估计方法　　表2-1

编号	方　法	类型	说　明	优缺点
1	调查与专家打分法	定性	设计风险调查表，利用专家经验，对所有风险因素的重要性进行评估，再综合成系统整体风险	简便易行；受主观因素影响
2	外推法	定性	根据已知和类似数据推知未知数据，对风险进行评估和分析	简便易行；受主观因素影响
3	安全检查法	定性	按事先编制的标准要求的检查表进行逐项检查，按规定赋分标准赋分评定风险等级	简便、易于掌握；工作量较大
4	Monte-Carlo法	定量	根据基本风险因素的概率模型进行随机抽样和统计计算，分析工程系统的风险概率和重要影响因素	可结合结构分析和试验，考虑多因素；计算量大
5	敏感性分析法	定量	通过定量分析各种因素变化的影响程度，确认工程系统对各种风险的承受能力，从而确定项目的风险水平	客观、可靠，可得到因素的变化幅度的影响；风险因素多时，分析复杂
6	层次分析法	定性 半定量	将复杂风险问题分解为若干层次和要素，通过比较、判断和计算，得到它们的相对重要程度，最后合成整个工程系统风险	方法简单、灵活；易受一定主观因素的影响
7	模糊综合评价法	定性 半定量	模糊逻辑和集合论的应用，对受到多因素影响的评价对象进行全面评价	可以考虑多因素；易受主观因素影响
8	故障树分析法	定量 半定性	演绎法，由事故和事件逻辑推断事故原因，由事件概率推断系统事故概率	复杂、精确、工作量大，若故障树编制有误容易失真
9	事件树分析法	定量 半定性	归纳法，由初始事件判断系统事故原因和条件，由事件概率计算系统事故概率	简便易行；易受主观因素影响
10	影响图法	定量 半定性	用图形表示变量间的相互关系，能为决策提供信息	可考虑因素相关性；定义需扩展，运算需简化

2. 风险大小的定量评价

对风险进行定量描述广泛采用概率统计方法。风险的概率估计主要有两种方法：第一种是利用历史统计资料确定风险的概率分布的客观概率估计法；第二种是确定风险的概率的主观概率估计法。

1）客观概率估计法

根据大量的经验数据，用数理统计的方法进行风险的概率计算。这种方法所得概率数值

是客观存在的，人的主观意志影响小。当工程结构某些风险事件或其影响因素积累了较多的数据资料时，可以通过对这些数据资料的整理分析，从中找出某种规律性，进而统计确定风险因素或风险事件的概率分布类型。

2）主观概率估计法

如果风险事件缺乏统计数据，或者工程结构具有明显的一次性和独特性，可类比性较差，因此没有或很少有可以利用的历史数据和资料，则此时客观概率法很难应用。但由于决策的需要，必须对风险事件出现的可能性进行估计，在这种情况下，可根据专家的经验猜测风险事件发生的概率分布或概率，称为主观概率估计法。

应用主观概率估计法应注意到，主观概率反映的是特定的专家对特定事件的判断。在某种程度上，主观概率反映了专家在一定情况下的自信程度。主观概率是专家根据判断和当时能收集到的有限信息以及过去长期经验所进行的估计的结果。

3. 风险评价

风险评价只对工程结构各阶段单个风险分别进行量化估计。风险评价的目的是：

（1）确定风险的先后顺序。根据风险的影响程度，包括风险出现的概率和后果，确定它们的排序，为风险控制和风险应对措施提供依据。

（2）确定各风险事件的内在联系。从工程整体出发，弄清各风险事件之间确切的因果关系，并合理估计风险损失。

五、风险管理对策

从理论上讲，需要根据工程项目风险的具体情况以及风险承受主体的责任范围、心理承受能力以及抗风险能力等方面确定桥梁工程项目风险的应对策略。

工程风险管理的核心任务就是对工程项目存在的风险进行归类，根据风险指标大小不同，选择风险规避、风险转移、风险缓解和风险接受等措施对风险进行管理。

1. 风险规避

通过设计方案和参数改变来消除风险发生以及风险发生后可能产生的损失。从风险管理角度看，风险规避是一种最彻底消除风险影响的方法。在工程项目风险管理中，风险规避的具体方法有：终止法、工程法和程序法。

（1）终止法。通过终止（或放弃）项目或改变项目计划的实施来避免风险，这是规避风险的最基本方法。就航道桥梁而言，如果通过风险分析，发现桥梁船撞风险大得无法接受，可以选择改变桥梁设计方案（如改变桥跨布置）的办法来规避风险。

（2）工程法。这是一种有形的规避风险的方法，它通过工程技术手段降低工程风险。对于航道桥梁而言，工程法包括：在施工过程中设置临时辅航道，在运营阶段设置船舶通航服务系统以及各类物理防护系统等措施。

（3）程序法。与工程法相比，程序法是无形的风险规避方法，它要求用标准化、制度化、规范化等方式从事项目活动，以避免可能引发的风险和不必要的损失。在工程建设过程中，要求按照规定的程序一步一步实行，对于一些重要环节要求在完成一步后进行评审或验收，以防给后续过程留下不利条件、引发风险发生的因素等。

综合以上介绍可以看出，风险规避是一种应对风险的行之有效的策略，但同时应清楚地看到，该策略也存在如下一些缺点，如风险规避可能在某种程度上会阻碍创新（如任何新技术的应用都会有一定的风险）或有时是不现实的（如要求放弃计划或彻底改变计划等），同时风险规避还受到信息不完整的制约等。

2. 风险转移

在实际工程中，有些风险是必须面对的，必须借助风险转移来直面风险。风险转移是设法以一定的代价将风险的结果连同对风险应对的权利和责任转移给它方。风险转移只是将风险管理的责任转移出去，而风险本身并不能消除，但通过它方（风险接受方）的介入，对工程项目的风险进行更有效的管理，以达到降低风险的目的。

风险转移的形式主要分为两大类：非保险转移和保险转移。

（1）非保险转移。采用担保或履约保函方式转移风险，通过第三方（如银行、保险公司）出具的履约担保或履约保函，将承包人可能出现的风险转移给出具担保的担保公司或出具保函的银行；采用分包方式转移风险，即承包人在履行合同的过程中，当遇到一些特殊的施工项目（具有较大的风险）时，可以将其转包给经验丰富的承包人，从而降低自身风险以及工程风险；采用适当的合同计价方式转移风险或运用合同条件转移风险。从以上三种非保险风险转移模式来看，采用担保履约保函方式和合同计价方式，只是风险的转移，不能从根本上降低风险；而工程分包则不仅可以转移风险，而且还可以降低风险。

（2）保险转移。保险作为风险转移的一种主要方法，已经在人寿、财产、火灾等诸多领域有广泛的应用，对工程项目风险应对而言，也是一种主要措施。工程项目保险是指业主、承包人或其他被保险人向保险人缴纳一定的保险费，一旦所投保的风险发生，造成相应的损失，则按保险合同来给予补偿的一种制度。保险的实质就是一种风险转移方法。

3. 风险缓解

尽管风险规避和风险转移是工程风险应对的主要措施，但在有些情况下通过一些措施来减小风险可能会得到更好的技术经济效果，这就是风险缓解。即将工程项目风险发生的概率或后果降低到某一可接受的程度。风险缓解既不是消除风险，也不是避免风险，而是减小风险，包括减小风险发生的概率和控制风险的损失。风险缓解的关键就是确定风险的可接受程度，这由具体的项目情况、项目管理目标以及对风险的认识程度来决定。风险缓解的主要途径包括：降低风险发生的可能性，减小风险损失，分散风险和采取一定后备措施等。风险缓解与风险规避和风险转移有本质的区别：风险缓解不是从根本上去消除风险，而是在承认风险客观存在的前提下，采取适当措施来降低风险发生的可能性或减小风险损失。

4. 风险自留

风险自留是一种由项目主体自行承担风险后果的风险应对策略。风险自留是一种风险财务技术，明知有风险而不去转移或控制，一旦风险发生，则通过自身的财力弥补损失；风险自留要求对风险损失有充分的估计，其损失不超过项目主体的风险承担能力；采取风险自留策略，则必须要制定一个应对策略。风险自留处理的风险应该是一些残留风险，且即使发生损失也不是很大，是项目主体可以承担的。

综合以上四种风险应对策略可以看出，风险应对策略的制定不仅仅是一个技术问题，同时还涉及风险承受主体的风险接受能力以及风险态度等综合因素，实际应对策略的选择中也应综合考虑这些因素，因此风险应对策略的制定是一个决策问题。

第二节　桥梁船撞事故发生原因统计

1995 年,国际航海协会常务会议 PIANC 成立了一个工作小组,专门从事船撞桥事故的研究工作,该小组经过 5 年的工作,建立了一个包括 151 起船撞桥事故的国际数据库,根据该小组对数据库的事故所做的分析[7],事故原因中约 70% 是人为失误,20% 是机械故障,10% 是恶劣的自然环境。

戴彤宇等人[8]收集了 1959 年到 2000 年间船—桥碰撞事故 172 起,在 155 起明确指出事故原因的事故当中,人为失误为 121 起,占 78%;其次是恶劣的自然环境,为 25 起,占 16%;第三是机械故障,为 9 起,占 6%。三种原因之比大约为 13:2.8:1。结论是长江干线上发生的船撞桥事故最主要的原因是人为失误。

2001 ~2005 年,广西辖区共发生水上交通事故 243 起,陈智君、黄家伟[9]对这些事故发生的原因进行了分析,见表 2-2。

2001 ~2005 年广西辖区发生的水上交通事故原因分析　　表 2-2

原　　因	细 节 描 述
航行环境方面	(1)航行环境和条件比较恶劣。如梧州藤县航段等航道状况不好,滩险流急,特别是枯水期间,航道弯曲,航路狭窄,水流归槽、湍急,航道水位常有低于航道设计水深的情况,驾驶人员稍有疏忽便会造成事故。如 2001 年藤县航段发生触礁事故 25 起,苍梧航段发生事故 13 起,分别占当年广西辖区运输船舶事故总数的 34% 和 23%,成为事故多发地。 (2)船舶尺度与航道不适应。柳州勒马航段航道环境和条件多年来没有变化,但船舶却从 200t 发展到近 1 000t,船舶长度几近航道弯曲半径,通航与安全的矛盾十分突出。2004 年勒马航段发生水上交通事故 9 起,基本上是载重 500t 以上的船舶。 (3)跨河工程施工威胁船舶安全航行。如藤县西江大桥 19# 桥墩施工作业期间,由于桥墩设计建设在主航道内并处于航道水流的轴线上,枯水期形成通航障碍,2001 年 3 月初开始施工后短短 10d 内便导致了 9 起船舶触碰该桥墩的事故
船员方面	(1)驾驶技术低。驾驶员文化素质普遍较低;未经培训考试、不熟悉航行规章及驾驶技术;缺乏更新知识和技术的自觉性和能力;船员对船舶的性能了解熟悉不够,操作技术欠佳,在一些滩险或航道、水流复杂航段未能正确选择航路,操作失误。 (2)部分乡镇船舶驾驶人员无证擅自驾驶船舶,违法航行
船舶方面	部分老旧船舶、乡镇船舶特别是非运输船舶技术状况差,不能保持船舶处于适航状态
安全管理方面	(1)安全管理责任落实不到位、流于形式。部分乡镇船舶管理人员未经业务培训,这些因素导致未能形成有效的日常安全管理。 (2)民营和私营企业管理。缺乏专职安全管理人员,或设置的安全管理人员缺乏必要的手段和权力,很大程度上形同虚设。同时民营和私营企业的技术船员变动性大,船上驾驶人员工作稳定性较差,管理上存在临时观点和不到位,形成许多不利安全的因素

国际上八个研究机构[10]曾对大量海上事故进行调查和分析,表 2-3 是总结出的主要的事故原因。从表 2-3 可以看出,除了 Helsinki Commission, Wagenaar & Groeneweg 对人为因素引起的事故率的统计为 17% 和 15.3%,其余六家研究机构的统计数据都高于 60%,这说明了人为

因素是导致海上事故的最主要原因。

国际八研究机构对海上事故原因的分析结果 表 2-3

机构名称	时间范围	事故数	事故种类	比 率
Det Norske Veritas, Norway	1970~1978 年	2 742	碰撞/搁浅	61.6%
Helsinki Commission, Finland	1979~1981 年	471	所有	17.0%
UK P & I Club, UK	1987~1991 年	123	所有	90.0%
JAMRI, Japan	1985~1991 年	2491	所有	>90.0%
ISE, Brehmen, Germany	1977~1978 年	1 528	所有	88.0%
Tavistock, UK	1970 年底	415	所有	>92.0%
Jordbruks Departementet, Sweden	1975~1977 年	54	碰撞	90.0%
Wagenaar & Groeneweg, Holland	1982~1985 年	100	所有	15.3%

英国海洋污染咨询委员会报告称[11]:1990 年英国水域发生的 182 起漏油事故中,66% 是人为错误造成的。英国船东保赔协会报告称:1987~1991 年的 1 444 件索赔案中,60% 是人为因素造成的。其中碰撞案的 90% 是人为因素造成的。澳大利亚运输部 1988 年报告称:在已调查的事故中,75% 是人为因素造成的。德国不来梅航运经济研究所报告称:1987~1991 年的 330 件事故中,75% 是人为因素造成的。1993~2002 年,在我国发生的事故中,存在人为因素的事故比例超过 92%。

表 2-4 是上海港及周边水域水上交通事故原因的统计结果[12],可见人为因素占 73.3%,技术因素占 8.5%,气象水文因素占 6.9%,其他因素占 11.9%。

上海港及其附近水域船舶交通事故原因统计 表 2-4

年份与百分比	事故分类										
	人为错误					技术故障		气象水文		其他	总计
	操纵失误	走反航道	疏忽瞭望	其他违章	超载	机械故障	船体缺陷	能见度差	强风		
2000 年	255	23	21	39	5	44	3	2	14	47	453
2001 年	203	22	21	32	5	27	1	11	3	45	370
2002 年	195	15	27	17	14	16	2	9	25	50	370
2003 年	168	19	26	8	21	21	4	12	18	45	342
2004 年	187	17	28	5	13	35	5	11	14	46	361
2005 年	162	26	30	7	11	27	3	9	11	30	316
合计	1170	122	153	108	69	170	18	54	85	263	2 212
分项百分比(%)	52.9	5.5	6.9	4.9	3.1	7.7	0.8	2.4	3.8	11.9	100
分类百分比 分类事故数目	1 622					188		139		263	2 212
分类百分比 百分比(%)	73.3					8.5		6.3		11.9	100

我国研究者[13]对某公司 1990 年 11 月~1992 年 3 月发生的 12 起海事进行了详细的调查,见表 2-5,结果表明,单一因素作用下发生的海事事故极少,更多的海事事故是在几个因素共同作用下发生的。

因此可以认为,前述事故原因的分类实际上是按主因的分类。

事故原因统计　　表 2-5

事故原因		事故序号											
大类	细目	1	2	3	4	5	6	7	8	9	10	11	12
自然环境	海图资料不足	×	×	√	×	×	×	×	×	×	×	×	√
	航道拥挤	√	×	×	×	×	×	×	×	×	×	×	×
	气象不良	×	√	√	√	×	×	×	×	×	×	×	×
	潮汐/海流	×	×	×	×	×	×	×	×	×	×	×	√
设备情况	设备故障	×	×	×	×	×	×	√	×	×	×	√	×
	设备陈旧	×	×	×	×	×	×	×	×	×	√	×	×
船员素质	麻痹/鲁莽	√	√	√	×	√	√	√	√	√	×	×	√
	对数据误解	×	√	×	×	√	×	×	×	×	√	×	√
	未能遵循正确程序	×	√	×	×	×	×	×	×	×	×	×	×
	对设备使用不当	×	√	×	×	×	×	×	×	×	×	×	×
	违章作业	×	×	×	×	√	×	√	×	√	×	√	×
	知识/经验不足	√	×	×	√	√	√	×	√	√	√	×	×
	未能发现潜在危险	√	×	×	×	×	×	×	√	×	×	√	√
	人员协调不当	×	×	×	√	×	×	×	×	×	√	×	×

注:表中"√"表示该项是事故的原因;"×"表示该项不是事故的原因。

根据附表 II-2,35 次重大船桥碰撞事故的原因可分为:人为失误 16 次,机械故障 4 次,走锚 5 次,拖行过程中断缆 5 次,自然条件恶劣 2 次,不明原因 3 次,各自所占比例分别为:45.71%、11.43%、14.29%、14.29%、5.71% 和 8.57%。上述比例关系绘于图 2-2 中。

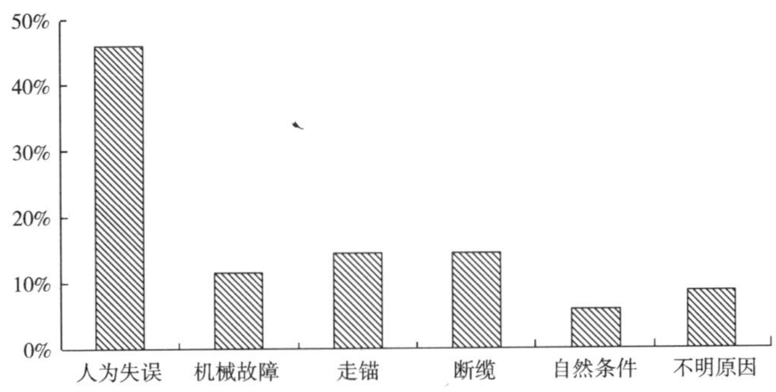

图 2-2　重大船桥碰撞事故原因

从图 2-2 的统计结果可见,人为失误所占比例超过 45%,为船撞桥梁的最主要原因;机械故障、走锚和断缆三者合计为 40%,也是主要原因,可合并称为技术原因。

第三节　桥梁船损事故与桥梁结构

图 2-3 是几个典型的桥梁船撞破坏实例。从这些破坏实例设计工程师可以得到以下启示,即在船舶撞击下易发生严重倒毁的桥梁具有以下特点:①混凝土桥墩比较纤细;②高桩基础;③纤细的拱圈;④圬工桥墩。同时也可以看到,当桥梁结构体系设计为具有一定的受力赘余时(图 2-3b),可以在一定程度上减小撞击后果的严重程度。在图 2-3b)中,三柱式框架墩在

一个墩柱被撞断后，剩余两个墩柱仍然构成一个可以承受竖向荷载的受力体系，避免了全桥倒塌事件的发生。

a)

b)

c)

d)

e)

f)

新桥
41.00
45.30
碰撞船
前拱脚
278
366

g)

图 2-3　典型的桥梁船撞破坏实例

a)美国旧阳光大桥；b)美国 Pensacola 湾桥；c)美国 Northumberland 桥；d)瑞典马拉开波桥破坏实例；e)我国江苏江都市樊川镇东汇大桥；f)我国广东九江大桥破坏实例；g)瑞典 Tjörn 桥破坏实例及旧、新桥在船撞安全方面的对比

在现有收集到的桥梁船撞事故资料中，还没有发现沉井等类型的重力式桥墩受到船舶撞击而倒塌的灾害实例。

这些船撞破坏实例说明，对于航道桥梁，当水中设有桥墩时，应在桥墩的形式、桥墩的体系等方面作精心的考虑。从设计的角度，选用抗撞能力强的桥墩与基础形式。也就是说在桥墩和基础结构体系选取（布置）时，不仅要考虑常规的竖向承载安全的需要，而且要谨慎考虑水平承载安全的需要。

亦应注意桥型的选取，特别是在采用上承式拱桥时。桥梁工程在规划阶段应当考虑到水坝等其他工程项目的规划可能对桥梁船撞安全造成的潜在影响。

第四节 桥梁船撞风险因素综合分析

在前两节中，基于桥梁船损事故和船舶水上交通事故的统计和实例资料，讨论和分析了桥梁船撞事件的影响因素。这些统计和实例极为重要，是桥梁船撞安全评估和设计的最重要的参考依据。但经验数据统计可能具有以下不足：①需要长期的积累，很多情况下没有充分可用的统计资料；②经验统计数据的覆盖范围不一定全面；③统计资料受地域或具体通航环境的影响很大；④经验统计数据不能给出新情况的判断。因此本节将对桥梁船撞风险因素进行综合分析。

较早的统计（见本章第二节）一般将船桥碰撞的原因分为三大类，即人为失误、技术原因和自然环境。海事部门的事故分析则侧重于航行管理和人员素质方面，航道因素亦有论及。在第三节中，作者从桥梁方面论述了严重船撞桥毁事故中桥梁结构方面的因素，即严重的船桥碰撞事故是多方面因素促成的，桥梁船撞安全评估应全面考虑上述各方面因素的综合影响。

一、人为因素

鉴于人为因素与水上交通安全的重要关系，研究人为因素的表现对于识别和预防人为因素对海上事故的危害就显得尤为重要。国际海事组织早在1993年第18届大会上通过了A.772(18)号决议，即《船舶配员中的疲劳因素和安全》，开始关注人为因素对船舶航行安全和海洋防污染的重要作用。1997年6月23日，国际海事组织所属的海上安全委员会和海洋环境委员会经过与有关国家专家的长期研究联合发布了《人为因素统一术语》[10]，将海上事故中人为因素的主要表现归纳为表2-6。

例如2007年6月15日广东省佛山市国道325线原九江大桥船撞事故肇事船长自述[14]，当船行至九江大桥前方500m处时，能见度只有70m左右。船长把前方施工灯光误认成导航灯标，于是该船偏离了主航道。此时，原本应该在甲板瞭望的水手却在排水舱抽水。在外部能见度极差的情况下，“南桂机035”没有按规定派出水手担负瞭望职责。尽管“南桂机035”在事故后，其船上雷达依旧在旋转，但船长却不会使用雷达测出与大桥的实际距离。“南桂机035”在九江大桥所在河段航标齐全、标位准确、发光正常的情况下偏离主航道航行，肇事船舶的驾驶人员未能遵守《内河航运规则》、《船舶定线制有关规定》和《船员值班规则》等有关规定，未能采用有效措施，以约3m/s的速度碰撞桥墩。

人为因素分类　表2-6

人为因素分类	细节描述
人的行为能力的降低	(1)易激动(冲动);(2)恐慌;(3)焦虑;(4)个人问题;(5)精神创伤;(6)酗酒;(7)服用药物或吸毒;(8)注意力不集中;(9)伤害;(10)思维疾病;(11)身体疾病;(12)消极;(13)故意误操作;(14)疲劳;(15)士气低落;(16)缺乏自律;(17)视力障碍;(18)工作负荷过大
海上环境	(1)自然环境险恶;(2)机舱设计方面的不良情况对人为因素的影响;(3)操作不当
安全管理	(1)操作知识不足;(2)对相应局面的联系/认识不足;(3)缺乏联系和协调;(4)对规则和标准的认识不足;(5)对船舶操作程序不了解;(6)对岗位职责不了解;(7)缺乏语言技能
营运	(1)不遵守纪律;(2)指挥失败;(3)监督不足;(4)协调或联系不足;(5)硬件资源管理不善;(6)配员不合适;(7)没有足够的人力资源;(8)工作计划不良;(9)规章、政策、程序或实践不良;(10)规章、政策、程序或习惯的错误应用
脑力劳动	(1)缺乏对局面的认识;(2)缺乏洞察力;(3)辨认错误;(4)识别错误

再如2008年3月27日凌晨4时许,浙江台州路桥船务有限公司所属“勤丰128”轮在航行至在建的浙江宁波金塘大桥时,船舶桅杆撞击桥梁的上部结构(见图1-23)。推测原因可能是船长对航道和水域中碍航物的情况缺乏了解,以及驾驶中缺乏瞭望等人为因素。

二、技术因素

技术因素主要包括机、舵失效;断缆、脱锚;船体技术状况达不到技术标准要求;雷达失效;GPS失效;其他电子、电器失效等。根据现有事故的统计结果,技术失效导致的事故比例约为10%。

如2006年8月11日12时左右,新加坡籍货轮BITUMAN EXPRESS船从浙江嘉兴乍浦二期码头附近海域(距大桥下游约1海里和码头前沿约1.5海里处)走锚失控后,船舶右舷顺流撞击杭州湾跨海大桥中引桥和北航道桥南高墩区结合部位B26、B27、C01等混凝土承台、墩身及箱梁结构物,其位于船艏的驾驶台及其桅杆撞击大桥箱梁并卡在梁下。

澳大利亚的塔斯曼大桥船撞倒塌的主要原因就是发动机熄火,未能及时转向。四川涪江发生的渡轮撞桥倾覆,20余人丧生的事故则是因为舵机失灵,渡船失控漂流所致。

三、自然环境因素

影响船舶航行安全的自然条件包括风(台风)、雾(能见度)、雨(降水)、气温(冰冻)、水流、潮流等气象水文特征。

(1)河道变迁。河道变迁是桥梁船撞的一个重要风险因素。由于河道变迁使得航道发生改变,预设的通航孔和非通航孔可能发生变化。一个典型的实例是我国荆州长江公路大桥。

(2)风(台风)。事故分析表明[15],一般来说当风力超过7级时,出现事故的危险性较大。风使船舶产生倾斜、偏移、偏转,并在风的作用下壅水致使水面抬高等,影响船舶的航行安全。

如前述,新加坡籍货轮BITUMAN EXPRESS船撞击杭州湾大桥上部结构事故,当时为涨潮时的最大流速时段,估计流速为2.86m/s,东南风6~7级,阵风8级。水文与气象条件不好。

又如我国青州闽江大桥遭受船舶撞击，虽直接原因是走锚，但气象原因是遭遇台风。因此事故的原因是复合型的。

(3)雾(能见度)[15]。能见度不良使视距受到限制或因光照度差使夜间航行视程降低，航行条件恶化，易使船舶(队)迷失航向而造成船舶偏航、搁浅、触礁和碰撞等海事。

雾及能见度对通航安全影响较大，对长江上 1 000h 内发生的船舶交通事故数进行统计，通过分析可知，当能见度小于 4km 时，对船舶航行安全有一定的影响，当能见度在 1km 以内时，对航行安全的影响大增，为危险能见度。雾及不良能见度对跨海桥梁影响更加明显。

(4)水(潮)流[15]。水流条件包括流速、流向和流态等方面。在水流湍急、流态紊乱的航段船舶航行困难，影响船舶(队)航行安全。

四、航行与管理因素

航行方面包括的主要影响因素有船舶流量、船舶组成、背景光线、航道宽度、碍航物分布等。

(1)船舶交通密集使船舶在航道上频繁避让导致偏离航道，使船舶汇聚区域的操船更加困难，从而导致事故发生。

(2)船舶在狭水道航行时，由于两岸灯光强度的影响，造成操船者对水域附近船舶、设施及碍航物的视觉障碍，导致判断失误。

(3)有限的航道宽度是船舶偏离航道的主要客观原因。

(4)根据有关研究，碍航物离航道的距离小于 100m 时操船环境压力显著增大。

航行管理方面，主要影响因素包括助航系统和水上交通服务系统等。

(1)助航系统。如桥涵标、航道转向点附近的转向物标、航道轴线引导标志等。

(2)交通服务系统。包括岸基雷达监测系统和通信系统，具有交通监测、危险警告和交通咨询服务功能。

(3)交通安全秩序。桥梁多建在经济发达地区，其附近航段船舶交通一般都较为繁忙。码头、锚地、横越区的设置，还有支汊河流与干流的交汇与分流，这些都是导致桥区水域航道交通构成复杂的原因，船舶(队)进出码头、锚地、支流，穿越横越区，再加上直行船舶(队)，必然导致船舶(队)的交叉相遇频繁。另外，如在渔区捕鱼船也会影响正常通航秩序。

五、桥梁因素

从本章第三节可以看到，桥梁设计者虽然不能直接控制船舶撞击桥梁事件的发生风险，但通过适当的结构选型和结构设计可以达到避免桥梁船撞倒塌或减轻桥梁船撞损失的效果。从这方面来说，桥梁设计者在减轻桥梁船撞不利后果方面也是可以有所作为的，即桥梁结构本身的情况也对桥梁船撞安全有重要影响。因此在桥梁船撞安全评估中必须将其作为一个重要因素加以考虑。

六、风险因素关系树

综合本节前面的叙述与分析，桥梁船撞风险影响因素可以分类概括为图 2-4 所示的关系。

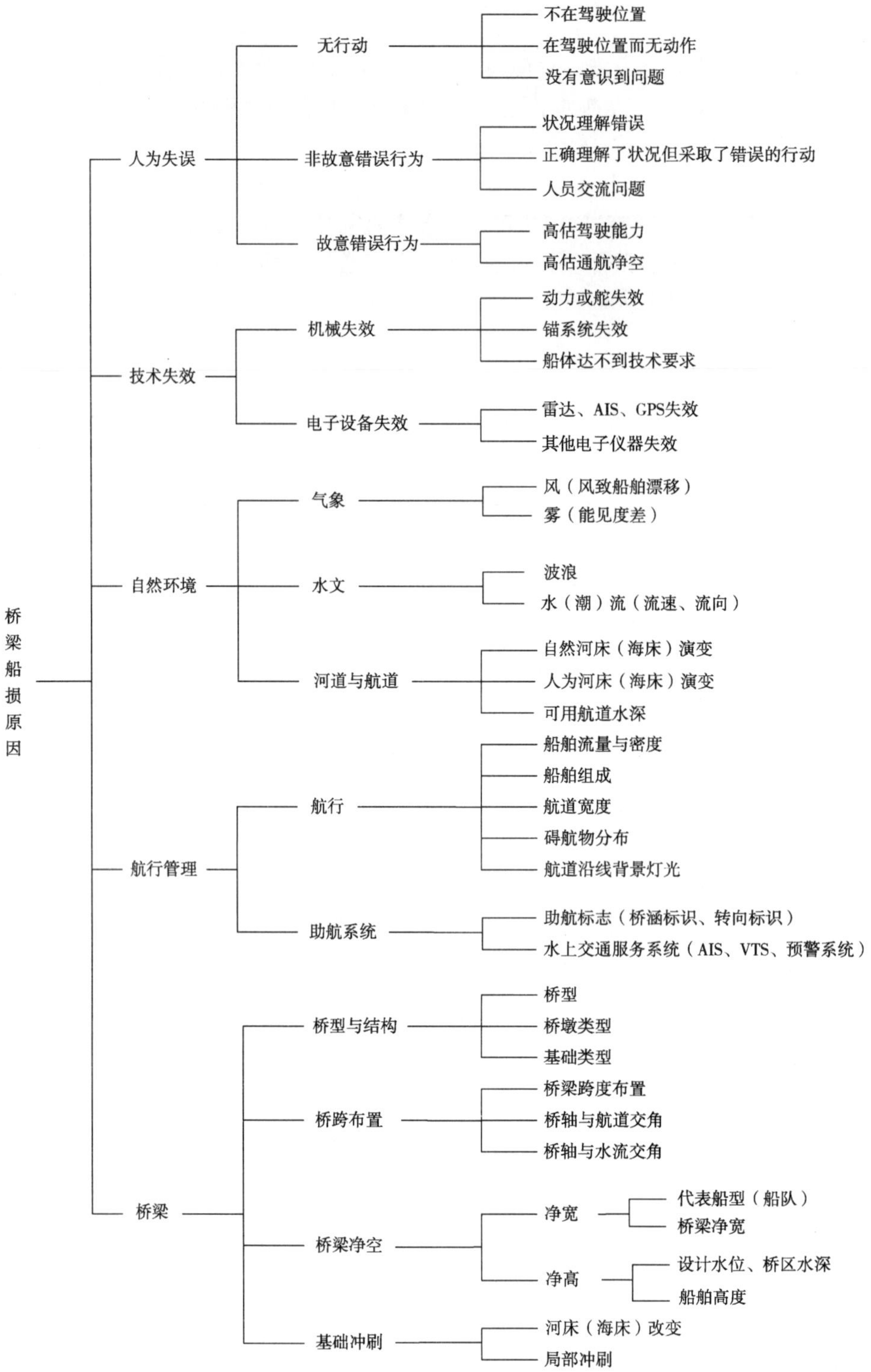

- 桥梁船损原因
  - 人为失误
    - 无行动
      - 不在驾驶位置
      - 在驾驶位置而无动作
      - 没有意识到问题
    - 非故意错误行为
      - 状况理解错误
      - 正确理解了状况但采取了错误的行动
      - 人员交流问题
    - 故意错误行为
      - 高估驾驶能力
      - 高估通航净空
  - 技术失效
    - 机械失效
      - 动力或舵失效
      - 锚系统失效
      - 船体达不到技术要求
    - 电子设备失效
      - 雷达、AIS、GPS失效
      - 其他电子仪器失效
  - 自然环境
    - 气象
      - 风（风致船舶漂移）
      - 雾（能见度差）
    - 水文
      - 波浪
      - 水（潮）流（流速、流向）
    - 河道与航道
      - 自然河床（海床）演变
      - 人为河床（海床）演变
      - 可用航道水深
  - 航行管理
    - 航行
      - 船舶流量与密度
      - 船舶组成
      - 航道宽度
      - 碍航物分布
      - 航道沿线背景灯光
    - 助航系统
      - 助航标志（桥涵标识、转向标识）
      - 水上交通服务系统（AIS、VTS、预警系统）
  - 桥梁
    - 桥型与结构
      - 桥型
      - 桥墩类型
      - 基础类型
    - 桥跨布置
      - 桥梁跨度布置
      - 桥轴与航道交角
      - 桥轴与水流交角
    - 桥梁净空
      - 净宽
        - 代表船型（船队）
        - 桥梁净宽
      - 净高
        - 设计水位、桥区水深
        - 船舶高度
    - 基础冲刷
      - 河床（海床）改变
      - 局部冲刷

图 2-4　桥梁船撞风险影响因素关系树

第五节　桥梁船撞风险管理与决策的基本框架

桥梁船撞风险评估的目的在于明确桥梁遭受船舶撞击的可能性与可能后果，并为桥梁方案的设计（对于拟建桥梁）和防撞方案的设计（对于拟建或已建桥梁）提供依据。管理部门借助于风险评估所获得的数据和结论，并综合考虑政治、经济、环境等因素，制定适当的降低桥梁船撞风险的措施，然后重新进行风险评估，直到满足一定的接受准则。

耿波和王君杰等[16]针对桥梁船撞安全问题提出了一个管理与决策的初步框架，见图2-5。

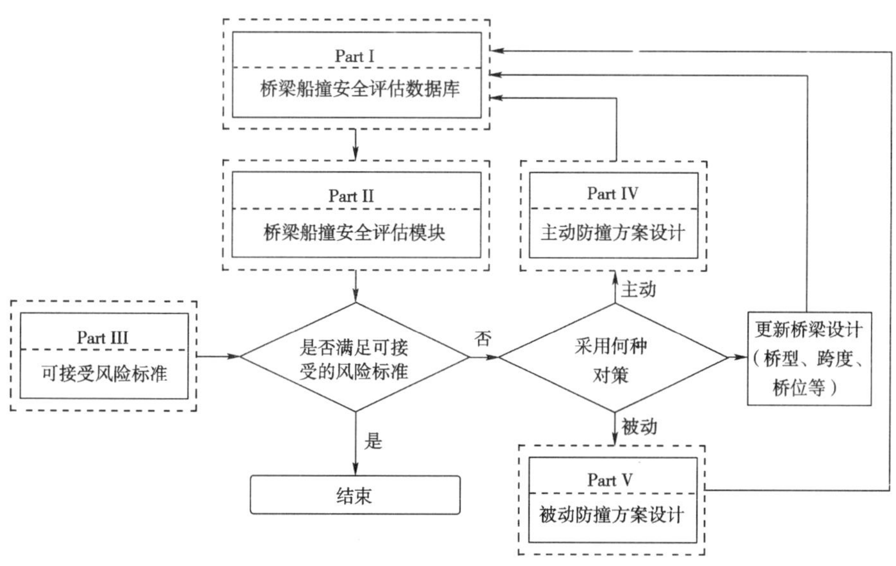

图2-5　桥梁船撞风险评估系统流程图

从工程风险管理的理念和技术的发展趋势来看，工程风险管理应当是采用系统的、动态的方法进行风险控制，以减少工程中的不确定性。基本和重要的是需要形成一种**风险管理文化**，并在此基础上建立桥梁船撞风险管理制度和其他方面的风险管理要素。

风险管理文化是个人、企业、部门乃至社会在长期活动中形成的共同价值观和行为方式，在最基本的层面上决定着对风险的理解和态度，并对安全管理的实际效果起着关键作用。对于桥梁船撞安全问题，相关企业或部门或决策人员，需要一种大家共同认可的安全管理文化作为基础，指导船撞风险管理的行为方式，进行桥梁船撞安全的全面管理。

从一般概念上讲，风险管理文化包括知识、制度和精神三个层面。知识层面包括对各种风险的识别、分析、评价和处置；制度层面是指对潜在风险进行预防和控制的规范化程序；精神层面是指在企业长期发展过程中形成的统一的风险管理价值标准和行为模式。

风险管理文化以企业文化为背景，通过由知识、制度和精神等层面所构成的文化体系，把风险管理的责任扩散到企业业务部门和工作环节，成为职业态度和工作习惯。

桥梁的船撞安全管理从根本上讲，是一项系统性的工作。为了有效地进行安全管理，无论是桥梁管理部门，还是航运管理部门都必须具备安全管理的基本知识，懂得从事安全管理工作的基本方法。

工程风险管理的基础是风险管理文化以及专业的风险管理机构和专业的风险分析人员。

桥梁工程船撞风险管理需要建立一套风险管理制度和工作程序，制定合理可行的风险管理目标，在此基础上采用适当的工程风险分析流程和方法对工程风险进行评估。这样的工程风险管理模式可以用图 2-6 表示。

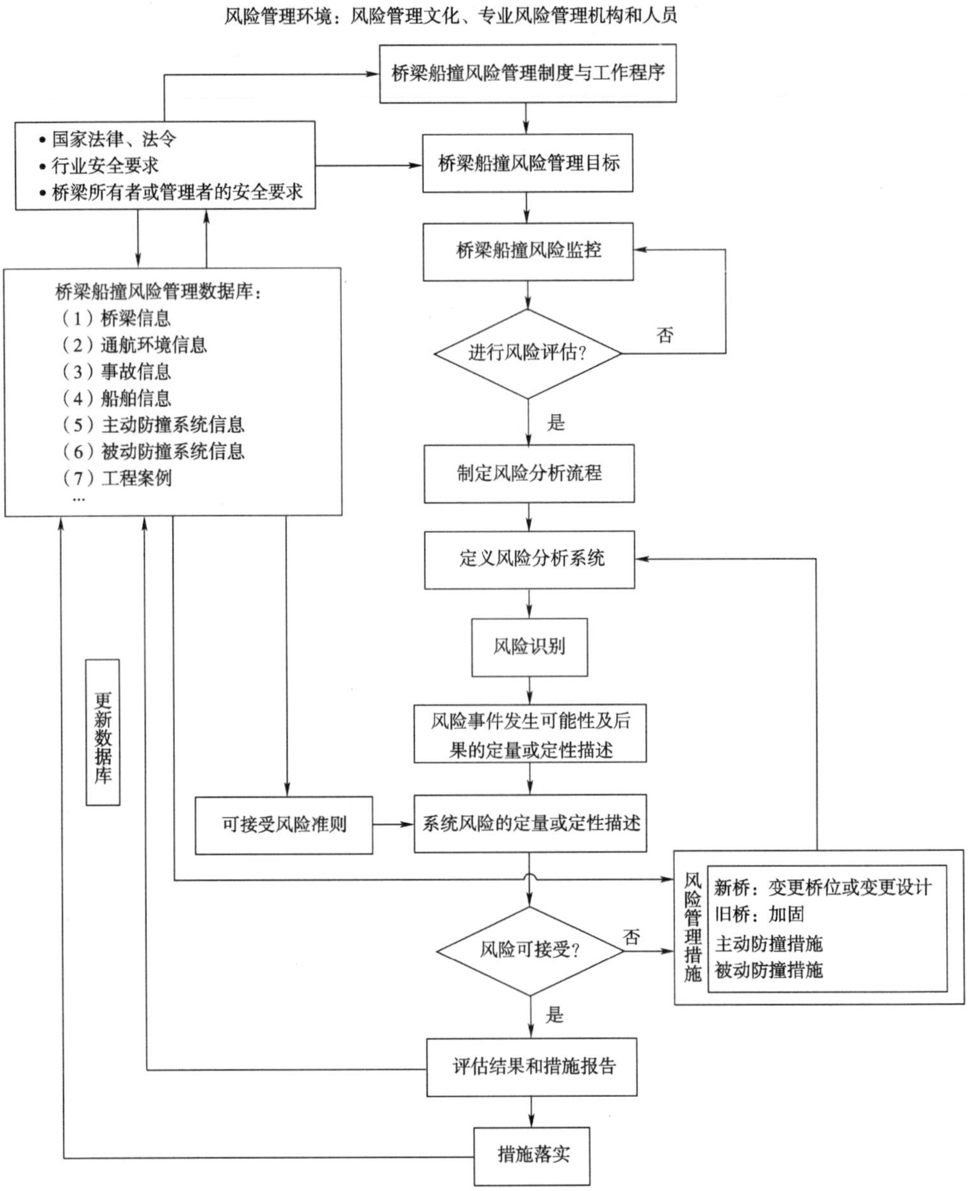

图 2-6　桥梁船撞风险评估系统流程图

参考文献

[1] 阮欣,陈艾荣,石雪飞.桥梁工程风险评估[M].北京:人民交通出版社,2008.

[2] 胡二邦.环境风险评价实用技术和方法[M].北京:中国环境出版社,2000.

[3] 国际咨询工程师联合会,中国工程咨询协会编译.风险管理手册[M].北京:中国计划出版社,2001.

[4] 肖建勇.海洋平台安全风险分析方法研究[D].天津大学硕士论文,2003.

[5] 吕秀艳.固定式海洋平台结构风险评估及应用[D].中国海洋大学硕士论文,2005.

[6] 吴绍利.工程项目风险识别与评价方法设计[D].西南交通大学硕士研究生学位论文,2007.

[7] S. E. Van Manen. ,Ship Collisions due to the Pressence of Brideges [R]. Brussels: PIANC General Secretariat,2001.

[8] 戴彤宇,聂武,刘伟力.长江干线船撞桥事故分析[J].中国航海,2002(4):44~47.

[9] 陈智君,黄家伟.广西辖区近年水上交通事故统计分析[J].珠江水运,2008(3):34~36.

[10] 卢建禄.人为因素与水上安全[J].珠江水运,2007(10):36~38.

[11] 李军,盛福深.浅谈海事中的人为因素[J].海事研究,2006(5):53~55.

[12] 雷汉洲.上海港及附近水域船舶交通安全评价[D].武汉理工大学硕士学位论文,2006.

[13] 任茂东,李荣棠.人的因素对船舶安全影响的探讨——对某海运公司1990.11~1992.3海事统计的分析[J].航海教育研究,1994(1):17~20.

[14] 杨斌,李海林.从广东“6.15”事故中谈谈如何避免驾驶员的失误行为[J].武汉航海(武汉航海职业技术学院学报),2007,2(3):11~13.

[15] 肖亮希.桥区水域通航评估的内容与方法研究[D].武汉理工大学硕士学位论文,2007.

[16] 耿波,王君杰,汪宏,范立础.桥梁船撞风险评估系统总体研究[J].土木工程学报,2007(5):34~40.

第三章 船撞风险评估数据库

第一节 概　　述

如前所述,桥梁船撞风险管理是一个动态过程,从桥梁规划开始,到桥梁的设计、施工、运营管理阶段都需要考虑船撞安全问题。由于船桥碰撞风险评估涉及的资料众多,包括桥梁资料、船舶资料、桥区环境资料以及事故资料等,建立一个专用的桥梁船撞安全评估数据库是桥梁船撞安全管理的一个基础的和重要的组成部分。

桥梁船撞风险评估数据库在整个评估过程中起着重要的纽带作用,数据库的信息可以分为以下八类:

(1)法律、行业安全要求、桥梁所有者安全要求的基本信息。

(2)桥梁基本信息。

(3)桥梁通航信息。

(4)通航船舶信息。

(5)桥区自然环境信息。

(6)船撞桥事故信息。

(7)主动防撞措施信息。

(8)被动防撞措施信息。

本章将叙述桥梁船撞安全评估专用数据库的一个基本框架。

第二节 数据库功能设计

桥梁船撞风险评估数据库的基本功能包括:

(1)数据管理功能。包括对桥梁信息、通航信息、船舶信息、桥区自然环境信息、事故信息、主被动防撞信息等的添加、删除、编辑、显示和输出等功能。

(2)数据查询功能。提供对各种信息的查询功能。

(3)数据接口功能。主要指桥梁船撞风险评估数据库与其他程序模块之间的数据共享和交换。通过数据的接口功能,可以将数据库中的信息转化为其他程序模块所需要的数据形式,并将程序计算结果写入数据库中,以供后续的查询和后处理。

(4)数据字典功能。数据字典包括系统数据字典和用户数据字典两部分。系统数据字典主要用来存储系统代码,可以方便用户对系统数据进行查询;用户字典主要用于存储系统用户数据,方便了解系统使用者的用户信息。

图 3-1 给出了桥梁船撞风险评估数据库的工作流程。

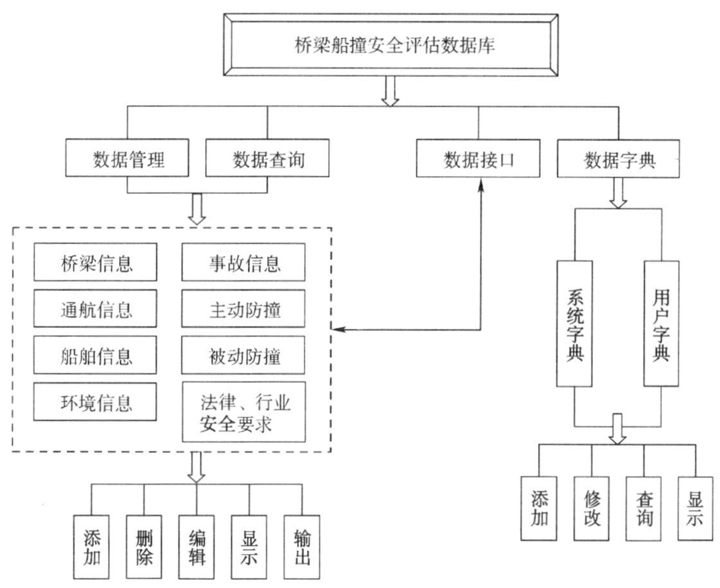

图 3-1　桥梁船撞风险评估数据库工作流程图

第三节　数据库的内容及编码

一、桥梁基本信息

该部分内容主要包括：桥梁名称、桥型、设计跨径布置、桥梁类别、桥梁所属区域、建造年代。具体填写方式与编码见表 3-1。

桥梁基本信息　　表 3-1

编　号	填写细目	编　码	填写内容
	桥梁代码	BridgeID	按国标《公路桥梁命名编号和编码规则》的规范化 15 位编号
01	桥梁名称	BriName	桥梁的全称
02	桥型	BriStruType	如：01 简支梁桥，02 连续梁桥，03 连续刚构，04 钢桁架桥，05 拱桥，06 斜拉桥，07 悬索桥，08 可开启桥，09 可提升桥，10 其他
03	跨径布置	BriSpanLayout	如：120 + 250 + 690 + 60 × 2
04	桥梁类别	BriType	如：01 公路桥，02 铁路桥，03 公铁两用桥，04 其他
05	桥梁所属区域	BriRegion	可具体到县级
06	建造年代	BriConsYear	指桥梁的竣工年月，如 1985.12 或 在建 或 设计中

为了对桥梁进行统一管理，桥梁编号（BridgeID）按国标《公路桥梁命名编号和编码规则》进行规范编号，由四部分共 15 位组成。第 1 ~ 4 位为桥梁所在的公路编码；第 5 位为桥类代码；第 6 ~ 8 位为桥梁所在省（直辖市）管界内沿路线走向的顺序号码；第 9 位为桥梁扩充号码；第 10 ~ 15 位为桥梁所在行政区划代码。行政区划码按照国标 GB 2260[1] 填写，路线码按照《公路路线命名与编号》（国标 GB 917.2）[2] 填写，见表 3-2。

桥梁代码格式表　　表 3-2

公路编码(第 1 ~4 位)	桥类码(第 5 位)	公路桥梁顺序码(第 6 ~8 位)	扩充码(第 9 位)	行政区划代码(第 10 ~15 位)
G(S/X/Y/Z/Q) × × ×	L	× × ×	×	× × × × × ×

二、桥梁通航信息

该部分内容主要包括:通航净空、通航船型、通航密度、预测通航密度、通航形式、航线夹角、基础形式、承台平面尺寸、承台厚度、承台顶面高程、桥墩形式、桥墩平面尺寸、墩处水深。具体填写方式与编码见表 3-3。

桥 梁 通 航 信 息　　表 3-3

编　号	填 写 细 目	编　　码	填 写 内 容
	桥梁代码	BridgeID	按国标《公路桥梁命名编号和编码规则》的规范化 15 位编号
01	通航航迹数	NavNumPath	桥梁通航的航迹数:每一航向作为一个航迹,如单航道双向通航,则航迹数为 2,分别为上下水航迹
02	航迹位置	NavPathLocI	第 i 条航迹的位置:坐标用户可以自己定义
03	航道位置	NavChanLocI	第 i 条航迹对应的航道位置:坐标用户可以自己定义
04	航道宽度	NavWidthI	第 i 条航迹对应航道的宽度,单位为米(m)
05	通航船型	NavVesType	01 客船,02 货船,03 集装箱船,04 滚装船,05 化学品船,06 油船,07 船队
06	通航密度	NavDensity	按船舶 DWT 分级对桥梁的年通航艘次进行统计
07	预测通航密度	NavPreDensity	按预期年限对远期船舶年通航量进行预测(按 DWT 分类)
08	航线夹角	NavAngluar	船舶航线与桥梁轴线法向的夹角,单位为度(°)
09	水中墩数目	NavNumPiers	位于水中的桥墩的数目
10	墩的位置	NavPierLocI	第 i 个墩的坐标位置:坐标用户可以自己定义
11	基础形式	NavPileTypeI	第 i 个墩的基础形式:01 高桩承台,02 管柱基础,03 沉井基础,04 其他形式
12	承台形状	NavCapShapeI	第 i 个承台的形状:01 矩形,02 圆形,03 其他
13	承台平面尺寸(宽)	NavCapWidthI	第 i 个承台的尺寸:如矩形为顺桥向长度(m),圆形为半径(m)
14	承台平面尺寸(长)	NavCapLengthI	第 i 个承台的尺寸:如矩形为横桥向长度(m)
15	承台厚度	NavCapThickI	第 i 个承台的厚度:单位(m)
16	承台顶面高程	NavCapTopEleI	第 i 个承台的顶面高程:单位(m)(在同一个桥梁中统一用黄海高程或者统一用吴淞口高程或其他统一标准的高程)
17	桥墩形式	NavPierTypeI	第 i 个墩的形式:01 实体墙式桥墩,02 柱式桥墩,03 空心薄壁墩,04 其他
18	桥墩形状	NavPierShapeI	第 i 个墩的形状:01 矩形,02 圆形,03 其他
19	桥墩平面尺寸(宽)	NavPierWidthI	第 i 个墩的尺寸:如矩形为顺桥向长度(m),圆形为半径(m)
20	桥墩平面尺寸(长)	NavPierLengthI	第 i 个墩的尺寸:如矩形为横桥向长度(m)
21	墩处水深	NavWatDepthI	第 i 个墩处的水深:单位(m)
22	墩处水深参照水位	NavWatLevel	墩处水深的参照水位:单位(m)(统一高程)

为了说明数据的采集方法，图 3-2 给出了一个船舶通航的示意图，图中上下水航迹均位于航道的中心线。从图中可以得到以下数据（单位均为 m）：

船舶的航迹数：2，分别为上下水航迹；

航迹位置：上水航迹为 70，下水航迹为 180；

航道位置：上水航道为 70，下水航道为 180；

航道宽度：上水航道为 100，下水航道为 100；

航线夹角：0°；

水中墩数目：2 个；

墩的位置：1 号墩为 5，2 号墩为 250；

承台形状：1 号墩为 1（矩形），2 号墩为 1（矩形）；

承台平面尺寸（宽）：1 号承台 10，2 号承台 20；

承台平面尺寸（长）：1 号承台 20，2 号承台 30。

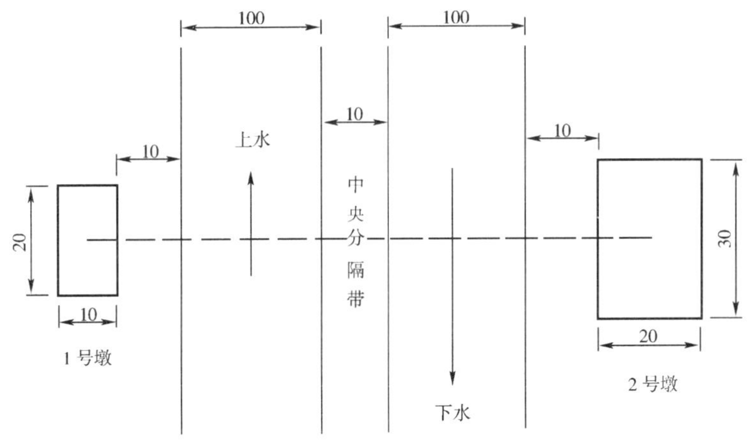

图 3-2　桥梁通航状况示意图

表 3-3 中数据并不是完全由计算程序调用的原始数据，中间还需要进行适当的转化才能被计算模块所使用。

三、通航船舶信息

对桥梁进行船撞风险评估时一项很重要的工作就是收集通航船舶的信息。因为桥梁的通航密度通常情况下都是按通航船舶的 DWT 进行分类的，在每个 DWT 分类中，都可能包含了不同类型的通航船舶，例如，3 000 ~ 5 000DWT 的船舶分类中可能包括货船、集装箱船、油船等，而不同类型船舶的船舶参数又不尽相同，因此在评估时其首要工作就是要收集通航船舶的信息，根据各类船舶在通航量中所占比重的大小，加权得到桥梁船撞风险评估中各个船舶 DWT 分类中的船舶尺度，以便进行后续的评估工作。

本书将通航船舶信息库大体分为三类：轮船船型信息库、驳船船型信息库和船队信息库，其示意图分别见图 3-3 ~ 图 3-6。图 3-3 为单艘无球鼻艏的轮船示意图；图 3-4 为单艘有球鼻艏的轮船示意图；图 3-5 为单艘驳船的示意图；图 3-6 为驳船队的示意图，驳船队中包括单艘驳船和拖船。

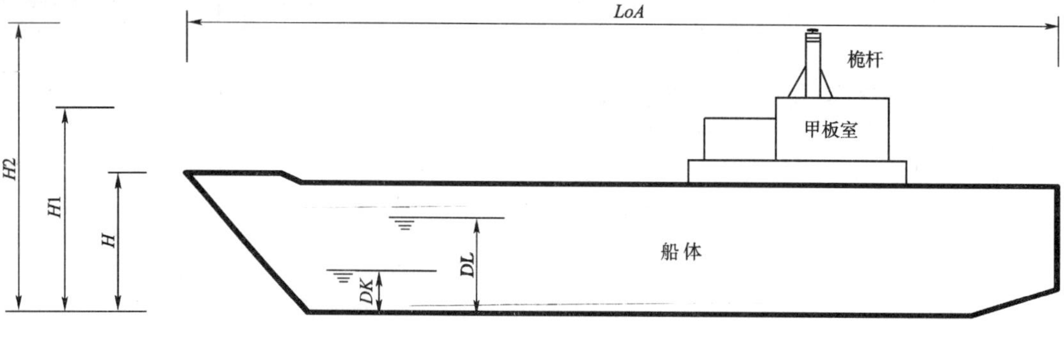

图 3-3　轮船示意图（无球鼻艏）

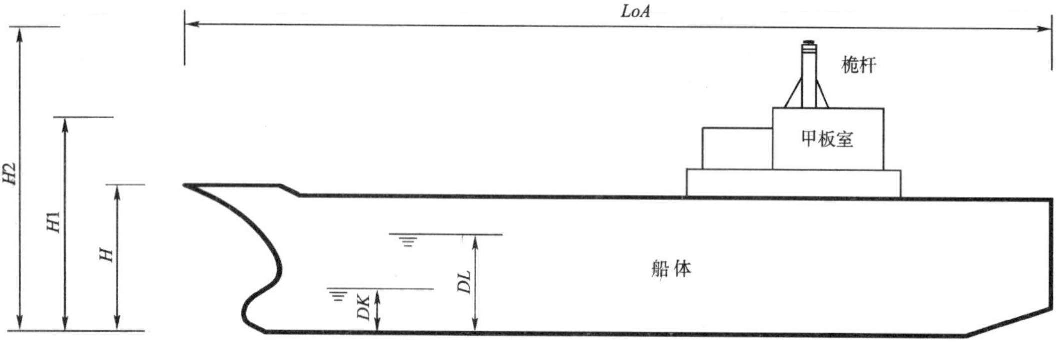

图 3-4　轮船示意图（有球鼻艏）

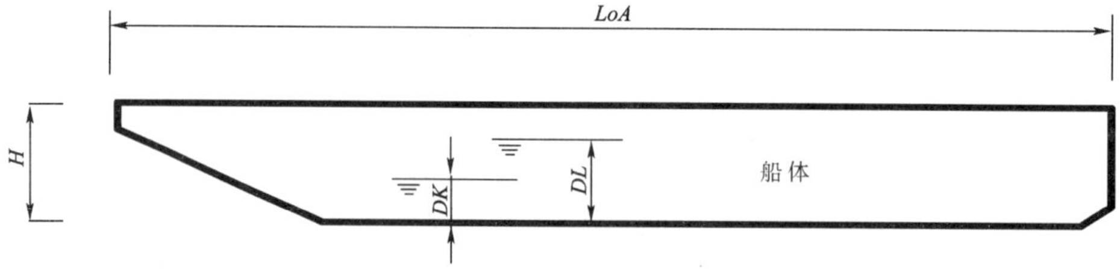

图 3-5　单艘驳船示意图

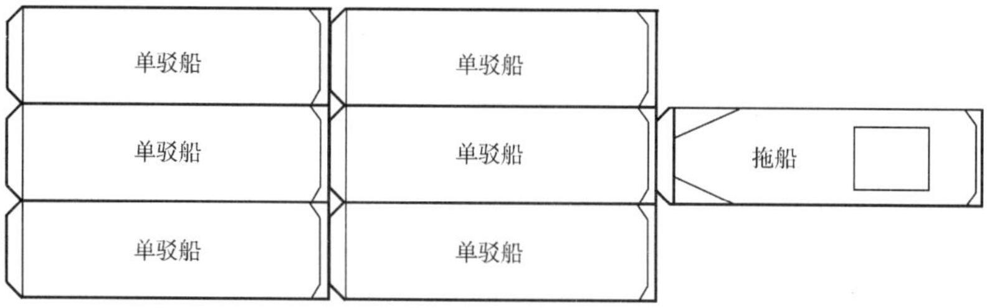

图 3-6　船队（行×列或排×列:2×3 驳船队）示意图

图中，*LOA* 为船长；*H* 为船头高；*H*1 为甲板室高；*H*2 为桅杆高；*DK* 为空载压舱吃水深度；*DL* 为满载吃水深度。

1. 轮船船型信息

考虑到船撞所需的基本数据要求以及资料收集的方便，轮船船型信息库主要包括：恒重吨

位 DWT、空载压舱排水量、满载排水量、空载压舱吃水深度、满载吃水深度、船长、船宽、船头高、甲板室高、桅杆高。具体填写方式与编码见表 3-4。

轮船船型信息　　表 3-4

编　号	填写细目	编　码	填写内容
	恒重吨位 DWT	ShipDWT	轮船的恒重吨位,单位:t
01	空载压舱排水量	ShipKDisp	轮船的空载压舱排水量,单位:t
02	满载排水量	ShipLDisp	轮船的满载排水量,单位:t
03	空载压舱吃水深度	ShipKDraft	轮船的空载压舱吃水深度 *DK*,单位:m
04	满载吃水深度	ShipLDraft	轮船的满载吃水深度 *DL*,单位:m
05	船长	ShipLength	轮船的船长 *L*,单位:m
06	船宽	ShipWidth	轮船的船宽,单位:m
07	船头高	ShipHeight	轮船的船头高 *H*,单位:m
08	甲板室高	ShipHouseH	轮船的甲板室高 *H1*,单位:m
09	桅杆高	ShipMastH	轮船的桅杆高 *H2*,单位:m

2. 驳船船型信息库

考虑到船撞所需的基本数据要求以及资料收集的方便,驳船船型信息库主要包括:恒重吨位 DWT、空载压舱排水量、满载排水量、空载压舱吃水深度、满载吃水深度、船长、船宽、船头高。具体填写方式与编码见表 3-5。

驳船船型信息　　表 3-5

编　号	填写细目	编　码	填写内容
	恒重吨位 DWT	BargeDWT	驳船的恒重吨位,单位:t
01	空载压舱排水量	BargeKDisp	驳船的空载压舱排水量,单位:t
02	满载排水量	BargeLDisp	驳船的满载排水量,单位:t
03	空载压舱吃水深度	BargeKDraft	驳船的空载压舱吃水深度 *DK*,单位:m
04	满载吃水深度	BargeLDraft	驳船的满载吃水深度 *DL*,单位:m
05	船长	BargeLength	驳船的船长 *L*,单位:m
06	船宽	BargeWidth	驳船的船宽,单位:m
07	船头高	BargeHeight	驳船的船头高 *H*,单位:m

3. 船队信息

考虑到船撞所需的基本数据要求以及资料收集的方便,船队信息库主要包括:船队恒重吨位 DWT、典型代表驳船、船队行(排)数、船队列数。具体填写方式与编码见表 3-6。

船队信息　　表 3-6

编　号	填写细目	编　码	填写内容
	恒重吨位 DWT	FleetDWT	船队的恒重吨位,单位:t
01	典型代表驳船	FleetBarge	船队中的典型代表驳船,单位:t
02	船队行数	FleetLines	船队的行(排)数,垂直于航向
03	船队列数	FleetColumns	船队的列数,平行于航向

四、桥区自然环境信息

桥区的自然环境，如航道及水文条件等，也对碰撞有着重要影响，水流速度越高则碰撞概率越大，很多船桥碰撞事故发生在洪水期的事实就证明了这一点。桥区水流与桥梁法线方向夹角过大时，例如桥区航道转向，船桥碰撞概率也会增大，这是因为存在较大的横流。因此，为了更好地描述桥区影响船桥碰撞概率的众多自然因素，该部分主要包括以下内容：水流夹角、年平均水流流速、风向、设计风速、设计最高通航水位、全年平均通航水位、设计最低通航水位、汛期月份、枯水期月份、平均涨潮流速、平均落潮流速、年雨日数、年雪日数、年雾日数。具体填写方式与编码见表3-7。

桥区自然环境信息　　表3-7

编　号	填写细目	编　码	填写内容
	桥梁代码	BridgeID	按国标《公路桥梁命名编号和编码规则》的规范化15位编号
01	水流夹角	NatCurAngluar	为水流与桥轴线法向夹角，单位：度(°)
02	年平均水流流速	NatAverCurVelo	年平均水流速度，单位：m/s
03	风向	NatWindAngluar	与桥轴线法向夹角，单位：度(°)
04	设计风速	NatWindVelo	单位：m/s
05	设计最高通航水位	NatMaxLevel	单位：m(同一桥梁采用统一高程系统)
06	全年平均通航水位	NatAverLevel	单位：m(同一桥梁采用统一高程系统)
07	设计最低通航水位	NatMinLevel	单位：m(同一桥梁采用统一高程系统)
08	汛期月份	NatFloodMon	一般洪水期所在的月份
09	枯水期月份	NatLowMon	一般枯水期所在的月份
10	平均涨潮流速	NatZTideVelo	单位：m/s，如没有则不填
11	平均落潮流速	NatLTideVelo	单位：m/s，如没有则不填
12	年雨日数	NatRainDays	每年下雨的天数
13	年雪日数	NatSnowDays	每年下雪的天数
14	年雾日数	NatFogDays	每年有雾的天数

如对于某桥来说，其自然环境信息如下：

水流夹角：3°；

年平均水流流速：2m/s；

风向：6°；

设计风速：20m/s；

设计最高通航水位：6.2m；

全年平均通航水位：3m；

设计最低通航水位:0.5m;

汛期月份:8;

枯水期月份:1;

平均涨潮流速:无;

平均落潮流速:无;

年雨日数:55;

年雪日数:无;

年雾日数:36。

五、船撞桥事故信息

为了从现实发生的船撞桥事故中提取对船桥碰撞研究有用的数据信息,就必须要对所发生的事故资料进行收集和统计。2002 年,学者戴彤宇建立了我国第一个船撞桥事故数据库[3],本书在戴彤宇工作的基础上,对其中的内容进行了部分调整,并对数据库的结构进行了进一步的规范化和编码处理,以方便桥梁船撞风险评估数据库的建库工作,同时也可以为以后的船撞桥事故数据库提供统一的建库标准。

船撞桥事故数据库分为以下六个部分:

1. 事故总体信息

包括的内容:国家、事故文号、事故档案名称、事故记录单位、事故信息来源、桥梁名称、航道名称、事故发生地、事故发生日期、事故发生时间。

2. 桥梁信息

包括的内容:桥梁类别、桥型、建造年代、通航净空、设计跨径、被撞位置。

3. 船舶信息

包括的内容:船名、船旗、船型、船舶材质、空载排水量、满载排水量、船长、船宽、吃水深度、有无锚泊系统、主机数量、推进主机类型、有无首推器、航向、航速、是否引航、船主、所载货物数量、载客数、主机功率。

4. 航道信息

包括的内容:航道水深、航道类型、航道曲度、桥区直线航道长、航道宽度、年通行船舶数、桥下通行难度、是否分道航行、有无分道标志或标线、导航系统完善程度、是否有 VTS、搜救能力、其他需要说明的问题。

5. 自然环境信息

包括的内容:风向、风速、浪高、水流方向、水流速度、有无浮冰、能见度、白天或夜间、天气总体状况。

6. 事故详细信息

包括的内容:事故类型、事故描述、事故原因、船舶系统功能、事故后果、环境直接损失、直接总损失、环境间接损害、航道堵塞时间、桥上交通堵塞时间、间接总损失、事故总损失、事故概述、法律问题、近期事故。

这六个部分的信息库分别见表 3-8 ~ 表 3-13。

事故总体信息 表3-8

编号	填写细目	编码	填写内容
	事故代码	AccidentID	桥梁15位编号+2位事故编号,如… +01
01	国家	AccGenNation	为与国际数据库接轨而设置
02	事故文号	AccGenRecTag	事故的记录编号,如长督航字(94)第357号,如无则不填
03	事故档案名称	AccGenRecName	事故的记录名称,如:关于黄石207船队碰撞武汉长江大桥事故的报告
04	事故记录单位	AccGenDepart	记录事故的有关部门
05	事故信息来源	AccGenInfoSource	分为八类:01详细资料,02有关正式文件,03有关事故报告,04事故调解书,05有关统计报表,06有关手稿,07书刊、论文,08网上下载资料等
06	桥梁名称	AccGenBriName	发生事故的桥梁名称
07	航道名称	AccGenChanName	以江河、运河等名称命名,如长江、黄河、珠江等
08	事故发生地	AccGenPlace	指事故发生的具体地点,可具体到县级
09	事故发生日期	AccGenDate	按年月日填写,如2007.6.15
10	事故发生时间	AccGenTime	可具体到小时、分,如5:30

桥梁信息 表3-9

编号	填写细目	编码	填写内容
	事故代码	AccidentID	桥梁15位编号+2位事故编号,如… +01
01	桥梁类别	AccBriType	01公路桥,02铁路桥,03公铁两用桥,04其他
02	桥型	AccBriStruType	01简支梁桥,02连续梁桥,03连续刚构,04钢桁架桥,05拱桥,06斜拉桥,07悬索桥,08可开启桥,09可提升桥,10其他
03	建造年代	AccBriConsYear	指桥梁的竣工年月,如1985.12
04	通航净宽	AccBriNavWidth	如125m
05	通航净高	AccBriNavHeight	如35m
06	被撞位置	AccBriImpPosition	01桥墩,02承台,03桩,04上部结构,05防撞设施,06其他

船舶信息 表3-10

编号	填写细目	编码	填写内容
	事故代码	AccidentID	桥梁15位编号+2位事故编号,如… +01
01	船名	AccVesName	如:秭归405船队,千山红4号驳船等
02	船旗	AccVesFlag	为与国际数据库接轨而设置
03	船型	AccVesType	01客船,02货船,03集装箱船,04滚装船,05化学品船,06油船,07船队
04	船舶材质	AccVesMat	01钢质,02铝质,03水泥,04其他
05	空载排水量	AccVesKDisp	单位:t
06	实际排水量	AccVesRDisp	单位:t
07	船长	AccVesLength	单位:m

续上表

编 号	填写细目	编 码	填写内容
	事故代码	AccidentID	桥梁15位编号+2位事故编号,如… + 01
08	船宽	AccVesWidth	单位:m
09	吃水深度	AccVesDraft	单位:m
10	有无锚泊系统	AccVesAnchor	01 有,02 无
11	主机数量	AccVesMacNum	有几台发动机
12	推进主机类型	AccVesPropType	01 柴油机,02 汽油机,03 其他
13	有无首推器	AccVesHeadProp	01 有,02 无
14	航向	AccVesTraDirect	内河:01 上水,02 下水,03 出港,04 进港 沿海:11 东,12 南,13 西,14 北,15 东南,16 东北,17 西南,18 西北,19 其他
15	航速	AccVesVelo	单位:m/s
16	是否引航	AccVesPilot	01 是,02 否
17	船主	AccVesHost	船舶所属单位或所属个人
18	所载货物数量	AccVesGoods	如矿砂500t,汽油5 000t等
19	载客数	AccVesPassg	所载乘客数,包括船员在内
20	主机功率	AccVesPower	单位:kW

航道信息 表3-11

编 号	填写细目	编 码	填写内容
	事故代码	AccidentID	桥梁15位编号+2位事故编号,如… + 01
01	航道水深	AccNavWatDepth	事故发生时的实际水深,单位:m
02	航道类型	AccNavType	01 内河,02 湖泊,03 运河,04 港口,05 海上,06 海峡,07 海湾,08 其他
03	航道曲度	AccNavCurv	01 急弯,02 中等,03 微弯,04 复杂
04	桥区直线航道长	AccNavsStraightL	指事故发生一侧,即船舶来向一侧,单位:m
05	航道宽度	AccNavWidth	单位:m
06	年通行船舶数	AccNavVesNum	单位:艘/年
07	桥下通行难度	AccNavPassDific	01 困难(窄、急弯等),02 中等,03 容易
08	是否分道航行	AccNavDivid	01 是,02 否
09	有无分道标志	AccNavDivMark	01 有,02 无
10	导航系统完善程度	AccNavGuidSys	01 比较完善,02 有较小问题,03 非常不完善
11	是否有 VTS	AccNavVTS	01 有,02 无
12	搜救能力	AccNavSearch	指搜救单位赶到事故现场的时间长短,分为:01 较强,02 一般,03 很差
13	其他	AccNavOther	其他需要说明的问题

自然环境信息 表 3-12

编号	填写细目	编码	填写内容
	事故代码	AccidentID	桥梁 15 位编号 +2 位事故编号,如… + 01
01	风向	AccNatWindAng	与桥法向夹角,单位:度(°)
02	风速	AccNatWindVelo	单位:m/s
03	浪高	AccNatWaveH	单位:m
04	水流方向	AccNatCurAng	与桥法向夹角,单位:度(°)
05	水流速度	AccNatCurVelo	单位:m/s
06	有无浮冰	AccNatIce	01 有,02 无
07	能见度	AccNatVisib	01 良好,02 中等,03 较差
08	白天或夜间	AccNatTime	01 白天,02 黎明或黄昏,03 夜间
09	天气总体状况	AccNatWeather	01 晴朗,02 多云,03 雨,04 雪,05 雾,06 风

事故详细信息 表 3-13

编号	填写细目	编码	填写内容
	事故代码	AccidentID	桥梁 15 位编号 +2 位事故编号,如… + 01
01	事故类型	AccFulType	01 撞击桥梁上部结构,02 撞击下部结构,03 撞击防撞设施或助航设备
02	事故描述	AccFulDiscr	01 追越,02 过桥,03 转向或横穿,04 进港或离港,05 偏离航道,06 其他
03	事故原因	AccFulReason	自然条件:01 浮冰,02 暴风雨雪,03 雾,04 水流,05 漂流物,06 风,07 其他 系统故障:08 主机故障,09 齿轮箱故障,10 舵系统故障,11 拖缆断,12 船舶漂流 人为因素:13 指令误解,14 操作不当,15 故障处理不当,16 对净空估计不足,17 操作不熟练,18 酒精药物过量,19 睡觉,20 无证驾驶,21 其他 航道原因:22 障碍物,23 无航标或不清,24 水深不足 船舶系统功能:25 主机功率不足,26 舵效不足,27 船型不好,28 其他 (可选填多项)
04	事故后果之一	AccFulCsq1	伤员人数
05	事故后果之二	AccFulCsq2	死亡人数
06	事故后果之三	AccFulCsq3	船损,单位:万元
07	事故后果之四	AccFulCsq4	桥损,单位:万元
08	事故后果之五	AccFulCsq5	货损,单位:万元
09	事故后果之六	AccFulCsq6	其他直接损失,单位:万元
10	环境直接损失	AccFulCirDLoss	指清理环境损害所需直接费用,单位:万元
11	直接总损失	AccFulDLoss	05 到 10 项之和
12	环境间接损害	AccFulCirILoss	分为:极大、较大、中等、较小、微小
13	航道堵塞时间	AccFulChanJam	单位:小时(h)

续上表

编 号	填写细目	编 码	填写内容
	事故代码	AccidentID	桥梁15位编号+2位事故编号,如… +01
14	桥上交通堵塞时间	AccFulBriJam	单位:小时(h)
15	间接总损失	AccFullLoss	12到14项之和
16	事故总损失	AccFulLoss	11项+14项
17	事故概述	AccFulExp	事故文字描述
18	法律问题	AccFulLaw	文字描述
19	近期事故	AccFulNearAcc	文字描述

六、主动防撞措施信息

主动防撞是指为了避免船舶在航行过程中撞击到桥梁而采取的一系列人为改善的措施,如设置导航标、船舶定线航行、安装VTS系统[4,5]等。这些都会降低船桥碰撞事件的发生概率,因此,在建立桥梁船撞风险评估数据库时,对于已建桥梁,还应考虑到桥区现有的主动防撞措施。为了在评估时对此有所考虑,本书建议也应将相关的主动防撞措施进行建库。

第二章对目前我国主动防撞的常用措施都做了详细介绍,在建库的时候,本书主要从以下几方面进行建库工作,具体填写方式与编码见表3-14。

主动防撞措施信息 表3-14

编 号	填写细目	编 码	填写内容
	桥梁代码	BridgeID	按国标《公路桥梁命名编号和编码规则》的规范化15位编号
01	是否采用主动防撞	AprAdopted	01是,02否
02	主动防撞类型	AprType	01导航标,02航行定线,03航行警戒区,04船员培训,05AIS系统,06VTS系统 可选择多项
03	01开始时间	AprStaTime01	时间:××年××月
04	02开始时间	AprStaTime02	时间:××年××月
05	03开始时间	AprStaTime03	时间:××年××月
06	04开始时间	AprStaTime04	时间:××年××月
07	05开始时间	AprStaTime05	时间:××年××月
08	06开始时间	AprStaTime06	时间:××年××月
09	资金投入	AprCost	单位:万元

七、被动防撞措施信息

被动防撞措施主要是指在桥墩处安装防撞装置,以减小船撞桥墩产生的撞击力的大小,第二章已经对防撞设施进行了介绍,这里就不再赘述了。在建库的时候,具体填写方式与编码见表3-15。

被动防撞措施信息　表 3-15

编　号	填写细目	编　码	填写内容
	桥梁代码	BridgeID	按国标《公路桥梁命名编号和编码规则》的规范化 15 位编号
01	是否采用被动防撞	PprAdopted	01 是,02 否
02	被动防撞类型	PprType	01 护舷方式,02 绳索方式,03 木结构方式,04 混凝土结构方式,05 钢结构方式,06 新材料,07 重力式,08 集群桩,09 防撞墩,10 防护板防护系统,11 薄壳筑砂围堰,12 双壁钢围堰,13 人工岛,14 浮体系泊索 可选择多项
03	加装的桥墩数	PprPierNum	有多少个桥墩加装了防撞设施
04	桥墩防撞类型	PprPierTpyeI	第 i 个桥墩加装的防撞设施类型,同编号 02
05	加装时间	PprStaTimeI	第 i 个桥墩加装防撞设施的时间,××年××月
06	资金投入	PprCostI	第 i 个桥墩加装防撞设施的花费,××万元

八、法律、政令、技术要求信息

法律、政令、技术要求信息是各级立法机关、各级行政部门、各级技术管理部门等颁布的对预防风险事件发生或降低事件发生的风险水平或应急救援等方面的要求。要求可能是强制性的,也可能是建议性的;影响范围可能是影响全国的,也可能是区域性的;可能是持续性的,也可能是一次性的。但都对桥梁船撞安全方面的考虑产生作用。因此数据库中必须包括相应的信息。

法律、政令、技术要求信息具体填写方式与编码见表 3-16。

法律、政令、技术要求信息　表 3-16

编　号	填写细目	编　码	填写内容
	法令代码	ActID	
01	等级	ActClass	01 国家级,02 省部级,03 市县级,04 企业级
02	发布部门	ActIssueed	01 全国人大,02 国务院,03 省人大,04 省政府,05 部委,06 市县人大,07 市县政府,08 企业
03	影响范围	ActRegion	01 全国性的,02 区域性的,03 省内的,04 市县内的,05 企业内的
04	执行部门	ActCarry	01 技术管理部门,02 企业,设计部门
05	执行强度	ActType	01 强制性的,02 建议性的
06	发布时间	ActIssuedTime	××年××月××日
07	持续时间	ActGoingOn	从××年××月××日至××年××月××日

参考文献

[1] 全国文献工作标准化技术委员会. 中华人民共和国行政区划代码(GB 2260—84)[Z]. 1984.11.

[2] 孙黎莹,孙渝平.(GB 917.1～917.2—2000)公路路线标识规则的编制说明[Z].交通标准化.2001(5):16～21.

[3] 戴彤宇.船撞桥及其风险分析[D].哈尔滨工程大学博士论文.2002.

[4] 郑学文,等.长江干线船舶交通管理系统(VTS)总体建设方案论证[M].北京:交通部规划研究院.2001.

[5] 国际航标协会(IALA).关于可航行水道上固定桥梁标志的建议[Z].1987.5.

第四章 桥梁船撞安全环境数据与分析

第一节 自然环境

一、河势

河势对桥梁的船撞安全具有很大的影响。河势影响到桥位的选择，应在桥位规划阶段进行深入合理的分析，以避免后续工作被动。

河势的分析主要涉及河势的总体稳定性、水中沙体的分布及移动等。自然地质、地形，人工岸线工程等都对河势有很大的影响。航道条件与河势密切相关，但又有所不同。航道除受河势影响外，也与人为的航行管理和分界有关。一般来说，顺直的航道对桥梁的船撞安全有利。

荆州大桥位于长江太平口水道[1]，历史上水道多变迁。由于1998年的特大洪水作用，形成新三八洲。新三八洲体很不稳定，洲头、洲尾和洲高时常变化。荆州长江公路大桥建成通车以来，主航道南北多次交替变化，通航条件差，船舶航行事故频繁发生，对大桥安全和船舶安全影响很大。

为解决荆州大桥船撞安全问题，2008年对荆江大桥7个桥墩加设防护设施，并在桥区建设助航和监控设施等，工程总费用超过6 000万元。

荆州长江大桥的例子说明，桥位选择时河势稳定的重要性。

在苏通大桥的建设过程中，对桥区上下游河道的河势的稳定性进行了大量的深入分析[2,3]，主要包括以下几方面：

(1)桥址以上的临江岩体对主流的走向以及江南一侧岸线的稳定起到了有效的控制作用。通州沙沙头由礁岩体组成，可保证其长期稳定。通州沙东水道左岸临江岩体则使沙体边稳定，也保证了上下游一定范围江岸的稳定。常熟沿岸的浒浦～徐六泾一带，江岸的地质结构为抗冲性强的黏土，此处江岸虽受长江主流顶冲，但一直处于较好的稳定状态。

(2)20世纪70年代修建了福姜沙南汊右岸的护岸工程和张家港等码头群以及80年代起在长青沙修建节点护岸工程，对稳定河势起到了重要作用。南通市任港至狼山全线的港口和船厂建设则在实际上确保了北岸边界条件的稳定。50～60年代的通海沙大规模围垦，将徐六泾对岸一片散乱的江滩辟为农场，将该段江面缩至5.7km，再加上1970年江心沙北夹槽立新坝的建设，形成了徐六泾节点段的北界，对稳定河势具有控制性作用。

即将建设的新通海沙南通开发区上段岸线综合整治工程将使得徐六泾北岸形成完整的堤线，进一步发挥沿岸人工工程对河势的整体控制作用，并进一步缩窄徐六泾河段的河宽，可增加该节点段的束流、导流作用，有利于南支下段的河势稳定。

(3)对1954年长江全流域特大洪水以及1998年特大洪水的分析表明,桥址附近的河势稳定性能承受特大洪水考验。

根据已有的河势观测数据,并根据河道整治工程和沿岸开发工程对河道稳定效果的分析,可以认为苏通大桥附近河道具有良好的稳定性,发生较大河道变迁的可能性很小。这一点对苏通大桥防船撞安全有利。

广东省325国道九江大桥[4,8]上游的海寿沙及下游的担杆洲的分流作用,使得九江水道的航路呈现一个"S"形状,见图4-1,船舶过桥航行前后需要频繁进行转向。当船舶由海寿沙左汊主航道下行通过九江大桥时,需要较大幅度转向,转向角度达到40°,对船舶过桥影响较大,增加了船舶过桥的难度。

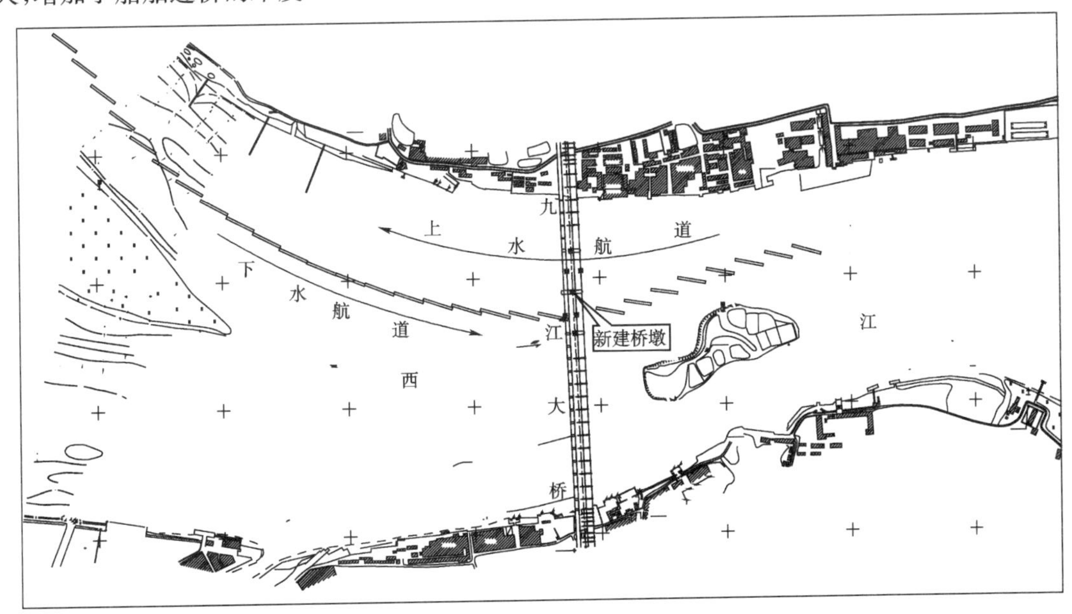

图4-1 325国道九江大桥附近水域与航道条件

九江大桥轴线的法线方向与水流流向存在较大的交角,且上下行主通航孔存在差异,水流与上行通航孔法线方向的交角在7°左右,水流与下行通航孔法线方向的交角在15°左右,对安全行船不利。

黄石长江公路二桥河段位于长江下游航道里程K904~K919处[5],上起迴风矶,下止西塞山,长约15km,本河段上接戴家洲水道,下邻牯牛沙水道。桥区河段(即黄石水道)为单一微弯河道,主流位于右岸一侧,水深条件良好。桥区河段主流从戴家洲水道出口迴风矶一带向右岸过渡,在黄石弯道沿右岸下行,在西塞山以下,主流转向左岸沿左岸下行,河道形势见图4-2。

桥区河段进口左岸迴风矶和出口右岸西塞山是突出江岸的两个节点,对水流有很强的控导作用,加之桥区河段凹岸有猫儿矶、陡城矶、海观山和牯牛沙水道凹岸的茅山、九边矶、暖水矶、合矶等多处矶头控制,而且凸岸又有大堤保护,多年来岸线总体较为稳定,但由于洪水局部淘刷作用,西塞山~下棋盘洲之间的个别地段岸线有所崩退,形成堤岸合一的状态。从桥区河段及其上下游水道的多年演变情况来看,虽局部岸线有所崩退,但平面外形总体变化不大。

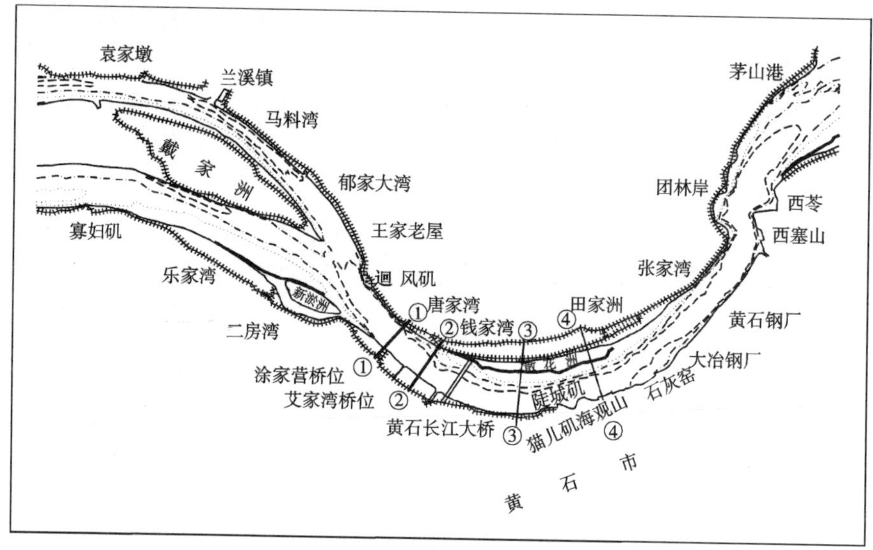

图 4-2　黄石长江公路二桥河势与航道总体情况

拟建的黄石二桥和原黄石大桥两桥位均位于黄石水道跨河过渡段，上下桥位处主流摆幅分别为 200m 和 300m。过渡段主流线变化较大的原因一般与河道边界条件、上游河段河势变化、来水来沙变化有关，如黄石水道和牯牛沙水道跨河过渡段由于河道逐渐放宽，主流易于摆动。而且黄石水道过渡段主流的变化与上游戴家洲汊道主支汊的变化有关，如 1976 年、1987 年、1992 年，戴家洲左汊衰退、右汊发展，黄石水道过渡段水流取直，1980 年、2000 年、2003 年，戴家洲右汊衰退、左汊发展，黄石水道过渡段主流坐弯。

桥区河段及其相邻水道自上而下分布有戴家洲、新淤洲边滩、散花洲边滩、牯牛洲及其洲头大边滩，近几十年来，上述洲滩位置均较稳定。

桥区河段横断面形态呈偏 V 形，从近几十年来的断面冲淤变化来看，滩槽形态变化不大，但河床年际间冲淤幅度较大。一般年际冲淤幅度约 5 ~ 9m，其中涂家营桥位处冲淤幅度约为 9m，艾家湾桥位处冲淤幅度约 7m；从两桥位的横向冲淤变化来看，河床虽时冲时淤，但总体表现为左淤右冲，从 1976 ~ 2003 年，两桥位深泓分别右移 380m 和 350m。

总体来看，近几十年来，桥区河段岸线基本稳定，平面外形变化不大，洲滩位置相对稳定，河床演变主要表现为局部地段主流线的摆动和河槽冲淤变化上。预计今后本河段河势不会发生大的变化，目前这种河势格局将会长期得到保持。但黄石二桥位于黄石弯道进口跨河过渡段，主流易于摆动，据调查，高洪水位时，该处水流流速高达 3 ~ 4m/s，横向流速较大。考虑到上述河势、主流等的变化，大桥采用了主跨 1 098m 的单悬索桥。

二、水文与气象条件

船桥碰撞事故原因调查表明，水文与气象条件对桥梁船撞事故的发生有重要影响。大雾、强的水流和波浪会增加桥梁船撞的风险。在桥梁建设中，应对水文和气象条件进行细致的调查，包括潮汐、水流、波浪、强风、大雾等。以苏通大桥为例[2]，调查的水文与气象条件资料如下。

1. 潮汐

南通～徐六泾河段为感潮河段,受径流和潮汐双向水流作用。南通～徐六泾河段潮型属不规则半日潮型。由于受长江径流影响,涨、落潮历时不等。涨、落潮之比约为1∶2。潮汐特征值见表4-1。

天生港、浒浦站潮位特征值表(吴淞基面起算)　　表4-1

潮位、潮差、历时	天生港	浒浦	潮位、潮差、历时	天生港	浒浦
最高潮位(m)	7.08	6.74	最小潮差(m)	0	0.18
最低潮位(m)	0.42	0.36	平均潮差(m)	1.93	2.07
平均高潮位(m)	3.86	3.74	平均涨潮历时(h)	4.15	4.28
平均低潮位(m)	1.97	1.74	平均落潮历时(h)	8.27	8.10
最大潮差(m)	4.01	4.01			

2. 潮流

1999年9月19日至28日和2000年2月21日至3月1日在苏通长江公路大桥桥位布设了7条垂线进行了洪季和枯季水文测验工作。《洪季桥位水文测验报告》统计、分析结论是:苏通大桥桥位落潮流向基本稳定在94°～99°之间,涨潮流向稳定在275°～281°之间。详细情况见表4-2～表4-5。

洪季桥位各垂线涨、落潮,垂线最大平均流速、流向表　　表4-2

潮　汐	垂线号	7	8	9	10	11	12	13
涨潮	流速(m/s)	2.13	1.53	1.36	1.63	1.99	1.82	1.81
	流向(°)	173	287	286	298	307	334	286
落潮	流速(m/s)	1.46	0.93	1.72	2.1	2.7	2.19	1.6
	流向(°)	79	107	101	98	80	104	107

枯季桥位各垂线涨、落潮,垂线最大平均流速、流向表　　表4-3

潮　汐	垂线号	7	8	9	10	11	12	13
涨潮	流速(m/s)	1.53	1.07	1.21	1.1	1.94	1.81	1.61
	流向(°)	265	292	278	276	279	307	274
落潮	流速(m/s)	0.77	0.52	0.68	1.14	1.16	1.56	1.06
	流向(°)	86	115	104	92	92	109	106

洪季桥位深泓处各垂线涨、落潮,垂线最大平均流速、流向表　　表4-4

深　泓	垂线号	A1	A2	A3	A4
涨潮	流速(m/s)	2.05	2.31	2.44	2.31
	流向(°)	272	271	269	267
落潮	流速(m/s)	3.05	2.88	3.86	3.57
	流向(°)	93	104	91	83

枯季桥位深泓处各垂线涨、落潮，垂线最大平均流速、流向表　　表4-5

深　泓	垂线号	A1	A2	A3	A4
涨潮	流速(m/s)	1.82	1.93	2.07	2.10
	流向(°)	271	277	272	272
落潮	流速(m/s)	1.54	1.6	1.68	1.81
	流向(°)	96	92	85	88

3. 波浪

南通河段一般波高不足1m，当SW向风较大时，波高约1m，当SE向风较大时，波高可达1.3m。

根据徐六泾水文站1985～1990年波浪观测资料分析，苏通大桥东线桥址水域主要受偏北向大风形成的波浪影响。实测资料表明，一般波浪不大，年平均波高约0.2m。冬季平均波高较大，夏季较小。常波向为NE～ENE，频率为17%～23%；强浪向为NNW，实测最大波高1.87m，波向NE。

4. 风

南通地区夏季多东南风，冬季多西北风。常风向为SE向，频率为10%；次常风向为E向，频率为9%；强风向为NE向，历史最大风速为26.3m/s。

常熟地区常风向为ESE～SSE向，频率为8%～9%：强风向为NW向；次强风向为WNW向，历史最大风速为20.5m/s。

苏通大桥桥址所在地夏秋季节是台风活动频繁的时期，最早出现在5月，最晚出现在11月，一般在7～9月台风影响最为集中。影响本地区的台风平均每年出现2～3次，一般风力在6～8级，最大为12级。

5. 雾

南通市年平均雾日数为31.0天，多出现于晚春和初冬。常熟地区年平均雾日数为27.8天，一般发生在冬、春季的早晨，上午10时消散。大雾年平均出现10.5天。

第二节　港口、码头与锚地

桥区附近及上游港口与规划、锚地对于桥梁的船撞安全评估具有重要意义。桥区上游港口与码头及其规划情况影响到通过桥梁的船舶的大小。桥区附近的码头、港口与锚地则使船舶航行复杂化，导致船舶交通密集、船舶交汇等情况，以及船舶走锚的风险。在桥梁船撞风险分析中应详细调查这些信息。

例如，苏通大桥桥位上游岸线[3]分布的主要港口包括南京港、镇江港、张家港、江阴港、南通港，概要情况见表4-6。

苏通大桥上游约5km处有常熟兴化码头，约2.5km处有3.5万吨级煤炭专用泊位，该码头伸入江中约1.6km，紧邻煤码头有千吨级油码头及重件码头各一个；重件码头距离桥轴线约800m。

苏通大桥上游港口、船厂建设和经营项目发展具有一定的不确定性。目前已有一定数量的5万吨级以上大型船舶(5～40万吨级)减载、压载通过桥位，部分为修造船。

苏通大桥上游(南京以下)港口现状及规划　　表 4-6

序　号	港　口	泊位现状		规划新增泊位(个)	
		万吨以上(个)	最大能力(万吨)	万吨以上(个)	最大吨级(万吨)
1	南京港	36	5	19	7
2	镇江港	36	5	18	5
3	张家港	38	5	18	5
4	江阴港	7	3.5		5
5	南通港	33	10	8	10

椒江二桥[6]见图 4-3,其非通航孔的两侧分别有海螺水泥码头、老鼠屿临时锚地两个船舶密集的区域,以及飞跃物流码头。其中海螺水泥码头为 5 000 吨级以下通用泊位,距离大桥仅465m。根据要求,海螺水泥厂码头影响范围内桥墩防撞设计的代表船舶为 5 000 吨级。由于码头与锚地距离桥梁很近,对桥梁的船撞安全影响很大。因此,船撞安全成为椒江二桥设计中的一个重要技术问题。

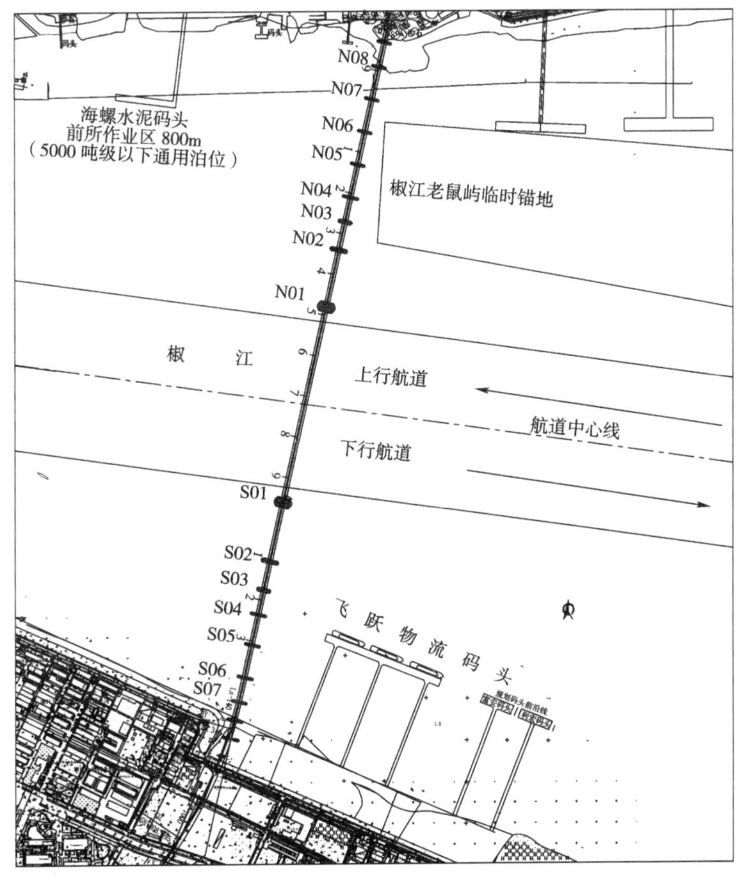

图 4-3　椒江二桥附近水域港口、码头与锚地情况

第三节 船　舶

一、船舶的特征与船舶流量

1. 船舶特征的基本信息

船舶特征信息是桥梁船撞风险分析的基本要素之一。在进行桥梁船撞风险分析时，应通过对过桥船舶的详细调查，充分了解过桥船舶的基本特征信息。表4-7给出了需要调查的船舶特征信息的一个说明，主要包括船舶的类型、吨位、几何特征等信息。

船舶基本信息　表4-7

船型	载重吨(t)	总长(m)	型宽(m)	满载吃水(m)	空载水线以上至最高固定点高度(m)
油船	300 000	333	60	20.88	56.3
	150 000	290	44	17.5	47
	100 000	260	39	15.2	
	60 584	228.2	32.2	12.2	47.4
	34 743	185.4	27.5	10~10.5	42
	24 417	178.5	25	9.5	30
	4 200	106.68	17.6	5.07	
	1 100	67.1	11.0	3.8/4.0	
干散货船、杂货船	64 200	230.2	32.2	12.83	45.3
	35 000	185	32	9.5~10	41
	19 509	164	22	9.52	34.7
	13 000	130	18	7.5	35
	7 230	124	18	7.4	35
	5 000	112	17	7	
	3 000	100	14	5.7	
	1 000	68	10	4.3	
集装箱船	51 300(3 800TEU)	275	32.3	12.5	57.8
	68 950(5 250TEU)	280	39.8	12.5	51.6
	15 000	170	26.5	9.5	41.4
化学品船	6 800/7 600	115.5	19.8	6.5/7.0	
LPG	22 000m^3	160	24.2	8.875/11.05	
	8 200m^3	120	18.6	6.9/8.4	
	3 000m^3	88.0	15.6	3.6/3.79	
船队	4 000 驳船队(1 顶 2×2 000t)	160.5	15.6	4	24
	9 000 驳船队(1 顶 6×1 500t)	195	39.9	3.0	24
	24 000	290	32.04	3.8	24
	32 000	290	42.7	3.8	24
	40 000	351	43	3.8	24

船舶特征信息的调查，主要涉及以下几个方面：

(1)当前桥位处的通航船舶情况。

(2)桥址上游港口、码头等的发展与规划情况。

(3)通航船舶运输货物的种类。

(4)特殊的需求，如军事、船舶修造企业、港机生产企业等的特殊需求。

2. 船舶流量

船舶流量的统计应按船舶类型分类进行。不同类型的船舶发生撞击桥梁的概率不同，同时产生的撞击力和后果也不同。

南通海事局2002年8月10日9:00时至8月13日9:00时对长江龙爪岩断面进行了72h的船舶流量观测与数据统计，见表4-8。常熟海事处于2002年8月10日9:00时至8月13日9:00时对长江徐六泾断面进行了72h的船舶流量观测与数据统计，见表4-9。

长江龙爪岩断面船舶日流量统计表(单位:艘次,2002年8月10日9时~13日9时)　表4-8

观测时间	海轮				江轮						上水	下水	总计
	货船	油轮	液化气船	化学品船	客船	黄砂船	顶推	吊拖	危险品船	其他			
8月10日	287	29	5	14	4	1 305	18	3	69	414	959	1 189	2 148
8月11日	269	42	8	9	5	1 444	17	2	77	463	1 125	1 211	2 336
8月12日	301	38	6	13	8	1 398	17	1	81	503	1 098	1 268	2 366
日平均流量	286	36	6	12	5.7	1 382	17	2	76	460	1 061	1 223	2 283

长江徐六泾断面船舶日流量统计表(单位:艘次)　表4-9

观测时间	客船	进江海轮	快速船	一般货船	船队	总计
2002年8月10日	3	398	7	1 899	13	2 320
2002年8月11日	1	431	3	1 878	24	2 337
2002年8月12日	2	379	2	1 790	31	2 204
日平均流量	2	402.7	4	1 855.7	22.6	2 287

龙爪岩断面交通流高峰期为涨潮时船舶上水、落潮时船舶下水，且早上为船舶交通流量高峰期。特别是台风过后，在南通扎风的船舶下水最高峰时期每小时达500艘次。据调查，平均每日通过南通段的1万~3万吨船舶有20艘次，3万~5万吨船舶有8艘次，5万吨以上的船舶有2艘次。

徐六泾断面船舶平均日流量为2 287艘次，其中一般货船占81.1%，其次是进江海轮占17.6%左右，其他为船队和客船等。船舶流量高峰为转潮前后1h。

表4-10是南通海事局2007年全年和2008年上半年对船舶流量的观测资料。统计结果显示，2007年日均流量为1 650.25艘，最大上水船舶流量为1 590艘，最大下水船舶流量为1 237艘；2008年上半年日均流量为2 421.933艘，最大上水船舶流量为1 557艘，最大下水船舶流量为1 476艘。船舶类型有普通货船、集装箱船、渔船、工程船、船队等，具体船舶类型见表4-11。

2007 年和 2008 年上半年船舶流量数据表 表 4-10

2007 年			2008 年上半年		
月份	观测流量	月日均流量	月份	观测流量	月日均流量
1.23～1.26	4 069	1356.3	1.15～1.18	4 499	1 499.7
2.12～2.13	942	942	2.15～3.19	无记录	无记录
3.17～3.18	1 755	1 755	3.15～3.16	2 692	2 692
4.15～4.16	1 377	1 377	4.15～3.16	2 692	2 692
5.15～5.16	1 513	1 513	5.15～5.16	2 692	2 692
6.15～6.16	1 413	1 413	6.15～6.16	2 534	2 534
7.15～7.16	1 368	1 368			
8.15～8.18	4 193	1 397.7			
9.15～9.16	1 846	1 846			
10.15～10.16	1 637	1 637			
11.15～11.16	2 827	2 827			
12.15～12.16	2 371	2 371			
年/半年日平均流量		1 650.25			2 421.9

2007 年和 2008 年上半年船舶类型数据表 表 4-11

2007 年			2008 年上半年		
船舶类型	年日平均量	百分比(%)	船舶类型	年日平均量	百分比(%)
工程船	4.6	0.3	工程船	3.4	0.1
危险品船	86.6	5.5	危险品船	188.7	7.3
集装箱船	124.2	7.9	集装箱船	373.4	14.4
普通货船	1 341.1	84.8	普通货船	1 956.6	75.6
渔船	8.2	0.5	渔船	7.3	0.3
公务船	5.0	0.3	公务船	1.3	0.0
船队	10.9	0.7	船队	57.4	2.2
客船	0.4	0.0	客船	57.4	2.2

在 325 国道九江大桥修复过程中，2008 年 10 月 25 日～27 日对 325 国道九江大桥水域通航船舶进行了现场调查[4]，三天的详细统计数据见表 4-12 和表 4-13，综合统计结果见图 4-4。由统计图表可见该水域的船舶以驳船为主，约占总数的 70%，轮船等其他类型的船舶约占总数的 30%。

2008 年 10 月 25～27 日九江大桥断面船舶流量统计结果 表 4-12

观测时间段	上水标准船舶数							下水标准船舶数						
	营运船舶				非营运船舶			营运船舶				非营运船舶		
	客船	普通货船	集装箱船	危险品船	渔船	工程船	公务船	客船	普通货船	集装箱船	危险品船	渔船	工程船	公务船
25 日	3	167	16	17	32	1	0	3	177	29	14	33	2	0
26 日	4	167	14	15	27	0	0	4	165	16	18	32	0	0
27 日	4	165	16	16	30	0	0	4	176	24	15	29	0	0

2008 年 10 月 25～27 日九江大桥断面船舶流量统计结果(按营运船舶分类) 表 4-13

观测时间段	上水标准船舶数					下水标准船舶数				
	客船	驳船	货船	集装箱船	危险品船	客船	驳船	货船	集装箱船	危险品船
25 日	3	143	24	16	17	3	150	27	29	14
26 日	4	137	29	14	15	4	139	26	16	18
27 日	4	141	25	16	16	4	150	26	24	15

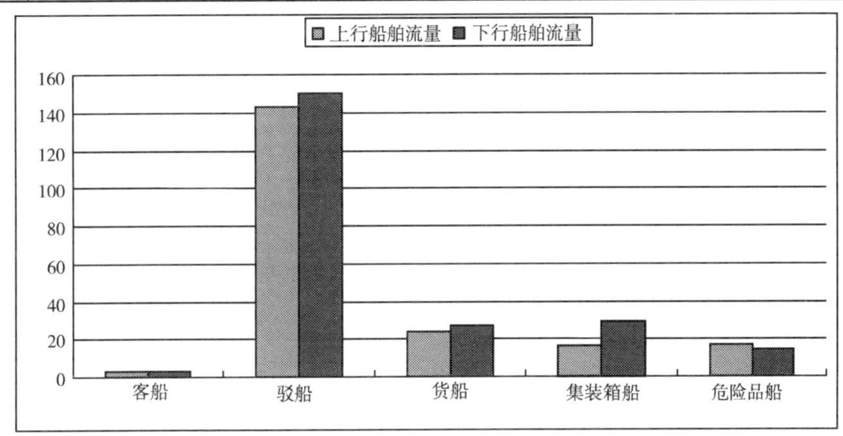

图 4-4 九江大桥水域通航船舶种类分布

从桥梁船撞风险评估角度考虑,需要对未来一个时期通过桥梁的船舶流量进行合理的预测。一般来说,对未来一个时期通航船舶流量的预测依赖于对以往船舶流量的长期观测与数据的统计分析。但很多情况下缺少统计数据,可以根据航运量(与宏观经济发展有关)的规划或预测结果来间接预测船舶流量。

3. 桥区船舶通航能力

桥梁建成后,桥梁附近水域的船舶通航能力也是桥梁船撞风险分析需要讨论的问题。目前船域理论被用来估算桥梁水域的船舶通航能力。船域理论是 20 世纪 60 年代由日本学者藤井弥平博士提出,现普遍应用于分析船舶避碰原理及航行水域的船舶交通流量的状况。

应用船域理论对苏通大桥水域的分析[2]结果表明,对于大型船舶,桥区水域船舶的通航能力为:上水约 477 艘/天,下水约 484 艘/天,全天上、下水总通航能力为 961 艘。小型船舶的通航能力为:上水约 960 艘/天,下水约 1 280 艘/天,全天上、下水总通航能力为 2240 艘。

而对 325 国道九江大桥水域的[4]分析结果表明,桥区水域船舶通航能力为:上行 1 690 艘/天,下行 1 248 艘/天,全天上、下行总通航能力为 2 938 艘。从计算结果来看,桥区水域主通航孔的船舶通航能力远大于实测船舶交通流量。

二、船舶航迹分布

船舶航迹分布观测数据可以为桥梁船撞安全评估提供重要的信息。一方面通过船舶航迹数据可以观察到当前船舶航线的实际范围与分布情况,有无违规航行船舶及其类型、数量,为船舶航行管理提供直接帮助;另一方面,根据航迹观测数据可以通过数理统计分析得到船舶航迹分布的概率模型和参数,为桥梁船撞安全风险分析提供针对性的可靠数据。

对于325国道九江大桥，上海船舶运输科学研究所、同济大学、武汉理工大学分别进行了航迹观测[4]。为了描述船舶的航迹分布，以九江大桥轴线与航道中心线的交点为原点，九江大桥轴线九江一侧为坐标正方向，观测结果见表4-14～表4-17和图4-5～图4-8。

325国道九江大桥船舶航迹（同济大学观测结果） 表4-14

距航道中心线距离(m)	上行船只数量	占上行百分比(%)	下行船只数量	占下行百分比(%)
-160～-140	0	0.00	0	0.00
-140～-120	0	0.00	0	0.00
-120～-100	0	0.00	3	1.59
-100～-80	0	0.00	20	10.58
-80～-60	0	0.00	90	47.62
-60～-40	0	0.00	50	26.46
-40～-20	0	0.00	21	11.11
-20～0	0	0.00	0	0.00
0～20	0	0.00	0	0.00
20～40	2	0.88	0	0.00
40～60	2	0.88	2	1.06
60～80	22	9.69	1	0.53
80～100	18	7.93	1	0.53
100～120	55	24.23	1	0.53
120～140	70	30.84	0	0.00
140～160	58	25.55	0	0.00
合计	227	100.00	189	100.00

325国道九江大桥船舶航迹分布统计结果（上海船舶运输科学研究所观测结果） 表4-15

距航道中线距离(m)	占上行船百分数(%)	占下行船百分数(%)	距航道中线距离(m)	占上行船百分数(%)	占下行船百分数(%)
-140～-120	0	4.2	20～40	6.5	0
-120～-100	0	10.4	40～60	12.9	0
-100～-80	0	12.5	60～80	22.5	0
-80～-60	0	29.1	80～100	35.5	0
-60～-40	0	22.9	100～120	9.7	0
-40～-20	0	10.4	120～140	9.7	0
-20～0	0	6.25	140～160	1.6	0
0～20	1.6	4.17			

325 国道九江大桥驳船航迹分布统计结果（武汉理工大学观测结果）　　表4-16

距航道中线距离（m）	占上行船百分数（%）	占下行船百分数（%）	距航道中线距离（m）	占上行船百分数（%）	占下行船百分数（%）
-140 ~ -120	0	1.2	20 ~ 40	4.3	0
-120 ~ -100	0	3.1	40 ~ 60	5.7	0
-100 ~ -80	0	14.4	60 ~ 80	8.2	0
-80 ~ -60	0	57.3	80 ~ 100	14.6	0
-60 ~ -40	0	16.3	100 ~ 120	47.6	0
-40 ~ -20	0	4.5	120 ~ 140	16.3	0
-20 ~ 0	0	2.1	140 ~ 160	2.1	0
0 ~ 20	1.2	1.1			

325 国道九江大桥海轮航迹分布统计结果（武汉理工大学观测结果）　　表4-17

距航道中线距离（m）	占上行船百分数（%）	占下行船百分数（%）	距航道中线距离（m）	占上行船百分数（%）	占下行船百分数（%）
-140 ~ -120	0	1.1	20 ~ 40	4.3	0
-120 ~ -100	0	3.2	40 ~ 60	5.7	0
-100 ~ -80	0	15.4	60 ~ 80	15.4	0
-80 ~ -60	0	55.3	80 ~ 100	33.2	0
-60 ~ -40	0	17.3	100 ~ 120	31.5	0
-40 ~ -20	0	4.3	120 ~ 140	6.6	0
-20 ~ 0	0	2.3	140 ~ 160	2.1	0
0 ~ 20	1.2	1.1			

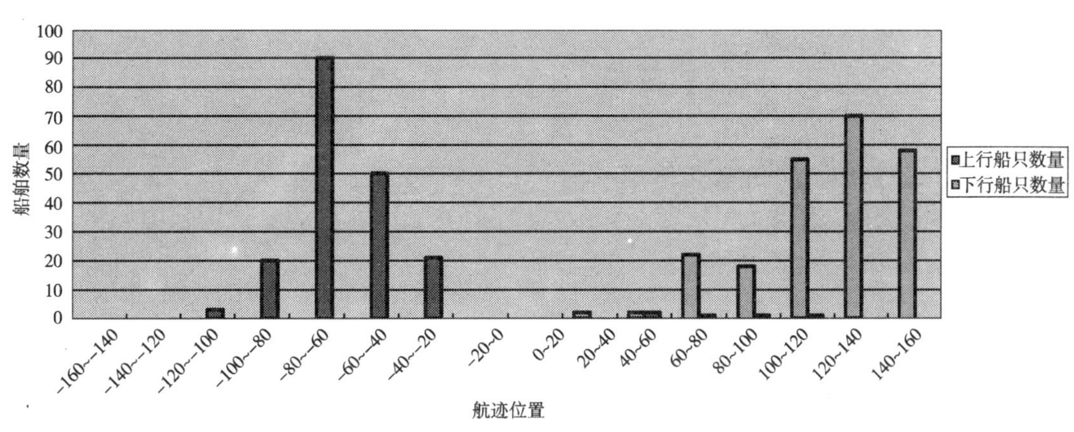

图4-5　325 国道九江大桥航迹分布图（同济大学观测结果）

航迹观测数据显示：

（1）不同观测组在不同时间的观测结果均表明，船舶守法航行，但一些小船有逆航现象，应加强管理。

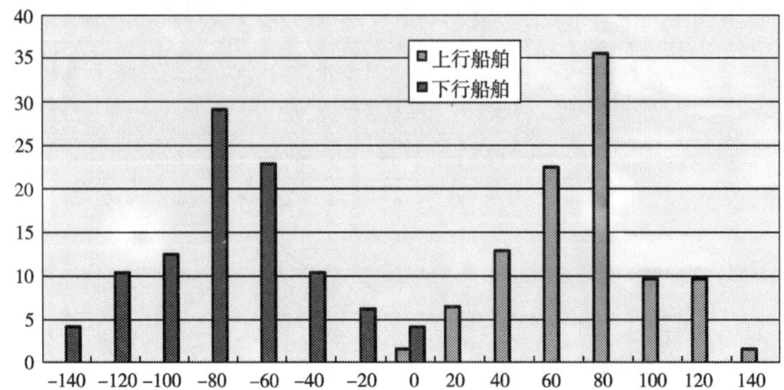

图 4-6 325 国道九江大桥航迹分布图(上海船舶运输科学研究所观测结果)

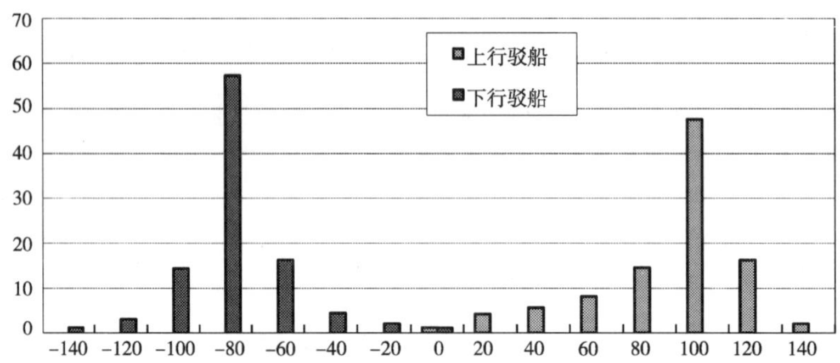

图 4-7 325 国道九江大桥驳船航迹分布特征(武汉理工大学观测结果)

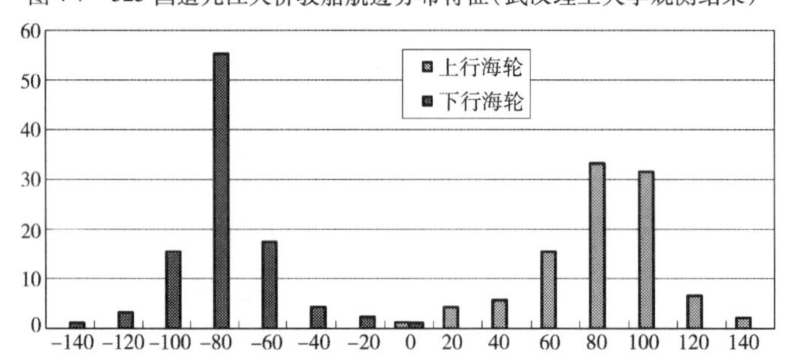

图 4-8 325 国道九江大桥海轮航迹分布特征(武汉理工大学观测结果)

(2)同济大学与武汉理工大学的观测结果表明,上行船舶航迹呈偏态分布,这与上海船舶运输科学研究所的观测结果略有不同。武汉理工大学进一步的分类(区分驳船与轮船)观测表明,轮船的航迹呈正态分布,而驳船航迹分布呈偏态分布。

(3)三组观测数据表明,将船舶区分为驳船和轮船等类别进行分类统计是更合理的方法。

(4)三组观测数据的差异提示,为了得到可靠的船舶航迹统计信息,长期和区分不同时段的观测数据是必要的。因为随时间的推移,影响桥区通航船舶特征的因素可能发生变化,如区域经济的发展、航运交通布局的变化等。

除了对船舶的航迹进行现场观测外,根据相关规范的要求(如我国《通航海轮桥梁通航标准》JTJ 311—97)和船舶驾驶与航行理论,结合大桥具体的气象、水文、航道等方面的信息对桥梁进行船舶航迹带宽度的需求分析,也可以为桥梁船撞风险分析提供有用的信息[8]。

三、船舶航速分布

船舶过桥时的航速是桥梁风险分析的一个重要指标。尽管当意外发生时，会采取一些控制措施，但船舶过桥时的速度仍然是影响船舶撞击桥梁风险分析的重要指标。船桥碰撞风险分析时，应对船舶过桥速度信息有比较充分的了解。船舶过桥时的速度是估计事故发生时船舶冲击桥梁速度的重要参考依据，同时通过控制船舶过桥速度，也可以达到降低桥梁船撞后果的目的。船舶过桥速度信息的收集可以向航运管理部门了解，或针对需求进行现场观测。

根据 2008 年南通海事局 VTS 雷达系统观测数据，对通过苏通大桥上下行船舶的过桥速度进行了统计，结果见表 4-18 和图 4-9。通过分布图可以看到，上下行船舶的速度主要集中在 7～12kn(3.60～6.17m/s)，而且船舶越大速度越快。

苏通大桥附近水域船舶过桥速度(2008 年)　　表 4-18

速度(kn)	上　行	所占百分比(%)	下　行	所占百分比(%)
1～2	0	0	0	0
2～3	70	3.20	74	3.69
3～4	132	6.04	102	5.08
4～5	112	5.12	78	3.88
5～6	110	5.03	112	5.58
6～7	174	7.96	166	8.27
7～8	294	13.45	280	13.94
8～9	402	18.39	416	20.72
9～10	372	17.02	360	17.93
10～11	266	12.17	226	11.26
11～12	126	5.76	92	4.58
12～13	54	2.56	48	2.39
13～14	30	13.72	24	1.20
14～15	14	6.40	10	0.50
15～16	6	0.27	2	0.10
16～17	8	0.37	8	0.40
17～18	2	0.09	2	0.10
18～19	2	0.09	2	0.10
19 以上	10	0.46	6	0.29

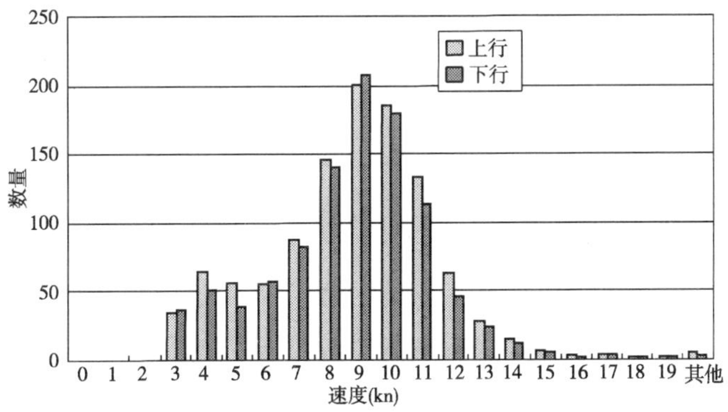

图 4-9　苏通大桥船舶过桥速度分布图

对于325国道九江大桥,2008年4月24日~26日采用现场架设雷达进行了过桥速度的观测,并对不同尺度的上下行船舶的过桥速度进行了统计分析[4],结果见表4-19。船舶过桥的速度分布特征见表4-20和图4-10。

不同尺度船舶过桥速度　　表4-19

上行船舶出桥后平均速度(m/s)				下行船舶进桥前平均速度(m/s)			
平均	大型	中型	小型	平均	大型	中型	小型
3.13	3.50	3.20	3.20	2.89	3.73	2.53	2.33

船舶过桥速度分布　　表4-20

速度段(m/s)	下行船舶		上行船舶	
	艘数	百分比(%)	艘数	百分比(%)
1.8~2.0	3	3.1	2	1.55
2.0~2.2	8	8.3	4	3.1
2.2~2.4	7	7.3	14	10.85
2.4~2.6	15	15.6	7	5.43
2.6~2.8	13	13.5	13	10.08
2.8~3.0	12	12.5	14	10.85
3.0~3.2	4	4.2	12	9.3
3.2~3.4	4	4.2	17	13.18
3.4~3.6	6	6.3	7	5.43
3.6~3.8	5	5.2	15	11.63
3.8~4.0	8	8.3	6	4.65
4.0~4.2	2	2.1	5	3.88
4.2~4.4	1	1	3	2.33
4.4~4.6	2	2.1	0	0
4.6~4.8	1	1	2	1.55
4.8~5.0	1	1	1	0.78

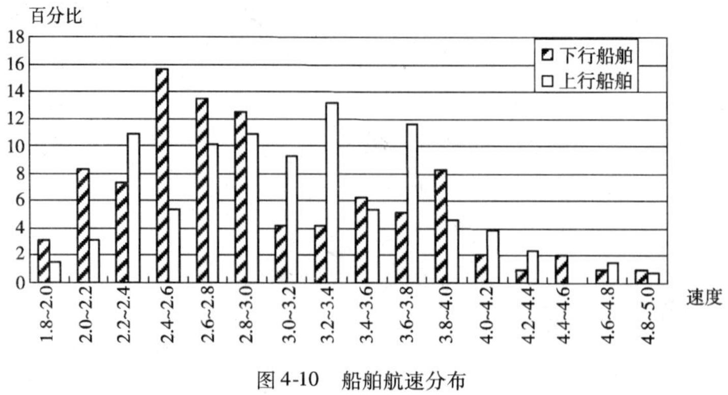

图4-10　船舶航速分布

通过对 92 艘上行船舶和 122 艘下行船舶的航行速度统计，从表 4-19 中可以看出，大型船舶通行速度较快，中型船舶次之，小型船舶较慢。大部分的船舶过桥通行速度在 2.6～3.8m/s 之间，超过 4.0m/s 的船舶较少。

四、船舶过桥角度分布

船舶通过桥梁时的航行角度信息对桥梁船撞风险分析有参考意义。以苏通大桥为例，利用南通海事局的 VTS 系统存储的数据资料，以指向正北方向为 0°，沿顺时针方向旋转，得到过桥角度，小于 180°的是下水，大于 180°的是上水。图 4-11 和图 4-12 是船舶过桥角度的分布图。从图 4-11 和图 4-12 可以看到，通过苏通大桥的船舶基本上都按照垂直于桥梁的航向过桥，上水船舶过桥时与桥轴法线的夹角在 6°～8°左右，而下水船舶过桥时与桥轴法线的夹角在 4°～6°。

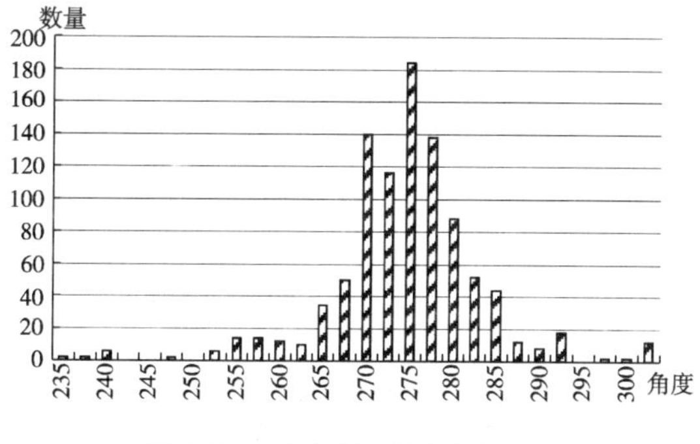

图 4-11　上行船舶过桥角度分布图

数量 300 250 200 150 100 50 0 60 65 70 75 80 85 90 95 100 105 110 115 120 度数

图 4-12　下行船舶过桥角度分布图

船舶航行角度的统计信息可以用来估计船撞桥梁的角度范围。例如在“南京长江第四大桥船舶撞击动力分析研究”[7]报告中对流偏角和航偏角进行了考虑，见图 4-13。桥孔布置中航道与桥轴法线偏角大致为 3°，表流流向偏角大致为 3°～9°，航迹线为 2°～18°。北引桥边墩远离航道，水流变化较大，水深较浅，靠岸较近，流迹线几乎接近岸边线，上水流偏角偏北大致为 18°，偏向与南索塔墩相反。

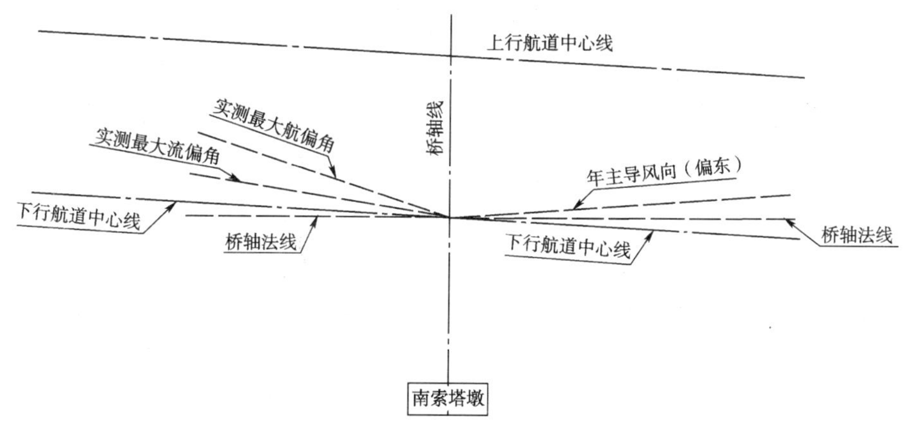

图 4-13　最大流偏角和最大航偏角示意图

南京长江第四大桥河段季风显著，主导风向以偏东方向为主，冬半年以 E ~ NE 为主，夏半年以 E ~ SE 风向为主。年平均风速为 2.6m/s 左右，风偏向与桥轴法线夹角大致为 4°，偏北。

由航道布置、航迹线与流迹线决定的最大向南偏角为 18°，而年主导风向与桥轴法线夹角大致为 4°，偏北。在考虑船舶可能的撞击角度时，最大偏角为航道偏角、流迹偏角和航迹偏角中的最大值与年主导风向偏角的代数和。综合上述因素后，撞击角度范围大致为 0° ~ 14°（与桥轴法线的夹角，偏向与流迹线偏向一致，即下行偏南为正，上行偏北为正），详见表4-21。

偏角和撞击角度汇总表　　表 4-21

偏角名称	数　值	备　注
航道偏角	3°	（1）偏角为与桥轴法线的夹角，偏南为正，偏北为负； （2）最小偏角考虑了横桥向最不利撞击条件后取 0°，即可以正撞
流迹偏角	3° ~ 9°	
航迹偏角	2° ~ 18°	
年主导风向	−4°	
撞击角度	0° ~ 14°	

五、船舶航行管理

桥区船舶航行管理的完善程度影响桥梁的船撞风险水平。一些研究成果表明，完善的船舶航行措施可以降低船舶水上事故率 30% 以上。另外国内外对于船舶航行广泛实行定线制，也会在很大程度上降低桥梁的船撞风险。在对特定桥梁进行风险分析时，应对桥区水域船舶航行的管理措施进行详细的了解。

例如苏通大桥水域船舶航行定线制规定中没有使用备用通航孔，这可以降低近塔辅助墩、远塔辅助墩、过渡墩及其非通航孔桥跨的船舶撞击风险。

第四节　船桥碰撞与水上交通事故分析

桥梁船撞事故与桥区水域水上交通事故的统计与分析对评判桥区船舶通航安全状况以及桥梁船撞风险分析中基本事件概率的确定具有重要的参考意义。事故分析至少应包括以下三个方面：①事故的分类；②事故的成因分析；③基本风险事件或综合风险事件发生的基准概率。本节叙述①和②，第三方面则见第五章第十节。

表 4-22 和图 4-14 是南通海事局2007 年的险情记录，可以看到，碰撞事故占了全年事故的 50%，而且每个月都有发生。

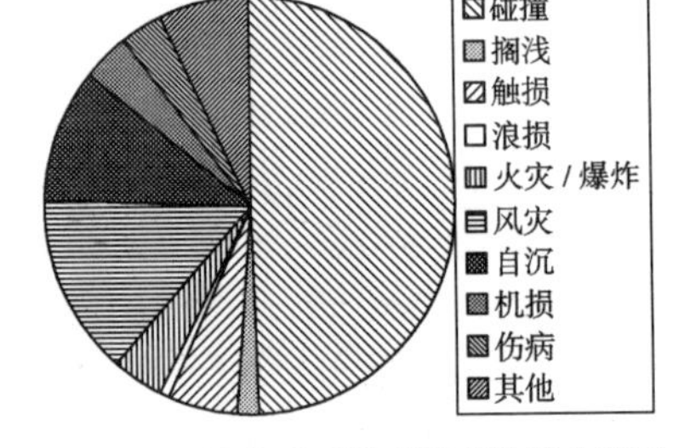

图 4-14　2007 年南通航道船舶险情分类图

2007 年南通航道船舶险情分类表　　表 4-22

月　份	遇险性质										
	碰撞	搁浅	触损	浪损	火灾/爆炸	风灾	自沉	机损	伤病	其他	合计
1	6	0	2	0	0	1	0	0	0	0	9
2	3	0	1	0	0	0	2	0	0	1	7
3	6	0	1	0	0	9	2	0	0	0	18
4	7	0	1	0	0	0	1	1	2	2	14
5	6	0	1	0	0	3	0	1	1	0	12
6	3	0	0	0	0	1	0	0	0	1	5
7	5	0	0	0	0	0	0	0	0	0	5
8	5	0	0	0	1	2	2	2	0	1	14
9	8	0	0	0	1	0	2	0	0	0	11
10	3	0	1	1	0	1	3	1	0	1	10
11	6	2	0	0	3	1	1	0	0	2	15
12	5	0	0	0	1	0	0	0	1	1	7
合计	63	2	7	1	5	18	13	5	4	9	127

2007 年，南通海事局管辖区内共发生一般以上事故 47 件，其中公司管理因素、人为因素是事故发生的重要原因。根据南通海事局的分析，主要表现在下列几个方面：

（1）春冬季节性大风大雾天气是事故多发的客观原因。江苏省地处中纬度，受气旋、台风和寒潮影响，每年大风天气较多，春、冬季雾多。客观存在的多雾、大风等恶劣天气严重影响该水域水上交通安全，并直接导致了各类事故的发生，增加了安全监管和事故预防预控的难度。

（2）通航密度增大、船舶大型化是事故多发的重要原因。该水域是黄金水道，广袤的江苏沿海海域，船舶流量大，船舶种类多，沿岸码头林立，水工项目繁多，部分航道弯曲狭窄，通航环境十分复杂。近年来，进出该水域的船舶数量逐年增加，特别是近江海船数量，增长幅度最大，尤其是大型船舶，从而导致了复杂的通航环境。

（3）船舶技术状况差及违规操作是事故多发的主要原因。主要表现在：一是部分船舶违反定线制，不遵守安全航行和船舶追越的有关规定；二是部分船舶尤其是乡镇个体船舶，船员文化水平低，驾操船舶技能差，对定线制规定不甚理解，对船舶航路航法不清楚，一旦遇上能见度不良及其他困难处境，则无所适从；三是船舶的日常保养不到位。

（4）船员素质低、驾驶人员安全意识差是事故多发的主观原因。主要表现在：一是部分船员违规现象频繁，素质有待提高；二是驾引人员安全意识淡薄，主观臆断、盲目操作，部分引航机构不注重驾引人员的业务培训和知识更新；三是部分船公司，尤其是船舶管理公司管理人员缺乏，不重视对所属船员的培训，虽然按要求建立了安全管理体系，但安全管理的运行存在“两张皮”现象。

（5）安全监管不到位也是各类事故多发的相关因素。主要表现在：一是部分单位安全监管还存在不足和死角；二是部分 VTS 中心运行不到位，人员配备不足，疏于对重点船舶、高峰船流的不间断监控，服务意识差，对船舶提醒不够，未能充分发挥 VTS 应有的作用；三是海巡艇现场巡航、巡查的力度不够，巡航计划落实不到位，巡航效果不明显；四是缺少对事故预防预控具有针对性和可操作性的措施，对事故险情的预控和处理效果不佳。

通过对特定水域水上交通事故成因的分析，可以发现当地水上交通事故的特点，有针对性地采取管理措施，降低船桥碰撞事故发生的风险。

第五节　船舶可达性分析

船舶可达性是桥梁船撞风险分析的一项重要内容。根据船舶、水文、航道等信息，可以对船舶可到达的桥梁（桥墩）位置进行分析与评判，以确定面临船舶撞击风险的桥梁（桥墩）的几何范围。虽然桥梁建成后通航孔和航道已经划定，但由于各种意外的原因，船舶仍然有可能偏离预定航线，而产生撞击桥梁的风险，这是船舶可达性分析的目的所在。

表 4-23 是某大桥船舶可达性分析中考虑的船型及其基本参数。根据该桥设计资料得到的不同水位情况下各桥墩处的水深见表 4-24。

船艏吃水线以上高度　　表 4-23

船舶吨位(DWT)	船艏吃水线以上高度		船艏吃水线深度		水线以上最大高度(m)
	空载(m)	满载(m)	空载(m)	满载(m)	
3 000	4	1.9	0.7	2.8	23.08
5 000	6.2	1.7	1.6	6.1	22.14
10 000	9.1	3.8	1.9	7.8	27.16
50 000	14.2	5	3	12.2	44.0

桥墩处水深（单位：m）　　表 4-24

桥梁划分	墩号	最低通航水位时水深	最高通航水位时水深	平均水位时水深
通航孔	65	14.8	20.56	16.9
	66	17.7	23.46	19.8
	67	22.2	27.96	24.3
	68	20.4	26.16	22.5
	69	16.6	22.36	18.7
	70	10.5	16.26	12.6
	71	11.8	17.56	13.9
	72	9.2	14.96	11.3
非通航孔	73	3.6	9.36	5.7
	74	1.8	7.56	3.9
	75	1.6	7.36	3.7
	76	1.3	7.06	3.4
	77	1.3	7.06	3.4

通航孔桥前一定范围内无浅滩和暗沙等，根据表4-23和表4-24中的数据，对于通航孔桥50 000吨级及以下船舶均可到达。

由于非通航孔上游处桥区部分是一片浅滩，且在距桥约1.2km处有暗礁群，见图4-15，因此计算了离桥轴线1 200m范围内不同水位时的平均水深。根据计算结果，最高通航水位时，平均水深为5.74m，最低通航水位时平均深水为0m，平均水位时，平均水深为2.86m。

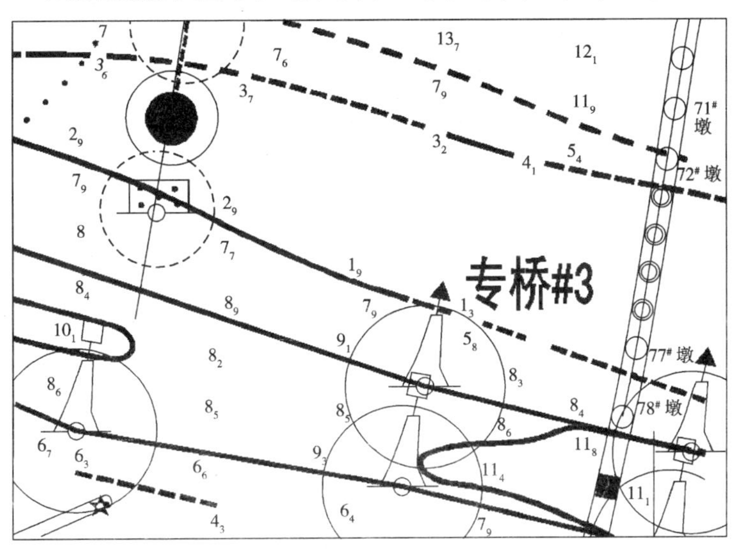

图4-15　非通航孔附近区域水下地形

根据表4-23、表4-24和平均水深数据，在最高通航水位时，水深满足3 000DWT船舶满载通行，也满足5 000DWT和10 000DWT船舶空载通行。仅从船舶可达性方面分析，非通航孔桥墩存在被3 000DWT船舶满载、5 000DWT和10 000DWT船舶空载撞击的潜在风险；同样，在平均水位时，存在被3 000DWT、5 000DWT船舶空载撞击的潜在风险。

广东省汕头海湾大桥根据广东省水文局妈屿水文站提供的2005～2007年水文资料，2005年的平均潮位为－0.237m，2006年的平均潮位为－0.229m，2007年的平均潮位为－0.228m，三年的平均潮位为－0.231m。该桥桥位处的水下地形见图4-16，由此可以推算得到桥墩处的水深，见表4-25。

桥墩处水深　　表4-25

桥墩号	北主墩	南主墩	N24	N25	N26	N27	N28	N29
水深值(m)	14	8	1.5	6	12	17	16	9

由水下地形图的高程可以得到桥区附近主航道中心线水深均在20m以上，但外航道底高程为－9.5m，底宽150m，按乘潮水位1.49m计算，只可满足吃水深度为10.4m左右的3万吨级肥大型船舶满载乘潮进港，5万吨级船舶的满载吃水深度为12.5m，因此外航道并不满足5万吨级船舶满载的通行要求。

南主墩附近水域水深为8m左右，只可满足1万吨级船舶的通行要求，北主墩附近水域水深为13m左右，可满足5万吨级船舶的通行要求。

船舶可达性全面分析应考虑河势演变和航道变化等因素。

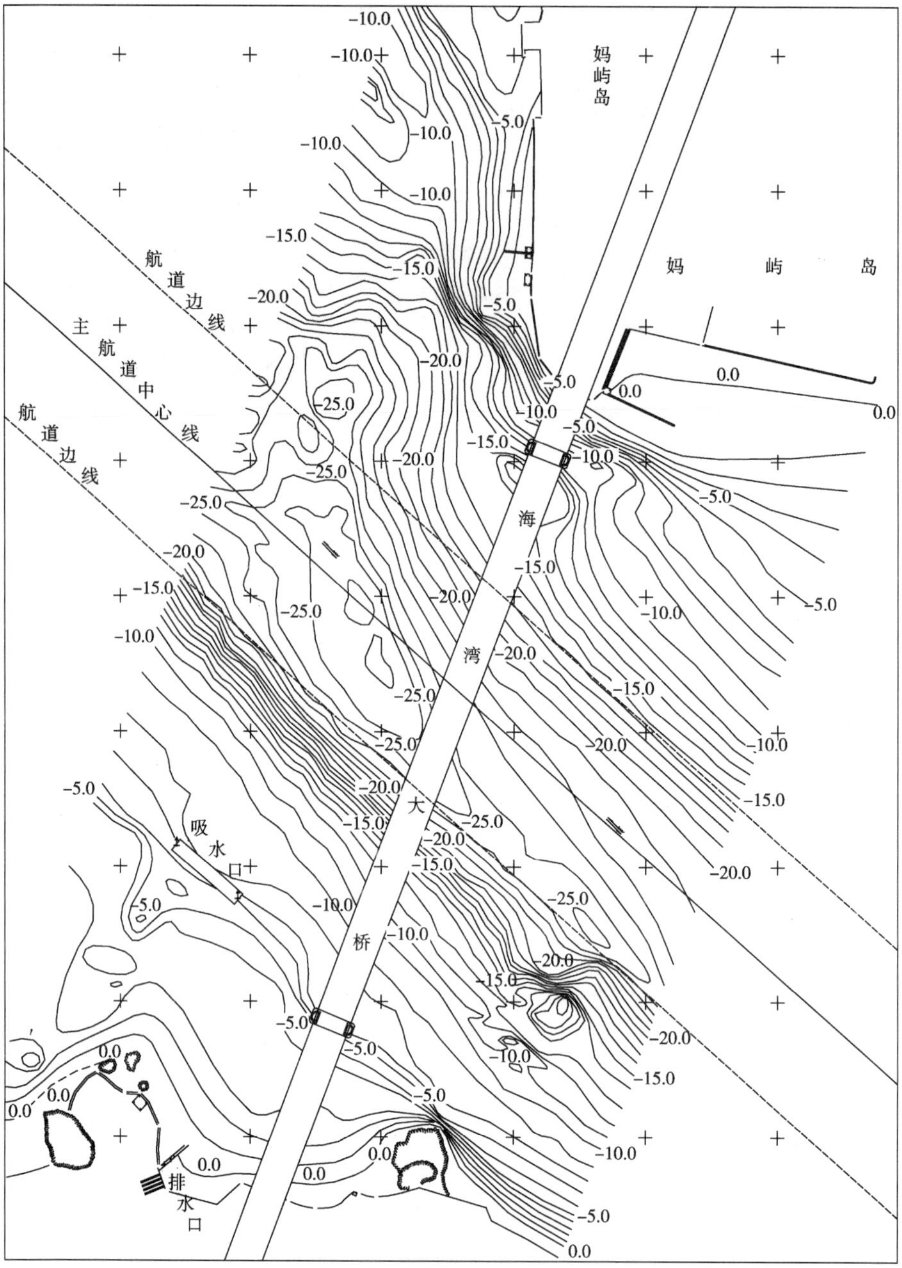

图 4-16　汕头海湾大桥水下地形图

第六节　船舶可能的撞击部位

船舶可能的撞击部位是桥梁船撞风险基本分析的重要内容之一。通过潜在撞击部位的分析,可以判断哪些桥梁构件有被船舶撞击的潜在风险,并根据这些构件抵抗船舶撞击的能力,初步判断撞击后果的严重程度。潜在的撞击部位与水深和桥梁几何有关。

一、墩(塔)撞击部位分析

这里以汕头海湾大桥为例[9],说明船舶可能撞击桥梁墩(塔)部位的分析方法。

根据收集到的水文资料(从珠江基面起算),历年年最高潮位为 2.89m,平均潮位为 1.32m,历年年最低潮位为 -1.22m。

分析了三种潮位情况下 50 000 吨级、10 000 吨级、5 000 吨级船舶满载吃水深度和空载吃水深度情况下撞击南塔和北塔的潜在可能性。

虽然通过汕头海湾大桥的 30 000 ~ 50 000 吨级的船舶占总船舶流量不足 1%,数量很少,但从全面性考虑,对其北塔也给出了 50 000 吨级的情况。

1. 北塔

撞击北塔的示意图如图 4-17 ~ 图 4-33 所示。由图可见,对于 50 000 吨级、10 000 吨级、5 000 吨级船舶,在低潮位下,撞击部位为基础;在平均潮位下,空载则可以撞击到基础与塔柱,但以基础为主要撞击部位;在高水位情况下,空载可撞击基础和塔柱,但塔柱可能受到较大的撞击。

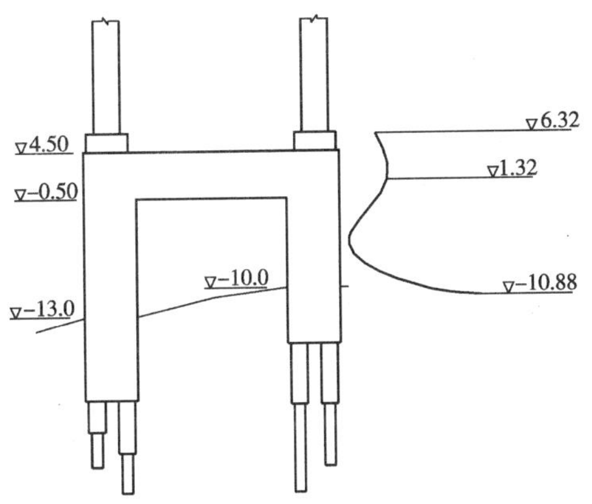

图 4-17　50 000 吨级船舶满载平均水位下撞击情形(单位:m)

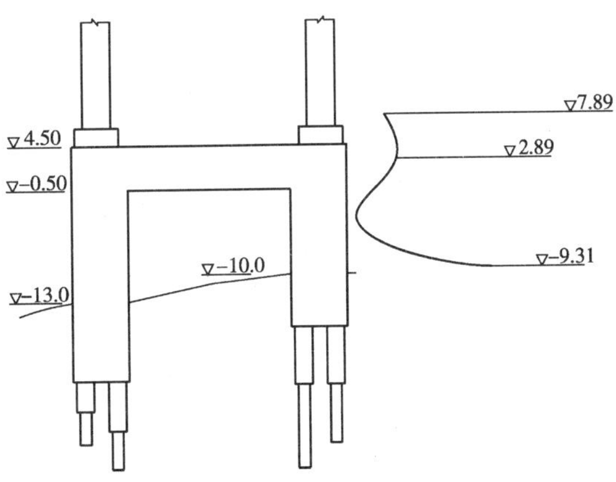

图 4-18　50 000 吨级船舶满载高水位下撞击情形(单位:m)

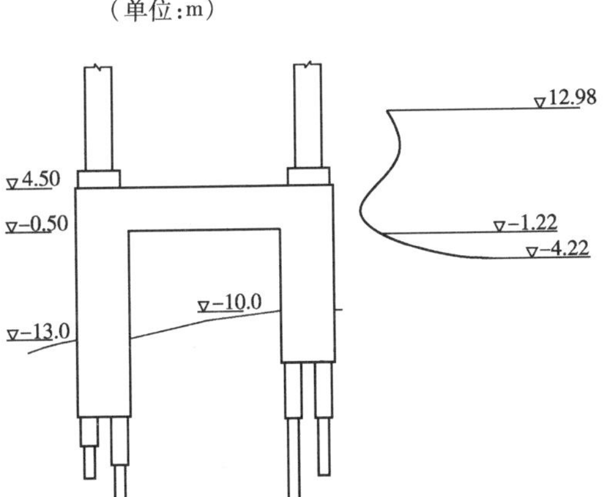

图 4-19　50 000 吨级船舶空载低水位下撞击情形(单位:m)

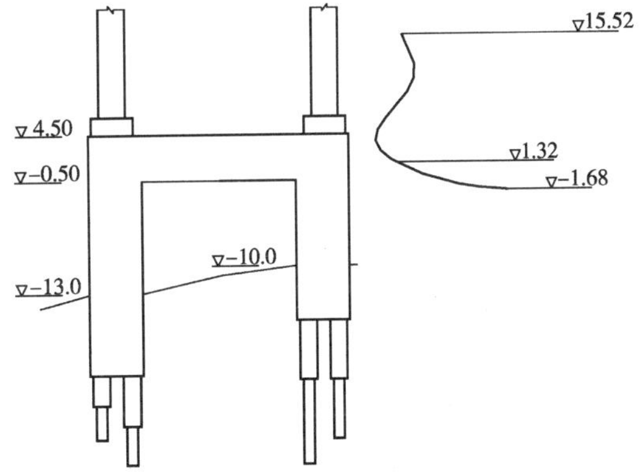

图 4-20　50 000 吨级船舶空载平均水位下撞击情形(单位:m)

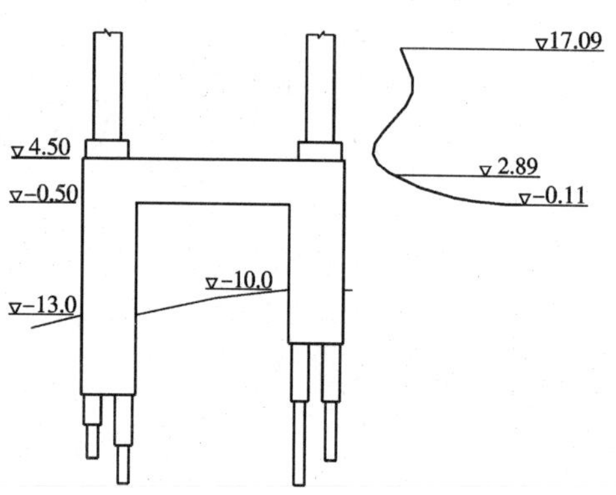

图 4-21 50 000 吨级船舶空载高水位下撞击情形（单位：m）

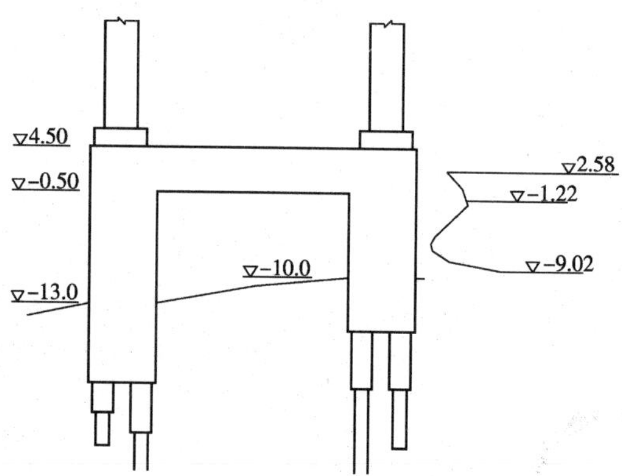

图 4-22 10 000 吨级船舶满载低水位下撞击情形（单位：m）

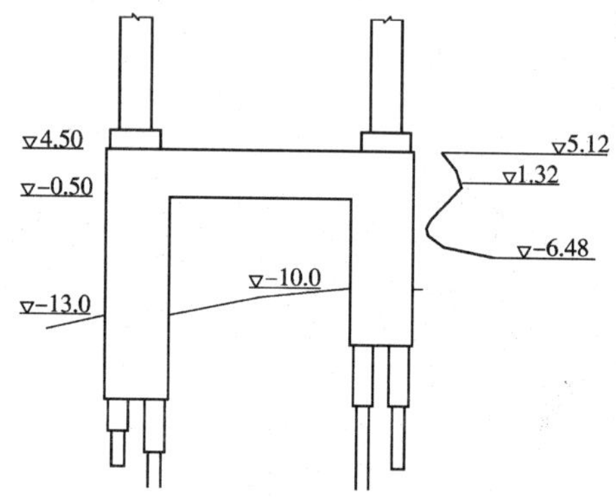

图 4-23 10 000 吨级船舶满载平均水位下撞击情形（单位：m）

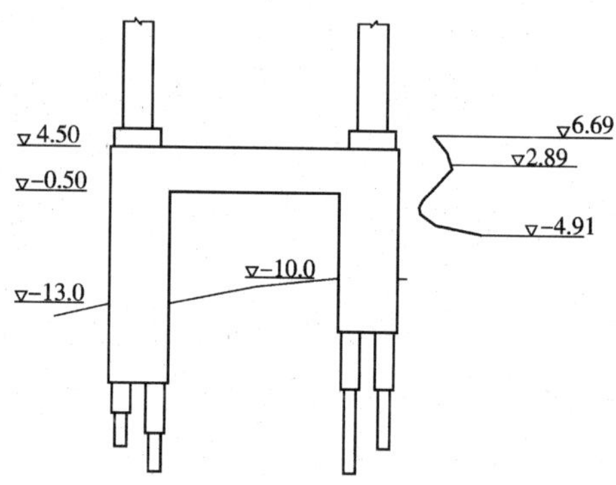

图 4-24 10 000 吨级船舶满载高水位下撞击情形（单位：m）

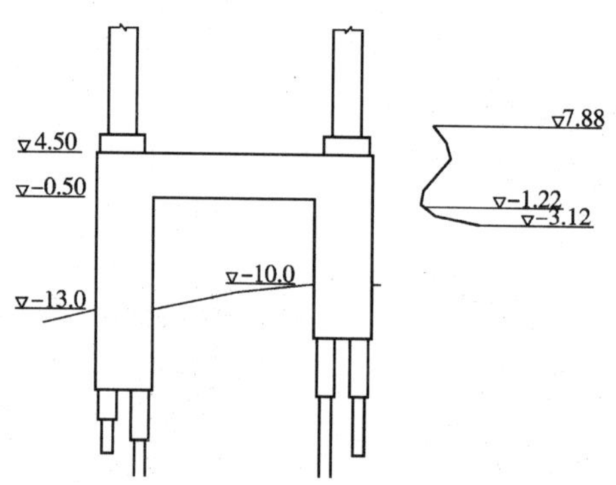

图 4-25 10 000 吨级船舶空载低水位下撞击情形（单位：m）

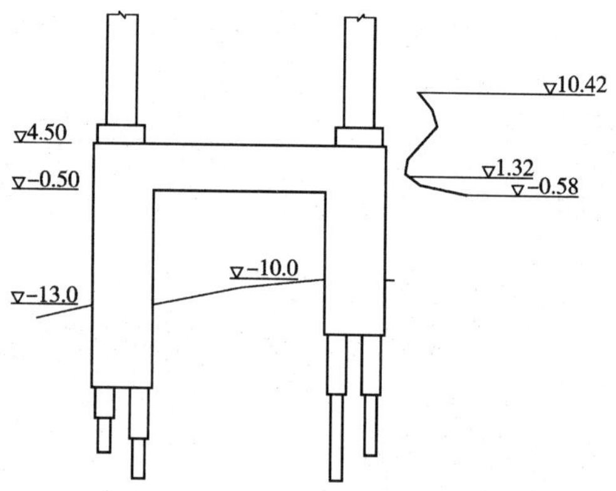

图 4-26 10 000 吨级船舶空载平均水位下撞击情形（单位：m）

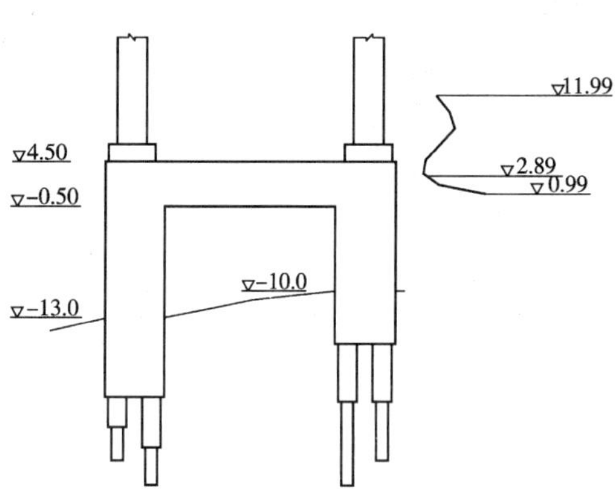

图 4-27　10 000 吨级船舶空载高水位下撞击情形（单位：m）

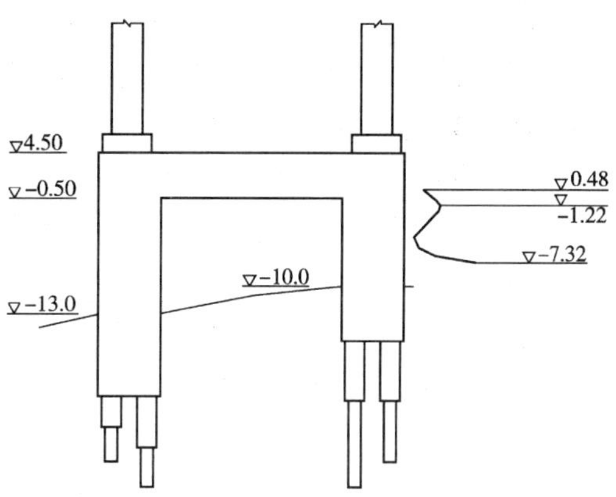

图 4-28　5 000 吨级船舶满载低水位下撞击情形（单位：m）

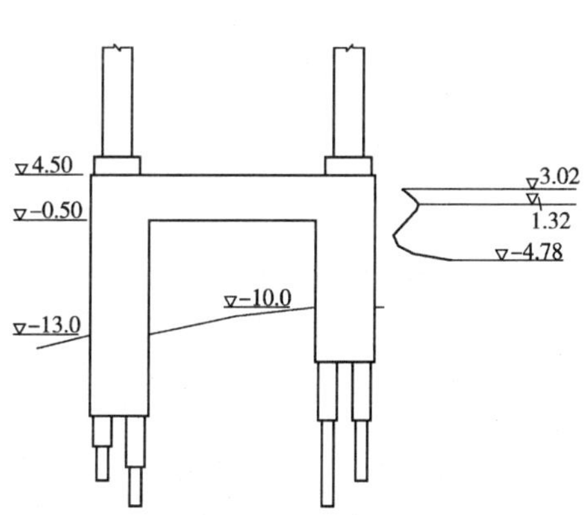

图 4-29　5 000 吨级船舶满载平均水位下撞击情形（单位：m）

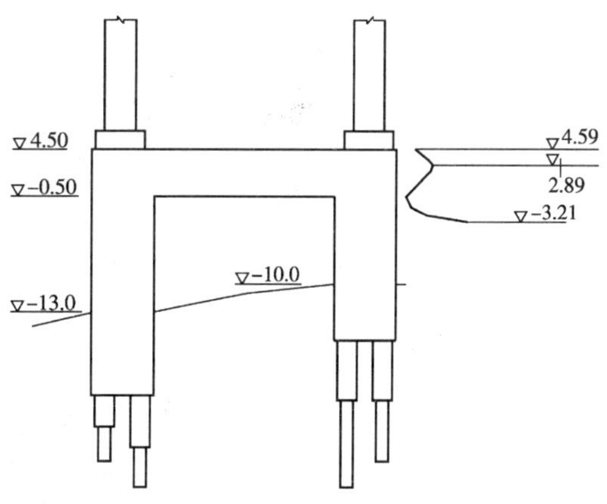

图 4-30　5 000 吨级船舶满载高水位下撞击情形（单位：m）

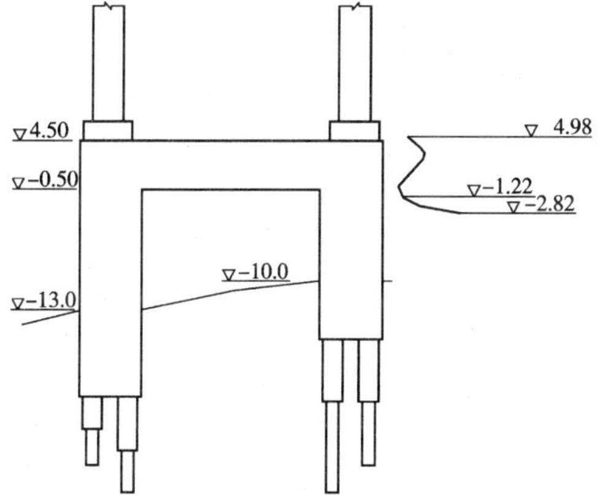

图 4-31　5 000 吨级船舶空载低水位下撞击情形（单位：m）

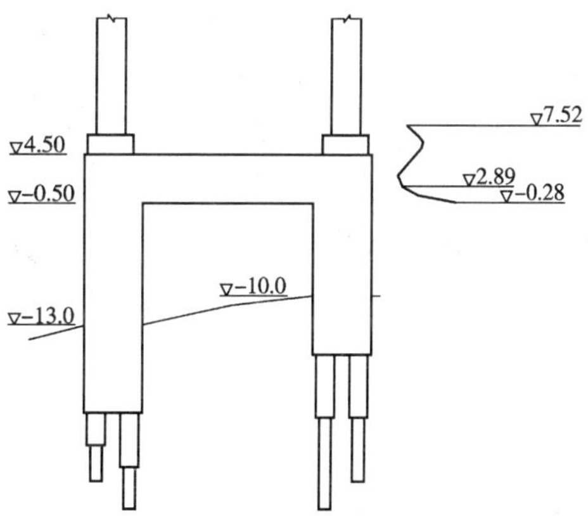

图 4-32　5 000 吨级船舶空载平均水位下撞击情形（单位：m）

2. 南塔

撞击南塔的示意图如图 4-34 ~ 图 4-44 所示。由图可见,10 000 吨级、5 000 吨级船舶在各种水位情况下,满载撞击部位均为基础;在平均潮位下,空载则可以撞击到基础与塔柱,但以基础为主要撞击部位;在高水位情况下,空载可撞击基础和塔柱,但塔柱可能受到较大的撞击。

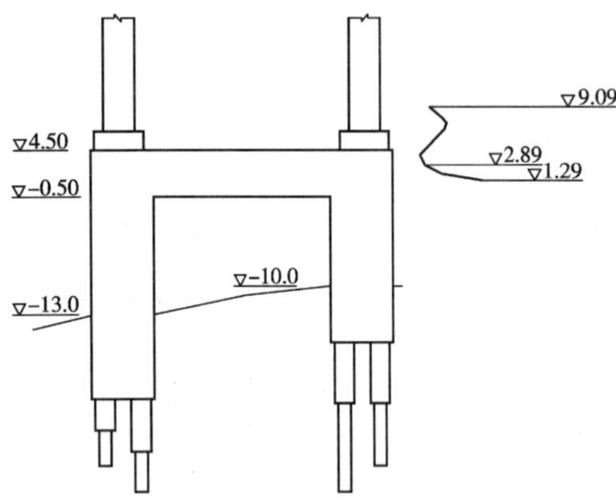

图 4-33　5 000 吨级船舶空载高水位下撞击情形（单位:m）

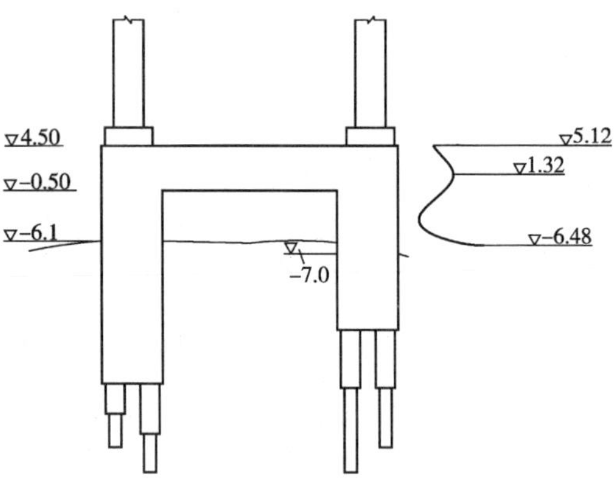

图 4-34　10 000 吨级船舶满载平均水位下撞击情形（单位:m）

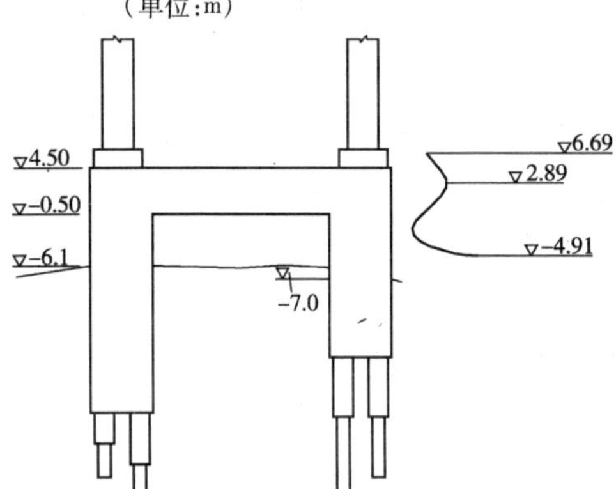

图 4-35　10 000 吨级船舶满载高水位下撞击情形（单位:m）

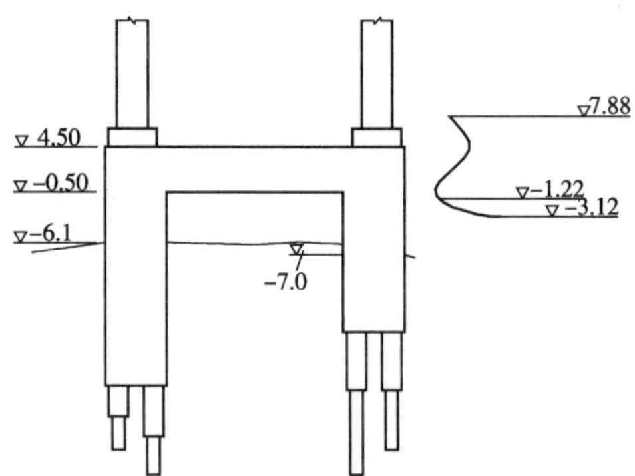

图 4-36　10 000 吨级船舶空载低水位下撞击情形（单位:m）

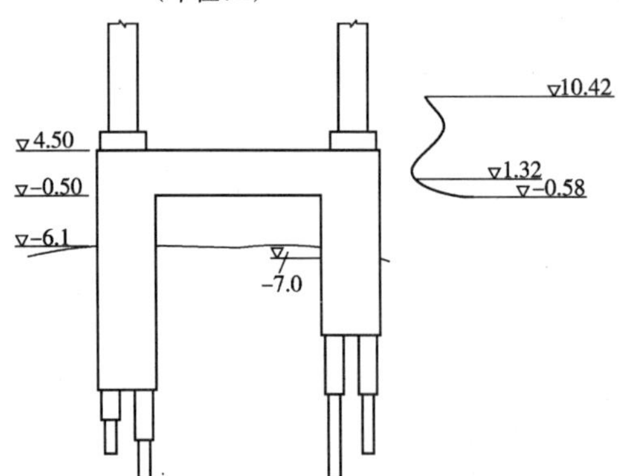

图 4-37　10 000 吨级船舶空载平均水位下撞击情形（单位:m）

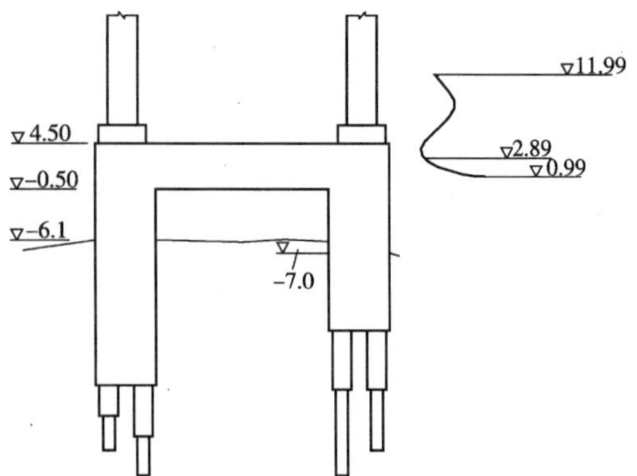

图 4-38　10 000 吨级船舶空载高水位下撞击情形（单位:m）

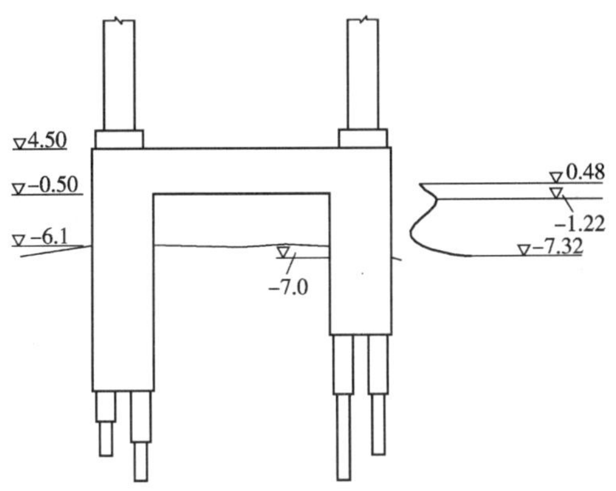

图 4-39　5 000 吨级船舶满载低水位下撞击情形（单位：m）

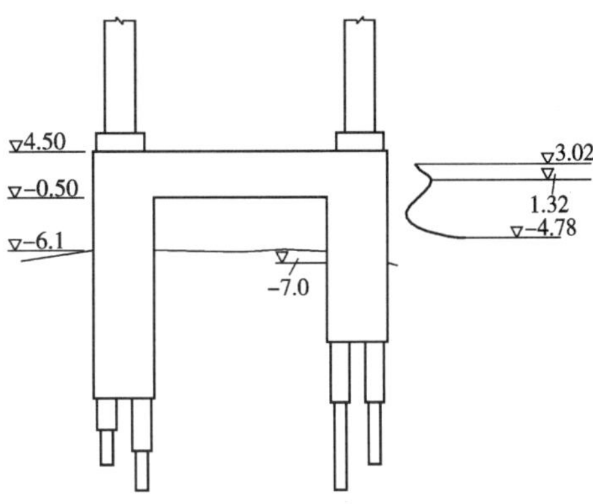

图 4-40　5 000 吨级船舶满载平均水位下撞击情形（单位：m）

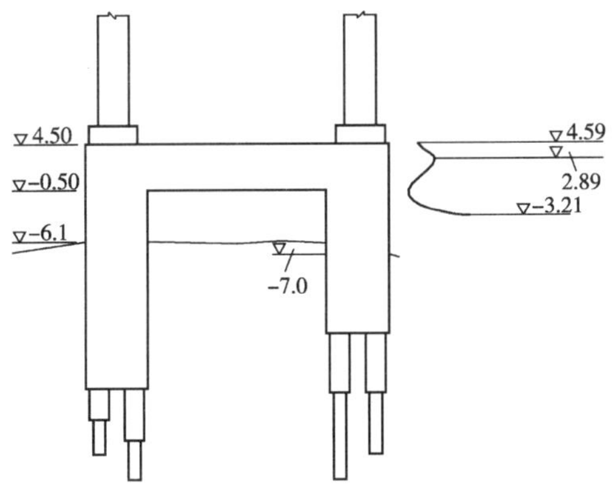

图 4-41　5 000 吨级船舶满载高水位下撞击情形（单位：m）

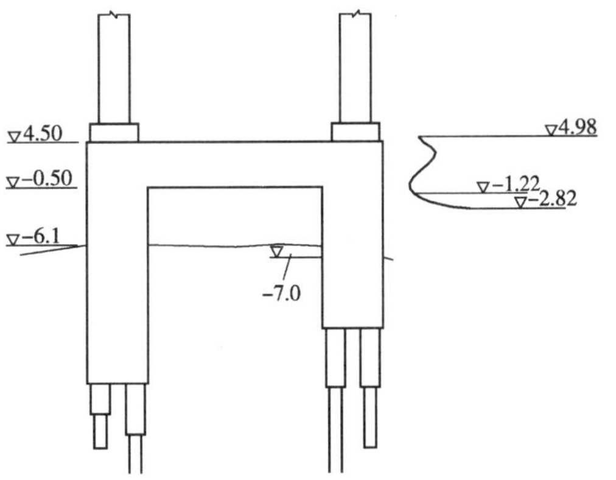

图 4-42　5 000 吨级船舶空载低水位下撞击情形（单位：m）

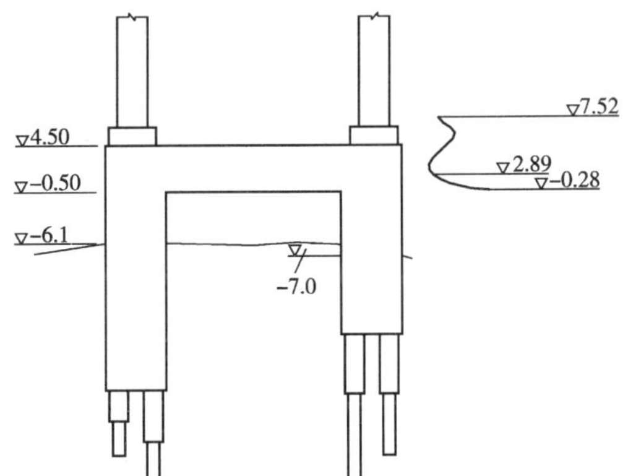

图 4-43　5 000 吨级船舶空载平均水位下撞击情形（单位：m）

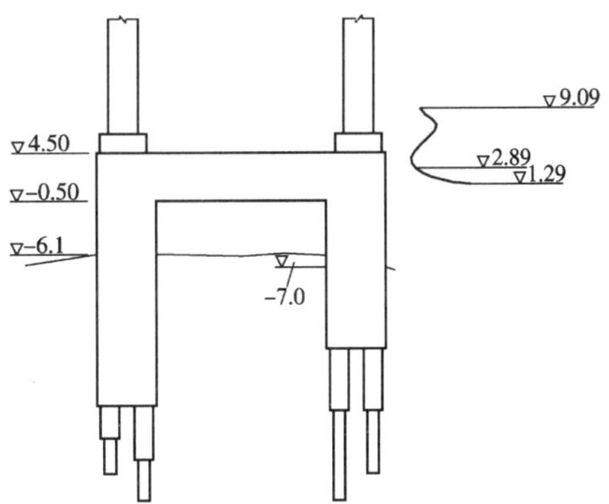

图 4-44　5 000 吨级船舶空载高水位下撞击情形（单位：m）

二、上部结构潜在受撞风险

以苏通长江公路大桥为例[3]，主梁底部与各种不同水位下的水面距离见表4-26。根据第五节中的船舶水线以上高度数据和船舶可达性分析结果，可以判断船舶不会撞击到苏通大桥上部结构。但若通行特殊类型的船舶，则应进行特殊考虑和处理。

不同水位下主梁离水面距离 表4-26

墩 号	最高通航水位(m)	最低通航水位(m)	平均水位(m)
65	47.2	52.96	50.86
66	48.7	54.46	52.36
67	50.2	55.96	53.86
68	53.3	59.06	56.96
69	53.3	59.06	56.96
70	50.2	55.96	53.86
71	48.7	54.46	52.36
72	47.2	52.96	50.86
73	56.7	62.46	60.36
74	55.6	61.36	59.26
75	54.5	60.26	58.16
76	53.3	59.06	56.96
77	52.7	58.46	56.36

再以汕头海湾大桥主通航孔桥为例[9]，主航道中心120m宽范围内是通航道，通航净高46m。通航净高可以满足一般50 000吨级船舶的通过要求，但更大型船舶或50 000吨级船舶空载通过时，应进行个案监控。对于大型浮吊通过大桥，亦应进行个案监控，防止船舶桅杆和浮吊臂撞击大桥上部主梁。

第七节 船舶与桥梁接触的典型场景

船与桥墩相撞的基本情形见图4-45[10,11]，可概括为四种类型。

1. 直航

直航的船大都是船头部位碰撞桥墩。此种情况下，如船舶与桥墩之间可以产生理想的滑移，则其横向分速度较小，撞击力相对船舶的总撞击能量来说亦较小。但一般承台或桥墩的平面几何因桥梁的具体情况设计成各种形式，加之船与桥梁墩台之间存在摩擦，情况就变得比较复杂。如丹麦大带桥西桥船撞设计是按第二种碰撞情形[12]，见图4-46。

2. 横漂或转弯和船侧碰撞

船碰到平行中段，类似于船靠码头。由于此时船的横向速度比前进的速度小，传递到桥梁上的动能比船舶的总动能小[11]。

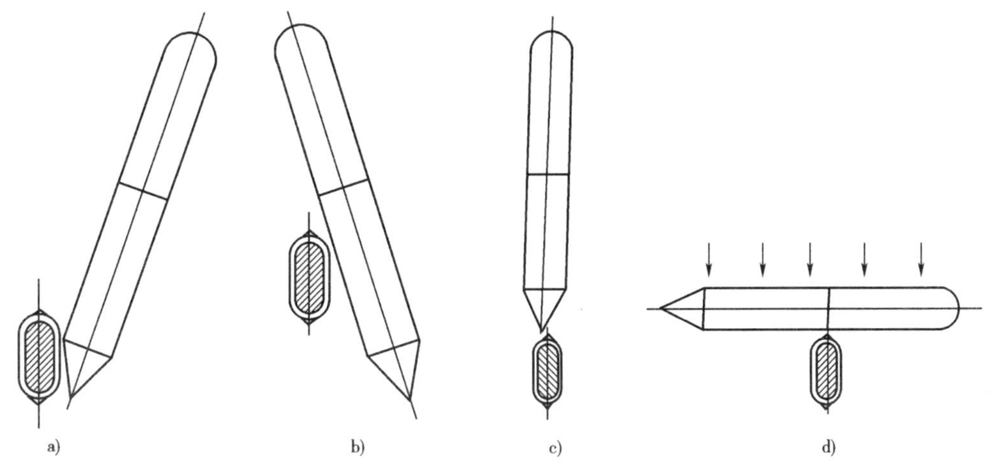

图4-45　船撞桥墩情形

a)直航前进;b)横漂或转弯;c)正向撞击;d)横漂船重心撞在墩上

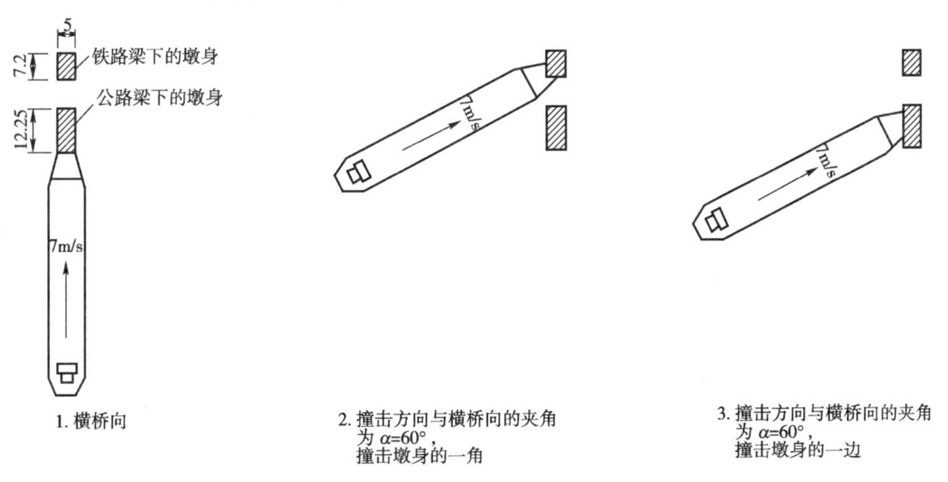

图4-46　丹麦大带桥西桥船撞设计工况

3. 船以正向撞向桥墩

这是一种极端不利的碰撞情况。船与桥墩交换大部分动能。但桥梁设计一般会将承台、桥墩或防撞结构设计成渐变的形状,如流线形或分水尖的形状,船和桥接触后会产生一定滑移,之后逐渐向第一种情况过渡。但是过渡需要时间,而一般船桥碰撞的总时间也不过1～3s。

4. 横漂船重心撞在墩上

横漂船的重心正好顶在桥墩上,这时的碰撞能以全部漂流速度计算。之后,由于水流合力与船的重心不重合,船头即慢慢旋转,变为顺流而下。

目前国内外主要研究船艏撞击桥墩的情况,而对船艉和船身撞击情况研究较少,可能原因是:①相对船艏,船身和船艉实际撞击桥墩频率要小得多,船撞桥事故记录证明了这点。②绝大多数情况下船艏对桥墩撞击后果比船身和船艉严重[13]。因此在桥梁船撞设计中考虑船头与桥墩接触的各种碰撞工况作为设计代表工况是合理的。

从目前的船桥碰撞事故调查资料来看,船舶与桥梁上部结构的接触主要是船舶的驾驶舱或桅杆撞击了桥梁的主梁或主拱圈。由于驾驶舱和桅杆的平面尺度范围很小，从设计角度来看可以理想化为一个局部区域接触，考虑一个不利的碰撞工况。

第八节　桥墩的临界冲击速度

在役桥梁或完成设计的桥梁，根据实际桥梁状况或设计图纸，结合地质资料可以对桥梁的抗水平作用的能力进行评估(详见第六章)。根据前述基础数据的调查结果和可达性分析以及船桥碰撞场景分析的结果，可以对桥墩能够承受的撞击速度进行初步评估。表4-27～表4-30为某大桥临界碰撞速度的评估示例。

非通航孔桥墩临界碰撞速度(m/s,90°撞击)　表4-27

墩　号	3 000DWT	3 000DWT/2	5 000DWT	5 000DWT/2	10 000DWT	10 000DWT/2
45	2.47	3.49	1.91	2.70	1.35	1.91
48	2.01	2.84	1.55	2.20	1.10	1.55
52	2.02	2.86	1.56	2.21	1.11	1.56
57	1.95	2.75	1.51	2.13	1.07	1.51
61	1.80	2.54	1.39	1.97	0.98	1.39
74	1.80	2.54	1.39	1.97	0.98	1.39

非通航孔桥墩临界碰撞速度(m/s,60°撞击)　表4-28

墩　号	3 000DWT	3 000DWT/2	5 000DWT	5 000DWT/2	10 000DWT	10 000DWT/2
45	2.84	4.02	2.20	3.11	1.56	2.20
48	2.20	3.11	1.70	2.41	1.20	1.70
52	2.15	3.05	1.67	2.36	1.18	1.67
57	2.15	3.05	1.67	2.36	1.18	1.67
61	2.10	2.96	1.62	2.30	1.15	1.62
74	1.80	2.54	1.39	1.97	0.98	1.39

主通航孔桥墩能够抗击不同船正撞的速度表(m/s,90°撞击)　表4-29

墩号	3 000DWT	3 000DWT/2	5 000DWT	5 000DWT/2	10 000DWT	10 000DWT/2	50 000DWT	50 000DWT/2
66	12.72	17.99	9.85	13.93	6.97	9.85	3.12	4.41
67	22.15	31.32	17.16	24.26	12.13	17.16	5.43	7.67
68	47.89	67.72	37.09	52.46	26.23	37.09	11.73	16.59
69	77.82	110.05	60.28	85.25	42.62	60.28	19.06	26.96

主通航孔桥墩能够抗击不同船斜撞的速度表(m/s,60°撞击)　表4-30

墩号	3 000DWT	3 000DWT/2	5 000DWT	5 000DWT/2	10 000DWT	10 000DWT/2	50 000DWT	50 000DWT/2
66	5.42	7.66	4.20	5.93	2.97	4.20	1.33	1.88
67	10.92	15.45	8.46	11.97	5.98	8.46	2.68	3.78
68	28.13	39.79	21.79	30.82	15.41	21.79	6.89	9.75
69	52.38	74.07	40.57	57.38	28.69	40.57	12.83	18.14

桥墩的临界碰撞速度与船舶的可达性以及与水位和碰撞角度相关的抗撞能力有关。原则上,这些因素的考虑应采用概率的方法进行,即以概率的方法考虑冲击力、抗力等因素的不确定性。但在基本分析中可以采用规范中提供的冲击力计算公式和抗力计算方法进行初步的评估。

桥墩临界速度的评估结果可以作为航运管理部门或海事部门规定船舶过桥速度的定量参考依据之一。

第九节 小 结

桥梁船撞风险涉及很多复杂的因素,如自然条件、河道及岸线的人工治理与经济开发,船舶、驾驶人员的技术能力,航运管理,桥梁结构形式与桥跨布置等。这些复杂的因素可以统称为桥梁船撞安全环境。本章概要介绍了桥梁船撞安全环境的主要数据与初步分析方法。

通过对桥梁船撞安全环境进行分析,可以对桥梁所面临的船舶撞击风险得到一个总体的认识,同时可以对影响桥梁船撞安全的主要因素形成合理的判断。

参考文献

[1] 董先远,吴应红.荆州大桥桥区水域通航安全的思考[J].中国水运,2008,8(10):16~17.

[2] 方建华,刘明俊,等.苏通大桥船舶通航条件及技术要求研究[R].2005.12.

[3] 王君杰,等.苏通大桥船撞安全评估[R].2008.12.

[4] 王君杰,等.国道325线九江大桥船撞风险评估与防撞系统方案研究[R].2008.8.

[5] 袁达全,等.黄石长江公路二桥桥梁通航净空尺度和技术要求论证研究报告[R].2003.8.

[6] 同济大学建筑设计总院桥梁设计分院.椒江二桥设计文件第“5.3.8 基础防船撞问题的对策措施”[R].2008.

[7] 王君杰,等.南京长江第四大桥船舶撞击动力分析研究[R].上海:同济大学,2007.

[8] 郭国平,等.佛开高速公路谢边至三堡段改扩建工程九江大桥通航安全论证报告[R].2005.9.

[9] 王君杰,等.汕头海湾大桥船撞安全评估与对策研究[R].上海:同济大学,2008.

[10] 陈国虞,沈文玮.船对桥墩的侧撞力[C].第十五届全国桥梁学术会议论文集.上海:2004.228~232.

[11] 林铁良,陈艾荣,王君杰.船撞桥偏航角分布研究[C].中国公路学会桥梁和结构工程分会2005年全国桥梁学术会议论文集.2005.

[12] The Strorebalt Publications, West Bridge, Personal Comunication.

[13] AASHTO, Guide Specification and Commentary for Vessel Collision Design of Highway[S], 1994, 2009.

第五章 桥梁船撞事件发生概率计算

第一节 概　　述

桥梁船撞风险评估的核心内容之一就是桥梁遭受船舶撞击概率的计算。理论上讲可以通过风险识别找到船舶撞击桥梁的潜在风险因素，然后逐一确定各风险因素导致碰撞发生的概率，最后确定总的碰撞发生的概率[1,2]。但是由于影响船桥碰撞事件发生的因素很多，分项统计资料一般比较缺乏，目前这种方法在实用中存在一定的难度，但从桥梁船撞风险分析的未来发展来看，这种方法具有发展潜力。另外一个确定碰撞发生概率的方法是经验综合概率法，这种方法不对碰撞原因的细目进行逐一的分析，而是根据一些理论研究成果和现有事故资料的统计分析，建立一个全局的碰撞发生概率的分析方法。目前的实际应用中，通常以经验综合概率法为主，结合分项分析来确定桥梁的船舶碰撞概率。

经验综合概率法可以分为两种，即观测统计法和经验数学模型法。

观测统计法即是对船桥碰撞事故进行统计，从而计算出船桥碰撞发生的概率。如丹麦大带桥，COWI 公司[3]估计的船舶航行在期望碰撞桥梁航迹上的概率，对于大于 40 000DWT 的船舶为 1.1×10^{-4}，对于小于 40 000DWT 的船舶为 3.2×10^{-4}；戴彤宇[4]对长江、黑龙江上 12 座典型桥梁进行了桥梁船撞概率的统计分析，得到的桥梁船撞概率约为 0.13×10^{-5} ~ 7.51×10^{-5}。

观测统计方法的优点是易于理解与应用，缺点在于需要大量的实地统计数据，而统计数据往往会受到不连续、不完整等客观因素的影响，且历史记录反映的是过去的情况，不一定能够反映当前桥区通航环境，如船舶流量的变化、通航船型的改变等。同时统计数据具有明显的区域和航道特征，统计结果的普遍适用性需要不断地检验。

经验数学模型法是根据桥梁船撞事故的统计和航道、航行管理等方面的知识，建立船桥碰撞概率的经验数学模型，并根据船桥碰撞事故数据和观测得到的桥区通航环境其他方面的数据确定经验模型中的参数。该方法目前在桥梁船撞设计中广泛使用。经验数学模型方法的优点是简单实用，能根据不同的通航环境进行调整，要点是需要根据具体情况合理地确定模型中的参数。已经提出了一些经验数学模型，如 AASHTO 规范[5,6]模型，KUNZ 模型[7,8]等。

从船舶碰撞桥梁时的状态来说，一种是船舶动力和舵效正常，可称为“正常能力船舶”；另一种是丧失了动力和舵效，可称为“失控漂移船舶”。经验数学模型方法主要适用于“正常能力船舶”，用于“失控漂移船舶”则缺少合理性。对于“失控漂移船舶”，庄元和刘祖源[9]提出了基于船舶航行和运动学理论的数值计算方法估算其碰撞桥梁的概率。

本章将介绍桥梁船撞概率计算的概念和方法。

第二节　桥梁船撞风险分析的故障树方法

一、故障树的基本概念

国内和国际相关领域都非常关注船舶碰撞桥梁的事故，并在逐步积累相关事故的统计资料，建立数据库。由于现代社会交通工具和信息记录、传播手段发达，船桥碰撞事故一般都会得到比较全面的记录，数据库的信息比较全面和细致。逐步积累的船桥碰撞事故数据库为采用故障树方法进行桥梁船撞风险分析提供了越来越坚实的基础[1,2]。

建立故障树包括三个过程[10]：抽象事故过程、确定部分故障树以及建立整体故障树，如图5-1所示。基本思路是把整个事故抽象成一系列原因事件过程的结果，事件间的连接用对应逻辑门表示，把所有事件按适当的次序叠加起来，最终形成船撞桥故障树结构图。

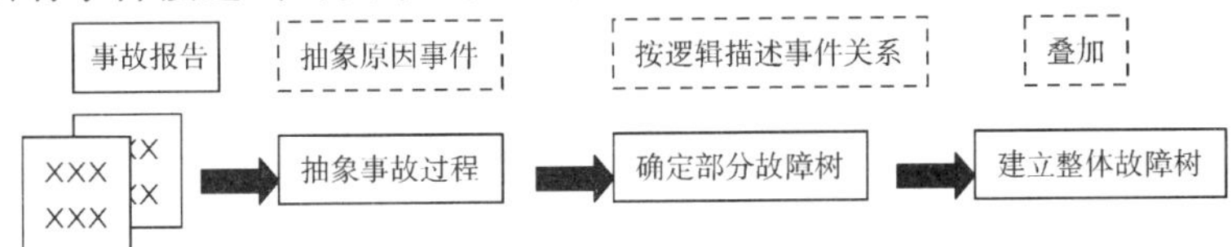

图5-1　故障树建造过程

1. 抽象事故过程

搜集事故资料必须包括船舶特征、驾驶人员辨别能力、决策、行动以及桥梁特征和周围环境等。抽象事故过程要注意事件的区别，不仅不能漏掉原因事件发生的先后次序，而且要把次序勾勒出来。船撞桥故障树结构中的原因事件应不仅现在存在，而且将来还可能再发生，这可为寻找相应预防措施提供有用的建议。

2. 部分故障树

顶事件下同一层次事件间的逻辑关系用‘和’和‘或’表达。部分故障树由顶事件和下面原因事件根据逻辑关系组成。

3. 整体故障树

部分故障树构成了整体故障树的某一发生路径，把所有部分故障树放在一起，确定它们的上下顺序，调整好顶事件的位置，就构成了整体故障树结构。两个事故的部分故障树可能完全不同或部分不同，这意味着同样的顶事件，可以有不同的部分故障树。

受到统计资料限制，可能漏掉一部分故障树发生路径，因此对于已建成的故障树，应不断进行完善，使整个系统尽可能完整。

二、船桥碰撞事件的故障树

一般的内河航道和运河航道水域比较狭窄，河道弯曲，河势和水文可能经常变化，再考虑人员等其他因素的影响，使得内河航道桥梁的船撞安全问题变得十分复杂；而海湾桥梁则水域宽阔，通航条件好，船舶操纵空间开阔，除了遇到暴雨天气外，一般水流变化平缓。影响海湾桥梁船撞安全的一般都是较大的海上轮船，航行在开阔的水域。因船舶的吨位较大，不容易受水流干扰影响；而且对于较大的船舶，船舶驾驶人员大都经过水平较高的专业训练，专业技术水平较高。但在开阔水面上，船舶驾驶人员容易放松警惕，也会引起驾驶疲劳。根据现有的事故资料，航行在宽阔水域的船舶，撞击桥梁的主要原因是由人为失误引起的。考虑到上述原因，根据第一章、第二章的事故介绍和桥梁船撞事故影响因素的综合分析，对文献[1,2]的研究结果进行了修改，建议一般内河和宽阔水域桥梁船撞故障树见图 5-2 和图 5-3。

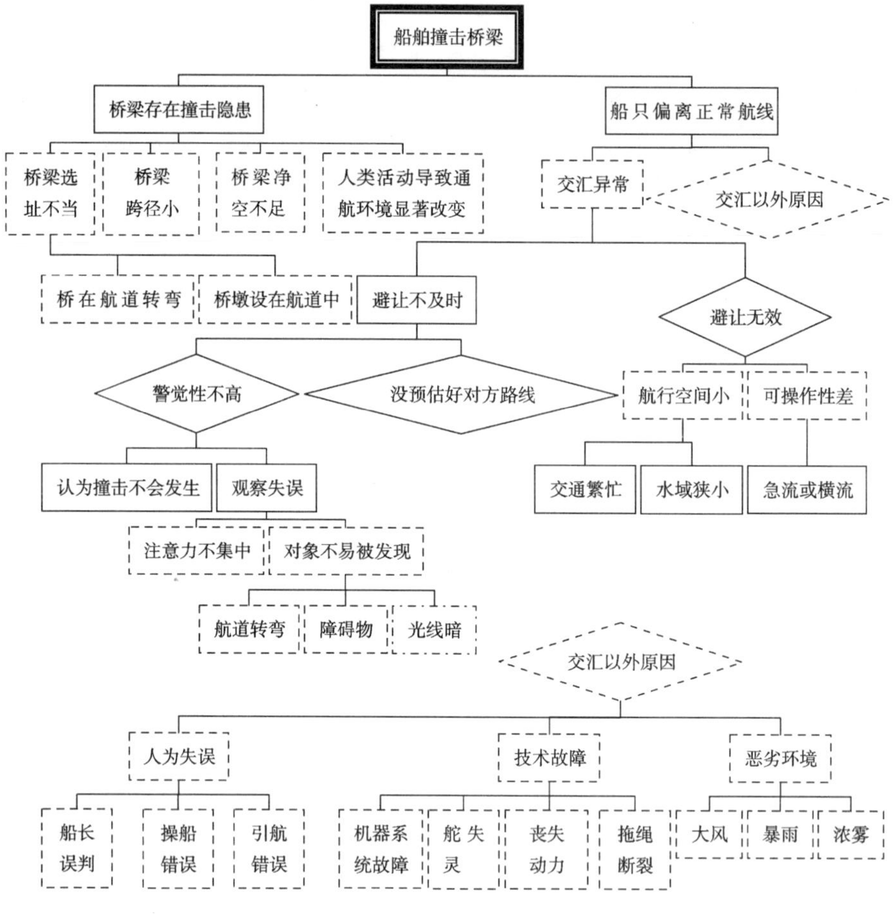

- 船舶撞击桥梁
  - 桥梁存在撞击隐患
    - 桥梁选址不当
      - 桥在航道转弯
      - 桥墩设在航道中
    - 桥梁跨径小
    - 桥梁净空不足
    - 人类活动导致通航环境显著改变
  - 船只偏离正常航线
    - 交汇异常
      - 避让不及时
        - 警觉性不高
          - 认为撞击不会发生
          - 观察失误
            - 注意力不集中
            - 对象不易被发现
              - 航道转弯
              - 障碍物
              - 光线暗
        - 没预估好对方路线
      - 避让无效
        - 航行空间小
          - 交通繁忙
          - 水域狭小
        - 可操作性差
          - 急流或横流
    - 交汇以外原因
      - 人为失误
        - 船长误判
        - 操船错误
        - 引航错误
      - 技术故障
        - 机器系统故障
        - 舵失灵
        - 丧失动力
        - 拖绳断裂
      - 恶劣环境
        - 大风
        - 暴雨
        - 浓雾

图 5-2 一般河道船桥碰撞故障树结构

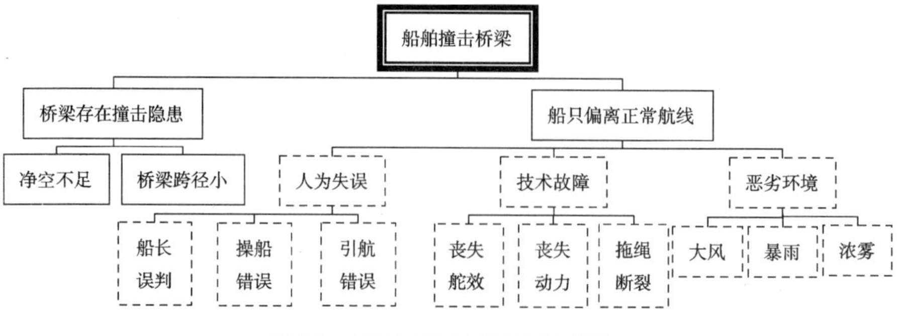

- 船舶撞击桥梁
  - 桥梁存在撞击隐患
    - 净空不足
    - 桥梁跨径小
  - 船只偏离正常航线
    - 人为失误
      - 船长误判
      - 操船错误
      - 引航错误
    - 技术故障
      - 丧失舵效
      - 丧失动力
      - 拖绳断裂
    - 恶劣环境
      - 大风
      - 暴雨
      - 浓雾

图 5-3 宽阔水域船桥碰撞故障树结构

从图 5-2 可以看到，对于一般河道，桥梁船撞故障树结构具有 10 层共 32 个原因事件；同一顶事件下的同一层次事件间为“和”关系，相应的框图都用实线表示；若为“或”关系，则用虚线表示。菱形框对应的事件表示该项事件下面由一系列底事件构成。

三、示例分析

广西南宁某桥梁主桥为非对称肋拱桥，跨径为300m，桥址航道规划等级为III级，现航道日平均交通量为280艘次，吨位为1 000t左右。根据当地气象和水利部门提供的资料，本航道船舶偏航主要由人为失误和技术故障引起，其中技术故障包括丧失舵效和主机丧失动力两种情况，如图5-4所示，事故原因的发生概率见表5-1。

假设人为失误导致偏航船只的航行轨迹沿航道中心线呈标准正态分布，技术故障导致的漂流船只的航行轨迹沿各个方向呈均匀分布，根据船舶交通资料，计算得出船舶撞击拱脚及支架的频率和相应重现期见表5-2。计算结果发现人为失误对撞击频率贡献最大。

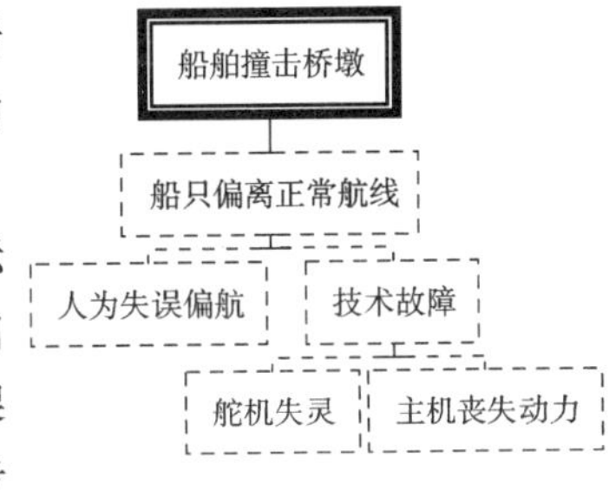

图5-4　广西某船撞桥故障树结构

事故原因的发生概率和参数　表5-1

事故原因	参　数	取值
人为失误	人为失效概率	2×10^{-4}
丧失舵效	舵失效概率	6.3×10^{-5}
动力系统失效	动力系统失效概率	1.5×10^{-4}

撞击频率和重现期　表5-2

撞击事件	频　率	重现期(年)
漂流船只	0.38	2.6
人为失误	0.90	1.1
总频率	1.28	0.8

如前所述，采用类似于故障树这种逐因素分析的方法，需要以桥梁的船撞事故数据库作为基础，这需要一个不断的积累过程。以此为基础的相关风险分析方法也需要一个不断的发展过程。在当前的工程实践中，比较实用的策略仍然是将因素分析与综合概率法相结合。本章第三节~第七节将对综合概率法的相关问题进行介绍。

第三节　用于桥梁船撞概率计算的船舶分类方法

为估计船桥碰撞概率，需要对通航船舶的船型情况进行统计和分类，因为不同船舶的长度、宽度等不同，其在航行过程中碰到桥墩的概率也不同。船舶的长度越长，宽度越宽，那么船舶在通过某桥时其撞到桥墩的概率也会越大。船舶的类型、尺度、内部结构等的变化范围很大，主要体现在以下两个方面：

(1)同一DWT级别的船舶其船舶类型不尽相同。如3 000DWT的船舶可能包括货船、集装箱船、油船等，其船型参数由于所装货物的不同而在设计上有所不同，如船长、船宽、吃水深度等。

(2)同一DWT级别、同一船舶类型的船舶其船型参数也会不同。如同是3 000DWT的油船，由于船舶制造厂家的不同，设计图纸的不同，其船型参数也会不同，如船长、船宽、吃水深度等。

为了将这些不同进行分类，以方便桥梁船撞概率的计算，目前国外有些学者已开展了一些研究工作，如1996年Whitney[11]曾专门针对美国内河桥梁的驳船碰撞问题，提出了以驳船长度和宽度对驳船进行分类的方法，对驳船队主要以行列来进行分类。2001年Liu[12]提出将船舶类型分为四类：拖船、驳船队、轮船、其他船舶，建议对于驳船采用宽度和装载情况作为划分标准，对于轮船采用 DWT 和船舶类型进行划分。美国 AASHTO 规范[5,6]建议按照船舶的类型、大小和装载情况进行分类，但通常在实际操作时是按照船舶的 DWT 进行分类。

对船舶进行分类后才能确定每一类船舶的年通航量，因此不同的分类方法所得到的不同类型船舶的年通航量也不同。目前国内外在应用中通常采用 DWT 对船舶进行分类。如果采用船舶宽度或其他参数进行船舶分类，那么船舶的通航密度也就要与这些分类标准相对应，这对资料收集的要求是很高的，如为了得到可用的数据，美国曾在 Florida 州的内河和近岸河道建立了 52 个观测站进行资料的收集工作[5]。

在通航密度的统计方面，目前国内通常的做法是对桥区上游和下游的主要港口、码头等进行调查，根据各个港口和码头的年货物吞吐情况以及停靠船舶的船型得到每年通过桥区的各类船舶的数量。对于今后通航密度的预测也是根据这些港口、码头今后的发展情况以及航道规划，港口、码头规划等的情况，例如货物吞吐量的增加，码头可泊船舶吨位的增加，新增港口和码头等，给出若干年后的船舶通航密度情况。

船舶分类服务于桥梁的船撞设计，同时船舶分类也要考虑到与我国行业标准如《内河通航标准》[13]和《川江及三峡库区运输船舶标准船型主要尺度系列》[14]等的协调与一致性。为了得到一种既合理又方便实用的船舶分类方法，作者进行了船舶资料的大量收集工作，主要途径包括三峡库区现有通航船舶资料收集、有关文献记载和网上收集。通过对收集到的近千艘船舶进行分类和统计，建议将我国内河的通航船舶分为八类。

(1)客船。主要为客货船、客渡船、旅游船和高速客船。

(2)货船。主要为干散货船和一般货物船。

(3)集装箱船。主要为集装箱船和集散船。

(4)滚装船。主要为汽车滚装船。

(5)化学品船。主要为化学危险品船。

(6)油船。主要为原油、成品油及半成品油船。

(7)拖船。主要为船队中的拖船。

(8)驳船。主要为组成船队的驳船。

分类后分别对每类船舶的各种船型参数进行了统计，进而得到每类船舶的基本船型参数关系曲线。

(1)空载压舱排水量—DWT 关系曲线。

(2)满载排水量—DWT 关系曲线。

(3)船长—DWT 关系曲线。

(4)船宽—DWT 关系曲线。

(5)船头高度—DWT 关系曲线。

(6)桅杆高度—DWT 关系曲线。

(7)甲板室高度—DWT 关系曲线。

(8)空载吃水深度—DWT 关系曲线。

(9)满载吃水深度—DWT 关系曲线。

通过曲线拟合发现，各类船舶的船型参数关系曲线采用乘幂拟合具有较好的相关性。曲线均采用乘幂函数。

$$y = ax^{b} \tag{5-1}$$

式中：y——纵坐标；

x——横坐标。

图 5-5 ~ 图 5-13 分别给出了货船的各类船型参数关系曲线。

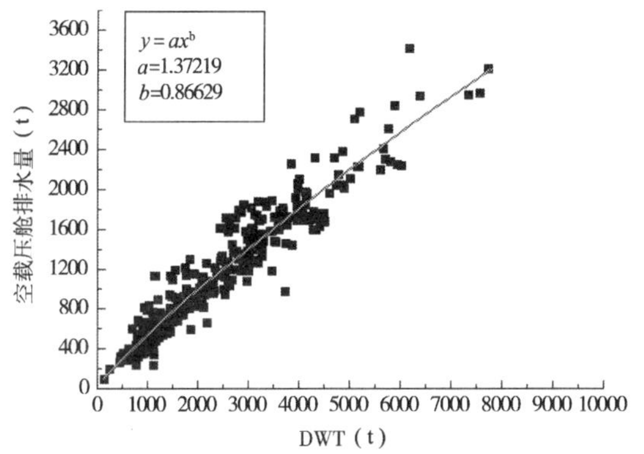

图 5-5　空载压舱排水量—DWT(货船)关系曲线

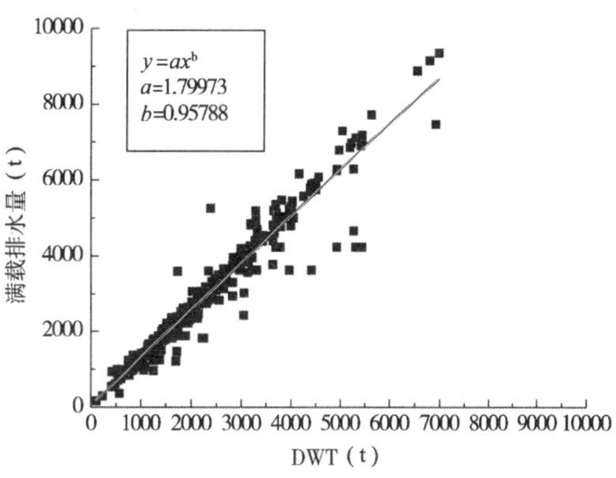

图 5-6　满载排水量—DWT(货船)关系曲线

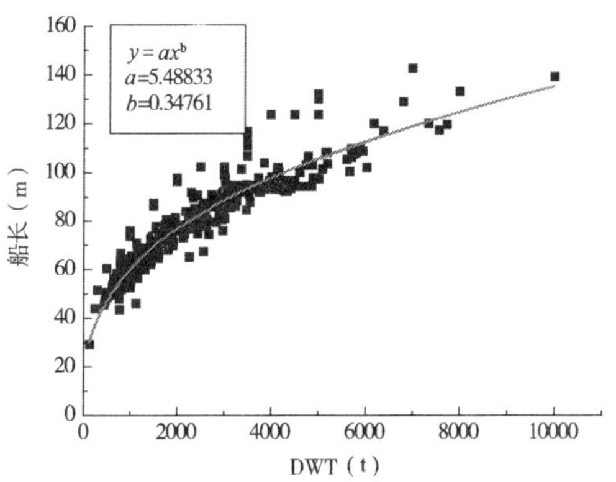

图 5-7　船长—DWT(货船)关系曲线

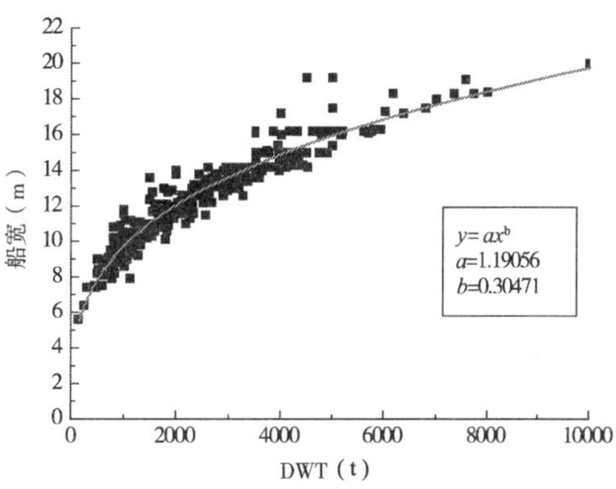

图 5-8　船宽—DWT(货船)关系曲线

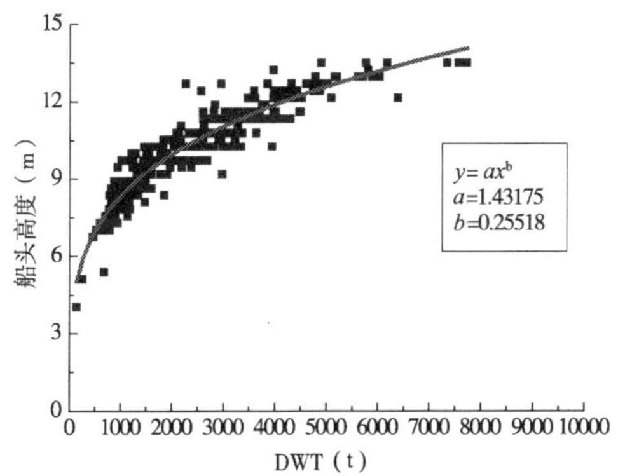

图 5-9　船头高度—DWT(货船)关系曲线

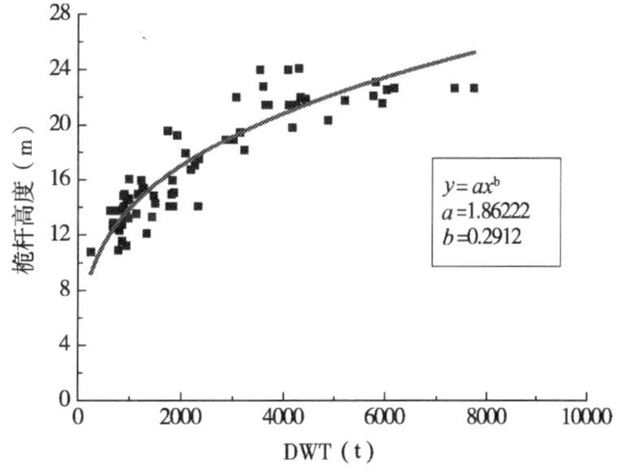

图 5-10　桅杆高度—DWT(货船)关系曲线

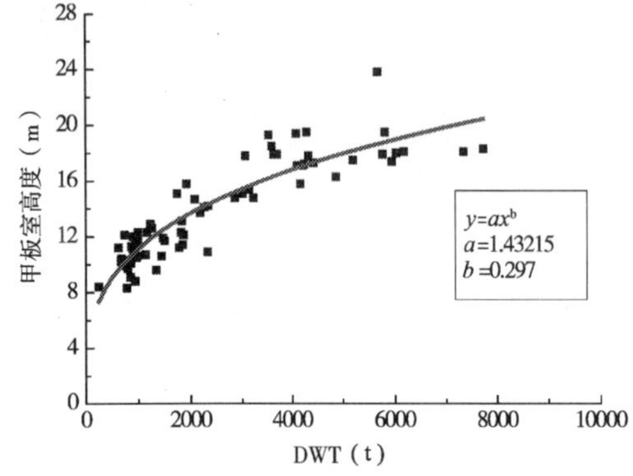

图5-11　甲板室高度—DWT（货船）关系曲线

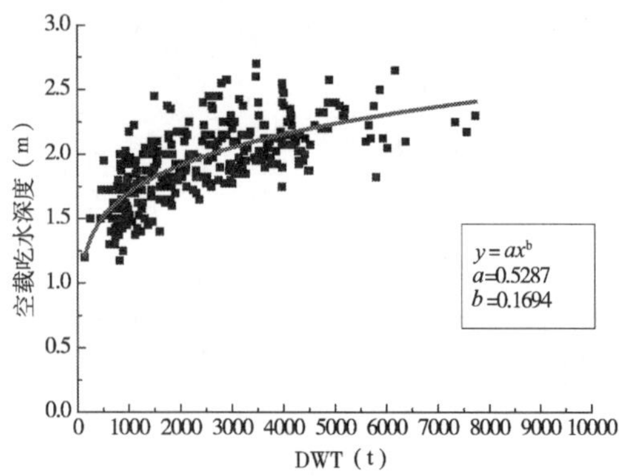

图5-12　空载吃水深度—DWT（货船）关系曲线

在实际应用时，为了方便通航密度资料的收集和船型参数的使用，分单船和船队两种情况分别说明通航密度资料的收集和船型参数的确定方法。

1. 单船

包括单艘单机驳船以及轮船。通航密度资料收集时按船舶DWT进行分组，分别得到每一组船舶的年通航量。计算时每一DWT级别的船舶的船型参数则按船舶的实际组成情况进行加权得到。等效船型参数按下式计算：

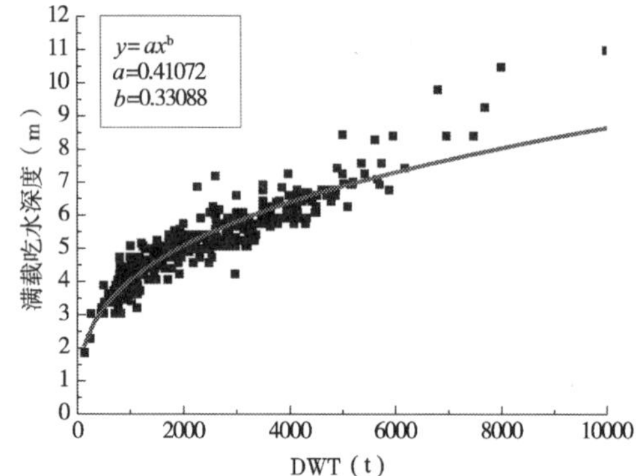

图5-13　满载吃水深度—DWT（货船）关系曲线

$$ {}^{\mathrm{i}}VP_{\mathrm{j}} = \sum_{k=1}^{n} \mu_{\mathrm{k}} \cdot {}^{\mathrm{i}}VP_{\mathrm{j}}^{\mathrm{k}} \tag{5-2} $$

式中：VP——单船船型参数；

i——分别代表空载压舱排水量、满载排水量、船长、船宽、船头高度、桅杆高度、甲板室高度、空载吃水深度、满载吃水深度等船型参数；

j——分别代表不同的DWT级别，如1 000DWT、2 000DWT、3 000DWT等；

k——分别代表不同的船舶类型，如客船、货船、集装箱船、滚装船等；

μ_{k}——为不同的船舶类型在通航船舶中所占的比例。

例如，通航船舶中2 000DWT的货船约占40%，集装箱船30%、化学品船30%。那么对于2 000DWT级别的船舶来说，其等效船长的计算如下：

货船　　$LOA_1 = 5.488 \times 2000^{0.348} = 77.07\mathrm{m}$

集装箱船　　$LOA_2 = 8.897 \times 2000^{0.288} = 79.22\mathrm{m}$

化学品船　　$LOA_3 = 8.490 \times 2000^{0.285} = 73.85\mathrm{m}$

2 000DWT等效船舶　　$LOA = 0.4LOA_1 + 0.3LOA_2 + 0.3LOA_3 = 76.75\mathrm{m}$

其他参数，如船宽、满载排水、满载吃水深度等计算过程同上。

2. 船队

主要为通航船舶中的驳船队。通航密度资料收集时按船队的总DWT进行分组，分别得到每一组船队的年通航量。桥梁船撞概率计算时则要把船队看成是一种特殊的船舶，其船型参数的确定主要依靠船队中典型驳船的编排方式。船队的等效船型参数按下式计算：

$$^{i}FP_{j}=\sum_{k=1}^{n}\mu_{k}\cdot{}^{i}FP_{j}^{k} \tag{5-3}$$

式中：FP——船队等效船型参数；

i——分别代表等效船长、等效船宽、等效空载吃水深度、等效满载吃水深度等船型参数；

j——分别代表不同的 DWT 级别，如 5 000DWT、8 000DWT、10 000DWT 等；

k——分别代表不同的编排方式；

μ_k——为不同的编排方式在通航船舶中所占的比例。

第四节　现有桥梁船撞概率计算模型评述

1974 年，Macduff[15] 在评估船舶交通事故时，以船船相碰的统计结果为基础，计算出了船舶相互碰撞的理论概率，Fujii[7,16] 在 1971 年和 1974 年的工作中，也采用了统计的方法对日本几条海峡中的船舶搁浅统计进行了研究，并列出了失控概率。这两项研究的共同之处在于都假设船舶杂乱地分布在水道内，且失控概率均出自这种自然状态的假设，一旦假设了一种更接近现实情况的分布，那么这种概率估算就要作相应的改变。但无论预测哪种条件下的碰撞或搁浅概率，这个独到的分布假设仍然是比较实用的。这两项工作也为以后船桥碰撞的研究打下了基础，之后国内外也形成了一系列的概率计算模型和方法，典型的有以下几种：

（1）AASHTO 规范模型。

（2）KUNZI 模型。

（3）欧洲规范模型。

一、AASHTO 规范模型

20 世纪 80 年代，国际桥梁协会[3] 建议的桥梁船舶撞击的期望次数的计算方法为：

$$\nu(T)=\sum_{i=1}^{m}\nu_{i}(T)$$

$$\nu_{i}(T)=N_{i}\cdot P_{A,i}\cdot P_{G,i} \tag{5-4}$$

式中：T——设计考虑的年限，通常取一年；

N_i——T 年内通过桥梁某一类别 i 的船只的数量；

$\nu(T)$——T 年内桥梁遭受碰撞的期望数；

$\nu_i(T)$——T 年内第 i 类船舶撞击桥梁的期望数；

$P_{A,i}$——船舶航行发生异常并对桥梁产生可能撞击威胁的概率，称为偏航概率；

$P_{G,i}$——条件概率，描述在桥区航行异常的船舶撞击到桥梁的概率，也称为几何概率。

具体桥址处的 P_A 可以通过对桥梁区域内船舶事故的观测资料的分析来确定。一般情况下缺乏足够的资料，因此常采用船舶搁浅和船舶碰撞的资料来确定 P_A 的值。

自 20 世纪 70 年代以来，对 P_A 的取值进行了一些研究。Fujii 和 MacDuff 等人[3,7,15,16] 在这方面进行基本的研究工作，其他人的研究多是以此两人的研究工作为基础。一些研究结果则是根据特定水道的搁浅或碰撞的统计资料。

当为某一特定水道进行 P_A 值评估时，或对不同水道的 P_A 值进行比较时，应当考虑到一些重要的影响因素，包括能见度、风、水流、冰、船型、船只的尺寸和速度、船只装载情况、船只标准和船只装备、船上领航员、交通密度、碰撞目标的可检测性、航标、折弯航道、航道跨度、VTS系统等。这些因素影响的研究还很不深入，一些研究结果之间互相矛盾，可能与分析的具体情况及所分析数据的完整性有关。

式(5-4)1991 年被 AASHTO 编制的《公路桥梁船撞设计指南》所采用。后来该指南的主要内容写入 AASHTO 的《桥梁设计规范》[6]。桥梁受船舶撞击的偏航概率 P_A 按下式估算：

$$P_A = B_R \times R_B \times R_C \times R_{XC} \times R_D \tag{5-5}$$

式中：B_R、R_B、R_C、R_{XC}、R_D——偏航基准概率、桥位修正系数、平行水流修正系数、横流修正系数和船舶交通密度修正系数。

根据美国一些水道的历史事故资料，对于轮船：$B_R = 0.6 \times 10^{-4}$；对于货船：$B_R = 1.2 \times 10^{-4}$；桥位修正系数 R_B 根据桥梁的位置以及桥梁与航道的角度估算。

1. 直线区域

位于直线航道水域中的桥梁：

$$R_B = 1.0 \tag{5-6a}$$

2. 过渡区域

对于处于过渡水域的桥梁，R_B 可由下式计算：

$$R_B = 1 + \frac{\theta}{90°} \tag{5-6b}$$

式中：θ——弯角或转角。

3. 转向区域

对于处于转向区域的桥梁，R_B 可由下式计算：

$$R_B = 1 + \frac{\theta}{45°} \tag{5-6c}$$

与水道内航线平行作用的水流的修正系数 R_C 应取为：

$$R_C = 1 + \frac{v_C}{10} \tag{5-7}$$

式中：v_C——平行于航线的水速分量。

垂直于船只航行方向的横向水流的修正系数 R_{XC} 应取为：

$$R_{XC} = 1 + v_{XC} \tag{5-8}$$

式中：v_{XC}——垂直于航线的水速分量。

船舶交通密度修正系数 R_D 可由在水道中的桥梁的直接相邻区的交通密度水平来确定。低交通密度，$R_D = 1.0$，船只在贴近桥梁处彼此很少相会、通过或赶超；中等交通密度，$R_D = 1.3$，船只在贴近桥梁处彼此有时相会、通过或赶超；高交通密度，$R_D = 1.6$，船只在贴近桥梁处彼此经常相会、通过或赶超。

几何碰撞概率最早由日本学者藤井弥平提出，假定航道内的船只是均匀分布的，忽略了桥墩在航道中的位置对碰撞概率的影响，得到的结果较粗略。后来，随着研究工作的进一步深入，发现以航道中心线为对称轴，船只的横向分布可以近似合理地用正态分布描述，见图

5-14[6] 和图 5-15[3]。几何概率 P_G 即为图 5-14 中阴影部分的面积。

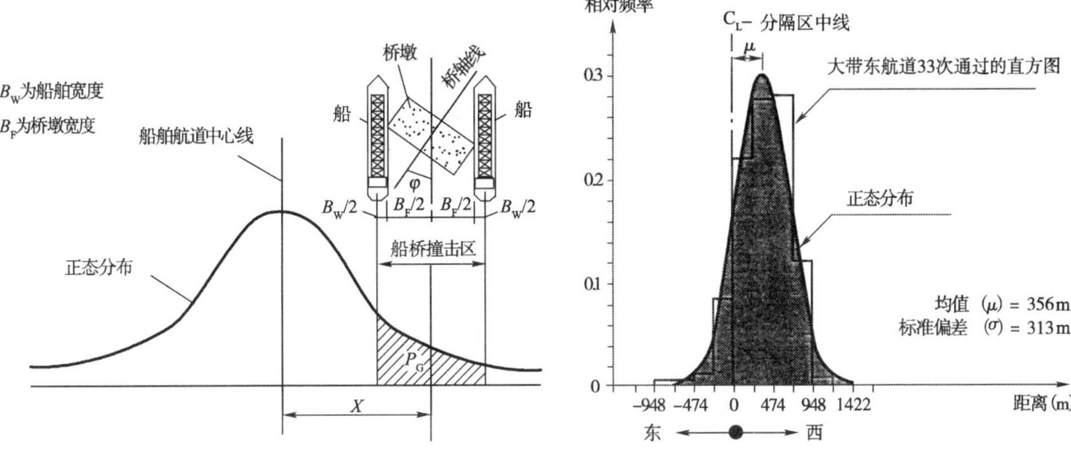

图 5-14 几何概率的定义　　图 5-15 丹麦大带桥船舶航迹雷达观测结果

正态分布的模型参数(均值和标准差)可以在实际水道上直接用雷达观测获得,否则可以参照情况类似河道(海峡)的观测资料确定。

二、KUNZI 模型

1998 年,德国的昆兹(C. N. KUNZ)[17] 基于对船撞桥事故发生前船与桥墩的相互位置的考虑,建议了一个具有两个随机参数的船桥碰撞概率计算模型。第一个随机变量是船舶的偏航角度 φ,是指船舶航行方向与预定航线方向之间的夹角,见图 5-16。第二个参数是停船距离参数 S。对指定的桥梁和某一型船舶,综合船舶机械性能、吨位、平均航速、外形尺寸、驾驶者平均素质、桥位处水流特性和桥梁外形尺寸等众多影响因素,认为避让桥梁障碍构件所需的最小足够距离 S 是一个正态随机变量。

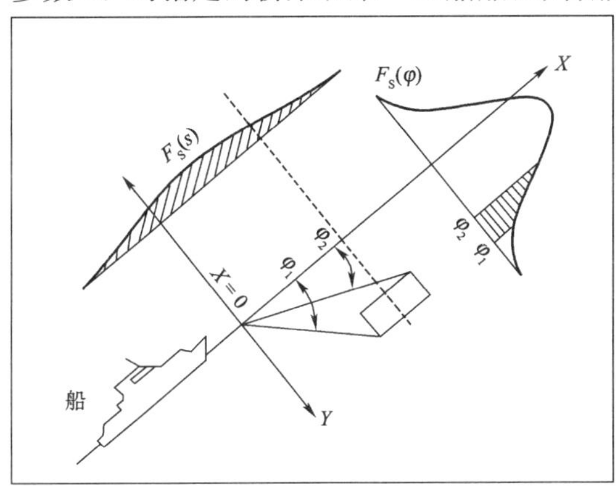

图 5-16 KUNZI 船桥碰撞概率模型

φ 和 S 受很多独立因素的影响,根据中心极限定理,可假定其为正态分布的随机变量,即

$$F_{\varphi}(\varphi) = \frac{1}{\sqrt{2\pi}\sigma_{\varphi}}\exp\left\{\frac{(\varphi-\mu_{\varphi})^2}{2\sigma_{\varphi}^2}\right\} \quad (5\text{-}9)$$

$$F_S(s) = \frac{1}{\sqrt{2\pi}\sigma_s}\exp\left\{\frac{(s-\mu_s)^2}{2\sigma_s^2}\right\} \quad (5\text{-}10)$$

通过计算 F_{φ} 和 F_S(对每一个船舶航运线的位置),就可以计算出沿着航行跨径,船舶撞击指定物体或绕过指定物体或在撞击发生前被停止的概率。此概率模型与船舶相对桥墩的位置有关。概率模型的数学表达式为:

$$P_{\text{collison}}(T) = nT\int \lambda(s)W_1(s)W_2(s)\,\mathrm{d}s \quad (5\text{-}11)$$

式中:$P_{\text{collision}}(T)$——在指定时间 T 内发生撞击的概率;

n——在 T 内通航船只的数目;

$W_1(s)=F_\varphi(\varphi_1)-F_\varphi(\varphi_2)$，撞击航迹的概率；

$W_2(s)=1-F_S(s)$，撞击前事故未得到制止的概率；

$\lambda(s)$——船舶每航行单位距离发生失效的概率。

三、欧洲规范模型

1997 年，欧洲在其统一规范(Eurocode)第一卷(Eurocode 1)第 2.7 分册[18]中提出了基于失效路径的积分算法，用于计算船桥碰撞的概率，见图 5-17。

在该方法中，引入一个坐标系(x,y)，x 轴沿航道的中心线，y 轴代表船舶距航道中心线的横向距离。潜在的被撞结构物即桥墩位于$(0,d)$处。由于航行错误和机械故障等导致的船舶与桥墩的碰撞被模拟为一个非均匀的泊松过程，已知该泊松过程的密度为 $\lambda(x)$，则在时间 T 内的碰撞概率表达式为：

$$P_c(T)=nTP_{na}\iint\lambda(x)P_c(x,y)f_s(y)\,dx\,dy \tag{5-12}$$

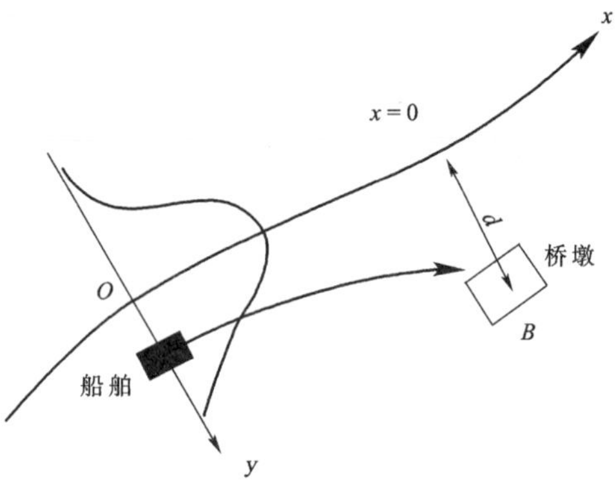

图 5-17　欧洲规范船桥碰撞概率模型

式中：P_{na}——由于人员干预仍不可避免撞桥的概率；

$\lambda(x)$——船舶单位航行距离的失误概率，可参照事故资料来确定；

$P_c(x,y)$——在给定初始位置(x,y)下的碰撞条件概率；

$f_s(y)$——在 y 方向船舶初始位置的分布。

四、模型比较[19]

AASHTO 模型是目前应用最为广泛的船桥碰撞概率计算模型，原因在于其简单和实用性较强。AASHTO 模型计算碰撞概率的基本思路可以理解为，首先确定船舶的误航概率 P_A，即由于各种原因导致船舶没有正常航行的概率，然后乘以误航船舶处于图 5-14 中船桥撞击区的概率，即几何概率 P_G。显然 AASHTO 模型中关于几何概率的定义意味着，船舶一旦驶入船桥撞击区，这种状态就会一直维持到发生事故。确定 P_A 的最合理的方法是进行长期的事故统计，在缺乏统计资料的前提下，AASHTO 给出了 P_A 的估算经验公式，但并未包括诸如风、能见度条件、助航设备等因素的影响。

实际上，大多数情况下，船舶在航行中一旦驶入危险区域，会采取一些措施如减速、调整航向等来避免碰撞，并不一定就撞上桥墩。从这个意义上说，KUNZI 模型和欧洲规范模型似乎更能反映出事故的发生过程和发生机理。

KUNZI 模型和欧洲规范模型的计算思路基本相似。欧洲规范模型考虑了船舶在桥区的横向分布(又称几何分布，下同)、所处位置对事故的影响以及单位航程事故率的变化，理论推导方面较为严谨，但由于在计算 $P_c(x,y)$时缺乏较为合理的定量表达方式，因此其还只是一个理论上的表述。KUNZI 模型则进一步明确了 $P_c(x,y)$的计算方法，提出了偏航角和停船距离

这两个随机变量，并给出了相应的计算公式，但 KUNZI 模型只是针对船舶的单条航迹给出了碰撞概率的计算方法，而在实际中，船舶在横向上存在一定的航迹分布，不同航迹线上的船舶按 KUNZI 模型计算出的碰撞概率是不同的，要想得到真实的碰撞概率还要将 KUNZI 模型的计算结果在船舶的横向分布上进行积分。因此，KUNZI 模型与欧洲规范模型相比，表达具体是其优点，缺点是忽视了船舶的横向分布，对估算结果的准确度造成了一定的偏差。

从表 5-3 可以看出，AASHTO 模型需要 10 个参数，KUNZI 模型需要 9 个参数，两个模型在参数数目方面基本相同。AASHTO 模型所需参数包括桥梁、水流和船舶三方面的数据，而 KUNZI 模型只需桥梁和船舶两方面的数据，水流的数据是通过船舶的偏航角来反映的。在参数的取值方面，AASHTO 模型中所需的各种修正系数主要是通过对美国内河船舶事故统计得出的，而 KUNZI 模型中有关船舶的参数确定只给出了建议值和参考值，具体应用时还需根据实际情况来观测确定。KUNZI 模型从船舶的航行过程入手，采用一个有序积分来计算碰撞概率，物理意义较 AASHTO 模型更为明确。

AASHTO 模型和 KUNZI 模型所需参数　　表 5-3

模型参数		AASHTO 模型	KUNZI 模型
桥梁参数	桥位修正系数	√	
	桥墩位置	√	√
	桥墩顺桥向长	√	√
	桥墩横桥向长		√
水流参数	平行水流修正系数	√	
	横流修正系数	√	
船舶参数	船舶宽度	√	
	船舶偏航基准概率	√	
	船舶交通密度修正系数	√	
	船舶航迹横向（几何）分布均值	√	√
	船舶航迹横向（几何）分布方差	√	
	船舶偏航角均值		√
	船舶偏航角方差		√
	船舶停船距离均值		√
	船舶停船距离方差		√
	船舶单位航程事故率		√
合计		10	9

第五节　三参数路径积分模型

通过本章第四节的对比分析发现，如果采用 AASHTO 规范模型的思路，那么就需要针对我国内河船舶事故的具体情况做大量的数据统计工作，而目前我国在这方面开展的工作还是比较有限的。而 KUNZI 模型则提供了一个数学模型的研究思路，并且参数确定方面较 AASH-

TO模型中大量的经验系数来说相对简单，因此针对KUNZI模型中的不足之处，作者提出了三参数路径积分模型[19]。三参数路径积分模型具有以下两个特点：

（1）明确考虑了水位变化频率对碰撞概率的影响。即对于某一计算水位下的碰撞频率还应乘上该水位出现的年频率，然后根据水位情况加权求和，使计算方法更加符合实际情况。

（2）在KUNZI模型的基础上，增加一项积分来考虑船舶横向分布对碰撞概率的影响，使模型的理论推导更加符合实际情况。

一、水位变化的影响

通常情况下，无论内河还是海峡海湾在一年中其水位变化都会呈现一定的规律性，也就是说，某一水位在每年出现的频率具有一定的统计规律。为了描述这种规律性，建议利用月份对水位的出现频率进行定量描述。表5-4和图5-18是南京长江第四大桥水域水位随月份变化情况。这样，每一水位出现的年频率则为一定值1/12，中间值可以内插得到。

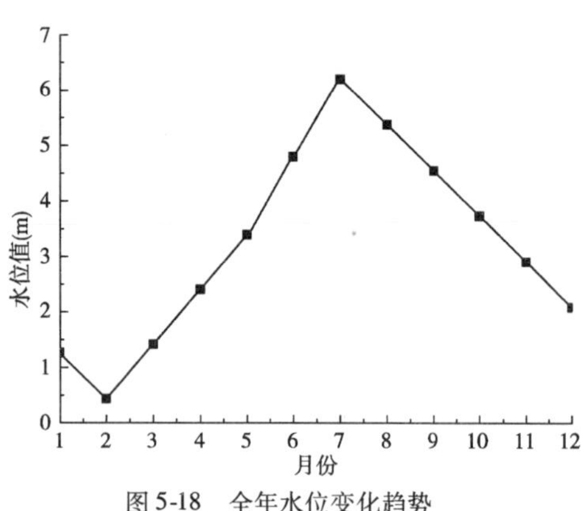

图5-18　全年水位变化趋势

每月的水位值（说明此表数据来源，桥名）　　表5-4

月　份	水位(m)	月　份	水位(m)	月　份	水位(m)
1	1.16	5	3.59	9	4.55
2	0.54	6	4.87	10	3.93
3	1.40	7	6.30	11	2.51
4	2.71	8	5.18	12	2.79

桥梁的年碰撞概率可以用下式来表示：

$$P_{\mathrm{c}} = \sum_{i=1}^{n} \alpha_{\mathrm{i}} P_{\mathrm{wi}} \tag{5-13}$$

式中：P_{c}——总的年碰撞频率；

α_{i}——第i种水位出现的频率，没有更详细统计数据的情况下可取1/12；

P_{wi}——第i种水位下的年碰撞频率。

二、航迹横向分布的影响

为了考虑船舶航迹横向分布对碰撞概率的影响，作者建议的三参数路径积分模型如图5-19所示，船舶自原点航行到桥墩处的距离为D，也即积分路径长度为D，D可取$\geqslant \mu_{\mathrm{s}} + 3\sigma_{\mathrm{s}}$（后面还将详细说明），$\mu_{\mathrm{s}}$为停船距离均值，$\sigma_{\mathrm{s}}$为停船距离标准差。$(x,y)$为船舶在航行过程中的积分坐标。

三参数路径积分模型积分式为：

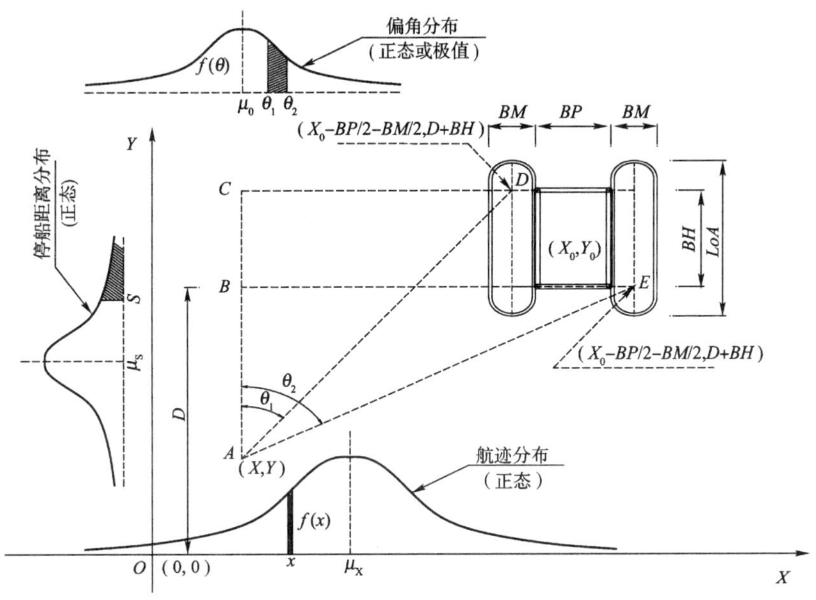

图 5-19　三参数路径积分模型计算图示

$$P_{wi} = \sum_{j=1}^{n} N_j \int_{\mu_x-3\sigma_x}^{\mu_x+3\sigma_x} f(x) \int_0^D \lambda(s)[1 - F(s)] \int_{\theta_1}^{\theta_2} f(\theta)\, d\theta dy dx \tag{5-14}$$

式中：P_{wi}——第 i 种水位下的年碰撞频率；

N_j——按船舶分类方法第 j 种船舶的年通航量，艘次；

$f(x)$——航迹横向分布密度函数；

$\lambda(s)$——船舶每航行单位距离的失误概率；

$F(s)$——停住船的概率；

$f(\theta)$——船舶偏航角分布密度函数；

μ_x——船舶的航迹横向分布均值；

σ_x——船舶的航迹横向分布标准差。

$f(x)$、$f(\theta)$ 和 $F(s)$ 分别如下：

$$f(x) = \frac{1}{\sqrt{2\pi}\sigma_x} e^{-\frac{(x-\mu_x)^2}{2\sigma_x^2}} \tag{5-15}$$

$$f(\theta) = \frac{1}{\sqrt{2\pi}\sigma_\theta} e^{-\frac{(\theta-\mu_\theta)^2}{2\sigma_\theta^2}} \tag{5-16}$$

$$f(s) = \frac{1}{\sqrt{2\pi}\sigma_s} e^{-\frac{(s-\mu_s)^2}{2\sigma_s^2}} \tag{5-17}$$

$$F(s) = \int_{\mu_s-3\sigma_s}^{s} f(s)\, ds \tag{5-18}$$

根据船舶航迹所处的横向位置不同，可分三种情况来确定 KUNZI 模型中的积分上下限

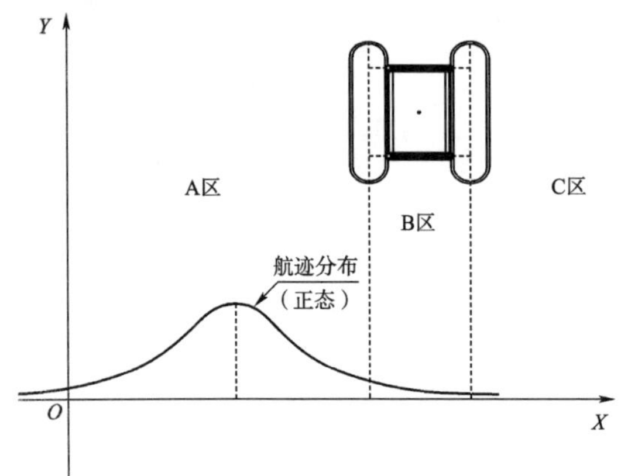

图 5-20　不同积分上下限的区间划分

θ_1、θ_2，如图 5-20 所示。

(1)当船舶位于图中 A 区时，即当 $X < X_0 - \frac{BP}{2} - \frac{BM}{2}$ 时：

$$\tan\theta_1 = \frac{X_0 - \frac{BP}{2} - \frac{BM}{2} - X}{D - Y + BH}$$
$$\tan\theta_2 = \frac{X_0 + \frac{BP}{2} + \frac{BM}{2} - X}{D - Y} \tag{5-19}$$

(2)当船舶位于图中 B 区时，即当 $X_0 - \frac{BP}{2} - \frac{BM}{2} < X < X_0 + \frac{BP}{2} + \frac{BM}{2}$ 时：

$$\tan\theta_1 = \frac{X_0 - \frac{BP}{2} - \frac{BM}{2} - X}{D - Y}$$
$$\tan\theta_2 = \frac{X_0 + \frac{BP}{2} + \frac{BM}{2} - X}{D - Y} \tag{5-20}$$

(3)当船舶位于图中 C 区时，即当 $X > X_0 + \frac{BP}{2} + \frac{BM}{2}$ 时：

$$\tan\theta_1 = \frac{X - X_0 - \frac{BP}{2} - \frac{BM}{2}}{D - Y + BH}$$
$$\tan\theta_2 = \frac{X - X_0 + \frac{BP}{2} + \frac{BM}{2}}{D - Y} \tag{5-21}$$

式中：X——航迹的横向分布坐标；

X_0——桥墩的 X 轴坐标；

BP——桥墩宽度；

BM——船舶宽度。

需要说明的是，船舶的偏航角分布可根据实际的观测资料取为正态分布或者极值 I 型分布。而且，利用该模型，对于矩形桥墩，我们还可以通过调整积分上下限 θ_1、θ_2 的取值，来分别得到船舶撞击桥墩长边与短边的概率。

三、模型所需参数及其参数的获取

在三参数路径积分模型里所需要的参数见表 5-5。其中，桥梁参数可通过桥梁设计资料得到，船舶参数中的船舶宽度可由前述的船舶分类方法得到。

三参数路径积分模型所需参数　　表 5-5

编　号	船舶参数	编　号	桥梁参数
1	船舶宽度	9	桥墩位置
2	船舶航迹均值	10	桥墩顺桥向长
3	船舶航迹方差	11	桥墩横桥向长
4	船舶偏航角均值		
5	船舶偏航角方差		
6	船舶停船距离均值		
7	船舶停船距离方差		
8	船舶单位航程事故率		

需要通过实际观测确定的模型参数包括：船舶航迹横向分布均值、船舶航迹横向分布标准差、船舶偏航角均值、船舶偏航角标准差。目前，在船舶的航迹横向分布概率模型方面，国内外大都采用正态分布来描述，但对于正态分布的参数取值却差别较大；在船舶的偏航角度概率模型方面，国内外尚无实际的观测资料可用，大都采用假设的正态分布模型，且均值的取值存在较大的争议。因此，对于某一具体桥梁，如果有条件可以进行实际观测，以获取更加符合工程实际的数据。第五节将以三峡库区三座跨江大桥为观测实例，详细说明该部分数据的收集和统计工作。如果其他地区的桥梁无实际观测数据可用，本节提供的统计结果也有参考价值。

此外，所需参数还包括：船舶停船距离均值、船舶停船距离标准差和船舶单位航程事故率。船舶的停船距离是由船型和水流速度决定的，可根据专门的试验数据来进行统计确定，如无实测数据可用，KUNZI 建议[17]，对于大型船舶，停船距离均值约为 550m，标准差约为 60m，并建议根据航海专家的意见确定不同尺度船舶的停船距离均值和标准差。对于船舶单位航程的事故率，可预先收集桥区上下游一定范围内的船舶事故数，然后除以每年的总船舶数以及航道总长度便可得到船舶单位航程的事故率。由于不同航段、航道的通航状况也不尽相同，因此船舶事故率也会有所差别，建议对不同河段进行历年船舶事故的统计以确定船舶单位航程的事故率。

四、模型相关参数分析

为了说明三参数路径积分模型中各参数对计算结果的影响，如积分路径长度、船舶航迹横向分布均值、分布标准差、偏航角均值、偏航角标准差等，本节以一个理想化的模型来进行计算验证，计算图示见图 5-21。计算采用的船舶长度为 200m，宽度为 30m，停船距离均值取 600m，标准差取 60m，年通航量为 15 000 艘次。

图 5-22 表示出了各墩及全桥碰撞频率随积分路径长度的变化趋势。从图中看出，当积分路径约为 800m 时，碰撞概率基本不再发生变化，这时积分路径长度约为 $\mu_s + 3\sigma_s$，μ_s 为停船距离均值，σ_s 为停船距离标准差。为了提高计算效率，积分路径长度可以取得小一些，但为了保证计算精度，其值不应小于 $\mu_s + 3\sigma_s$。

图 5-23 为各墩及全桥碰撞频率随偏航角分布变化的趋势，图中船舶航迹分布的均值取 0，即航道中心线，标准差取 200。从图 5-23a）可以看出，当船舶偏航角分布的标准差一定（取

10°)，均值逐渐增大时，1、2 号墩及全桥的年碰撞频率会先增大后减小，其峰值出现的位置与航道宽度和积分过程中积分路径长度的比值有关，当峰值出现时，此时从船舶的角度看，桥墩正好位于偏航角分布的均值位置。从图 5-23b) 可以看出，当船舶偏航角分布的均值一定（取 0°），标准差逐渐增大时，1、2 号墩及全桥的年碰撞频率也会呈现先增大后减小的趋势，不同的是，峰值出现的位置与前述情形不同，此时峰值出现的位置与夹角范围（即图 5-21 中桥墩所占的角度 θ）有关。

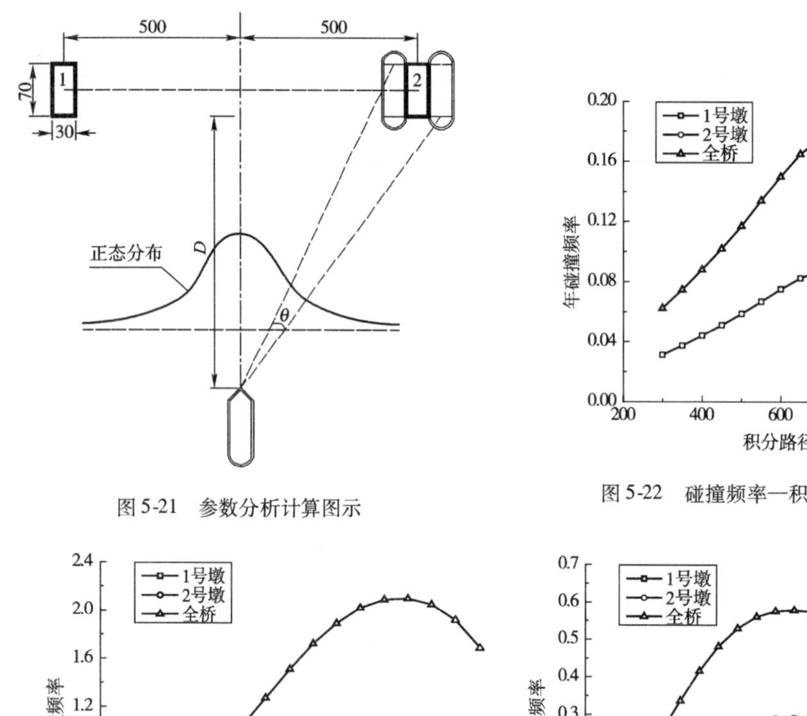

图 5-21　参数分析计算图示

图 5-22　碰撞频率—积分路径长度变化趋势

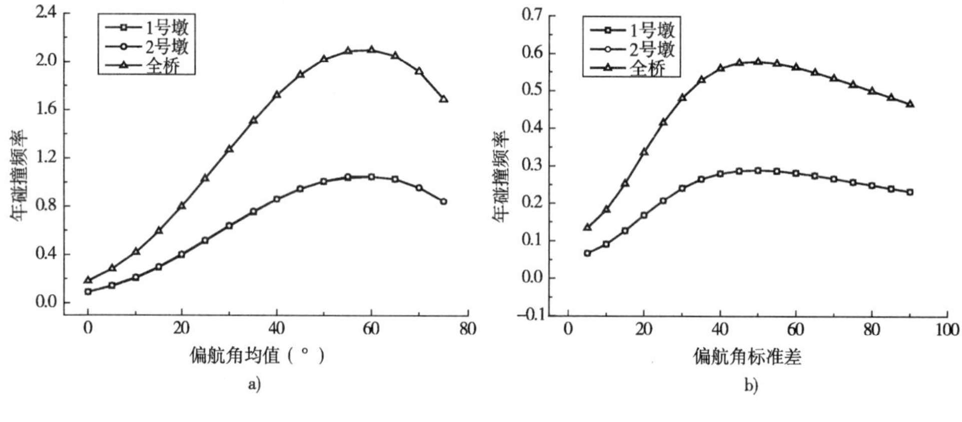

a)

b)

图 5-23　碰撞频率—偏航角分布变化趋势图（航迹分布均值取 0，标准差 200）

综上所述，采用三参路径数积分模型进行计算时，积分路径长度不应小于 $\mu_s + 3\sigma_s$。当其他参数一定时，碰撞概率会分别随航迹分布均值、航迹分布标准差、偏航角分布均值、偏航角分布标准差的变化而呈现出不同的变化趋势，这就要求我们在实际的工程应用时，应对参数的取值进行必要的研究，以保证计算结果的合理性。

五、算例[20]

以南京长江第四大桥为例来进行船桥碰撞概率分析。南京长江第四大桥为主跨 1 418m 的三跨悬索桥，跨径布置为 166m + 422m + 1 418m + 352m + 122m。在高水位下，北过渡墩、北主墩、南主墩都将有可能遭受船舶的撞击，如图 5-24 所示。

南京长江第四大桥设三个航道，一个下行航道，两个上行航道，其中一个上行航道专门供江船使用，船舶航行实行定线制。具体航道布置见图 5-24。

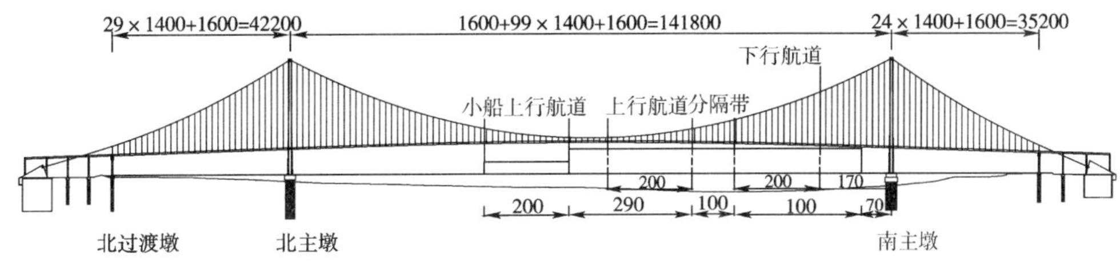

图 5-24　南京四桥主跨 1 418m 方案布置图（单位：cm）

南京长江第四大桥位于转向水域，根据桥位的地理特征，弯道转角大约取 21°。考虑到潮位变化的影响，计算中进行偏保守取值，平行于航线的水流速度分量取 1.5m/s，垂直于航线的水流速度分量取 0.2m/s。最小水流速度取 1.5m/s。

根据有关水文资料，枯水期（2 月份）采用最低通航水位 0.44m，洪水期（7 月份）采用多年平均洪峰水位 6.2m，中水期（5 月份）采用多年平均水位 3.39m。其他月份水位按照线性进行插值计算。各月份的水位见表 5-6。

南京长江第四大桥水位变化情况　　表 5-6

月　份	水位（m）	月　份	水位（m）	月　份	水位（m）
1	1.26	5	3.39	9	4.55
2	0.44	6	4.80	10	3.73
3	1.42	7	6.20	11	2.91
4	2.41	8	5.38	12	2.09

南京长江第四大桥桥区船舶流量见表 5-7 和表 5-8。在利用 KUNZI 模型和三参路径数积分模型时，根据相关研究资料，船舶偏航角均值取 0°，标准差取 10°，事故率取 1×10^{-6}/艘/年/m。船舶的停船距离根据吨位的不同，取值为 200 ~ 800m，标准差为 20 ~ 100m。根据调研资料和前述船舶分类方法，得到的各种船型的基本参数见表 5-9。

通航量预测表——海船（艘次）表 5-7

2050 年预测		
通过船舶总数（艘）		35 209
平均日通过船舶艘数		96
其中	3 万吨级以上	5 198
	5 万吨级以上	1 038
内含	1 000 载重吨以下	11 244
	1 000 ~ 2 999 载重吨	4 361
	3 000 ~ 5 000 载重吨	2 991
	5 000 ~ 10 000 载重吨	3 095
	1 万 ~ 3 万载重吨	8 320
	3 万 ~ 5 万载重吨	4 160
	5 万载重吨以上	1 038

通航量预测表——江船（艘次）表 5-8

2050 年预测		
通过船舶总数（艘）		1 123 465
平均日通过船舶艘数		3 078
其中	一等江船（艘/年）	11 451
	二等江船（艘/年）	30 560
	三等江船（艘/年）	65 758
	四等江船（艘/年）	77 462
	五等江船（艘/年）	8 080
	过往江船（艘/年）	930 154

各船型参数一览表　　表 5-9

DWT(t)	船长(m)	船宽(m)	吃水(m)
0 ~ 50	10.0	2.5	0.8
50 ~ 200	45.0	8.2	1.4
200 ~ 600	57.0	9.5	2.3
600 ~ 1 600	50.0	8.8	2.5
2 000 ~ 3 000	79.0	14.3	2.8
3 000 ~ 5 000	99.0	17.7	3.7
5 000 ~ 10 000	111.3	18.6	6.1
10 000 ~ 30 000	143.2	21.9	9.7
30 000 ~ 50 000	180.7	29.0	11.0
50 000 以上	230.0	32.0	11.0

利用 AASHTO 模型、KUNZI 模型和三参数路径积分模型分别计算了南京长江第四大桥的船桥碰撞概率，计算中考虑了水位变化的影响，计算结果见表 5-10。

不同模型的年碰撞频率(次/年)　　表 5-10

墩位＼模型	AASHTO 模型	KUNZI 模型	三参数路径积分模型
北过渡墩	2.79×10^{-11}	8.79×10^{-11}	6.57×10^{-10}
北主墩	3.63×10^{-4}	2.70×10^{-5}	5.04×10^{-4}
南主墩	8.67	8.65×10^{-2}	3.62
全桥	8.67	8.65×10^{-2}	3.62

从表 5-10 可以看出，对于北过渡墩和北主墩，三参数路径积分模型计算结果偏大，对于南主墩，AASHTO 模型计算结果偏大。全桥的年碰撞频率取决于南主墩。AASHTO 模型得到的结果大约为 9 次/年，三参数路径积分模型大约为 4 次/年，KUNZI 模型则最小约 0.1 次/年。这是因为 KUNZI 模型的积分路径选为了航道中心线，而桥墩距离航道中心线又较远，从而导致了积分上下限 θ_1、θ_2 值取值偏大，因此利用偏航角的正态分布进行积分时就会导致结果偏小。为了解决这一问题，对于 KUNZI 模型我们可以在船舶的横向分布上取很多条积分路径进行计算，然后进行加权取和，从这个意义上说，三参数路径积分模型恰恰就是这种思想的体现。

据统计(见表 5-30)，南京长江大桥 1968 年建成通车以来，至 2001 年 33 年间共发生碰撞事故 26 起，平均为 0.79 次/年。而南京长江第四大桥与南京长江大桥相隔不远，尽管二者之间跨径相差较大，但在无实际资料可用的情况下，南京长江大桥的统计结果仍可对南京长江第四大桥起到一定的参考作用。从这一点上来看，三参数路径积分模型的计算结果似乎更加合理可信。

第六节　碰撞概率模型的参数统计实例

本节主要依托三峡库区三座跨江大桥展开观测数据的收集工作，分别对三座大桥在 139 水位、156 水位和 175 水位(三峡库区水位为吴淞高程；139 水位为三峡大坝建成前水位；三峡大坝建成后，库区水位在 145—156—175 三个特征水位下运行。本书中关于三峡库区水位的使用均与此同)下通航船舶的航迹横向分布和偏航角度分布进行了统计研究，为三峡库区桥梁的船撞研究提供了有力的实际观测数据支持，同时也为我国其他内河桥梁的船撞参数取值起到

一定的参考作用。

一、数据的收集及处理

本例借助重庆市水上交通安全系统(图5-25),针对三峡库区重庆市境内三座直航路上的跨江大桥,连续收集了48~72h内过往船舶的航迹线,并对船舶过桥时的航迹横向分布和偏航角分布进行了统计分析。

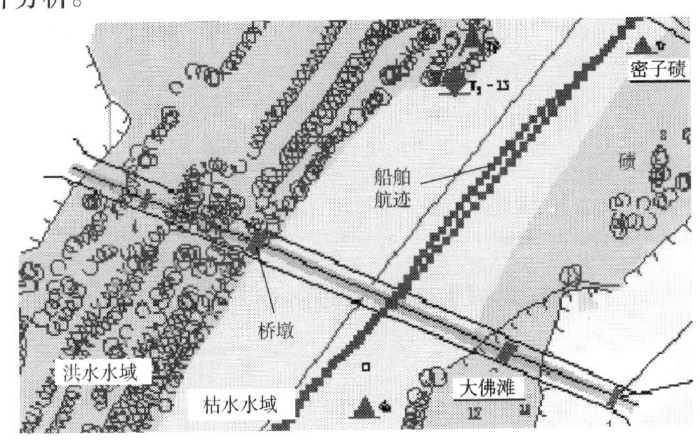

图5-25 重庆市水上交通安全系统实时监控电子江图

重庆市水上交通安全系统可对长江内所有安装船载GPS终端的通航船舶进行实时监控,并能对过往船舶的航迹线进行回放。据重庆市港航部门介绍,目前三峡库区通航的所有船型中,除了吨位较小的少数船舶未安装GPS终端外,其他船舶均已安装。

数据采集的基本情况见表5-11。

数据采集的基本情况 表5-11

观测位置＼数据类型	所属江段	桥型	跨径(m)	航道宽度(m)	观测时间	观测时长(h)	观测船舶数	
							上水	下水
观测桥1	重庆市区	双塔斜拉	450	275.4	2006.6/2007.1/2009.1	48/72/72	30/40/28	28/50/27
观测桥2	涪陵地区	双塔斜拉	450	430	2006.6/2007.2/2009.1	48/72/72	33/39/40	25/53/23
观测桥3	忠县地区	双塔斜拉	460	370	2006.7/2007.3/2009.1	72/ 72/72	47/32/30	38/49/24

注:所有观测数据均由重庆市港航局提供(表中数据顺序分别为139水位/156水位/175水位)。

通过观测发现,通航船舶中单机货船约占42%,客船25%,集装箱船11%,滚装船15%和化学品船4%,船队相对来说较少,仅占3%左右,这主要是因为长江上游段相对下游来说航道较窄,水文复杂,船队操控较为困难造成的。

在数据收集和处理方面,由于所采集到的船舶航迹数据为船舶航行时每10s间隔的经纬度坐标点,因此在研究船舶的航迹横向分布和偏航角分布时,需先将经纬度坐标转换为大地坐标,然后再进行几何运算。选择船舶过桥前约300m(大约为停船距离)的航迹线进行线性拟合,通过与桥梁轴线的交点和夹角计算,从而得到船舶的航迹横向分布和偏航角分布。在数据处理过程中,对信息不完整及明显错误的数据进行了剔除。

二、数据统计方法

对所观测到的数据处理后进行了拟合优度检验,根据样本数的不同,采用了卡方检验[21]

和 Shapiro-Wirk 检验[22]两种方法。

1. 卡方检验

对于大样本($n>50$)的情况，一般采用卡方检验来看母体分布 $F(x)$ 是否服从已知分布 $F_0(x)$。假设 $H_0:F(x)=F_0(x)$ 成立，统计量：

$$\chi^2=\sum_{i=1}^{n}\frac{(n_i-np_i)^2}{np_i} \tag{5-22}$$

近似服从自由度为 $n-r-1$ 的卡方分布，其中 r 是用样本估计的参数个数，n_i 为实测频数，np_i 为理论频数。

2. Shapiro-Wirk 检验

对于小样本($3<n<50$)，国际上及我国国标《数据的统计处理和解释正态性检验》(GB 4882—85[23]对所假设的分布是否符合正态分布的拟合优度检验推荐采用 Shapiro-Wirk 检验。假设 H_0 母体服从正态分布，将实测值从小到大排列，按下式计算统计量：

$$W=\frac{\{\sum_{k=1}^{l}\alpha_{k,n}[x_{n+1-k}-x_k]\}^2}{\sum_{k=1}^{n}[x_k-\bar{x}]^2} \tag{5-23}$$

其中，n 为偶数时 $l=n/2$，n 为奇数时 $l=(n-1)/2$，$\alpha_{k,n}$ 和 W 的临界值 W_α 可查表得到。若 $W>W_\alpha$ 则接受 H_0。

三、139 水位下的统计结果

1. 船舶航迹横向分布统计结果

三座大桥 139 水位下通航船舶的航迹分布直方图分别见图 5-26 ~ 图 5-28。采用 Shapiro-Wirk 方法对其进行了拟合优度检验，结果见表 5-12。

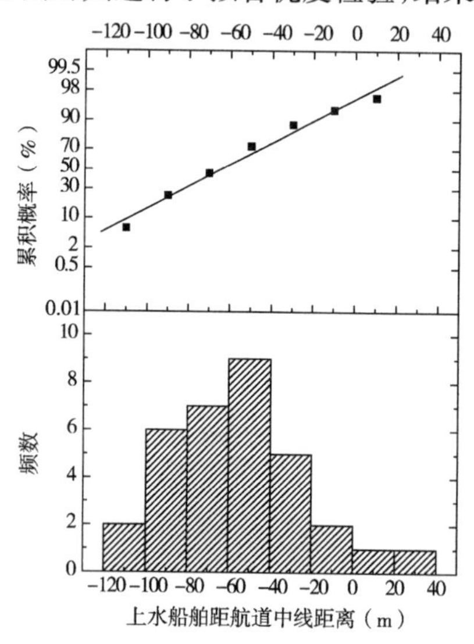

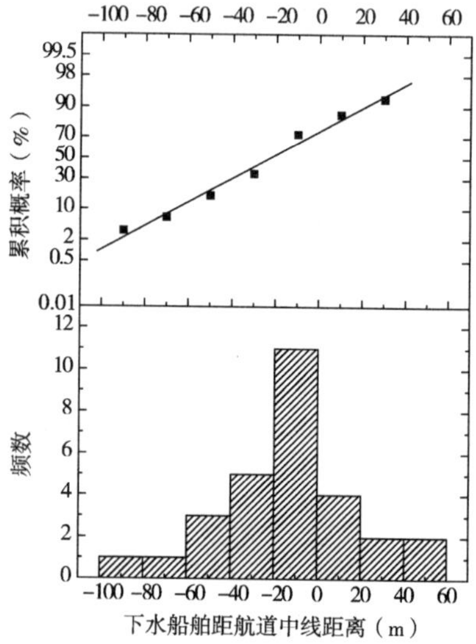

图 5-26　桥 1 上下水船舶航迹分布直方图

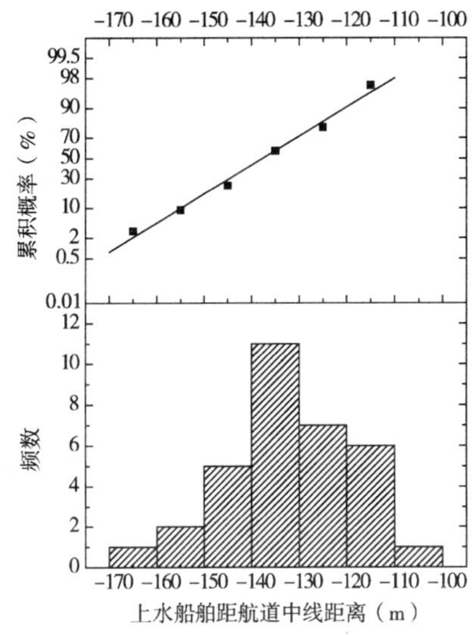

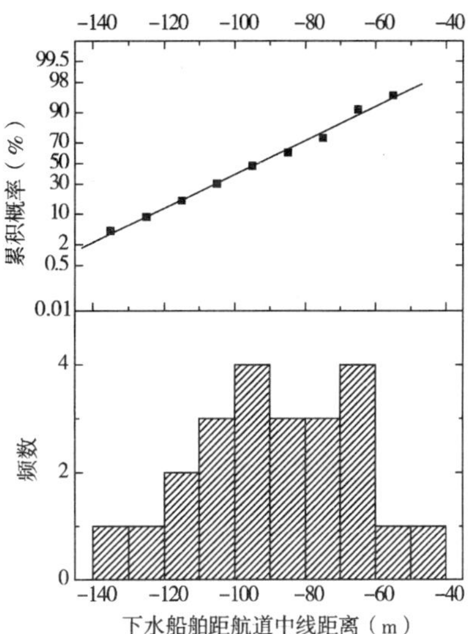

图 5-27　桥 2 上下水船舶航迹分布直方图

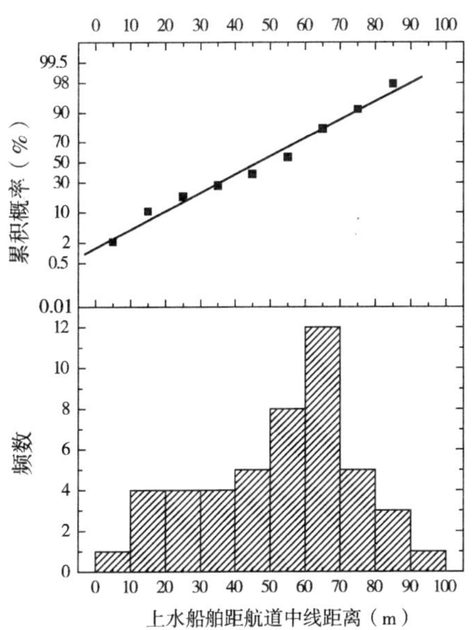

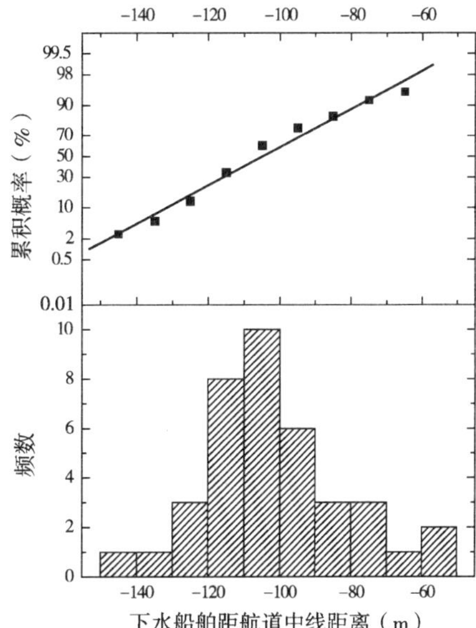

图 5-28　桥 3 上下水船舶航迹分布直方图

通航船舶航迹分布检验结果　　表 5-12

数据类型 位置	假设分布	均值 μ	标准差 σ	统计量	临界值	结论	通航净宽 w（m）	$\alpha=\lvert\mu/w\rvert$	$\beta=\sigma/w$
桥 1 上水	N	-55.79	29.95	0.96	0.931	接受	275.4	0.203	0.109
桥 1 下水	N	-12.94	32.18	0.98	0.926	接受	275.4	0.047	0.117
桥 2 上水	N	-130.59	13.78	0.98	0.931	接受	430	0.304	0.032
桥 2 下水	N	-87.86	23.91	0.98	0.914	接受	430	0.204	0.056
桥 3 上水	N	53.11	22.55	0.96	0.946	接受	370	0.144	0.061
桥 3 下水	N	-101.72	19.42	0.95	0.934	接受	370	0.275	0.052

注：表中 N 表示正态分布，均值 μ 为船舶过桥点与航道中线的偏差（重庆市港航局提供数据）。

通过检验可以看出，三座大桥的船舶航迹分布无论上下水均不拒绝正态分布，且 α 在 0.047～0.304之间。虽然三座大桥均为双向通航，但桥 1 和桥 2 为允许对遇的双向航路，船舶通过桥梁时习惯性地走航道一侧，α 均值为 0.189；桥 3 为不允许对遇的双向航路，因此船舶过桥时分别走上、下水航道，α 均值为 0.209。

从表中看出，标准差 σ 的均值为 23.63，所观测的通航船舶的船长从 21m 到 130m 不等，均值约为 78m，因此，标准差 σ 约为平均船长的 1/3，β 均值约为 0.078。

2. 船舶偏航角度分布统计结果

影响桥梁船撞概率的另一个重要因素就是船舶的偏航角度，船舶的偏航角度一般指船舶航行时轴线方向与航道方向之间的夹角。通过重庆市水上交通安全系统的实测，作者得到了船舶通过三座直航路跨江大桥时的偏航角分布，其分布直方图见图 5-29～图 5-32。

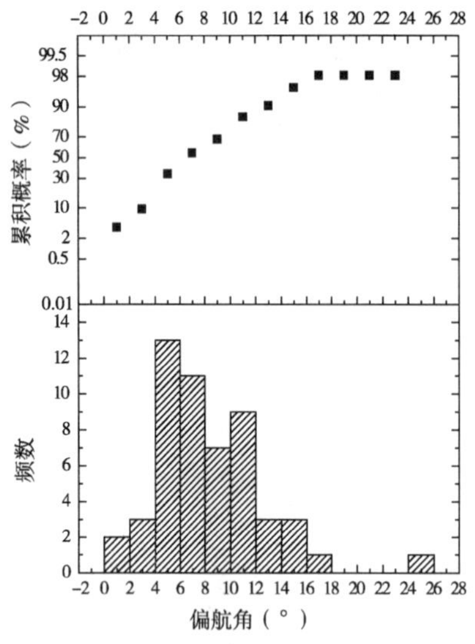

图 5-29　桥 1 偏航角分布直方图

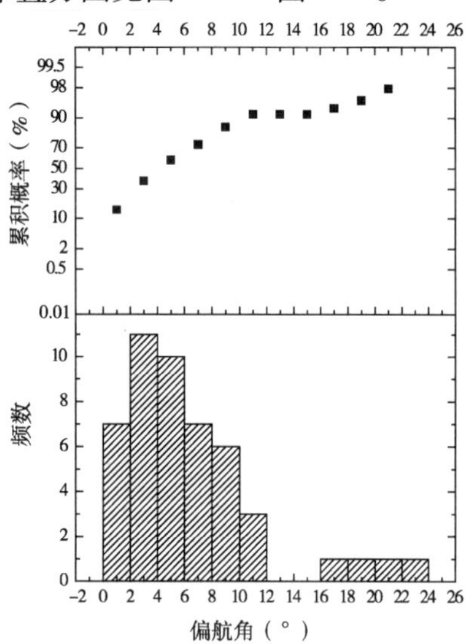

图 5-30　桥 2 偏航角分布直方图

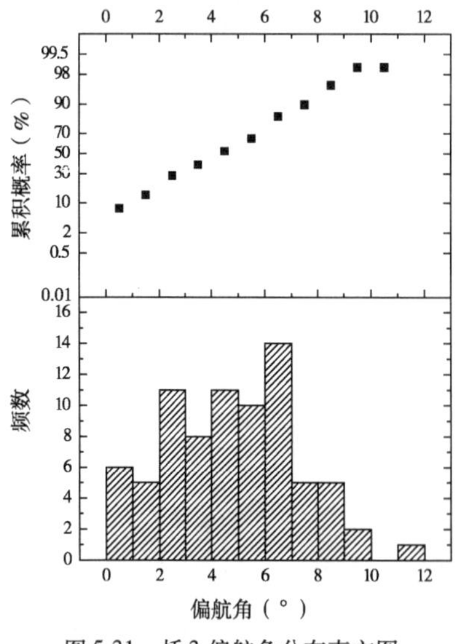

图 5-31　桥 3 偏航角分布直方图

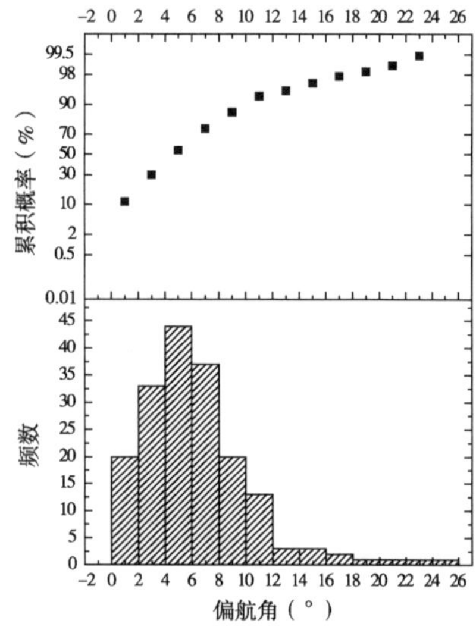

图 5-32　总偏航角分布直方图

采用卡方检验方法分别对三座大桥以及总的偏航角分布进行了拟合优度检验，结果见表5-13。

船舶偏航角分布检验结果　　表5-13

类　别	假设分布	统计参数		统计量	临界值	结　论
桥1 偏航角分布	N	$\mu=8.23$	$\sigma=4.18$	6.79	9.488	接受
	LN	$\mu=1.96$	$\sigma=0.61$	6.31	9.488	接受
	I	$\alpha=0.307$	$u=6.348$	2.90	9.488	接受
桥2 偏航角分布	N	$\mu=6.34$	$\sigma=5.01$	7.12	9.488	接受
	LN	$\mu=1.53$	$\sigma=0.87$	2.78	9.488	接受
	I	$\alpha=0.256$	$u=4.089$	1.98	9.488	接受
桥3 偏航角分布	N	$\mu=4.71$	$\sigma=2.51$	4.62	14.067	接受
	LN	$\mu=1.34$	$\sigma=0.77$	30.20	14.067	拒绝
	I	$\alpha=0.511$	$u=3.579$	12.92	14.067	接受
汇总 偏航角分布	N	$\mu=6.19$	$\sigma=4.08$	35.23	19.68	拒绝
	LN	$\mu=1.66$	$\sigma=0.66$	14.08	19.68	接受
	I	$\alpha=0.314$	$u=4.354$	12.15	19.68	接受

注：表中N为正态，LN为对数正态，I为极值I型（重庆市港航局提供数据）。

分布检验结果显示，桥1、桥2对于三种分布均不拒绝，桥3对对数正态分布有拒绝的情况。根据统计量最小为最优的原则，桥1、桥2为极值I型分布，桥3为正态分布，总的偏航角为极值I型分布。这说明偏航角的分布会因不同的通航状况而有所差别，从图5-28～图5-32还可看出，船舶的偏航角度大都集中在2°～12°之间，占84.4%，其中2°～7°最多，约占77.1%。

四、156水位下的统计结果

1. 船舶航迹横向分布统计结果

156水位下三座大桥通航船舶的航迹分布直方图见图5-33～图5-35。采用Shapiro-Wirk方法对其进行了拟合优度检验，结果见表5-14。

通航船舶航迹分布检验结果　　表5-14

数据类型 / 位置	假设分布	均值μ	标准差σ	统计量	临界值	结论	通航净宽w(m)	$\alpha=\lvert\mu/w\rvert$	$\beta=\sigma/w$
桥1上水	N	2.59	18.74	0.98	0.929	接受	275.4	0.009	0.068
桥1下水	N	37.51	18.52	0.96	0.946	接受	275.4	0.136	0.067
桥2上水	N	-133.06	18.93	0.99	0.905	接受	430	0.309	0.044
桥2下水	N	-57.93	34.17	0.98	0.933	接受	430	0.135	0.079
桥3上水	N	68.52	23.61	0.98	0.930	接受	370	0.185	0.064
桥3下水	N	-83.49	29.93	0.97	0.947	接受	370	0.226	0.081

注：表中N表示正态分布，均值μ为船舶过桥点与航道中线的偏差（重庆市港航局提供数据）。

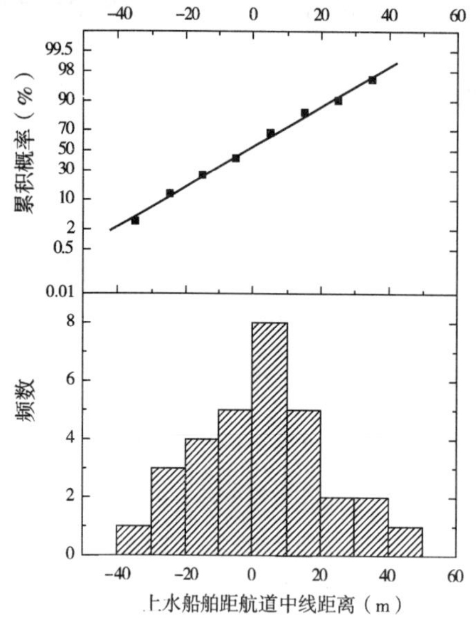

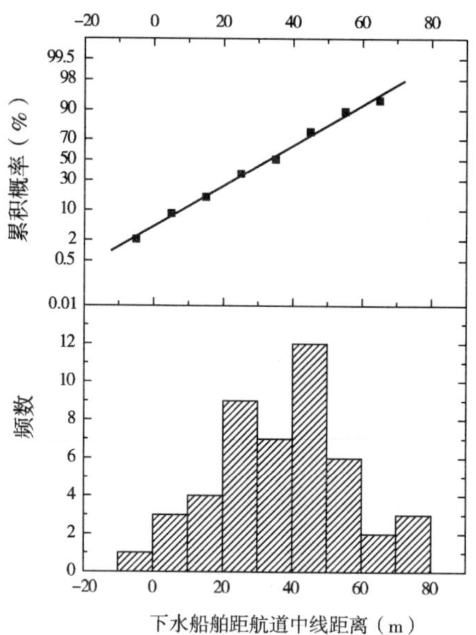

图 5-33　桥 1 上下水船舶航迹分布直方图

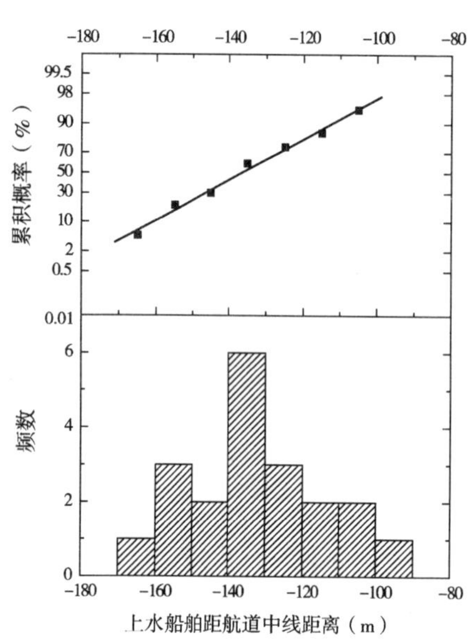

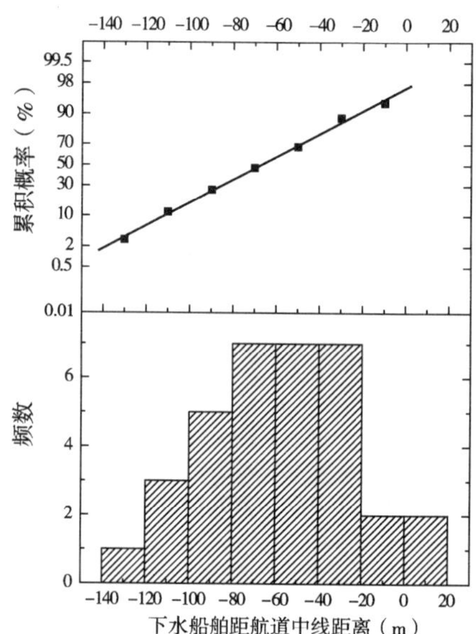

图 5-34　桥 2 上下水船舶航迹分布直方图

通过检验可看出，三座大桥的船舶航迹分布无论上下水均不拒绝正态分布，且 α 在 0.009 ~ 0.309之间。桥 1 和桥 2 为允许对遇的双向航路，α 均值为 0.147；桥 3 为不允许对遇的双向航路，α 均值为 0.206。从表中还看出，标准差 σ 的均值为 23.98，约为平均船长的 1/3，β 均值约为 0.067。

2. 船舶偏航角度分布统计结果

156 水位下三座大桥的船舶偏航角分布分别见图 5-36 ~ 图 5-39。

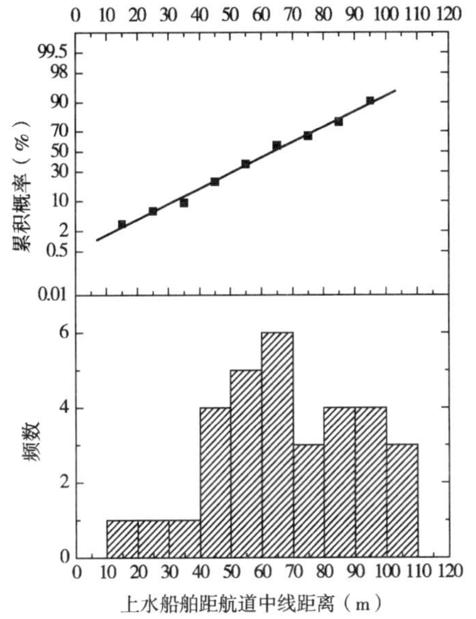

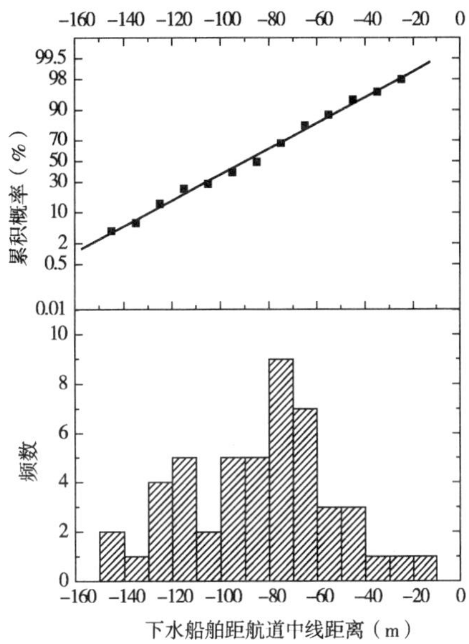

图 5-35　桥 3 上下水船舶航迹分布直方图

采用卡方检验方法分别对三座大桥以及总的偏航角分布进行了拟合优度检验，结果见表5-15。

船舶偏航角分布检验结果　　表 5-15

类　别	假设分布	统计参数		统计量	临界值	结论
桥 1 偏航角分布	N	$\mu=10.77$	$\sigma=2.99$	6.49	9.488	接受
	LN	$\mu=2.33$	$\sigma=0.31$	15.88	9.488	拒绝
	I	$\alpha=0.428$	$u=9.427$	33.60	9.488	拒绝
桥 2 偏航角分布	N	$\mu=4.83$	$\sigma=3.50$	5.51	7.815	接受
	LN	$\mu=1.29$	$\sigma=0.86$	9.85	7.815	拒绝
	I	$\alpha=0.366$	$u=3.258$	3.81	7.815	接受
桥 3 偏航角分布	N	$\mu=6.77$	$\sigma=3.15$	7.98	15.507	接受
	LN	$\mu=1.69$	$\sigma=1.02$	55.50	15.507	拒绝
	I	$\alpha=0.407$	$u=5.358$	9.73	15.507	接受
汇总 偏航角分布	N	$\mu=7.68$	$\sigma=3.92$	18.53	23.685	接受
	LN	$\mu=1.82$	$\sigma=0.89$	97.25	23.685	拒绝
	I	$\alpha=0.327$	$u=5.911$	51.04	23.685	拒绝

注：表中 N 为正态，LN 为对数正态，I 为极值 I 型（重庆市港航局提供数据）。

分布检验结果显示，桥 1 只接受正态分布，桥 2、桥 3 接受正态分布和极值 I 型分布。根据统计量最小为最优的原则，桥 2 为极值 I 型分布，桥 1、桥 3 为正态分布，总的偏航角为正态分布。从图 5-36 ~ 图 5-39 还可看出，船舶的偏航角度对于桥 1 来说大都集中在 8° ~ 14°之间，对于桥 2 主要集中在 2° ~ 7°之间，对于桥 3 主要集中在 4° ~ 10°之间。

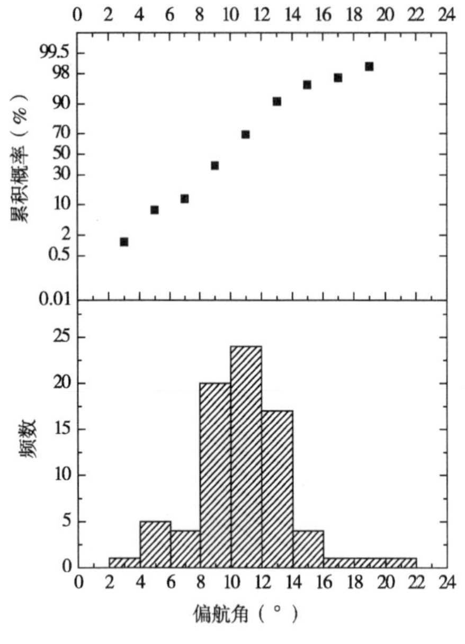

图 5-36　桥 1 偏航角分布直方图

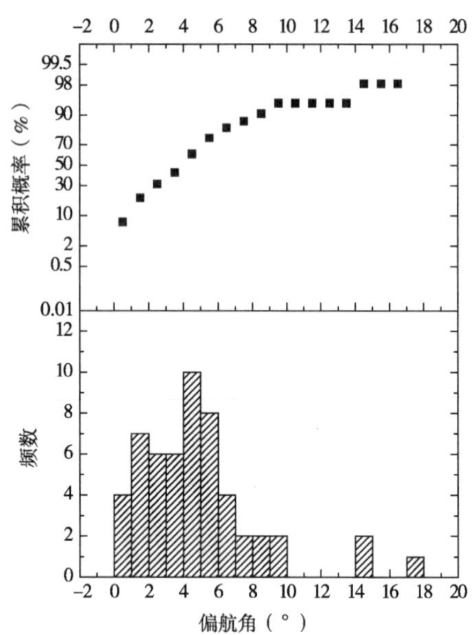

图 5-37　桥 2 偏航角分布直方图

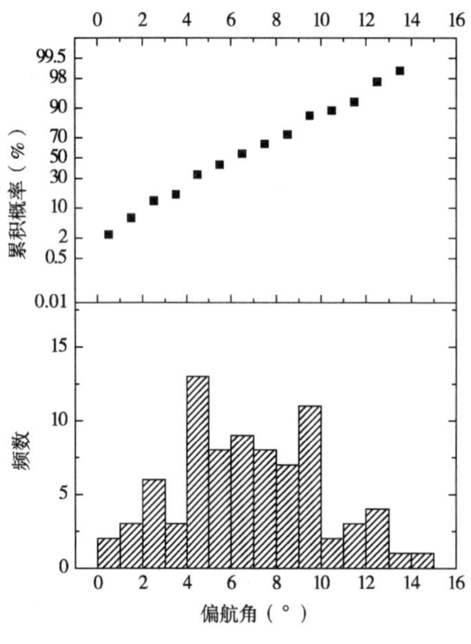

图 5-38　桥 3 偏航角分布直方图

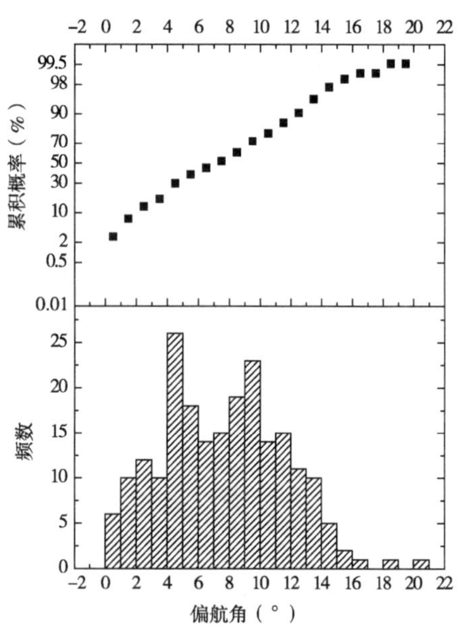

图 5-39　总偏航角分布直方图

五、175 水位下的统计结果

1. 船舶航迹横向分布统计结果

175 水位下三座大桥通航船舶的航迹分布直方图见图 5-40 ~ 图 5-42。采用 Shapiro-Wirk 方法对其进行了拟合优度检验，结果见表 5-16。

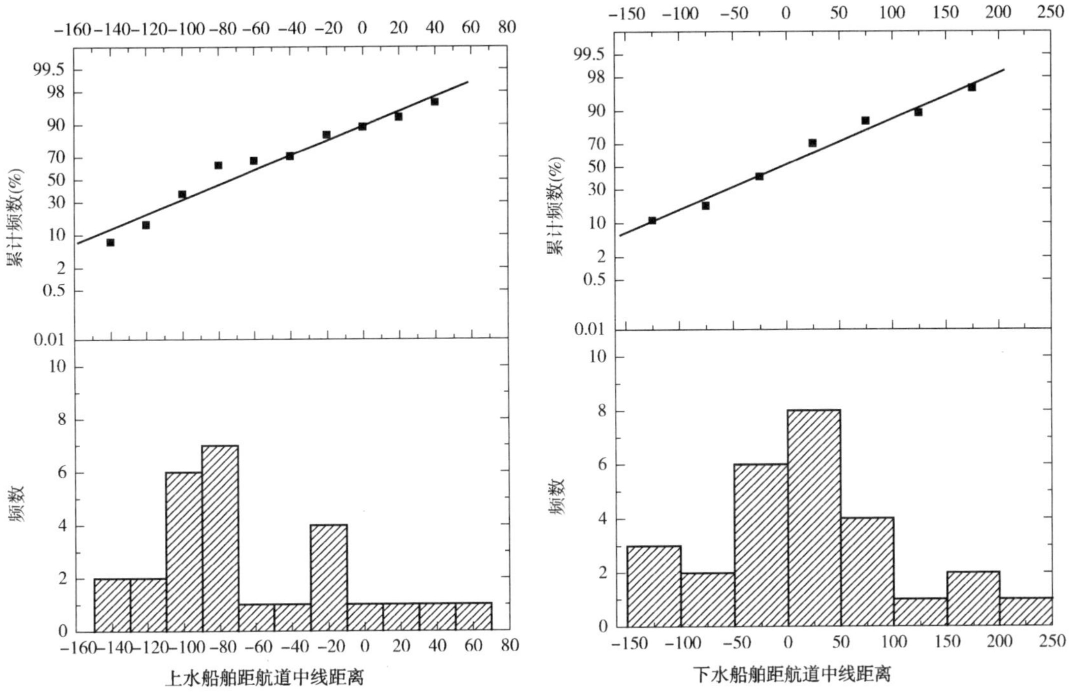

图 5-40　桥 1 上下水船舶航迹分布直方图

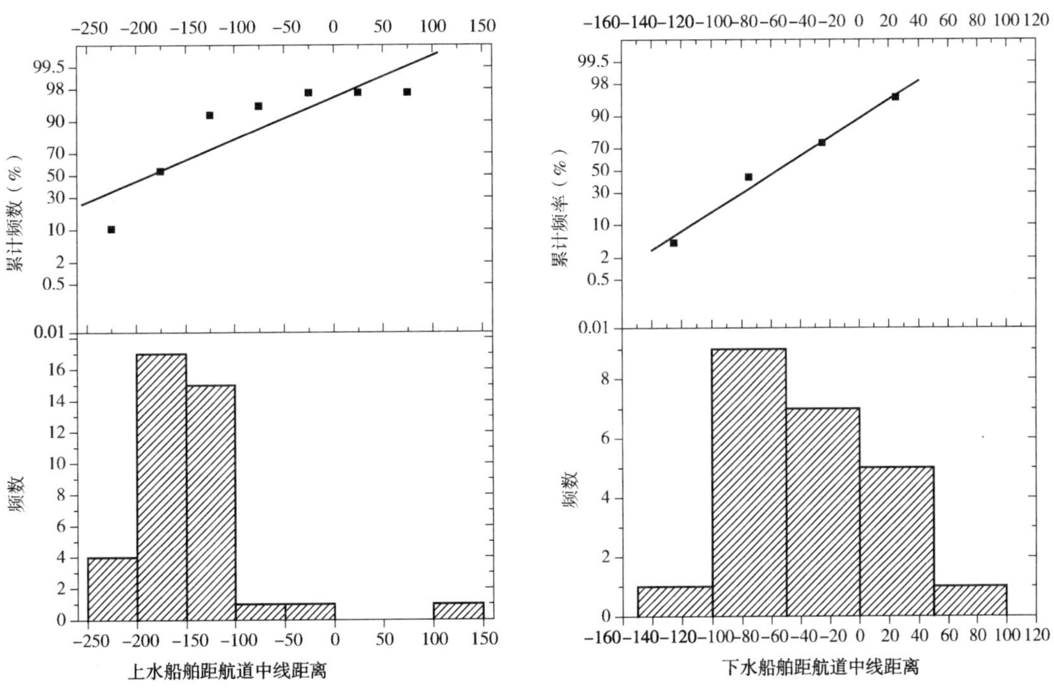

图 5-41　桥 2 上下水船舶航迹分布直方图

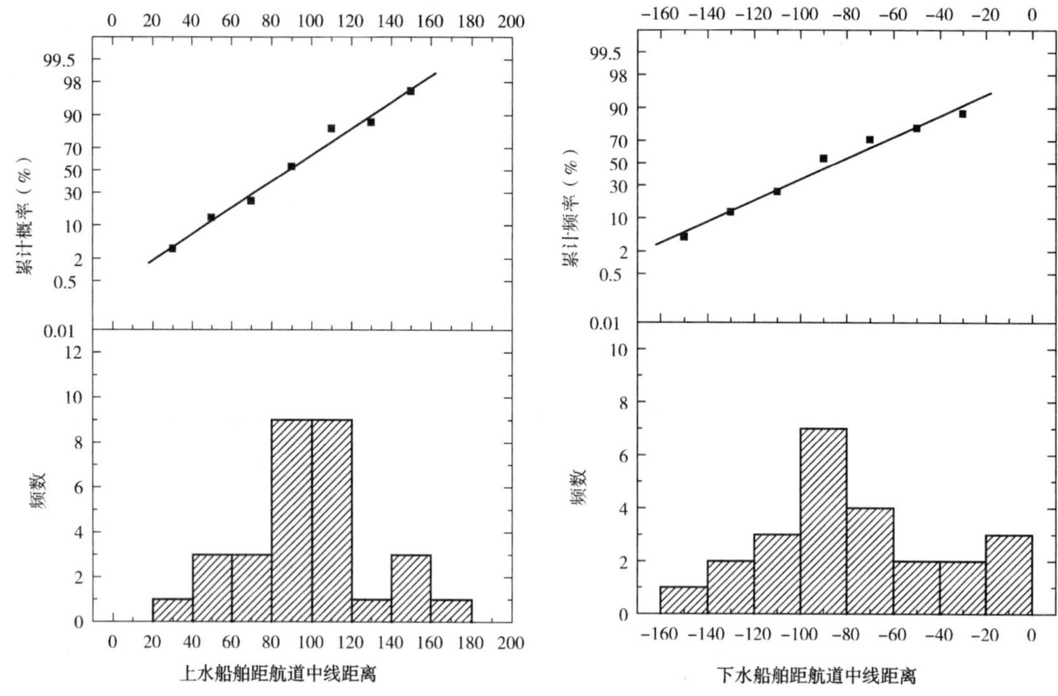

图 5-42　桥 3 上下水船舶航迹分布直方图

通航船舶航迹分布检验结果　　表 5-16

位置 \ 数据类型		假设分布	均值 μ	标准差 σ	统计量	容许值	结论	通航净宽 w	$\alpha = \lvert\mu/w\rvert$	$\beta = \sigma/w$
桥 1	上水	N	-64.22	53.01	0.92	0.92	接受	275.4	0.233	0.192
	下水	N	14.53	87.67	0.97	0.916	接受	275.4	0.052	0.318
桥 2	上水	N	-148.55	55.11	0.71	0.939	拒绝	430	0.345	0.128
	下水	N	-37.31	50.73	0.97	0.939	接受	430	0.087	0.118
桥 3	上水	N	100.16	31.05	0.97	0.927	接受	370	0.271	0.084
	下水	N	-77.55	39.5	0.97	0.916	接受	370	0.210	0.107

注：表中 N 表示正态分布，均值 μ 为船舶过桥点与航道中线的偏差（重庆市港航局提供数据）。

通过检验可以看出，三座大桥的船舶航迹分布除桥 2 上水外其他上下水均不拒绝正态分布，且 α 在 0.052 ~ 0.345 之间。虽然三座大桥均为双向通航，但桥 1 和桥 2 为允许对遇的双向航路，船舶通过桥梁时习惯性地走航道一侧，α 均值为 0.2；桥 3 为不允许对遇的双向航路，因此船舶过桥时分别走上、下水航道，α 均值为 0.158。

2. *船舶偏航角度分布统计结果*

175 水位下三座大桥的船舶偏航角分布分别见图 5-43 ~ 图 5-46。

采用卡方检验方法分别对三座大桥以及总的偏航角分布进行了拟合优度检验，结果见表 5-17。

分布检验结果显示，桥 1、桥 3 为正态分布，桥 2 为对数正态分布，总的偏航角为极值 I 型分布。从图中还可看出，船舶的偏航角度对于桥 1 来说大都集中在 2° ~ 14°之间，对于桥 2 主

要集中在0°~12°之间,对于桥3主要集中在0°~10°之间。

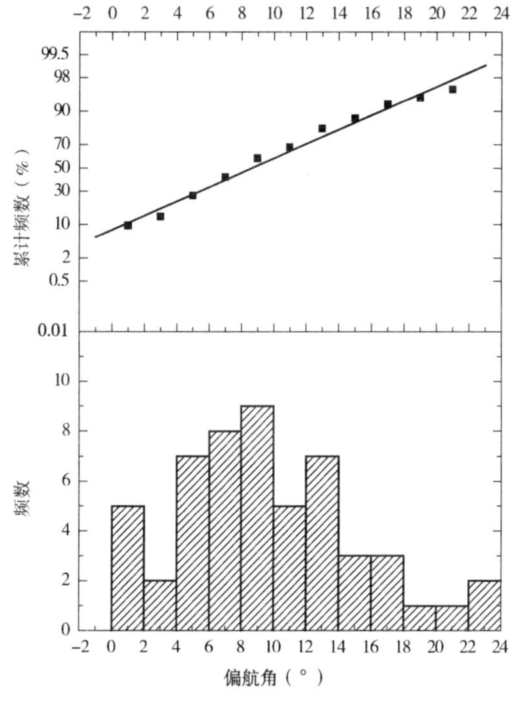

图5-43　桥1偏航角分布直方图

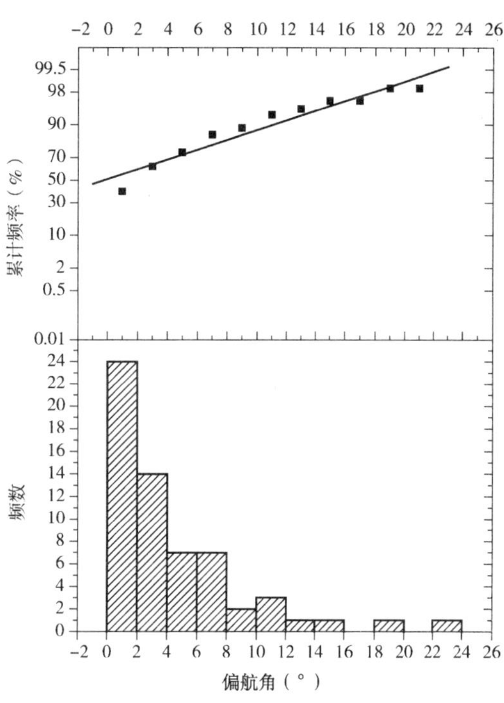

图5-44　桥2偏航角分布直方图

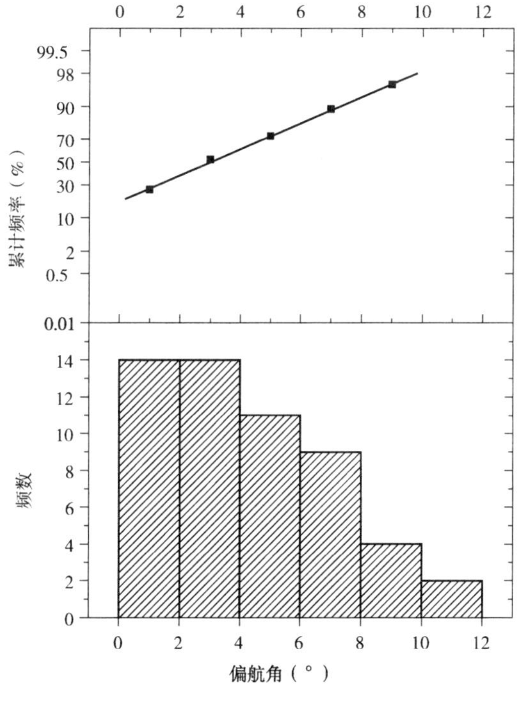

图5-45　桥3偏航角分布直方图

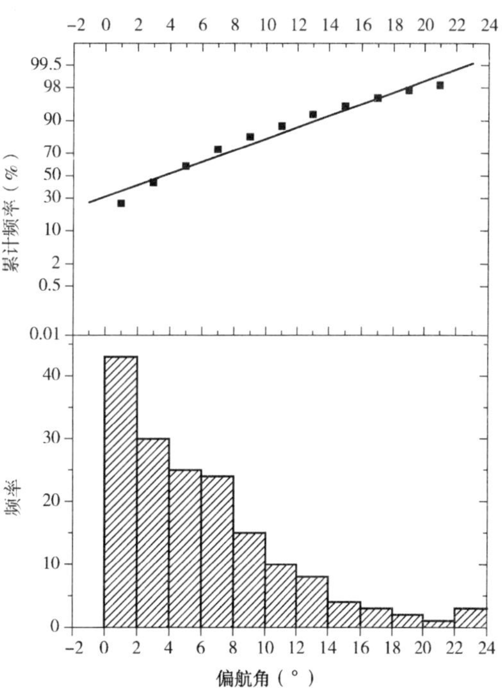

图5-46　总偏航角分布直方图

船舶偏航角分布检验结果 表 5-17

类别	假设分布	统计参数		统计量	临界值	结论
桥 1 偏航角分布	N	$\mu=9.53$	$\sigma=5.48$	1.916	15.507	接受
	LN	$\mu=1.96$	$\sigma=0.99$	20.366	15.507	拒绝
	I	$\alpha=0.234$	$u=7.064$	7.704	15.507	接受
桥 2 偏航角分布	N	$\mu=4.50$	$\sigma=4.67$	6.915	11.07	接受
	LN	$\mu=0.91$	$\sigma=1.32$	3.373	11.07	接受
	I	$\alpha=0.275$	$u=2.402$	13.212	11.07	拒绝
桥 3 偏航角分布	N	$\mu=4.12$	$\sigma=2.83$	0.7758	14.067	接受
	LN	$\mu=1.02$	$\sigma=1.14$	14.453	14.067	拒绝
	I	$\alpha=0.4529$	$u=2.8487$	2.5284	14.067	接受
汇总 偏航角分布	N	$\mu=5.97$	$\sigma=5.06$	23.201	16.919	拒绝
	LN	$\mu=1.35$	$\sigma=1.20$	22.082	16.919	拒绝
	I	$\alpha=0.253$	$u=3.688$	3.9276	16.919	接受

注：表中 N 为正态，LN 为对数正态，I 为极值 I 型（重庆市港航局提供数据）。

六、139、156 和 175 水位下的参数比较及分析

1. 船舶航迹横向(几何)分布比较及分析

139 水位、156 水位和 175 水位下三座跨江大桥船舶航迹横向分布的变化情况见表 5-18。

通航船舶航迹横向分布（几何分布）比较（139、156 和 175） 表 5-18

位置 \ 数据类型		分布类型	均值 μ			标准差 σ		
			139 水位	156 水位	175 水位	139 水位	156 水位	175 水位
桥 1	上水	N	−55.79	2.59	−64.22	29.95	18.74	53.01
	下水	N	−12.94	37.51	14.53	32.18	18.52	87.67
桥 2	上水	N	−130.59	−133.06	−148.55	13.78	18.93	55.11
	下水	N	−87.86	−57.93	−37.31	23.91	34.17	50.73
桥 3	上水	N	53.11	68.52	100.16	22.55	23.61	31.05
	下水	N	−101.72	−83.49	−77.55	19.42	29.93	39.5

位置 \ 数据类型		分布类型	$\alpha=\lvert\mu/w\rvert$			$\beta=\sigma/w$		
			139 水位	156 水位	175 水位	139 水位	156 水位	175 水位
桥 1	上水	N	0.203	0.009	0.233	0.109	0.068	0.192
	下水	N	0.047	0.136	0.052	0.117	0.067	0.318
桥 2	上水	N	0.304	0.309	0.345	0.032	0.044	0.128
	下水	N	0.204	0.135	0.087	0.056	0.079	0.118
桥 3	上水	N	0.144	0.185	0.271	0.061	0.064	0.084
	下水	N	0.275	0.226	0.210	0.052	0.081	0.107

注：表中 N 表示正态分布，均值 μ 为船舶过桥点与航道中线的偏差（重庆市港航局提供数据）。

从表中看出，在139水位、156水位和175水位下，其船舶航迹的横向分布基本服从正态分布（除175水位桥2上水外），只是在均值和标准差的取值方面存在不同。对于桥1，不同水位下其均值发生了较大偏移，无论上水和下水，其航迹中心线都向同一侧最大偏移了将近50m，其标准差在156水位下有所减小，但175水位下有明显增大；对于桥2，其上水均值基本没变，下水航迹发生了较大改变，偏移了约50m，其标准差也明显增大；对于桥3，其均值向同侧偏移了约24m，其标准差也较之前有所增大。

通过上表还可得出，三座大桥的α值在0.009～0.345之间，139水位下α的平均值为0.196，156水位下α的平均值为0.167，175水位下α的平均值为0.2。三座大桥的β值在0.032～0.318之间，139水位下β的平均值为0.071，156水位下β的平均值为0.067，175水位下β的平均值为0.158。139及156水位下，三座大桥的标准差σ值约为平均船长的1/3，175水位下，三座大桥的标准差σ值约为平均船长的1/1.5，所观测的通航船舶的船长从21m到130m不等，均值约为78m。

目前，在船舶的航迹分布方面，AASHTO规范[5,6]采用正态分布，且假定正态分布的中心位置为航道中心线，标准差σ为船长。对于双向通航的情况，正态分布的中心位置分别取上、下行航道的中心线。

而关于标准差σ的取值是有争议的，日本的备赞濑户海峡和丹麦的大带海峡的观测资料表明，标准差σ可能达到一艘典型大船长度的两倍（典型大船定义为船只尺寸分布的95%）。但井上和黑田等人曾对双向通航的分布提出一个经验公式，他们的结论和上面恰好相反，船只航迹线仍然是正态的，但均值和标准差按下式计算[3]：

$$\mu=\alpha\cdot W \qquad \sigma=\beta\cdot W \tag{5-24}$$

式中，W为航道宽度，$\beta=0.105$；若航道配有中线标志则$\alpha=0.2$（不允许对遇），否则$\alpha=0.1$（允许对遇）。戴彤宇通过对南京长江大桥第八孔所有下水船舶连续24h的观测[4]，得出了均值$\mu=0$，$\sigma=0.1W$的结论。

通过139水位、156水位和175水位的观测，船舶的航迹分布采用正态分布是可行的，均值和标准差与井上和黑田等人的研究结果较为相似，但与AASHTO规范中的规定差别较大。与戴彤宇的观测结果相比，两者标准差基本接近，但均值差别较大，由于南京长江大桥位于长江的下游，其航道深泓线、桥区水流、航行标志等也都与本书的观测条件有一定的差别，因此船舶在过桥时其航迹特征也会发生一定的变化，这可能是造成两者均值相差较大的原因。而均值的不同，也即船舶过桥时偏离航道中线距离的不同，必然会导致近船侧桥墩与远船侧桥墩遭受船舶撞击概率的不同，因此，对于不同航道上桥梁的船撞概率计算，最好能进行实际观测以获得船舶的实际航迹分布。

如实际观测有困难，缺乏船舶航迹资料时，建议对三峡库区通航船舶的航迹分布采用黑田等人的模型，但参数取值上稍有不同。双向通航可不再区分对遇的情况，均值可近似采用0.2W，但对于允许对遇的情况需弄清船舶习惯航迹的偏侧；对于标准差的取值，由于标准差越大，桥梁遭受船舶撞击的可能性也越大，这会导致较大的设计船撞力，因此标准差的合理取值是十分重要的。基于作者的统计计算结果，三峡库区可取用0.15W。其他地区的内河桥梁如无实际观测资料可参考取值。

综上所述，对于三峡库区的桥梁，船舶的航迹分布可采用正态分布进行描述，双向通航可不再区分对遇的情况，航迹横向分布均值可近似采用0.2W（W为通航净宽），但对于允许对遇的情况需弄清船舶习惯航迹的偏侧；对于标准差的取值，可偏保守地取用0.15W。

2. *船舶偏航角度比较及分析*

139水位、156水位和175水位下三座跨江大桥船舶偏航角分布的变化情况见表5-19。

船舶偏航角分布比较（139、156和175） 表5-19

位置 \ 水位 \ 数据类型		分布类型	统计参数	
桥1	139水位	I	$\alpha=0.307$	$u=6.348$
	156水位	N	$\mu=10.77$	$\sigma=2.99$
	175水位	N	$\mu=9.53$	$\sigma=5.48$
桥2	139水位	I	$\alpha=0.256$	$u=4.089$
	156水位	I	$\alpha=0.366$	$u=3.258$
	175水位	I	$\alpha=0.275$	$u=2.402$
桥3	139水位	N	$\mu=4.71$	$\sigma=2.51$
	156水位	N	$\mu=6.77$	$\sigma=3.15$
	175水位	N	$\mu=4.12$	$\sigma=2.83$
三座大桥	139水位	I	$\alpha=0.314$	$u=4.354$
	156水位	N	$\mu=7.68$	$\sigma=3.92$
	175水位	I	$\alpha=0.253$	$u=0.366$

注：表中N为正态，I为极值I型。

从表中看出，桥1在两种不同的水位下其船舶偏航角分别服从不同的分布类型，桥2、桥3在两种水位下其船舶偏航角分布类型没有发生变化，三座大桥总的船舶偏航角在两种水位下也分别服从不同的分布类型。

从表5-19可看出，桥1、桥2、桥3在水位变化后其船舶偏航角均值均相差不大，三座桥总的船舶偏航角标准差基本没发生变化，约为4°。

在船舶的偏航角度分布方面，KUNZI模型建议的船舶偏航角均值取0°，标准差取10°。林铁良、陈艾荣、王君杰等[24]曾利用数学模型研究过船舶的偏航角度，范围大都集中在6.3°～30°之间，其中10°～20°占61%。

通过本例的研究，船舶的偏航角可采用正态分布或极值I型来描述。对于三峡库区，其均值约为7°，标准差约为4°。需要说明的是，由于本节所观测段为长江的上游段，航道相对于下游航道和海峡来说相对较窄，因此船舶的偏航角度可能偏小。对于长江下游段以及宽阔水域船舶的偏航角度可进行实测统计，以确定其参数取值。对于其他地区桥梁的船舶偏航角度如无实测统计数据时，可参考本节取值。

第七节　助航系统对桥梁船撞概率的修正

桥梁的助航系统包括导航标的设置、船舶航行定线的设置、VTS系统的应用等，这些措施的应用对减少船桥碰撞事故的发生起到积极的预防作用。由于我国对于各类导助航系统在减

少船桥碰撞事故的发生方面缺少较为系统的统计数据，因此本书主要以 VTS 和船舶航行定线制为主，讨论其在降低桥梁船撞风险作用方面的定量描述。

VTS 作为现代水上交通安全管理的手段，是水上安全动态管理中心，其功能主要以信息服务和助航服务为主。随着我国 VTS 建设的逐步加强和管理的日臻完善，VTS 在船舶交通管理中所发挥的作用也日渐明显。VTS 除能有效提高航道通航能力和船舶的营运效率外，还能明显改善船舶的交通秩序，减少重、特大交通事故的发生。

船舶航行定线是指用法律规定或推荐形式指定船舶在水上某一区域行进所要遵循或采取的航线、航路或通航分道，以此来规范船舶的航行路线，避免碰撞事故的发生。

在减少船桥碰撞事故的发生频率方面，1998 年 Fujii[25] 曾提出一个有 VTS 系统的条件下，船舶与桥梁碰撞造成的损伤大于等于 r 的频率的计算式如下：

$$F(r) = \sum_i \sum_j \sum_k C_{ijk} H_{ijk}(r) P_{ij} G_{ijk} T_{ij} \tag{5-25}$$

式中：$F(r)$——损伤率大于或等于 r 的事故频率；

T_{ij}——通航量；

G_{ijk}——航道因子；

P_{ij}——发生概率，受通航量、水文、气象条件等环境因素的影响；

H_{ijk}——损伤函数，相当于 AASHTO 规范中的倒塌概率曲线；

C_{ijk}——航道管理因子。

对于我国的助航系统在降低船桥碰撞事故发生的频率方面，可以参考 Fujii 的思想，在船桥碰撞概率方面引入一个修正系数 C_a，用以修正由于桥区加装了助航系统而使船舶撞击桥梁频率减少的幅度，即：

$$P_{collision,a} = C_a \cdot P_{collision} \tag{5-26}$$

式中：$P_{collision,a}$——加装助航措施后桥梁的年碰撞概率；

C_a——助航措施修正系数；

$P_{collision}$——未加装助航措施时桥梁的年碰撞频率。

根据有关统计资料，吴淞海事处的 VTS 开通以来的 10 年里，VTS 覆盖区内的事故数下降率在 18% ~33% 之间，详见表 5-20[26]。1998 年，沿海和长江 VTS 接受船舶报告 69 万艘次，为船舶提供信息服务 16 781 次，纠正船舶违章 5 078 艘次，使船舶交通秩序明显好转，重、特大交通事故发生率呈下降趋势。又如大连港的船舶违章由 VTS 开通前的年均 1 200 起，下降到年均 36 起。

上海吴淞口 VTS 覆盖区事故统计表 表 5-20

年份＼事故类型	重大事故	大事故	一般事故
1992	21	20	24
1993	22	21	23
1994	19	15	19
1995	15	13	17
2000	18	12	13

续上表

年份 \ 事故类型	重大事故	大事故	一般事故
2001	15	20	23
2002	6	10	20
VTS 开通前年平均	21	19	22
VTS 开通后年平均	14	14	18
事故下降率	0.33	0.26	0.18

船舶航行定线制方面，上海段船舶定线制规定实施后，事故下降率为 36.25%；长江江苏段从 2003 年 7 月定线制实施到 2004 年 6 月，一年内仅发生一般以上事故 61 起，同比减少 31.5%；碰撞事故 29 件，同比减少 39.6%；沉船 54 艘，同比减少 15.6%。

从以上统计数据可以看出，实施 VTS 和船舶定线制以后，船舶的事故率均较以前下降大约 30%，对于船撞桥事故，为了考虑桥区助航措施对船桥碰撞概率的影响，可以取 $C_a = 0.7$。

第八节　失控漂移船舶碰撞概率的数值计算

由于复杂的原因，航行中的船舶可能发生因车、舵突然失效而导致船舶失去控制；另外锚地的船舶也可能因恶劣的气象和水文等原因脱锚而随风、流漂移。当船舶失控发生在桥区附近时，存在撞击桥梁的潜在风险。

由于数据的缺乏，目前尚不能根据统计资料确定失控船舶撞击桥梁的概率，庄元、刘祖源[9]基于船舶航行理论，提出了一种失控船舶撞击桥墩的数值计算方法，在本节中作概要的介绍。

一、船舶失控漂移运动模型

失控船舶的运动过程可分为两个阶段：一是惯性减速阶段，可用停车冲程理论分析船舶运动过程，计算有关数据；二是随流淌航阶段，可根据设定的水流情况进行分析计算。

当船舶突然失控后，根据物理学和船舶操纵的有关理论，船舶最开始时必定在惯性力的作用下，沿船舶原来的运动方向滑行一段距离，在船舶操纵中称为停车冲程，其在垂直与桥轴方向上的投影称为冲距，如图 5-47 所示。

1. 冲程、冲时的计算

1）冲时

冲时（T）是指从失控点开始至惯性消失止所需的时间。其大小可按式（5-27）求取。

$$T = v_0 \cdot e^{-t/T_{st}} \tag{5-27}$$

式中：v_0——船舶在冲程时间内任意时刻的船速（m/s）；

$T_{st} = c/\ln 2$，是船舶减速时间常数，c 可根据排水量查表 5-21 取得。

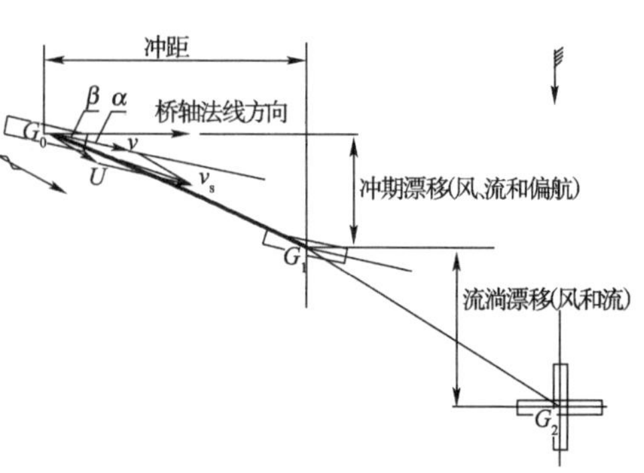

图 5-47　船舶失控不采取抛锚措施的漂移动态示意图

船速减半时间常数 c　　表 5-21

排水量(t)	c(min)	排水量(t)	c(min)	排水量(t)	c(min)
1 000	1	~36 000	8	~120 000	15
~3 000	3	~45 000	9	~136 000	16
~6 000	3	~55 000	10	~152 000	17
10 000	4	~66 000	11	~171 000	18
~15 000	5	~78 000	12	~190 000	19
~21 000	6	~91 000	13	~210 000	20
~28 000	7	~105 000	14		

2)静水冲程

静水冲程(S')是指在冲时 T 时间内,船舶沿船速方向移动的距离,按下式估算:

$$S' = \int_0^T v_0 \cdot e^{-T/T_{st}} dt = v_0 T_{st}(1 - e^{-T/T_{st}}) \tag{5-28}$$

3)动水冲程 S

计算动水冲程时应考虑船舶在冲时 T 内随流漂航的距离,因此动水冲程可用下式表达:

$$S = v_0 T_{st}(1 - e^{-T/T_{st}}) + U \cdot T \cdot \cos(\beta - \alpha) \tag{5-29}$$

式中:U、α、β 的定义见图 5-47。

4)冲距 S_c

动水冲程在垂直于桥轴方向上的投影称为冲距,其大小可按下式计算:

$$S_c = v_0 \cdot T_{st}(1 - e^{-T/T_{st}})\cos\alpha + U \cdot T \cdot \cos\beta \tag{5-30}$$

5)漂距 S_P

漂距(S_P)是指惯性消失后,如船舶尚未抵达桥梁,在流作用下继续沿垂直于桥轴方向漂移的距离,可按下式计算:

$$S_P = U \cdot t_P \cdot \cos\beta = (D_{sk} - S_c) \tag{5-31}$$

式中:D_{sk}——失控点至桥梁的距离(m);

t_P——淌流漂移时间(s),即船舶从停冲点(惯性消失点)移动到桥梁所用时间,按式(5-32)计算。

$$t_P = S_P / U \cdot \cos\beta = (D_{sk} - S_c) / U \cdot \cos\beta \tag{5-32}$$

2. 漂移量的计算

1)冲期流致漂移量 B_1

它是指船舶在整个冲时 T 时间内,在流的作用下沿桥轴方向偏移的距离,按式(5-33)计算。

$$B_1 = v_0 \cdot T_{st}(1 - e^{-T/T_{st}})\sin\alpha + U \cdot T \cdot \sin\beta \tag{5-33}$$

2)淌流漂移量 B_2

它是指惯性消失后,如船舶尚未抵达桥梁,在流作用下,当船舶抵达桥梁时,沿桥轴方向移动的距离,按式(5-34)计算。

$$B_2 = U \cdot t_P \cdot \sin\beta = S_P \cdot \tan\beta \tag{5-34}$$

3）冲期桥前流致漂移量 B_3

它是指当船舶的冲距大于失控点至桥梁的距离时，即 $S_c > D_{sk}$，船舶自失控点冲抵桥梁的过程中（桥前冲距为 D_{sk}），沿桥轴方向移动的距离，按式（5-35）计算。

$$B_3 = v_0 \cdot T_{st}(1 - e^{-t/T_{st}})\sin\alpha + U \cdot t \cdot \sin\beta \tag{5-35}$$

其中 t 为船舶自失控点冲抵桥梁所需时间，可按式（5-36）通过趋值的方法求取。

$$D_{sk} = v_0 \cdot T_{st}(1 - e^{-t/T_{st}})\cos\alpha + U \cdot t \cdot \cos\beta \tag{5-36}$$

4）冲期风致漂移量 B'_1

它是指船舶在整个冲程期间，受风作用，沿桥轴方向漂移的距离，按式（5-37）计算。

$$B_1' = K \cdot K' \cdot \sqrt{B_a/B_w} \cdot e^{-0.14v_{a1}} \cdot v'_{a1} \cdot T \tag{5-37}$$

式中：系数 $K = 0.039$；

K'——浅水修正系数，可根据实际水深与吃水之比查表5-22；

B_a——船体水线上侧受风面积（m^2），取 $B_a = L(D-d)$，L 为船长，D 为型深；

B_w——船体水线下侧面积（m^2），取 $B_w = Ld$；

v_{a1}——风中船速（kn），此处取冲程期的平均船速；

v'_{a1}——冲程期的相对风速（m/s），取平均值。

浅水水域横风漂移速度的修正系数 K' 表5-22

船舶种类	H/d		
	1.1	1.5	2.0
普通船型的船舶	0.6	0.7	0.8
超大型船舶（$C_b > 0.8$）	0.5	0.6	0.7

5）淌流期风致漂移量 B'_2

它是指惯性消失后，如船舶尚未抵达桥梁，在风作用下，当船舶抵达桥梁时，沿桥轴方向移动的距离，按式（5-38）计算。

$$B'_2 = K \cdot K' \cdot \sqrt{B_a/B_w} \cdot v_{a2} \cdot t_P \tag{5-38}$$

式中：v_{a2}——淌流期的相对风速（m/s）。

6）冲期桥前风致漂移量 B'_3

它是指当船舶的冲距大于失控点至桥梁的距离时，即 $S_c > D_{sk}$，船舶自失控点冲抵桥梁的过程中（桥前冲距为 D_{sk}），沿桥轴方向移动的距离，按式（5-39）计算。

$$B'_3 = K \cdot K' \cdot \sqrt{B_a/B_w} \cdot e^{-0.14v_{a3}} \cdot v'_{a3} \cdot t \tag{5-39}$$

式中：v_{a3}——冲期桥前的风中船速（kn），此处取冲期桥前的平均船速；

v'_{a3}——冲期桥前的相对风速（m/s），取平均值；

t——船舶自失控点冲抵桥梁所需时间。

7）总漂移量 B

总漂移量是指船舶从失控点开始到船舶抵达桥梁为止，在船舶偏航、风、流的共同作用下，沿桥轴方向偏移的总距离。总漂移量的大小是判断船舶失控后能否碰撞桥墩的重要依据之一。

（1）当 $S_c > D_{sk}$ 时，船舶在到达桥梁之前惯性已消失，船舶将在流的作用下随流淌航一段

距离才能抵达桥梁，这种情况下的总漂移量为：

$$B = B_1 + B_2 + B'_1 + B'_2 \tag{5-40}$$

所需时间为：

$$T_z = T + t_P \tag{5-41}$$

（2）当 $S_c < D_{sk}$ 时，船舶在到达桥梁时惯性还未消失，船舶将在惯性的作用下继续运动一段距离，这种情况下的总漂移量为：

$$B = B_3 + B'_3 \tag{5-42}$$

所需时间即为船舶自失控点冲抵桥梁所需时间 t。

表5-23是某桥梁工程根据上述运动模型计算得到的漂流量的示例结果。表中船速为11kn。表中夹角是指船舶首尾线与桥轴法线的夹角。

不同风流组合下的航迹计算成果　　表5-23

夹角 (°)	流速 (m/s)	流向与桥轴法线夹角 (°)	风速 (m/s)	风向与桥轴法线夹角 (°)	河长 (m)	总漂时 (min)	风致漂移量 (m)	流致漂移量 (m)	总漂移量 (m)
4	2.5	7	13.8	90	2 000	6.031	9.49	187.3	196.8
4	2.1	7	13.8	90	2 000	6.662	10.48	184.7	195.2
4	2.0	7	13.8	90	2 000	6.956	10.94	183.6	194.6
4	1.5	7	13.8	90	2 000	8.355	13.15	179.2	192.4
6	2.5	7	13.8	90	2 000	6.046	9.51	226.1	235.6
5	2.5	7	13.8	90	2 000	6.038	9.50	206.7	216.2
3	2.5	7	13.8	90	2 000	6.026	9.48	167.9	177.4
2	2.5	7	13.8	90	2 000	6.022	9.48	148.6	158.1
4	2.5	7	13.8	90	1 500	4.072	6.41	136.9	143.3
4	2.14	7	13.8	90	1 500	4.415	6.95	134.6	141.5
4	2	7	13.8	90	1 500	4.568	7.19	133.6	140.8

二、撞桥概率计算

1. 危险失控区

危险失控区域就是指船舶失控后，可能对桥梁产生碰撞危险的所有失控点的集合，当船舶进入桥区后，船舶是否会与桥墩相撞，由失控点和船舶在桥梁轴线方向上移动的距离（漂移量大小）共同决定。

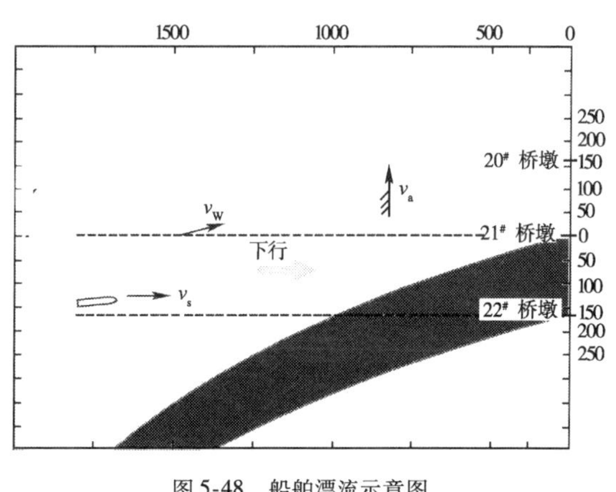

图5-48　船舶漂流示意图

图5-48表示某桥区代表船型满载，航速11kn，偏航角4°，流速为2.5m/s时，流向与桥轴法线夹角7°，风速13.8m/s，上、下水失控危险区域示意图。黑色区域表示船舶失控后可

安全漂过通航孔。

2. 碰撞概率

由于船舶在自身航道水域内任意一点失控的概率是均等的，即服从平均分布，所以失控船舶碰撞桥墩的概率可以描述如下：

$$P_{collision} = \frac{A_{danger}}{A_0} \tag{5-43}$$

式中：A_0——船舶所在航道相应的水域面积，指根据船舶的吨位，按照有关船舶航行规定中规定的航道水域范围；

A_{danger}——相应的危险区域面积，即船舶失控后会碰撞桥墩的所有失控点的总集，该区域由风、流、航速等因素共同决定；

$P_{collision}$——失控船舶撞击桥梁的概率。

按照上述方法计算的某大桥失控船舶撞击各桥墩的碰撞概率见表5-24。

下行各桥墩的碰撞概率（$\times 10^{-5}$） 表5-24

航速(kn)	19#桥墩	20#桥墩	21#桥墩	22#桥墩	24#桥墩
2	5.21	5.4	6.81	1.03	0.35
3	5.02	5.15	6.7	0.95	0.31
4	4.83	4.93	6.53	0.9	0.27
5	4.57	4.87	6.41	0.87	0.24
6	4.31	4.7	6.02	0.86	0.21
7	4.27	4.66	5.93	0.84	0.205
8	4.05	4.4	5.66	0.75	0.19
9	3.94	4.23	5.23	0.67	0.18
10	3.6	3.9	5.01	0.59	0.17

第九节　船舶碰撞桥梁上部结构的概率

一、基本公式

船舶碰撞上部结构的场景可以这样描述：首先船舶偏离预定航线，然后到达某一桥跨，之后由于该桥跨净高小于船舶上部驾驶舱或桅杆的高度而与桥梁上部结构发生碰撞。这一场景可用图5-49描述。

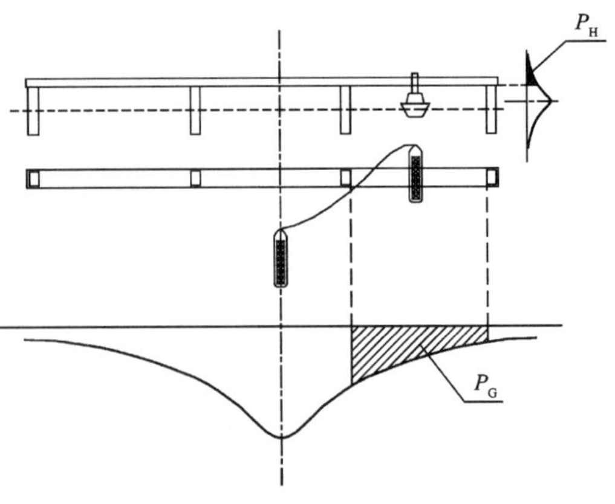

图5-49　船舶碰撞桥梁上部结构的场景示意

根据图5-49，船舶碰撞桥梁上部结构的条件是船顶有效碰撞构件至梁底高差 ΔH 小于零，即：

$$\Delta H < 0 \tag{5-44}$$

$$\Delta H = H_B - (H_W + H_S - H_D + H_H) \tag{5-45}$$

式中：H_B——上部结构梁底高程；

H_W——水位高程；

H_S——船舶型深；

H_D——船舶吃水深度；

H_H——顶部碰撞有效构件至甲板处高差。

在缺乏船舶尺度资料时，小型海船和内河船舶的空载水面以上高度和满载吃水深度可根据表5-25计算[27]，并用于估计 H_D 和 H_H。

海船船舶尺度估算表（单位：m）　　表5-25

船　型	船舶尺度与吨位的关系 T(万吨)		最大误差
杂货船	空载水面以上高度	$H=10.5290+72.6740T-59.9230T^2+17.3844T^3$	3.0
	满载吃水深度	$D=3.4047+10.8650T-8.8796T^2+4.1626T^3-0.7824T^4$	0.1
散货船	空载水面以上高度	$H=14.5092+37.9786T-23.6390T^2+6.5924T^3-0.6401T^4$	1.9
	满载吃水深度	$D=5.0682+5.0508T-2.0231T^2+0.4109T^3-0.0314T^4$	0.1
油船	空载水面以上高度	$H=16.3608+38.7882T-23.8373T^2+4.5988T^3$	2.1
	满载吃水深度	$D=3.5245+8.4606T-3.8850T^2+0.6461T^3 (T<3)$ $D=9.4500+0.6543T-0.0076T^2 (T>3)$	0.30.7
集装箱船	空载水面以上高度	$H=24.6350+6.4241T-12.3647T^2 (T<1.5)$	1.6
	满载吃水深度	$D=3.5252+4.5730T-0.8816T^2+0.0637T^3$	0.4
客船	空载水面以上高度	$H=21.4379+10.937T$	5.8
	满载吃水深度	$D=3.7650+5.8103T$	0.8

根据图5-49，船舶碰撞桥梁上部结构的概率可按下式计算：

$$\nu(T)=\sum_{i=1}^{m}\nu_i(T);\nu_i(T)=N_i\cdot P_{A,i}\cdot P_{G,i}\cdot P_{H,i} \tag{5-46}$$

式中：T、N_i 和 $\nu(T)$ 的意义同前；

$P_{G,i}$——某一梁段落入船舶航迹横向分布密度曲线相应区域的面积，即几何概率；

$P_{H,i}$——当某一梁段落入船舶航迹横向分布密度曲线相应区域时，船舶与上部结构发生碰撞的概率；

$P_{A,i}$——船舶航行发生异常的概率，称为偏航概率，应区分机、舵正常的船舶和机、舵失效的船舶分别进行计算，计算方法在前面各节中已经给出。

二、$P_{H,i}$的计算

$P_{H,i}$可定义为：

$$P_{H,i}=P[\Delta H_i<0] \tag{5-47}$$

$P_{H,i}$计算的关键在于确定式(5-45)中 H_W、H_S、H_D 和 H_H 的概率分布类型及其参数。

第十节　船桥碰撞概率统计

一、国外统计结果

国外自20世纪70年代开展船舶搁浅、船船碰撞、等航运事故的观测和统计分析工作，并估算航行船舶的偏航概率[3]。之后这些研究结果被评估和修正并应用于桥梁船撞风险评估与桥梁船撞设计。1990年以前国外的相关研究结果概括在表5-26中。

1990年前国外13座桥梁船撞事故统计　　表5-26

序号	调查或评估者	评估水域	评估对象	偏航概率($\times10^{-4}$)
1	Fujii	日本海峡	平台碰撞与搁浅	1.0～6.3
2	Matsui	日本海峡	搁浅、浮标碰撞、船船碰撞	0.8～4.3
3	Macdaff	多佛海峡	搁浅	1.4
			船船碰撞	3.2～5.2
4	CAP公司	丹麦大带峡	丹麦大带桥	0.4
5	Maunsell		Tasman桥	0.7～1.0
6	COWI公司		美国日照桥	0.5
7	Buckland & Taylor		安娜雪丝桥	3.6
8	Greiner		美国日照桥	轮船:1.3;驳船:2.0
			法国Scott海湾桥	轮船:1.0;驳船:2.0
			美国Chesapeake海湾桥	0.7
			美国Dames Point桥	轮船:1.3;驳船:4.1
9	Madgeski	密西西比河	Vicksburg桥	5.4
			Huey P. Long桥	2.5
			Great New Orleans桥	1.3
10	COWI公司	直布罗陀海峡	跨海工程	0.6
11	COWI公司	丹麦大带峡	丹麦大带桥	大于40 000DWT:1.1
				小于40 000DWT:3.2
12	AASHTO	美国内河	公路桥梁	轮船:0.6
				驳船:1.2

根据文献[3]，当航道有VTS系统时，表5-26中的估计值可折减1/3。这与我国关于VTS系统效用的统计结果是一致的，见本章第六节。

二、国内船桥碰撞事故统计结果

上海海事局1996年～2000年近5年的海事统计资料见表5-27[28]。

船舶碰撞事故的原因主要是有雾或暴风雨天气，视线不良，违章操作。操纵失误约占70%，其余是船机故障引起停机、停电，避让失误和走锚移位，码头系泊断缆漂流导致碰撞事

故。发生碰撞事故的船舶类型大都为小型货船，大型船舶碰撞事故是极少的。

上海港南港水域1996～2000年5年间碰撞事故总计72件，平均每年15件[28]。按2000年船舶流量99 257艘次计算，事故率约为$15/99\ 257 = 1.5\times10^{-4}$。考虑到一些事故可能发生在港内，因此航道中航行船舶的事故率可能要低一些。

考虑南港区15km水域的事故分布范围，由此估算得到该水域事故强度λ值约为：

$$\lambda = \frac{1.5\times10^{-4}}{15000} = 1.0\times10^{-8}/\text{艘}/\text{年}/\text{m}$$

珠江水域西江航道2006年和2007年船舶事故统计见表5-28[29]。

上海港南港水域船舶事故统计资料　表5-27

年份	南港水域事故件数	年份	南港水域事故件数
1996	19	1999	7
1997	16	2000	16
1998	14		

西江航道船舶事故资料　表5-28

年份	2007年	2006年
事故数量	13	15
碰触桥事故	2	1

同济大学、上海船舶运输科学研究所和武汉理工大学2008年对九江桥区船舶交通流量进行了现场观测与统计。根据三家观测结果[29]得到的平均全年船舶流量为150 097艘。据此可以初步估计桥区水域的年平均事故率为：

$$\frac{(13+15)}{2}\cdot\frac{1}{150\ 097} = 0.93\times10^{-4}$$

年平均撞桥率为：

$$\frac{3}{2}\cdot\frac{1}{150\ 097} = 1.0\times10^{-5}$$

据交通运输部统计[30]，本世纪以来全国运输船舶发生碰撞、触损事故次数与事故率见表5-29。由表可见，事故率由2002年的0.21%降到2006年的0.13%，反映了航运安全技术进步的效果。以7年的事故率平均值0.16%的事故率推算桥区船舶事故率约为0.91×10^{-5}。

交通运输部船舶触碰和触损事故统计　表5-29

年度	2000	2001	2002	2003	2004	2005	2006
运输船舶艘数	229 676	210 786	202 977	204 270	210 700	207 294	194 360
碰撞事故数	269	303	379	302	235	238	195
触损事故数	85	71	48	43	60	56	54
两类事故合计	354	374	427	345	295	294	249
事故率(%)	0.15	0.18	0.21	0.17	0.14	0.14	0.13

表5-30为对12座桥梁的船撞事故的统计结果[29]。对于长江大桥，年船桥碰撞概率约为$(0.13\sim1.83)\times10^{-5}$，变化范围约10倍，这说明船桥碰撞频率与地域和具体的通航环境有关。但表5-30仍可以给出长江大桥船桥碰撞频率的具有高实用价值的估计值。根据表5-29的推算结果为0.91×10^{-5}，落入上述区间。

从表5-30还可以看出，黑龙江省桥梁的船撞事故频率高于长江桥梁的事故频率，这一方面说明船桥碰撞频率的地域特征和通航环境特征，另一方面也说明通航等级低的中、小河流可能存在航运管理不善，事故率高的现象。长江航运量大，航运管理重视程度高，事故率低。

12 座桥梁船撞事故统计 表 5-30

序号	桥　名	统计年限	船撞桥事故总量	年均撞桥事故	计算年度船舶流量	船撞桥概率($\times10^{-5}$)
1	武汉长江大桥	44	73	1.659	106 093	1.56
2	南京长江大桥	33	26	0.788	440 000	0.18
3	重庆长江大桥	20	2	0.100	76 893	0.13
4	黄石长江大桥	7	2	0.286	88 817	0.32
5	白沙沱大桥	17	24	1.412	76 983	1.83
6	枝城长江大桥	19	12	0.632	52 925	1.19
7	武汉长江二桥	7	3	0.429	159 140	0.27
8	九江长江大桥	7	7	1.000	61 685	1.62
9	佳木斯铁路桥	10	4	0.400	10 000	4.00
10	哈尔滨北桥	10	3	0.300	10 000	3.00
11	哈尔滨洲桥	10	2	0.200	10 000	2.00
12	松花江 504 桥	10	2	0.200	2 000	2.00

参考文献

[1] 林铁良,王君杰,陈艾荣.基于事故记录的船撞桥故障树建立[J].上海:同济大学学报,2006,21(3):467~471.

[2] 林铁良,王君杰,陈艾荣.基于事故记录的船撞桥墩概率模型[J].上海:同济大学学报,2007,21(2):181~186.

[3] IABSE(顾翔,鲍卫刚译;张乃华校).交通船只与桥梁结构的相互影响(综述与指南)[M].1991.9.

[4] 戴彤宇.船撞桥及其风险分析[D].哈尔滨工程大学博士论文.2002.

[5] AASHTO. Guide Specification and Commentary for Vessel Collision Design of Highway Bridges [S]. American Association of State Highway and Transportation Officials, Washington D.C. 1994,2009.

[6] AASHTO,公路桥梁设计规范[S].2005.

[7] Fujii, Y, et al. Some Factors Affecting the Frequency of Accidents in Marine Traffic. Journal of Navigation[J]. 1974(27):235~252.

[8] O. D. Larsen. Ship Collision with Bridges [Z]. IABSE Structural Engineering Documents. 1993.

[9] 庄元,刘祖源.失控船舶撞桥概率分析与预报[J].武汉理工大学学报,2007,31(6):962 ~965.

[10] Hideyuki KITA. A ,Fault Tree Construction Method Using Ship Collision Reports[C],Safety, Risk, Reliability-Trends in engineering, Malta: IABSE,2001,705~709.

[11] Michael W. Whitney, Issam E. Harik, James J. Griffin and David L Allen. Barge Collision

Design of Highway Bridges[J]. ASCE Journal of Bridge Engineering,1996,1(2):47 ~ 58.

[12] ChunHua Liu,Ton-Lo Wang. Statewide Vessel Collision Design for Bridges. Journal of Bridge Engineering[J]. 2001(7):1213 ~ 1291.

[13] 中华人民共和国交通部. 内河通航标准(GB 50139—2004)[S]. 北京:中国计划出版社,2004.

[14] 中华人民共和国交通部. 川江及三峡库区运输船舶标准船型主尺度系列[S]. 2004,12.

[15] T. Macduff. The Probability of Vessel Collisions[J]. Ocean Industry. 1974(9): 144 ~ 148.

[16] Fujii,Y,and Shiobara,R. The Analysis of Traffic Accidents. Studies in Marine Traffic Engineering[J]. 1971(24): 534 ~ 543.

[17] C. U. Kunz. Ship Bridge Collision in River Traffic,Analysis and Design Practice[M]. Ship Collision Analysis. A. A. Balkema,1998:13 ~ 21

[18] A. C. W. M. Vrouwenvelder. Design for Ship Impact according to Eurocode 1,Part 2.7[M]. Ship Collision Analysis. A. A. Balkema,123 ~ 131.

[19] 耿波. 桥梁船撞安全评估[D]. 同济大学博士论文,2007.

[20] 王君杰. 南京长江第四大桥船舶撞击动力分析研究报告[R]. 上海:2008.3.

[21] 张建仁,刘扬,等. 结构可靠度理论及其在桥梁工程中的应用[M]. 北京:人民交通出版社, 2003.

[22] 贺国芳. 可靠性数据的收集与分析[M]. 北京:国防工业出版社, 1995.

[23] 中华人民共和国国家标准. 数据的统计处理和解释正态性检验(GB 4882—85)[Z].

[24] 林铁良,陈艾荣,王君杰. 船撞桥墩撞击角度概率研究[C]. 第十七届全国桥梁学术会议论文集. 2006, 1149 ~ 1156.

[25] Y. Fujii,N. Mizuki. Design of VTS systems for water with bridges[M]. Ship Collision Analysis. A. A. Balkema,1998:177 ~ 190.

[26] 陆新明. 上海港吴淞 VTS 系统应用绩效的研究[D]. 上海海事大学硕士学位论文. 2004.1.

[27] 肖亮希. 桥区水域通航评估的内容与方法研究[D]. 武汉理工大学硕士学位论文. 2007.

[28] 王君杰,等. 通航船只相撞及通航船只撞击大桥的风险评估[D]. 上海,2002.

[29] 王君杰,等. 国道 325 线九江大桥船撞风险评估与防撞系统方案研究报告[R]. 2008.8.

[30] 伏耀华,袁章新,等. 国道 325 线九江大桥防船撞方案及数值模拟九江大桥[R]. 上海,2008.7.

第六章 桥梁船撞损伤概率

第一节 简　　述

撞损概率是桥梁在船舶撞击下发生某种损伤状态的概率，与船舶撞击力和桥梁结构的自身特性有关，如撞击的速度、撞击的角度、撞击的位置、结构的形式等。

根据结构可靠度理论，结构失效概率的计算主要涉及以下几方面：

(1)结构抗力和船舶作用的概率模型和参数。

(2)桥梁船撞失效模式与定量描述。

(3)桥梁船撞损伤状态分级的定量描述。

(4)桥梁船撞失效概率的计算。

上述几个方面可以概括为流程框图6-1。

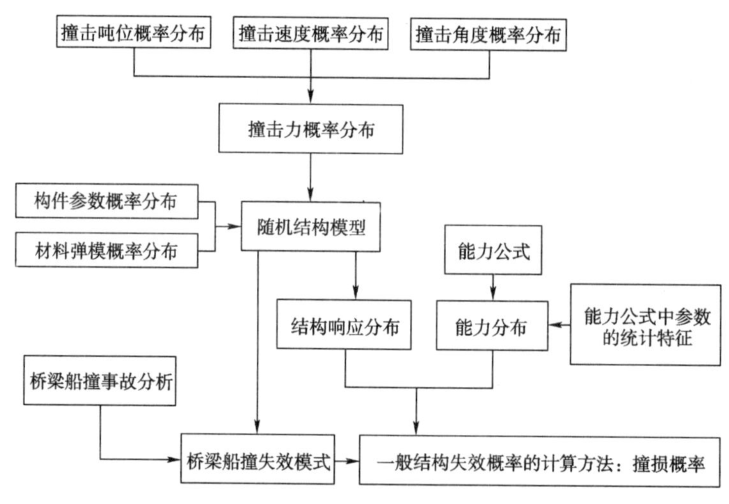

图6-1　桥梁船撞损伤概率计算流程图

第二节 桥梁船撞失效概率的计算

一、桥梁船撞极限状态

桥梁船撞极限状态一般可以表示为：

$$D \leqslant C \tag{6-1}$$

式中：D——船舶撞击的某种效应与其他荷载产生的对应效应的组合，称为需求；

C——与 D 对应的桥梁结构具有的能力。

D 和 C 可以是构件断面受到的力（如弯矩、剪力）和能力、关键点的位移和位移能力、支座受到的力和支座的抗力、基础整体的受力和整体抗水平作用的能力等。式(6-1)是一个一般的设计表达式，可根据设计要求进行具体化。

二、桥梁船撞失效概率的计算

1. 可靠度方法

根据船撞事故统计分析，桥梁船撞破坏是十分复杂的，包括墩与基础的损伤和倒塌、落梁和支座破坏等。失效概率计算模型选择精细，理论上虽然精确，但失效概率的计算极其复杂和困难。从工程设计的角度考虑，可以采用满足工程设计精度要求的简单的失效计算模型，以方便应用。将最重要和最容易受到冲击破坏的桥梁主要构件进行简化处理，形成最弱链环，这样桥梁船撞失效概率的计算可以简化为一个串联结构体系的失效概率的计算问题，见图 6-2。

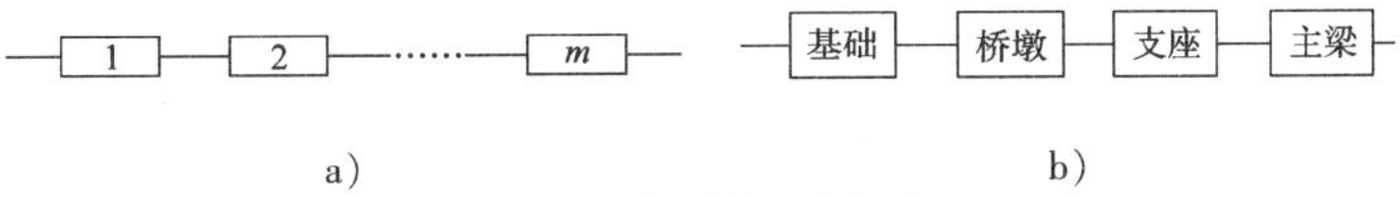

—[1]—[2]—……—[m]—　　—[基础]—[桥墩]—[支座]—[主梁]—

a)　　　　b)

图 6-2　串联体系示意图

a)一般概念；b)船撞示例

设 E_i 表示第 i 个失效事件，则一个串联体系的失效概率可写为：

$$P_f = P(D \geqslant C) = P\left[\bigcup_{i=1}^{m}(D_i \geqslant C_i)\right] \tag{6-2}$$

式中：D_i、C_i——串联体系中第 i 个元件的需求和能力。

在结构可靠度理论中，串联结构体系的失效概率的计算已经得到了很好的解决。

2. 经验方法

美国 AASHTO 规范[1,2]为了给出桥梁结构被撞以后的安全状态，提出了以抗力与撞击力比值为指标的倒塌概率曲线，见图 6-3。

从图 6-3 中看出，如果桥墩或上部结构的抗冲击力大于设计船只的碰撞冲击力，则桥梁的倒塌概率为零；如果桥墩或上部结构的抗冲击力处于设计船只碰撞力的 10% ~100% 范围，则桥梁倒塌概率在 0 ~0.1 范围内呈线性变化；如果桥墩或上部结构的抗冲击力小于船只碰撞力的 10%，则桥梁倒塌概率在 0.1 ~1.0 之间呈线性变化。利用这条曲线进行桥梁的倒塌概率评估无疑会带来很大的方便，是目前应用最为广泛的一种方法。但由于桥梁损坏的数据较少，美国 AASHTO 给出的倒塌概率曲线是根据 Fujii(1978)[3]利用日本船只在海上碰撞的历史上的损坏数据所做的研究提出的，而并非是在研究了影响桥梁安全状况的各种因素后提出的。

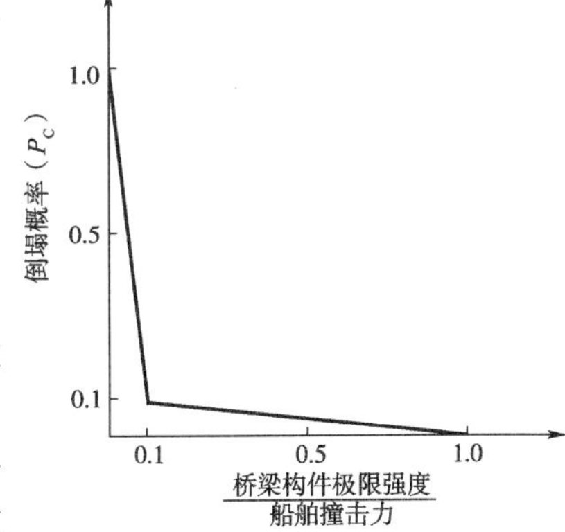

图 6-3　AASHTO 桥梁设计规范(2007 版)中桥梁船撞倒塌概率计算图示

美国 AASHTO 桥梁设计规范提供的方法缺少可靠度理论的支撑,是一种基于一般工程概念的经验方法,目前虽然得到应用,但仍需要以理论性和实用性更好的方法加以替代。

第三节　等效静力船撞力公式

一、轮船对下部结构的撞击力

原联邦德国学者 G. Woisin[4] 于 1976 至 1979 年间作了一系列的模型试验和理论研究工作。在 G. Woisin 教授主持的联邦德国 GKSS 试验中,以 1∶75 和 1∶12 两种比例作了 24 次试验,总结出散货船对刚性桥墩的最大有效撞击力的公式如下:

$$F = 0.88\sqrt{\mathrm{DWT}} \pm 50\% \tag{6-3}$$

式中 DWT 为船舶载重量。

公式所依赖的试验资料来自于 40 000DWT 以上的散装货轮与刚性墙壁的碰撞试验,碰撞速度约为 16kn(约为 8m/s)。因此在式(6-3)没有重要的速度参数,是一个严重缺陷。

在制定 1991 年版的 AASHTO“桥梁船舶撞击设计指南”时[1],Woisin 教授对他提出的试验数据重新进行了评估和分析,在式(6-3)中引入了速度参数,这就是 1991 年版的 AASHTO“桥梁船舶撞击设计指南”给出的船艏正碰设计船舶撞击力的计算公式。

$$F = 0.122\sqrt{\mathrm{DWT}} \cdot v \tag{6-4}$$

1999 年欧洲统一规范 Eurocode 1 的 2.7 分册规定[5],在桥梁的船撞设计中,应选用某种统计意义下的设计代表船舶,并按下式来计算船舶撞击力:

$$F = v\sqrt{KM} \tag{6-5}$$

Eurocode1 的 2.7 分册规定,对于内陆航道船舶,速度取为 3m/s,$K = 5$MN/m;对于远洋船舶,取 $v = 3$m/s,$K = 15$MN/m。其中 M 为船舶的质量,K 为船舶的等效刚度。

我国现行的《铁路桥涵设计基本规范》[6] 中规定的设计船舶撞击力的计算公式为:

$$F = \gamma \cdot v \cdot \sqrt{\frac{W}{c_1 + c_2}}\sin\alpha \tag{6-6}$$

式中:F——设计船舶撞击力(kN);

γ——动能折减系数,单位是 $\mathrm{s/m^{1/2}}$,当正向撞击时 γ 取 0.3,当斜向撞击时 γ 取 0.2;

W——船舶重量(kN);

c_1——船舶的弹性变形系数;

c_2——被撞桥梁构件的弹性变形系数,在无资料时建议 $c_1 + c_2$ 取 0.0005m/kN,对于刚度较大的桥墩,$c_2 = 0$。

2003 年钱华[7] 在其硕士论文中提出的船撞力简化计算公式为:

$$F = C_a\sqrt{M} \cdot v^{2/3} - C_b\left(\frac{1}{K}\right)^{4/3} \tag{6-7}$$

式中:C_a——表示 F 和 M、v 之间相互关系的常系数;

C_b——当被撞物体的刚度变化时,船艏撞击力变化的相关系数;

K——被撞桥墩的刚度。

从式(6-7)可以看出，第一项相当于船舶撞击刚性结构的撞击力，它只和船舶的尺寸、速度有关，第二项是考虑桥梁刚度后，由于结构变形而使得撞击力减小的部分。桥梁的刚度越大，船舶的撞击力越大，但是随着刚度的增加，撞击力增加幅度越来越小，也就是说明了当桥梁的刚度增加到了一定程度，船舶的撞击力就只和船舶的速度和质量有关，而和结构刚度无关了。表6-1 和表6-2 给出 C_a和 C_b 的参考值。

C_a 的参考值　　表6-1

船舶质量(t)	速度 v (m/s)					
	1.0	2.0	3.0	4.0	5.0	6.0
1 860.0	0.079	0.088	0.102	0.123	0.119	0.135
17 206.0	0.178	0.198	0.172	0.171	0.179	0.197
53 025.0	0.201	0.185	0.188	0.209	0.191	0.191
69 300.0	0.223	0.191	0.192	0.190	0.189	0.189

C_b 的参考值　　表6-2

船舶质量(t)	速度 v (m/s)					
	1.0	2.0	3.0	4.0	5.0	6.0
1 860.0	7.60×10^2	1.25×10^3	5.56×10^3	1.85×10^3	4.00×10^3	5.88×10^3
17 206.0	3.39×10^4	5.90×10^3	5.90×10^3	1.27×10^4	4.50×10^4	6.62×10^4
53 025.0	3.35×10^4	3.12×10^4	5.29×10^4	1.35×10^4	1.90×10^4	1.35×10^4
69 300.0	3.54×10^4	3.67×10^4	6.05×10^4	1.53×10^4	4.00×10^4	1.35×10^4

M 介于 1 860.0 ~ 69 300 范围内，则利用线性内插求出相应的 C_a、C_b；若小于该范围则参考 M = 1 860.0 取值，若大于该范围则参考 M = 69 300 取值。

王君杰和陈诚[8,9]提出的船撞力简化计算公式(以下简称王陈公式)为：

$$F_k = \alpha_k \cdot \eta \cdot \xi \cdot (\mathrm{DWT})^{\beta_k} \cdot v \tag{6-8a}$$

式中 $k = m$、l、g，分别表示峰值、局部平均和全局平均船舶撞击力，见图6-4。

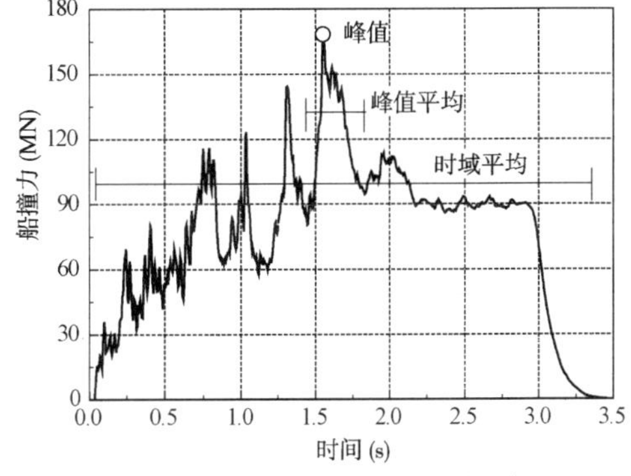

图6-4　等效撞击荷载定义的时间域

$$\eta = \begin{cases} 1 - \exp\left(-\dfrac{6H}{H_s}\right) & (H/H_s \leqslant 1.0) \\ 1.0 & (H/H_s > 1.0) \end{cases} \tag{6-8b}$$

$$\xi = 0.8R^{0.068} \tag{6-8c}$$

式中：α_k、β_k($k = m$、l、g)见表6-3；

H——被撞桥梁构件(承台等)的高度；

R——被撞桥梁构件(承台等)的半径;

H_s——船舶的高度。

系数 α_k 和 β_k　　表 6-3

α_m	α_l	α_g	β_m	β_l	β_g
0.031	0.030	0.018	0.66	0.064	0.64

还有一些关于船撞力的图表,如1985 年美国路易斯安那州为船撞桥墩的碰撞力的计算制定的图表;直布罗陀海峡桥船舶撞击力的设计是针对 1 000 000DWT 的油轮进行的,为此专门制定了撞击力曲线;北欧道路工程联合会推荐的船舶碰撞力计算也是以图表的形式出现的。但这些船撞力的计算方法都有其特定的适用条件,不宜作为普遍公式使用。

表 6-4 中列出了四个公式所考虑因素的情况。式(6-7)试图考虑被撞物体刚度对撞击力的影响,但合理的表达形式和模型参数还需进一步的研究。因此在表 6-4 的比较中未将其列出。

各船撞力公式比较　　表 6-4

考虑因素 / 计算公式	撞击吨位	撞击速度	撞击角度	承台厚度	承台形状
美国 AASHTO 规范公式	√	√			
欧洲规范公式	√	√			
中国铁路规范公式	√	√	√		
王陈公式	√	√	√	√	√

王陈提出的公式考虑了撞击吨位、撞击速度、撞击角度、承台厚度和承台形状五个因素的影响。

图 6-5 给出了表 6-4 所列四个公式的比较。

从图 6-5 中可以看出,对于 3 000DWT、5 000DWT 的船舶(船舶吨位相对较小),AASHTO 的计算结果较其他公式的计算结果大,而对于 12 000DWT、50 000DWT 的船舶(船舶吨位相对较大),欧洲规范公式及王陈公式最大船撞力计算结果较大。

在船撞力的修正取值方面,AASHTO 规范公式是根据 Woisin 的试验结果推演而来的,考虑到试验数据的分散情况,AASHTO 规范采用三角形概率密度函数来模拟分散状态,并选用 70% 分位点的力作为桥梁设计的等效静撞击力[1,2]。通过将船桥碰撞动力数值模拟计算下的桥梁基础反应与等效静力船撞力作用下的基础反应进行比较分析[9],说明了采用等效静力最大船撞力 F_m 用于大规模桩基础的设计是可行的。总体上说,上述两者都有对最大船撞力进行修正取值的考虑,不同的是,AASHTO 规范公式没有根据受撞物体的几何形状对船撞力取值进行修正,而是统一进行了折减,从这一点看,王陈公式似乎更合理。

二、驳船对下部结构的撞击力

与轮船撞击数据相比,驳船撞击力的研究报道很少。AASHTO《桥梁设计规范》[1,2]根据标准底卸式驳船(长 10.7m,宽 6.0m,高 3.7m,空载吃水 0.52m,满载吃水 2.7m,质量 1 540t)给出的驳船撞击力估算公式为:

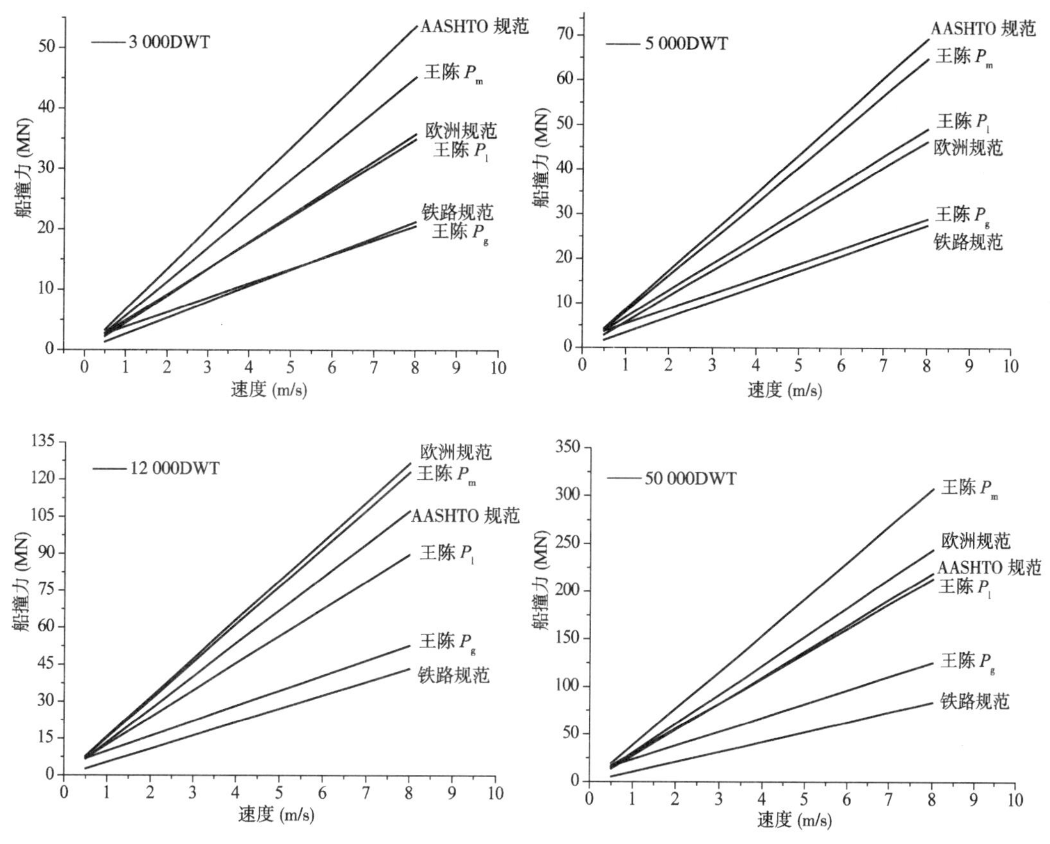

图 6-5　四种撞力公式计算结果的比较

$$F_B = \begin{cases} 60.0a_B & (a_B < 0.1\text{m}) \\ 6.0 + 1.6a_B & (a_B \geqslant 0.1\text{m}) \end{cases} \tag{6-9}$$

式中：F_B——驳船撞击力(MN)；

a_B——驳船的破损长度(m)。

大于标准底卸式驳船的情况，撞击力应通过将标准底卸式驳船的撞击力乘以其宽度与标准底卸式驳船宽度之比来计算。

标准底卸式驳船的破损长度按式(6-10)计算。

$$a_B = 3.1 \times \left(\sqrt{1.0 + 1.3 \times 10^{-7}KE} - 1.0\right) \tag{6-10}$$

式中：KE——船舶撞击能量(J)，按式(6-11)计算。

$$KE = 500C_H Mv^2 \tag{6-11}$$

式中：M——船舶的质量(t)；

C_H——水动力质量系数；

v——船舶的撞击速度(m/s)。

当船舶龙骨以下净空超过吃水深度的 1/2 时，C_H 取 1.05；当船舶龙骨以下净空小于吃水深度的 1/10 时，C_H 取 1.25；中间情况可以线性内插。

三、轮船对上部结构的撞击力

根据桥梁船撞事故调查,船舶可能撞击桥梁的上部结构。

迄今为止,船头对桥梁上部结构的撞击力研究很少,AASHTO《桥梁设计规范》[2]建议通过修正轮船船头撞击桥梁下部结构的撞击力来估算船头撞击桥梁上部结构的撞击力。按照AASHTO《桥梁设计规范》的思路,根据文献[8]的研究,船头对上部结构的撞击力可按式(6-12)估算。

$$F_{B,Sup} = \eta \cdot F \tag{6-12}$$

式中:$F_{B,Sup}$——轮船船头对桥梁上部结构构件的撞击力(MN)。

修正系数 η 和船头撞击下部结构的撞击力的计算方法见式(6-8)。

驾驶舱对桥梁上部结构构件的撞击力按式(6-13)计算[2]。

$$F_{D,Sup} = \alpha_{D,Sup} \cdot F \tag{6-13}$$

式中:$F_{D,Sup}$——驾驶舱对桥梁上部结构构件的撞击力(MN);

$\alpha_{D,Sup}$——折减系数,按式(6-14)计算。

$$\alpha_{D,Sup} = \begin{cases} 0.2 - 0.1 \times \dfrac{DWT}{100\,000} & (DWT \leqslant 100\,000) \\ 0.1 & (DWT > 100\,000) \end{cases} \tag{6-14}$$

桅杆对桥梁上部结构构件的撞击力按式(6-15)计算[2]。

$$F_{MT,Sup} = \alpha_{MT,Sup} \cdot F \tag{6-15}$$

式中:$F_{MT,Sup}$——驾驶舱对桥梁上部结构构件的撞击力(MN);

$\alpha_{MT,Sup}$——折减系数,没有专门研究的情况下取0.1。

第四节　船撞力的概率特性

一、船舶撞击吨位的随机模拟

船撞力的影响因素之一是船舶的撞击吨位。撞击吨位是指船舶与桥梁发生碰撞时其实际的质量,其离散性主要来自以下两个方面:

(1)同一DWT级别的船舶由于上下水或进出港的需要,所装货物的吨位也有所不同,如空载、非满载、满载等情况。例如3 000DWT的船舶空载时可能为1 400t,满载时可能达到4 000t,其他情况可能在1 400~4 000t之间变化。

(2)某一DWT区间内的船舶其实际吨位也存在差别,如3 000~5 000DWT的船舶,由于空载、非满载、满载等情况的存在,其实际吨位可能在1 400~6 500t之间变化。而通常的做法是对某一DWT或某DWT区间的船舶吨位取平均值,以此来计算船撞力的大小。但这种做法并不能把船撞力的概率特征有效的表征出来。

确定船舶撞击吨位分布较为合理的方式是对桥区通航船舶的装载情况进行实测统计，但该项工作工作量大，且对船舶实际装载吨位也很难做到准确统计。在无实际统计数据的情况下，为了简化计算，建议采用均匀分布模型来模拟船舶撞击吨位的分布。

对于某一 DWT 的船舶，其撞击吨位分布区间为空载排水量 - 满载排水量。对于某一 DWT 区间的船舶，其分布区间为 DWT(小)空载排水量 - DWT(大)满载排水量。

若连续性随机变量 x 在区间$[a,b]$上均匀分布，则其概率密度函数为：

$$f(x) = \begin{cases} \dfrac{1}{b-a} & (a \leqslant x \leqslant b) \\ 0 & (\text{其他}) \end{cases} \tag{6-16}$$

图 6-6 为随机模拟的船舶撞击吨位的均匀分布。

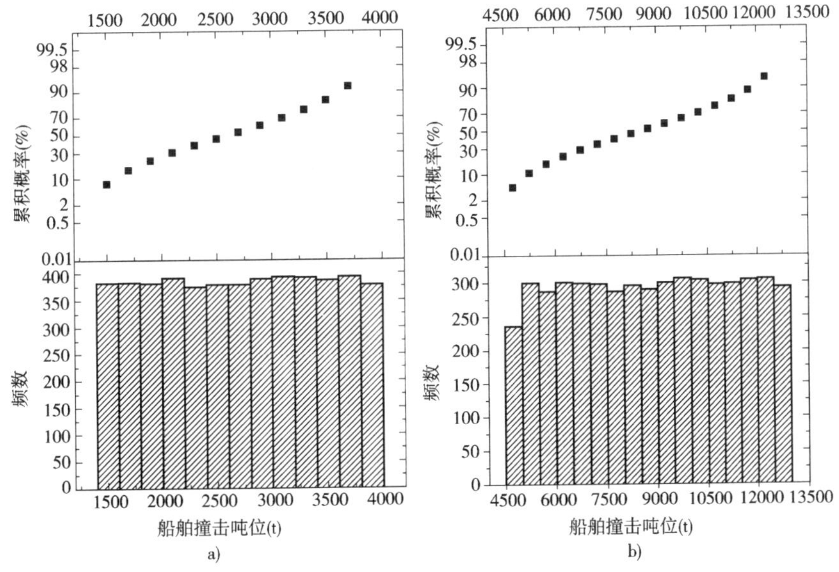

图 6-6　船舶撞击吨位的计算机随机模拟

a)3 000 ~ 5 000DWT 撞击吨位分布；b)10 000DWT 撞击吨位分布

二、撞击速度的随机模拟

1. 撞击速度

撞击速度是影响船舶撞击力的重要参数之一。根据 AASHTO 桥梁设计规范的规定，在模拟偏航船只的速度分布时，选用了折线形式的关系曲线，假定船舶航速的降低规律是从航道边缘到 3 倍船长距离内按线性减小，最大航速取船舶的典型航速，最小航速取平均水流速度，如图 6-7 所示[1,2]。

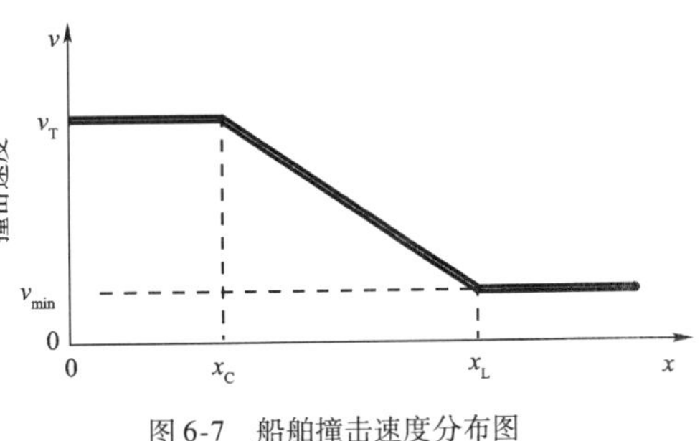

图 6-7　船舶撞击速度分布图

图 6-7 中：v——设计撞击速度；

v_T——航道内的船舶典型通航速度；

v_{min}——最小撞击速度（不小于年平均水流速度）；

x——船舶距桥墩的距离；

x_C——船舶距航道边缘的距离；

x_L——离船舶航道中心线 3 倍船长距离。

由于我国的船撞桥事故统计资料对这项内容缺乏详细的记载，建议船舶撞击速度按美国 AASHTO 桥梁设计规范的方法确定，但需要考虑模型参数的不确定性。

根据 AASHTO 桥梁设计规范，船舶的撞击速度可写为：

$$v = \begin{cases} v_T & (x \leqslant x_C) \\ \dfrac{x_L v_T - x_C v_{min} - x(v_T - v_{min})}{x_L - x_C} & (x_C < x \leqslant x_L) \\ v_{min} & (x > x_L) \end{cases} \tag{6-17}$$

从式（6-17）可以看出，一旦船舶距桥墩的距离 x 确定之后，那么撞击速度也就随之确定了。此外，当船舶分类完成后，我们可以确定出某一类船舶的计算船长。航道宽度为一具体值，因此上式中 x_C、x_L 可采用确定性变量来描述。v_T、v_{min}则为随机变量。

为了确定 v_T 的概率分布，第四章曾以三峡库区三跨跨江大桥为对象，借助于重庆市水上交通安全系统，对船舶的航行速度进行过实际观测，并得出了船舶航速可采用正态分布来描述的结论。

最小速度 v_{min}与年平均水流速度有关。以南京长江第四大桥为例[10]，其水文观测记录见表6-5。从表中看出，中水期时间较长，约占全年的 50%，而枯水期和洪水期则相对较短，全年的平均水流速度为 1.22m/s，因此，对于 v_{min}，也建议采用正态分布来描述。其均值可以根据当地水流特征确定，其标准差可根据 3σ 原则确定，即全年的水流速度应处于 $\mu+3\sigma$ 范围内。对于南京长江第四大桥，利用以上原则可确定其变异系数约为 0.2。

南京长江第四大桥水流特征　　表 6-5

观测期	枯水期	中水期	洪水期	平均
水流流速（m/s）	0.53 ~ 1.06	0.94 ~ 1.30	1.55 ~ 1.95	1.22
月数	约 3 个月	约 6 个月	约 3 个月	

从式（6-17）可以看到，由于 v_T 和 v_{min}均服从正态分布，而 v 是这两个量的线性组合，因此 v 也服从正态分布。对于 $x<x_C$ 和 $x>x_C$ 的情况，其撞击速度的均值和标准差分别与 v_T、v_{min}的均值和标准差相同。当 $x_C<x<x_L$ 时，撞击速度均值可由式（6-17）计算，标准差经过推导按式（6-18）计算。

$$\sigma_v = \frac{1}{x_L - x_C}\sqrt{\sigma_{v_{min}}^2 (x - x_C)^2 + \sigma_{v_T}^2 (x_L - x)^2} \tag{6-18}$$

有了撞击速度的均值和标准差，就可以采用正态分布随机数的产生方法，通过编制相应的计算机程序，完成船舶撞击速度的随机模拟。图 6-8 为计算机程序随机模拟的船舶撞击速度的正态分布图。

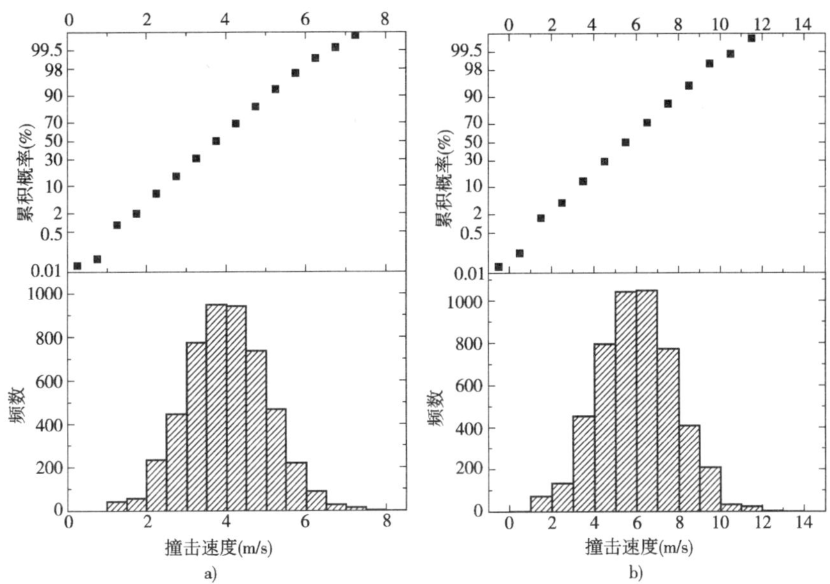

图 6-8　船舶撞击速度的计算机随机模拟

a）均值 4，标准差 1；b）均值 6，标准差 1.8

2. 三峡库区船舶航速观测实例

以三峡库区三座跨江大桥为对象，分别观测了 139 水位和 156 水位下通航船舶的航速分布，得到了相应的概率模型。

139 水位和 156 水位下，三座跨江大桥通航船舶的航速分布直方图见图 6-9 和图 6-10。

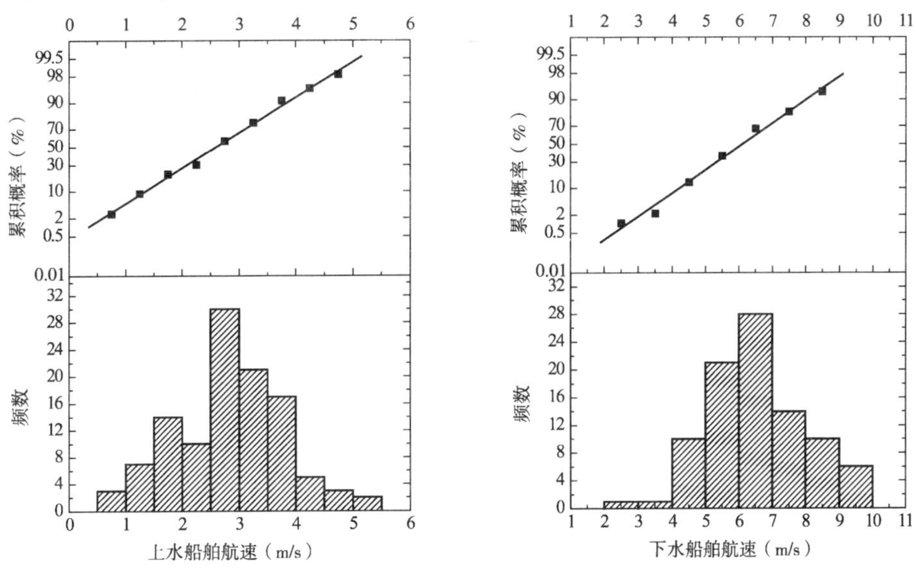

图 6-9　三座桥上下水船舶航速分布直方图（139 水位）

采用卡方检验方法对其进行了拟合优度检验，结果见表 6-6。分布检验结果显示，139 水位和 156 水位下，船舶上水航速分布仅接受正态分布，下水航速分布对于三种分布均接受，根据统计量最小为最优的原则，上、下水航速均取正态分布。

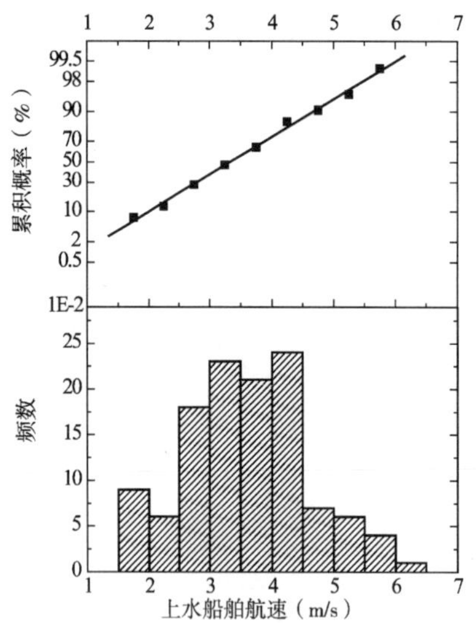

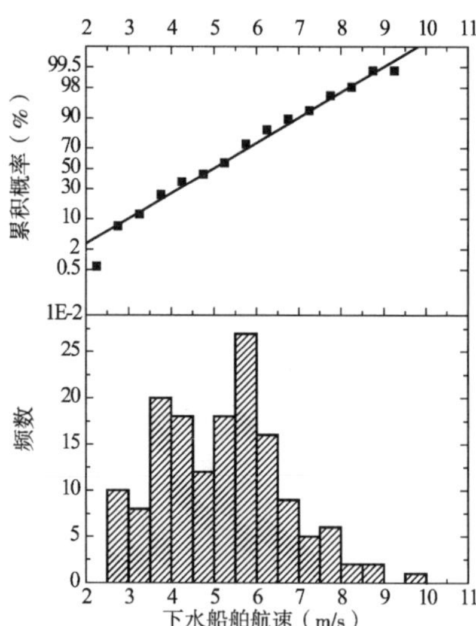

图 6-10　三座桥上下水船舶航速分布直方图(156 水位)

船舶航速分布拟合优度检验结果(139 和 156)　　表 6-6

水　位	上 下 水	假设分布	统 计 参 数		统计量	临界值	结论
139 水位	上水航速分布	N	$\mu=2.79$	$\sigma=0.93$	7.56	12.592	接受
		LN	$\mu=0.96$	$\sigma=0.39$	13.23	12.592	拒绝
		I	$\alpha=1.379$	$u=2.4$	20.56	12.592	拒绝
	下水航速分布	N	$\mu=6.57$	$\sigma=1.49$	7.72	15.507	接受
		LN	$\mu=1.85$	$\sigma=0.24$	9.23	15.507	接受
		I	$\alpha=0.864$	$u=5.9$	13.61	15.507	接受
156 水位	上水航速分布	N	$\mu=3.56$	$\sigma=1.01$	5.66	12.592	接受
		LN	$\mu=1.23$	$\sigma=0.30$	19.06	12.592	拒绝
		I	$\alpha=1.274$	$u=3.107$	41.90	12.592	拒绝
	下水航速分布	N	$\mu=5.14$	$\sigma=1.50$	5.32	15.507	接受
		LN	$\mu=1.60$	$\sigma=0.29$	6.01	15.507	接受
		I	$\alpha=0.853$	$u=4.460$	10.96	15.507	接受

注:表中 N 为正态,LN 为对数正态,I 为极值 I 型(重庆市港航局提供数据)。

139 水位和 156 水位下的航速比较见表 6-7。从表中看出,139 水位时船舶的上下水航速较 156 水位时差别较大,原因可能是由于 139 水位的观测时期正好处于长江的洪水期,且观测段为长江的上游段,水流速度较快,而 156 水位观测时水流则处于一个比较平缓的阶段。对于表 6-7 中四种情况,船舶的上下水航速的变异系数在 0.2 ~0.35 之间变动。

船舶航速分布比较(139 和 156) 表 6-7

类别	水位	分布	统计参数		
三座大桥上水	139 水位	N	$\mu=2.79$	$\sigma=0.93$	$C_v=0.33$
	156 水位	N	$\mu=3.56$	$\sigma=1.01$	$C_v=0.28$
三座大桥下水	139 水位	N	$\mu=6.57$	$\sigma=1.49$	$C_v=0.23$
	156 水位	N	$\mu=5.14$	$\sigma=1.50$	$C_v=0.29$

基于对三峡库区的观测结果,建议一般情况下,船舶的航速分布概率模型可采用正态分布来描述,但参数取值须根据具体航道而定。对于三峡库区,参考表 6-6 和表 6-7 取值,对于长江下游段以及其他河流,需根据实际观测资料进行取值。

三、撞击角度的随机模拟

船舶撞击角度分布一直是船撞研究中的一个难点,因为船舶的撞击角度不仅与船舶的偏航角度有关,还与桥梁下部结构几何形状和相对航道位置有关,不同的桥梁下部结构几何形状将会导致不同的撞击角度。确定撞击角度分布最合理的方法是对桥位处船撞桥事故资料进行统计得到,但由于早期船撞桥事故资料中对撞击角并未有太多的关注,因此统计资料相对匮乏。为了解决这一问题,有学者曾提出了假设或基于理论分析的撞击角度分布模型。

德国的 KUNZ[11] 曾给出了撞击角度的假设分布模型,见图 6-11,从图中看出,撞击角度大都集中在 6°~16°之间。

从三峡库区三座跨江大桥的船舶偏航角的观测结果来看,船舶的偏航角大都集中在 2°~14°之间,不同的桥梁其通航船舶的偏航角也有所不同,而对于船舶的撞击角度则还需要根据桥梁的下部结构形状来进行合理估计。

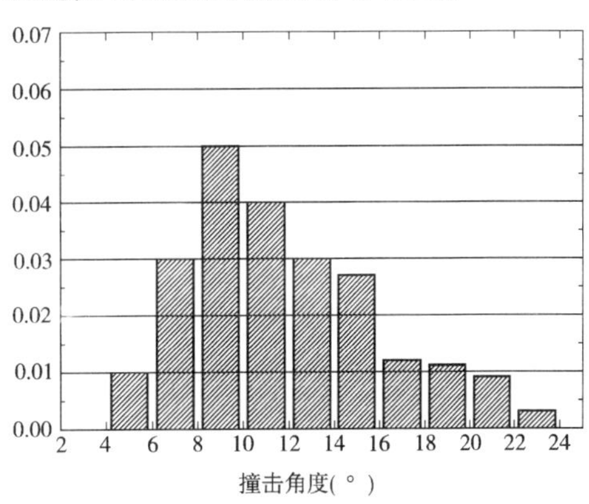

图 6-11 撞击角度的假设分布

我国《公路桥涵设计通用规范》[12] 规定,内河驳船顺桥向撞击力为 3/4 倍的横桥向撞击力,而对于通行海轮的航道,顺桥向撞击力为 1/2 倍的横桥向撞击力,且建议在计算撞击力时,撞击角度应根据具体情况加以研究确定。我国《铁路桥涵设计基本规范》[6] 对于正碰和斜碰动能折减系数分别取 0.3 和 0.2,船只驶近方向与墩台撞击点处切线所成的夹角应根据具体情况确定,如有困难可采用 20°。

从以上叙述可以看出,不同的模型提出的船舶撞击角度各不相同,但总体来说,船舶的撞击角度取值 15°以下的占大多数,峰值约为 10°左右,且角度越大其所占百分比就越小,从数学模型的角度来讲,这比较符合极值 I 型分布的特点。因此为了更合理简便地描述顺桥向和横桥向的船舶撞击力分布,建议采用极值 I 型来描述撞击角度的分布特点,在其参数取值方面,根据实际的工程情况,直航路上的桥梁其撞击角度均值可取为 10°~15°,标准差可取为 4°~6°,然后转化为极值 I 型的参数。若非直航路,则其均值还需加上桥轴法线方向与航道的夹角。极值 I 型分布的概率密度函数为:

$$F(x) = e^{-e^{-\alpha \cdot (x-u)}} \tag{6-19}$$

式中：

$$\begin{cases} \alpha = \dfrac{\pi}{\sqrt{6} \cdot \sigma_x} = 1.282\,55/\sigma_x \\ u = \mu_x - 0.577\,22/\alpha \end{cases} \tag{6-20}$$

式中：μ_x、σ_x——分别为均值和标准差。

图 6-12 为计算机程序随机模拟的船舶撞击角度的极值 I 型分布图。

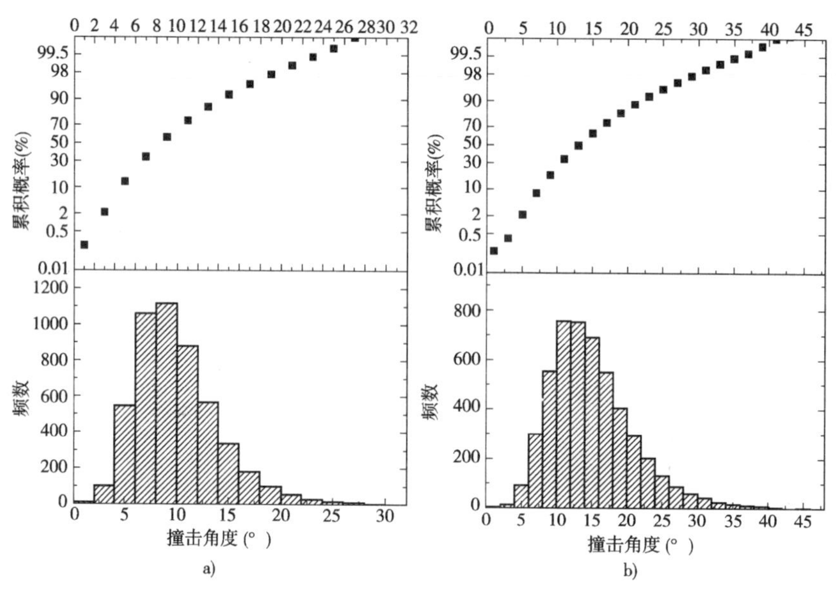

图 6-12　船舶撞击角度的计算机随机模拟

a）均值 10，标准差 4；b）均值 15，标准差 6

四、船撞力的概率特性

以上对影响船撞力大小的因素进行了随机模拟研究，主要包括撞击吨位、撞击速度和撞击角度，其他因素如承台厚度、承台半径、船头高度等都可以根据实际工程进行确定。为了进一步研究船撞力的概率特性，此处选择了以下五种工况进行随机模拟，见表 6-8，船撞力公式取用王陈公式。

船撞力随机模拟工况　　　　表 6-8

工况	撞击吨位(DWT)	撞击速度(m/s)	撞击速度变异系数	撞击角度(°)	撞击角度变异系数
1	1 000 ~ 2 000	3.0	0.25	12	0.40
2	3 000 ~ 5 000	4.0	0.30	15	0.30
3	5 000 ~ 8 000	4.5	0.20	13	0.20
4	10 000 ~ 20 000	3.5	0.30	10	0.25
5	30 000 ~ 50 000	4.0	0.15	14	0.30

利用编制的计算机程序对以上五种工况的船撞力进行随机模拟，分别得到了总船撞力、横桥向船撞力和顺桥向船撞力的分布情况。由于在桥梁设计时，通常根据横桥向船撞力和顺桥

向船撞力进行设计，而顺桥向船撞力又往往是根据横桥向船撞力进行确定，如我国《公路桥涵设计通用规范》[12]中规定，对于内河船舶的顺桥向撞击力取为横桥向撞击力的75%，而海轮的顺桥向撞击力取为横桥向撞击力的50%。因此，这里我们将重点研究横桥向的船撞力分布。计算机随机模拟得到的横桥向船撞力分布见图6-13。采用卡方检验方法对其进行了拟合优度检验，结果见表6-9。

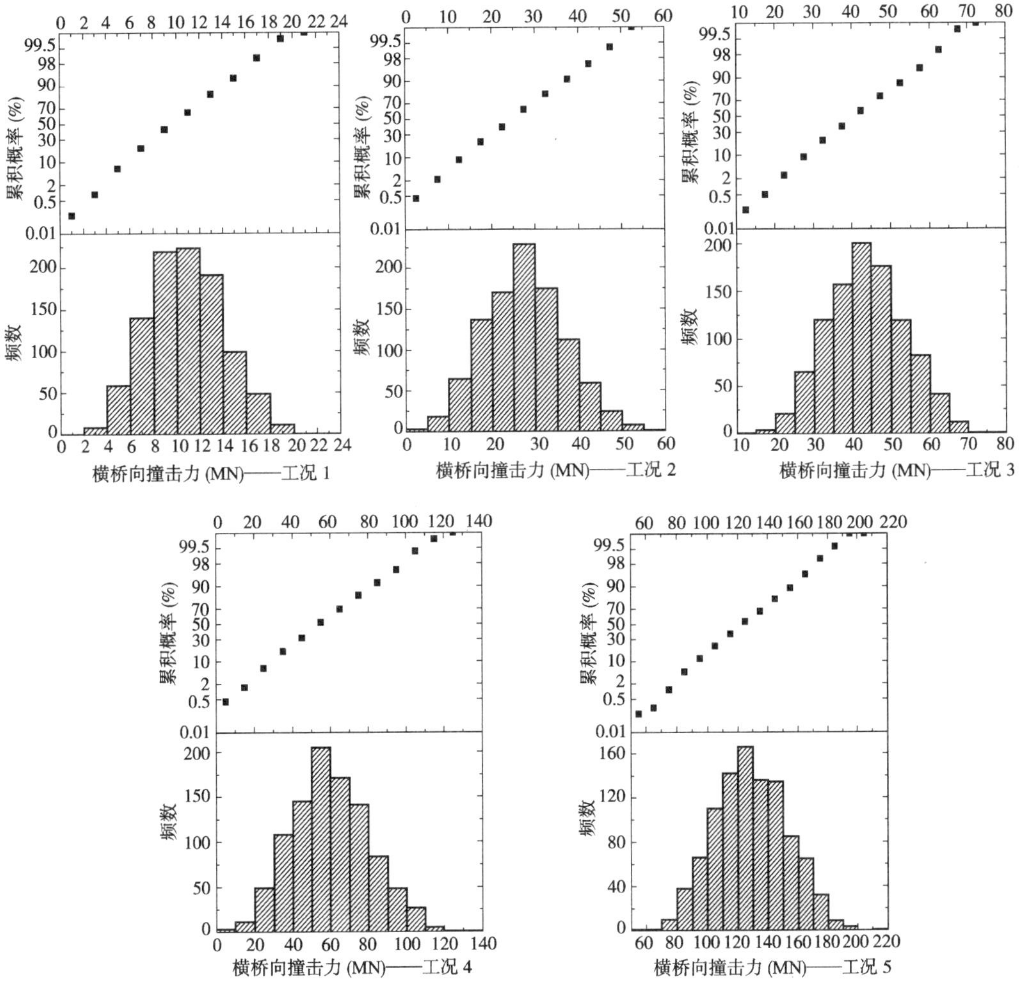

图6-13　横桥向船撞力随机模拟结果

横桥向船撞力分布检验结果　　表6-9

工况	假设分布	均值μ(MN)	标准差σ	变异系数C_v	统计量	临界值	结论
1	N	10.78	3.24	0.30	10.873	14.067	接受
2	N	27.34	9.18	0.34	6.251	15.507	接受
3	N	43.50	10.01	0.23	9.053	16.919	接受
4	N	59.96	20.52	0.34	15.704	16.919	接受
5	N	128.75	23.96	0.19	14.322	18.307	接受

注：表中N表示正态分布。

从表 6-9 中可看出，五种工况下，横桥向船撞力对于正态分布检验均接受，因此横桥向船撞力可采用正态分布来描述。但其变异系数并不稳定，五种工况下的变异系数在 0.19 ~ 0.34 之间变化，这是因为船撞力变异系数的大小不仅取决于撞击吨位的区间大小，还取决于撞击速度和撞击角度的变异性，在实际应用时其变异系数可根据实际船舶吨位和航速等参数进行模拟确定。

总船撞力、横桥向船撞力和纵桥向船撞力的统计结果分别列于表 6-10 和表 6-11。从表6-10看出，横桥向船撞力约占总船撞力大小的 95%，顺桥向船撞力约占总撞击力的 25%，这主要是由撞击角度来决定的。五种工况下，顺桥向撞击力约占横桥向撞击力的 20% ~30%，而我国《公路桥涵设计通用规范》中规定，对于内河船舶的顺桥向撞击力取为横桥向撞击力的 75%，而海轮的顺桥向撞击力取为横桥向撞击力的 50%。因此在实际应用时，其横桥向撞击力可按实际模拟结果确定其均值和标准差，而对于顺桥向撞击力如按实际模拟结果取值则与规范相比偏小，因此顺桥向船撞力亦可不按模拟结果取值，而可按规范分别取作横桥向撞击力的 75%（内河船舶）和 50%（海轮），或根据实际研究进行确定。

船撞力随机模拟结果——均值 表 6-10

工况	总船撞力（MN）	横桥向船撞力（MN）	顺桥向船撞力（MN）	横/总	顺/总	顺/横
1	11.05	10.78	2.28	0.98	0.21	0.21
2	28.37	27.34	7.28	0.96	0.26	0.27
3	44.68	43.50	10.01	0.97	0.22	0.23
4	60.94	59.96	10.54	0.98	0.17	0.18
5	132.98	128.75	31.94	0.97	0.24	0.25

船撞力随机模拟结果——均值、标准差、变异系数 表 6-11

工况	总船撞力（MN）			横桥向船撞力（MN）			顺桥向船撞力（MN）		
	均值	标准差	变异系数	均值	标准差	变异系数	均值	标准差	变异系数
1	11.05	3.32	0.30	10.78	3.24	0.30	2.28	1.16	0.51
2	28.37	9.51	0.34	27.34	9.18	0.34	7.28	3.31	0.45
3	44.68	10.28	0.23	43.50	10.01	0.23	10.01	3.05	0.30
4	60.94	20.87	0.34	59.96	20.52	0.34	10.54	4.58	0.44
5	132.98	24.68	0.19	128.75	23.96	0.19	31.94	11.11	0.35
均值			0.28			0.28			0.41

表 6-11 中，总船撞力与横桥向船撞力的变异系数基本一致，而顺桥向船撞力的变异系数较大，如无实际资料用以确定变异系数时，横桥向船撞力的变异系数可约取为 0.3。

综上所述，对于船撞力的概率取值，横桥向船撞力可采用正态分布描述，其均值和标准差可通过数值随机模拟来进行确定，如无实际资料可用时其变异系数可约取为 0.3；顺桥向船撞

力可根据横桥向船撞力进行取值，按规范分别取作横桥向撞击力的75%（内河船舶）和50%（海轮）或根据实际研究进行确定，因此顺桥向船撞力也服从正态分布，其变异系数也约为0.3。

第五节　被动防撞系统对船撞力的修正

桥梁如果采用了被动防撞系统，如防撞套箱、独立防撞墩等，都将对船撞力起到有效的折减作用，即：

$$F_P = \alpha_P \cdot F \tag{6-21}$$

式中：F_P——加装防撞设施后桥梁所受的船撞力；

α_P——船撞力修正系数；

F——未加装防撞设施时桥梁所受的船撞力。

不同的防撞系统对船撞力的折减作用可能会存在不同，如果采用独立防撞墩，由于船舶在撞击桥梁之前可能已经被防撞墩阻止而不能撞击到桥墩，或者船舶在到达桥墩时能量已经基本损耗殆尽，因此船撞力很小，对桥墩基本不会造成影响，此时船撞力的修正系数 α_P 就较小；如果采用防撞套箱等附着式系统，船舶对桥墩的撞击力相对于独立防撞墩来说较大，此时修正系数 α_P 就较大。

因此，对于不同的被动防撞系统，应采用不同的修正系数来考虑其作用。根据以往的工程实例，我们可以对防撞设施采用前后的撞击力进行分析来大体划定修正系数的范围，以便桥梁船撞安全评估时对船撞力进行修正。

表6-12列出了利用有限元数值模拟技术得到的国内某些跨江以及海湾大桥加装防撞套箱前后桥梁所受船撞力的变化情况。

防撞套箱对船撞力的折减效果汇总（MN）　　表6-12

青岛海湾大桥——大沽口桥[13]				
无防撞套箱			有防撞套箱	折减率
正撞主墩	最大撞击面积	17.9	11.1	0.38
	平均低潮位	12.7	10.6	0.17
湛江海湾大桥[14]				
无防撞套箱			有防撞套箱	折减率
13°斜撞主塔墩	平均高潮位	35	10.7	0.69
	平均低潮位	20	11.7	0.42
45°斜撞主塔墩	平均高潮位	61.3	51	0.17
	平均低潮位	59.2	51.5	0.13
52°斜撞主塔墩	平均高潮位	57.3	53	0.08
	平均低潮位	92.6	55	0.41

续上表

上海长江大桥[15]				
无防撞套箱			有防撞套箱	折减率
正撞主塔墩	最大撞击面积	34.96	32.07	0.08
正撞辅助墩	最大撞击面积	17.9	12.94	0.28
	平均低潮位	12.24	11.68	0.05
正撞航道桥中墩	最大撞击面积	21.37	12.95	0.39
	平均低潮位	13.2	12.17	0.08
南京长江四桥1620方案南索塔[10]				
无防撞套箱			有防撞套箱	折减率
正撞主塔墩	最大撞击面积	18.3	13.7	0.25
斜撞主塔墩	最大撞击面积	14.3	12.65	0.12

从表中看出，加了防撞套箱后，船撞力通常都会有一定程度的减小，折减率从5%～69%不等，通常在8%～30%之间浮动，均值为25%。上表仅为防撞套箱对船撞力折减的情况，其他类型防撞设施消能效果的量化研究数据还比较缺乏，其船撞力修正系数尚需研究和统计。

基于此，建议对于防撞套箱，其船撞力修正系数 α_P 可在0.7～0.9之间取值，并应根据防撞设计要求并参考管理部门的意见具体确定；对于其他类型的防撞设施，修正系数的确定方法尚待进一步的研究。

第六节　柱式混凝土构件断面能力的概率描述

柱式构件在桥梁结构中广泛使用，因此本节针对这种构件研究其断面能力的概率分布特征。本节介绍的内容来自参考文献[16]、[17]、[18]和[19]。

一、材料参数的概率特征

根据实验结果，钢筋的应力—应变关系在屈服点后会发生一定程度的变化，但从应用简单性考虑，通常将其等效为理想化的弹—塑性关系。

虽然钢材力学参数的变异性远比混凝土材料力学参数的变异性要小，但其屈服强度和极限强度在进行统计分析时还应该认为是随机变量。对于理想弹塑性模型，其弹性模量的变异性取0.04，服从正态分布，屈服应力的变异性取0.1，服从对数正态分布，钢筋的极限拉应变视为确定性变量，一般取值为0.10。

实际桥梁结构中，通常用做成密排螺旋筋或箍筋形式的横向约束钢筋来约束混凝土。当混凝土中的应力较低时，横向钢筋几乎不受力，所以混凝土是不受约束的。当混凝土中的应力接近单轴强度时，由于内部开裂的不断发展，使得横向应变很大，混凝土就变成受约束的。许多研究者的试验都已证明，横向钢筋的约束作用能显著地改善混凝土在大应变时的应力—应变关系，从而能大大提高墩柱截面的延性，同时强度也能有所提高。

对于约束混凝土的特性，国内外学者进行了很多试验研究，并提出了很多应力—应变关系模式。Mander 等人[20]提出的约束混凝土的应力—应变曲线得到广泛应用，本节采用的也是这一模型。

在上述约束混凝土的应力—应变关系中，混凝土的切线弹性模量、混凝土的抗压强度以及约束混凝土的峰值纵压应力均作为随机变量，其变异系数分别取为 0.3、0.2 和 0.2，概率分布类型均服从正态分布。

二、钢筋混凝土墩柱截面的抗弯能力和曲率的概率特性

考虑两组混凝土强度等级为 C30 的钢筋混凝土墩柱截面，见图 6-14。图 a）的截面尺寸：200cm × 120cm；纵筋数量，60ϕ22；墩柱面积，2.193 2m^2；纵向配筋率为 1.04%。图 b）的截面尺寸：120cm × 120cm；纵筋数量，44ϕ22；墩柱面积，1.286 0 m^2；纵向配筋率为 1.30%。

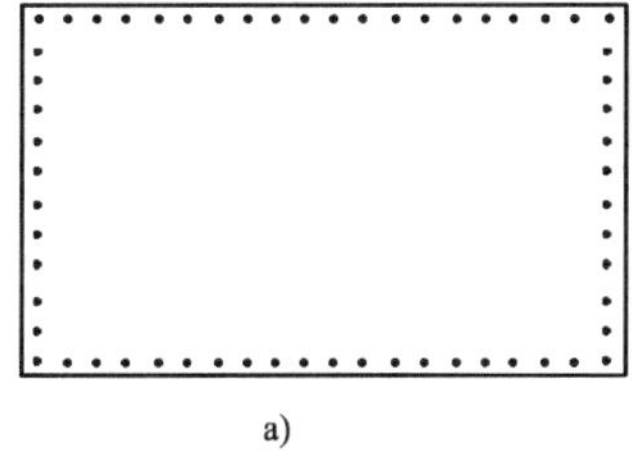
a)

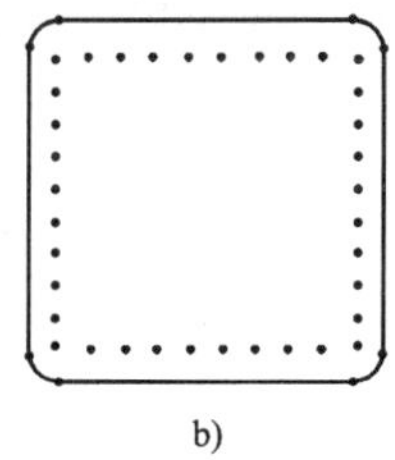
b)

图 6-14　钢筋混凝土墩柱截面简图

1. 截面抗弯能力的概率特性

图 6-15 和图 6-16 分别为截面屈服抗弯能力和截面极限抗弯能力的概率分布曲线。可以看出，截面屈服抗弯能力的概率分布基本上服从正态分布，截面形式及大小的变化对它们的概率分布类型影响很小。

2. 墩柱截面塑性转动能力的概率特性

图 6-17 和图 6-18 分别为截面塑性转角的概率密度曲线和概率分布曲线。可以看出，截面塑性转角的概率分布总体上服从正态分布或对数正态分布，截面形式及大小的变化对它们的概率分布类型的影响较小。

3. 墩柱截面抗弯能力、曲率、曲率延性及塑性转角的变异性

从表 6-13 中可见，墩柱截面的抗弯能力、曲率以及曲率延性的变异性均较小，一般均在 0.1 左右，且和截面的形式和大小无关。墩柱截面的极限曲率和塑性转角的变异性则相对更小。

截面抗弯能力及塑性转角的变异系数　　表 6-13

断面类型	屈服弯矩	极限弯矩	塑性转角
图 5-14a)	0.100	0.100	0.017
图 5-14b)	0.101	0.098	0.023

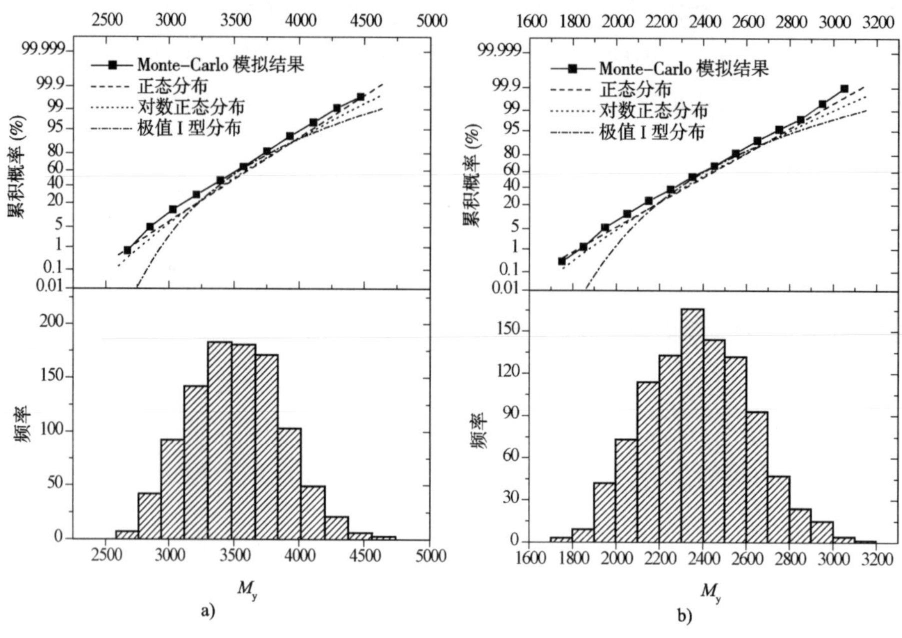

图 6-15 截面屈服抗弯能力的概率分布曲线

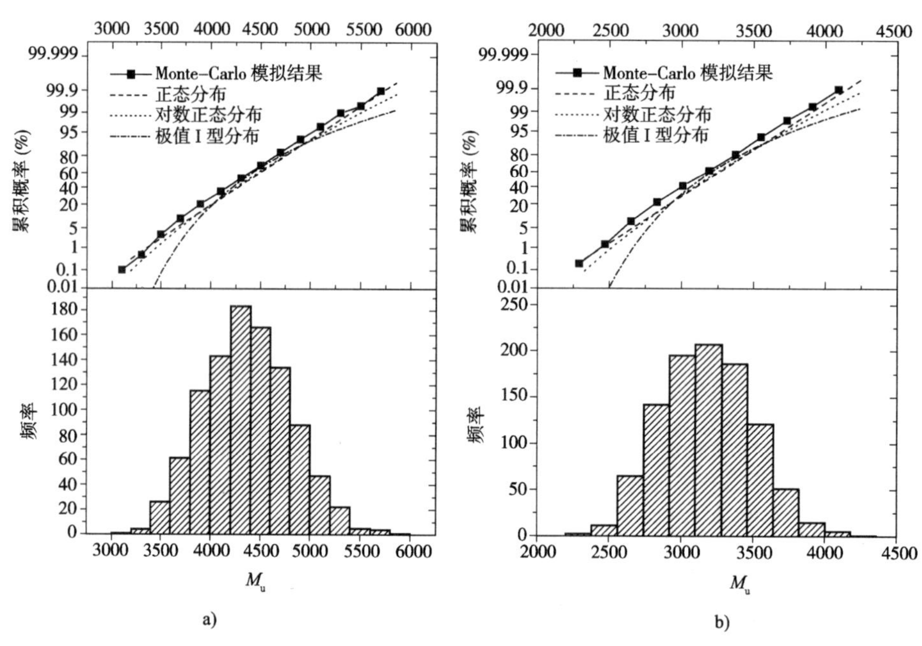

图 6-16 截面极限抗弯能力的概率分布曲线

4. 轴力变化对墩柱截面的抗弯能力和曲率概率特性的影响

表 6-14 为轴力的变化对截面能力变异性的影响。从中可以看出，轴力变化对截面能力变异性的影响较大。对于截面的抗弯能力，轴力的增加降低了它们的变异性；而对于截面塑性转角的变异性而言，轴力的增加则导致了它们变异性的增大。轴力变化对截面塑性转角的变异性影响似乎更大，但当轴力增加到一定数值时，这种影响在逐渐减小。

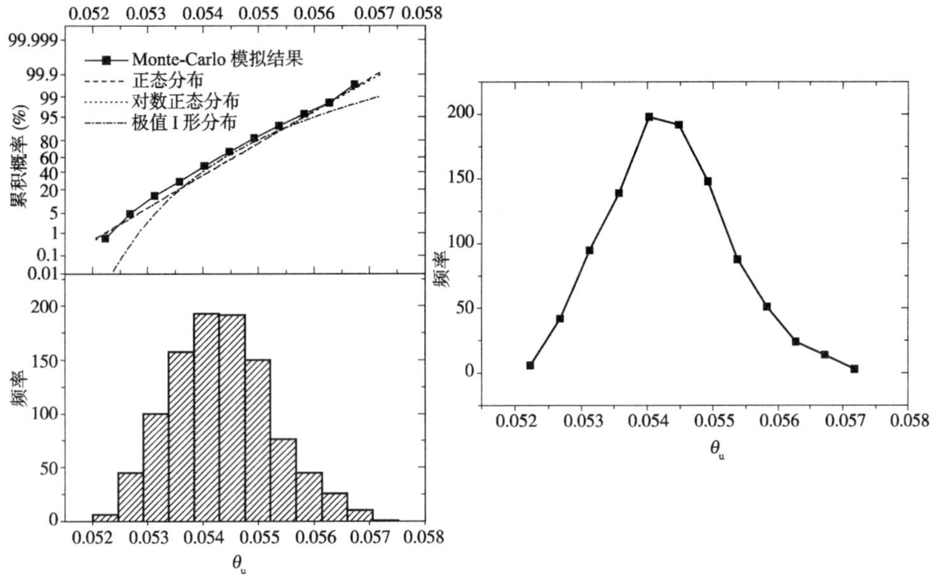

图 6-17　图 5-15 中截面 a)塑性转角的概率特性

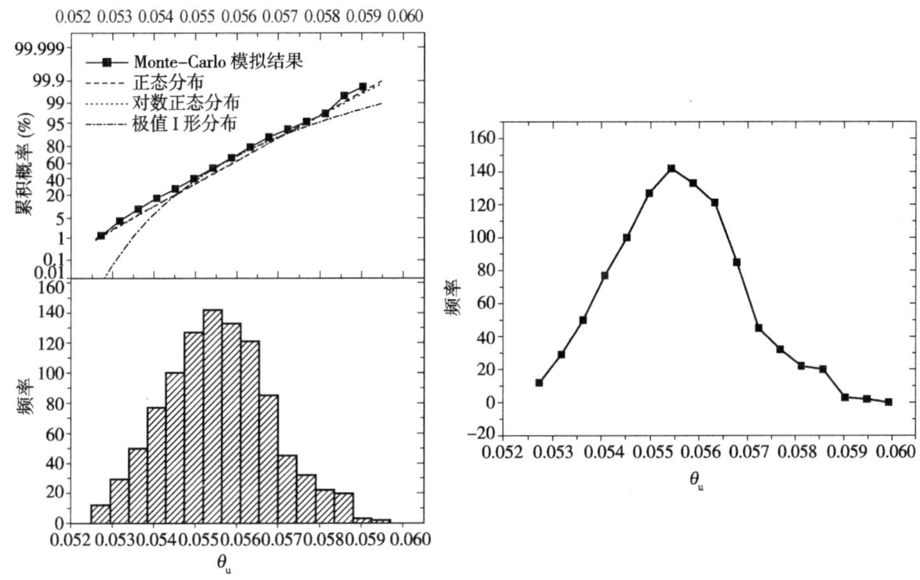

图 6-18　图 5-15 中截面 b)塑性转角的概率特性

截面抗弯能力、曲率及曲率延性的变异系数　　表 6-14

轴　压　比	屈服弯矩	极限弯矩	塑性转角
0.20	0.051	0.056	0.165
0.10	0.061	0.060	0.139
0.05	0.074	0.072	0.048
0.00	0.101	0.098	0.023

三、墩柱截面抗剪切能力的概率特性

1. 截面抗剪能力的概率特性

钢筋混凝土墩柱的抗剪强度计算见文献[20]提供的方法，计算结果见图6-19和图6-20。可以看出，墩柱截面抗剪能力的概率分布特性类似于截面的抗弯能力，基本上服从正态分布，轴力的改变对它们的概率分布类型基本没有影响。

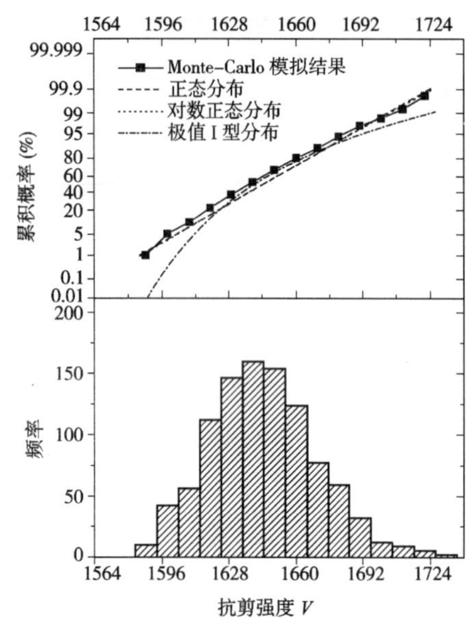

图6-19 墩柱剪切强度的概率分布

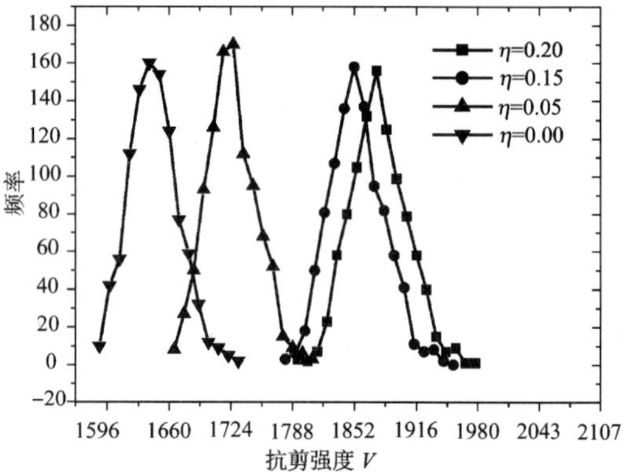

图6-20 轴力对墩柱剪切强度分布类型的影响

2. 截面抗剪能力的变异性

表6-15给出了墩柱截面抗剪能力的变异性随轴力变化的情况。从中可以看出，截面抗剪能力的变异性很小，而且受轴力变化的影响也很小。因此，在实际计算中，甚至可以将其看成确定性变量。

截面抗剪能力的变异系数 表6-15

轴压比	0.00	0.05	0.15	0.20
变异系数 η	0.024	0.023	0.023	0.024

第七节 桥梁桩基础抗水平力的能力

桩基础是应用最广泛的桥梁基础形式，其水平抗力的准确估算对桩基桥梁船撞设计十分重要。本节介绍基于非线性有限元分析和基于规范的两种方法。

一、桩基础抗水平力能力的非线性有限元分析方法

1. 计算模型

采用梁单元模拟桥梁的上部结构、桥墩和桩；承台模拟为刚性块。钢筋混凝土桩的本构关

系见本章第六节。土采用非线性弹簧表达。计算模型考虑了几何非线性的影响。计算模型的概况见图 6-21。

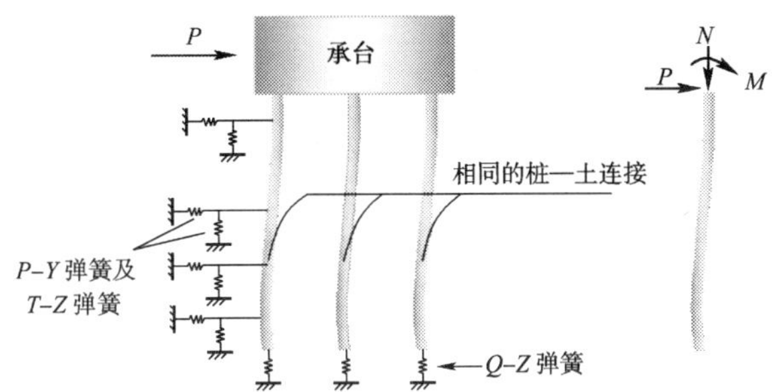

图 6-21 非线性有限元方法计算群桩基础抗水平能力计算图示

2. 桩土非线性相互作用

桩土相互作用对于深水高桩基础水平抗力的计算十分重要，本文采用 P-Y、T-Z 和 Q-Z 曲线模拟桩与砂性土间的作用即考虑了桩身的边界非线性。

P-Y 曲线计算如下[21~25]：

$$p = \psi P_u \tanh\left(\frac{Kz}{\psi P_u} Y\right), \psi = 3.0 - 0.8\frac{z}{b} \geqslant 0.9 \tag{6-22}$$

式中：p——土层深度 z 处的抗力（kN/m）；

K——土抗力初始模量（kN/m^3）；

b——桩直径或桩宽；

Y——深度 z 处桩的侧向变形；

P_u——土体极限抗力（kN/m）；

ψ——土极限抗力修正系数。

土体极限水平抗力 P_u 取楔形失效理论和流动失效理论计算值中的小者，即

对楔形失效理论

$$P_{u1} = (C_1 z/b + C_2)\gamma z \tag{6-23a}$$

对流动失效理论

$$P_{u2} = C_3 \gamma z \tag{6-23b}$$

式中：γ——土体有效重度（kN/m^3）。

式（6-23a）和式（6-23b）中 C_1、C_2 和 C_3 的取值见图 6-22。图中 φ 为砂土的内摩擦角，D_r 为砂土的相对密度。

T-Z 曲线采用 Wang 和 Reese[21~25]提出的砂土模型。桩侧土极限摩阻力 T_{max}（kPa）按式（6-24）计算。

$$T_{max} = \beta\sigma_V \leqslant 191.5\text{kPa} \quad \beta = 1.5 - 0.135\sqrt{1 - z(ft)} \tag{6-24}$$

上式适用于 $0.25 \leqslant \beta < 1.2$ 的情况。σ_V 为土体竖向应力。

求得 T_{max} 后，桩侧摩阻力按式（6-25）计算。

$$\frac{T}{T_{max}} = \begin{cases} -2.16\eta^4 + 6.34\eta^3 - 7.36\eta^2 + 4.15 & \left(\frac{z}{b} \leqslant 0.908333\right) \\ 0.978112 & \left(\frac{z}{b} > 0.908333\right) \end{cases} \tag{6-25}$$

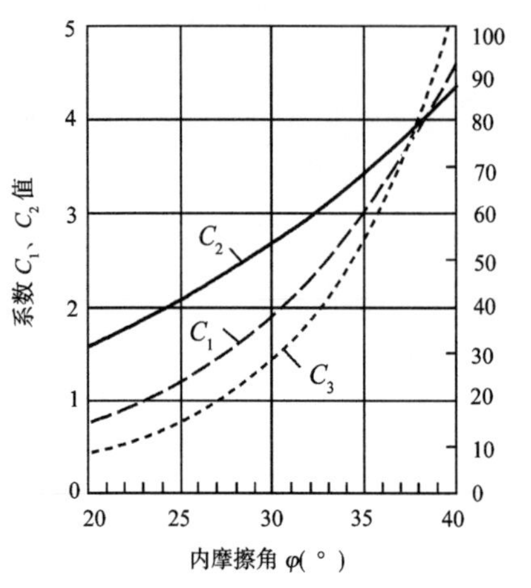

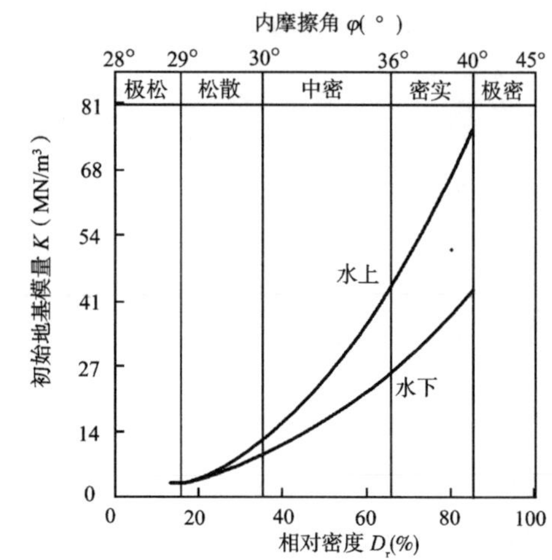

图 6-22　API 砂土 P-Y 曲线

式中 z 为桩身竖向位移量，$\eta = 100z/b$。

Q-Z 曲线采用 Wang 和 Reese[21~25]提出的砂土模型，桩底的极限承载力 Q_{max} 与土的标准贯入度 N_{SPT} 间的关系为：

$$Q_{max} = \begin{cases} = \begin{cases} 57.5N_{SPT} & (0 \leqslant N_{SPT} \leqslant 50) \\ 2900 & (N_{SPT} > 50) \end{cases} & (b \leqslant 1.27\text{m}) \\ = \dfrac{1.27}{b} Q_{max} & (b > 1.27\text{m}) \end{cases} \tag{6-26}$$

求得 Q_{max} 后，桩底反力按式(6-27)计算。

$$\frac{Q}{Q_{max}} = -0.0001079\eta^4 + 0.003558\eta^3 - 0.045115\eta^2 + 0.34861\eta \tag{6-27}$$

式中：Z——桩底竖向位移量；

b——桩的直径或桩宽。

3. 深水高桩基础水平抗力计算的基本假定与计算流程

在桩基础抗水平能力的计算中采用了如下假定：

(1) 截面在弯矩作用下，变形满足平截面假定。

(2) 钢筋和混凝土之间受力过程中始终保持牢固黏结。

(3) 单元两端之间的截面内力按线性内插，取单元两端面的平均刚度作为单元刚度。

(4) 立柱和桩基截面在偏心受压状态下，受压区混凝土最外缘压应变达到极限应变，(按前述材料本构关系确定)，认为截面达到极限抗弯能力。

由于在能力计算中考虑了几何与材料非线性，因此采用增量加载方式进行数值计算。水平荷载的增量为 ΔP，设第 i 步的求解已经完成，则可以计算该步控制截面的轴力 N_i 和弯矩 M_i。对轴力 N_i 和弯矩 M_i 作用下截面开裂情况的判断需要根据材料的本构关系来迭代确定 ε 和 φ。

截面极限抗弯能力由受压区混凝土的应变值控制，当截面接近极限弯矩后将导致非常大

的变形,此时结构达到极限状态,所对应的水平荷载之和即为基础的抗水平能力。

二、基于规范方法的桩基础抗水平能力分析方法

桩身为偏心受压构件,按《公路钢筋混凝土及预应力混凝土桥涵设计规范》(JTG D62—2004)[26]进行计算分析,土的作用按《公路桥涵地基与基础设计规范》(JTG D63—2007)[27]进行计算分析。

1. 桩身正截面强度

沿周边均匀配置钢筋的圆形截面偏心受压构件,其正截面强度按式(6-28)计算。

$$N_j \leqslant \frac{\gamma_b}{\gamma_c} A r^2 R_a + \frac{\gamma_b}{\gamma_c} C \mu r^2 R_g$$

$$N_j e_0 \leqslant \frac{\gamma_b}{\gamma_c} B r^3 R_a + \frac{\gamma_b}{\gamma_c} D \mu g r^3 R_g \tag{6-28}$$

式中:N_j——按承载能力极限状态设计法计算得到的纵向力;

R_a——混凝土抗压设计强度;

R_g——钢筋抗拉设计强度;

e_0——纵向力偏心距;

r——圆形截面半径;

g——钢筋半径相对系数,$g = r_g / r$;

μ——配筋率,$\mu = \sum A_{gi} / \pi r^2$;

A、B、C、D——圆形截面偏心受压构件强度计算系数,按《公路钢筋混凝土及预应力混凝土桥涵设计规范》(JTG D62—2004)附录三采用。

2. 偏心增大系数

计算偏心受压构件时,对于圆形截面 $l_0/d > 7$(d 为圆形截面直径),应考虑构件在弯矩作用平面内的挠度对纵向力偏心距的影响。此时,应将纵向力对截面重心轴的偏心距 e_0 乘以偏心距增大系数 η。

$$\eta = \frac{1}{1 - \dfrac{\gamma_c N_j}{10 \alpha_e E_h I_h \gamma_b} l_0^2} \tag{6-29}$$

式中:E_h——混凝土弹性模量;

I_h——混凝土截面惯性矩,当全部纵向钢筋的配筋率大于3.0%时,I_h 应提高20%;

α_e——考虑偏心距对 η 值的影响系数,按下式计算:

$$\alpha_e = \begin{cases} \dfrac{0.1}{0.3 + \dfrac{e_0}{d}} + 0.143 & \left(\dfrac{e_0}{d} < 1.0\right) \\ 0.22 & \left(\dfrac{e_0}{d} \geqslant 1.0\right) \end{cases} \tag{6-30}$$

其余符号意义同前。

3. 计算流程

分级作用水平横向力为 N_y，计算控制桩控制断面（轴力小弯矩大）的桩身内力值，按承载能力极限状态法计算同一截面在不同横向力作用下其桩身内力值效应的正截面强度，从而判断桩身截面的承载能力是否满足规范要求，形成控制桩的桩身同一截面在不同水平横向力作用下的外荷载效应组合值与结构抗力值两条曲线，两条线的会交点即平衡点，其对应的水平横向力就是最大横向作用力。

三、撞击位置

航道桥所跨河流或海湾的水位随季节或潮汐变化，船舶撞击桥梁构件的部位与此有关。此外船舶撞击桥梁构件的位置还与船舶的类型、吃水深度等因素有关。桥梁船撞风险分析应考虑到船舶撞击桥梁构件部位的影响。

船舶撞击点不同，意味着撞击力的作用位置不同，这既改变撞击力的大小，也改变桥梁受撞构件的抗撞能力。这里讨论撞击点对抗撞能力的影响。

图 6-23 是某桥的下部结构形式和在最低、最高通航水位时船舶可能的撞击部位。表 6-16 是抗水平能力的计算结果。可见对于不同的撞击点，桥梁下部结构的撞击力不同。当然对于本例，这种差别不是很大。

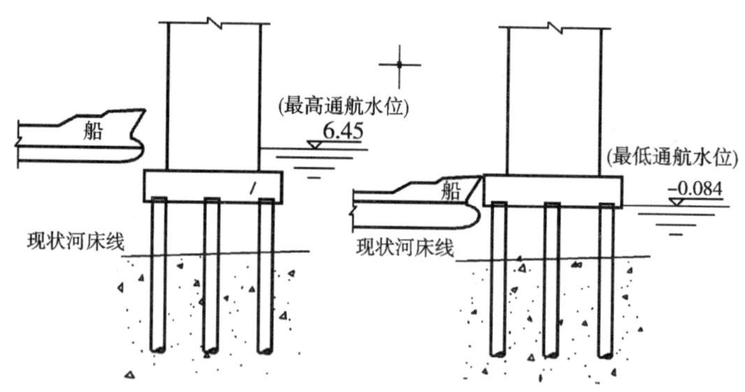

图 6-23　撞击工况

横桥向桥墩防撞能力（单位：t）　　表 6-16

墩　号	最高撞击点	最低撞击点	墩　号	最高撞击点	最低撞击点
19	360	385	22	270	275
20	640	680	24	1 235	1 240
21	3 000	3 150	26	455	465

图 6-24 是某悬索桥基础的示意图。不同水位情况下撞击点的高程见表 6-17，桥墩抗撞能力的计算结果见表 6-18。

撞 击 点 高 程　　表 6-17

不同水位情况	最 低 水 位	平均水位	最 高 水 位
最高撞击点高程（m）	+4.90	+7.44	+9.01
最低撞击点高程（m）	-0.60	+1.94	+3.51

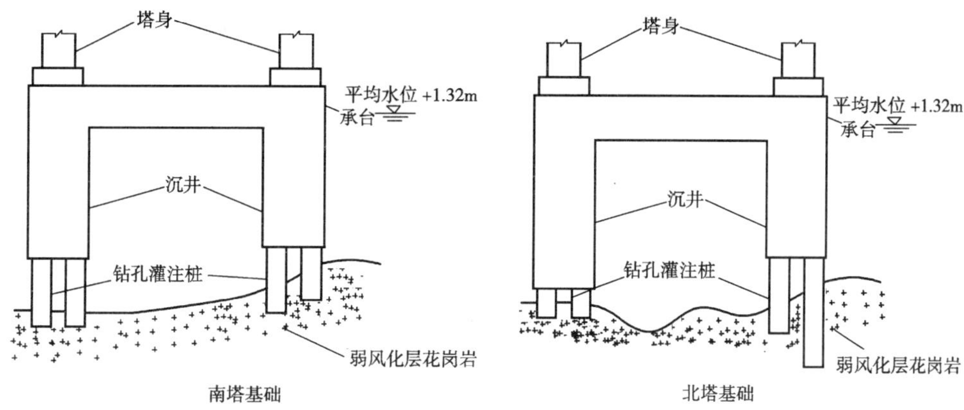

图 6-24　某悬索桥基础示意图

不同撞击点最大水平抗力　　表 6-18

撞击点及方向	南塔最大水平抗力（$\times 10^4$kN）	北塔最大水平抗力（$\times 10^4$kN）
最低水位时横桥向撞击承台	3.0～3.25	2.75～3.0
最低水位时纵桥向撞击承台	2.375～2.5	1.0～1.125
平均水位时横桥向撞击承台	3.0～3.25	2.75～3.0
平均水位时纵桥向撞击承台	2.25～2.375	1.0～1.125
最高水位时横桥向撞击承台	2.75～3.0	2.25～2.5
最高水位时纵桥向撞击承台	2.0～2.125	0.975～1.0

四、撞击角度

对于某刚构桥梁，采用空间有限元方法计算了基础的水平抗力，计算模型见图 6-25 。计算中考虑了结构自重，桩—土相互作用的影响。为研究力的作用角度的影响，考虑了 90°的正碰和 60°的斜碰，见图 6-26。计算结果见表 6-19。

水平抗力的计算结果（kN）　　表 6-19

撞击角度 / 基础编号	90°	60°	撞击角度 / 基础编号	90°	60°
1#（过渡墩）	70 000	40 000	2#（主墩）	210 000	110 000

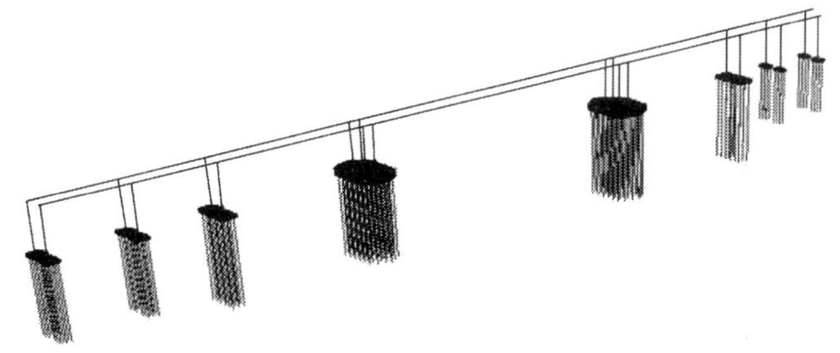

图 6-25　连续刚构桥计算模型

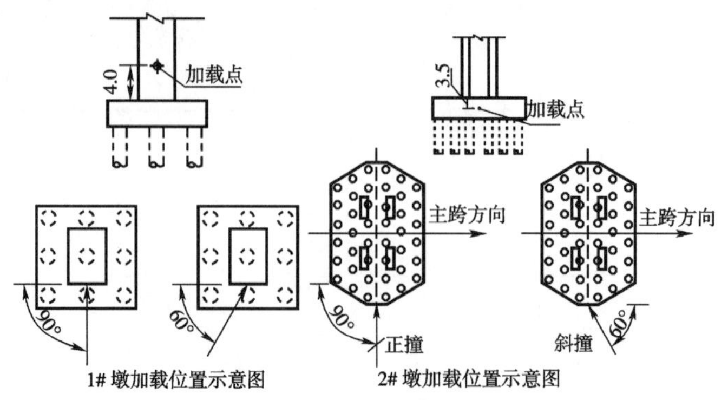

图 6-26 撞击荷载加载示意图

从计算结果分析可以看出，不同角度作用下，桥墩的抗力差别很大。对于本例而言，60°撞击作用下的水平抗力小，90°撞击作用下的水平抗力大。当然上述结果可能因桥梁的具体情况不同而发生变化。但却可以说明在计算桥梁基础抗力时需要考虑力的作用角度。

第八节　支座与上部结构抗力

一、上部结构

根据现有的船撞事故，上部结构的破坏有两种形式：①落梁；②局部损伤，如翼缘板等。典型的事故实例见图 1-23 ~ 图 1-25。

落梁破坏可能由三种原因产生：①桥墩倒毁；②梁先折断，后落梁；③支座破坏导致梁位移过大。前两种破坏形式的机理不同，其中第一个原因可以归结为桥墩抗力设计问题，第二和第三个原因有较大的关联性，需要同时考虑。

在考虑第二和第三个原因产生的落梁时，需要同时考虑船舶对上部结构的水平冲击作用和上举作用。目前这两方面的研究还不多。

局部损伤是由于上部结构局部抗冲击能力不足产生，一般不会对整个梁体产生严重破坏。

二、支座

支座破坏一般是因为抗剪能力不足，或固结螺栓等破坏，或由于梁体的运动导致支座表面的破损。

支座的抗水平作用能力、抗拉伸能力及其变异性等可按支座生产厂商提供的技术数据确定。

第九节　抗冲击能力的应变速率效应

本章第六 ~ 第八节叙述了基于静力概念的抗水平作用能力的计算。但在类似于船舶撞击等短时冲击作用下，结构的水平抗力与静力计算有差异，差异的大小与材料所经历的应变速率有关。本节将对此进行简要介绍。

一、混凝土材料应变速率效应

目前有关混凝土应变速率效应的研究主要针对单轴拉/压试验得到，混凝土强度对单轴拉伸应变速率比单轴压缩应变速率更为敏感。混凝土单轴拉伸/压缩应变速率效应见图6-27、图6-28。

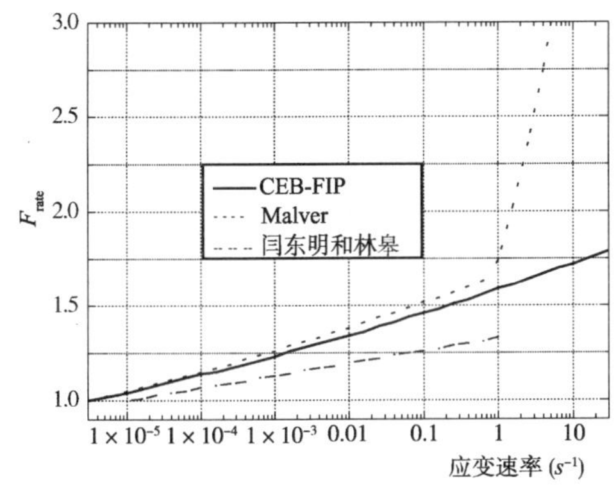

图6-27　混凝土单轴拉伸应变速率效应

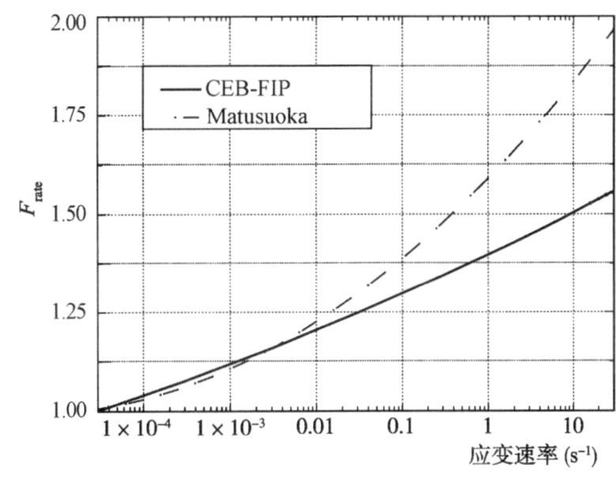

图6-28　混凝土单轴压缩应变速率效应

1. 单轴拉伸应变速率效应

1990年，CEB-FIP公布了一个样板规范[28]，建议以$30s^{-1}$的应变速率为分解点，动抗拉强度与静抗拉强度的比值按式(6-31)估算。

$$F_{rate}(\dot{\varepsilon}) = \frac{f_{td}}{f_t} = \begin{cases} \left(\dfrac{\dot{\varepsilon}}{\dot{\varepsilon}_0}\right)^{1.016\delta} & (\dot{\varepsilon} \leqslant 30s^{-1}) \\ \eta\left(\dfrac{\dot{\varepsilon}}{\dot{\varepsilon}_0}\right)^{1/3} & (\dot{\varepsilon} > 30s^{-1}) \end{cases} \tag{6-31}$$

式中：

$$\dot{\varepsilon}_0 = 3 \times 10^{-6}s^{-1};\delta = 1/(10 + 0.6f_c);\ \lg\eta = 7.112\delta - 2.33 \tag{6-32}$$

Malver[29]以1 s^{-1}的应变速率为分隔点，动抗拉强度与静抗拉强度的比值按式(6-33)估算。

$$F_{rate}(\dot{\varepsilon}) = \frac{f_{td}}{f_t} = \begin{cases} \left(\dfrac{\dot{\varepsilon}}{\varepsilon_0}\right)^{\delta} & (\dot{\varepsilon} \leqslant 1.0s^{-1}) \\ \eta\left(\dfrac{\dot{\varepsilon}}{\varepsilon_0}\right)^{1/3} & (\dot{\varepsilon} > 1.0s^{-1}) \end{cases} \tag{6-33}$$

式中：

$$\dot{\varepsilon}_0 = 10^{-6}s^{-1};\delta = 1/(1 + 0.8f_c);\lg\eta = 6\delta - 2 \tag{6-34}$$

大连理工大学闫东明和林皋[30]针对C10和C20混凝土给出的动抗拉强度与静抗拉强度比值的估算公式为：

$$F_{rate}(\dot{\varepsilon}) = \frac{f_{td}}{f_t} = 1 + 0.134\left[\lg\left(\frac{\dot{\varepsilon}}{\dot{\varepsilon}_0}\right)\right] \quad (10^{-5}s^{-1} \leqslant \dot{\varepsilon} \leqslant 1s^{-1}) \tag{6-35}$$

式中：$\dot{\varepsilon}_0 = 10^{-5}s^{-1}$。

2. 单轴压缩应变速率效应

1990 年 CEB-FIP 样板规范[28] 的建议公式为：

$$F_{\text{rate}}(\dot{\varepsilon}) = \frac{f_{\text{cd}}}{f_{\text{c}}} = \begin{cases} \left(\dfrac{\dot{\varepsilon}}{\dot{\varepsilon}_0}\right)^{1.026\alpha} & (\dot{\varepsilon} \leqslant 30\text{s}^{-1}) \\ \gamma\left(\dfrac{\dot{\varepsilon}}{\dot{\varepsilon}_0}\right)^{1/3} & (\dot{\varepsilon} > 30\text{s}^{-1}) \end{cases} \tag{6-36}$$

式中：

$$\dot{\varepsilon}_0 = 30 \times 10^{-6}\text{s}^{-1};\alpha = 1/(5 + 0.9f_{\text{c}});\lg\gamma = 6.15\alpha - 2 \tag{6-37}$$

Matsuoka 等人[31] 对于钢筋混凝土墙，研究了抗剪强度与应变速率的关系，根据试验结果给出的动强度与静强度比值与应变速率的关系为：

$$F_{\text{rate}}(\dot{\varepsilon}) = \frac{f_{\text{cd}}}{f_{\text{c}}} = 1.59 + 0.224(\lg\dot{\varepsilon}) + 0.021(\lg\dot{\varepsilon})^2 \tag{6-38}$$

二、钢材的应变速率效应

描述软钢材料应变率敏感性的本构方程有很多，其 Cowper-Symonds 本构方程[32] 与实验数据吻合得较好，应用最为广泛，适用于理论分析和数值计算。Cowper-Symonds 本构方程的多轴应力形式为：

$$\frac{\sigma'_{\varepsilon}}{\sigma_0} = 1 + \left(\frac{\dot{\varepsilon}_{\varepsilon}}{D}\right)^{\frac{1}{q}} \tag{6-39}$$

式中：σ_0——相应的静态单轴屈服应力；

σ'_{ε}——等效动态屈服应力；

D、q——从材料的单轴动态拉伸试验或动态纯剪切试验得到，对软钢，$D = 40.4$，$q = 5$；对于高强度钢，$D = 3200.0$，$q = 5$。

根据式(6-39)可以得到它的动态屈服应力与 $\dot{\varepsilon}_{\varepsilon}$ 的关系，如图 6-29[33] 所示。

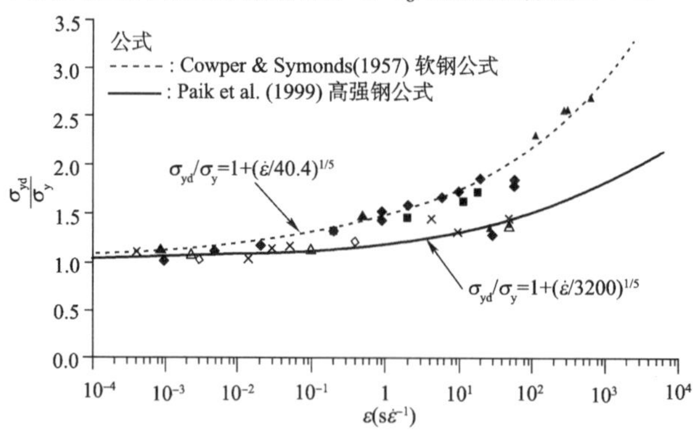

图 6-29　动屈服强度与应变速率之间的关系[33]

式(6-39)可用来估计钢材在任意单独、双轴或三轴应力状态下的应变率敏感性。

应变率敏感性影响材料的极限强度或屈服应力，但并不提高材料的弹性模量，因此对桥梁和船只的柔度特性改变不大，对碰撞过程中构件的变形模式和失效次序影响很小，但会减轻变形和失效的幅度或程度，使碰撞力提高。

Jones[34]建议使用 Cowper-Symonds 本构方程的逆形式描述动力破断应变与静破断应变之间的关系。

$$\frac{\varepsilon_{fd}}{\varepsilon_{fs}} = \left[1 + \left(\frac{\dot{\varepsilon}}{D}\right)^{\frac{1}{q}}\right]^{-1} \tag{6-40}$$

式中：ε_{fs}、ε_{fd}——分别是静、动破断应变。

三、抗弯能力的应变速率效应

欧碧峰[35]在其博士论文中研究了船舶撞击下应变速率对桩的抗弯能力的影响。其计算的桥墩与船舶工况见图 6-30。图 6-31 和图 6-32 给出了桥墩中变形较大的桩基中以及船头受撞处的材料应变率变化时程。

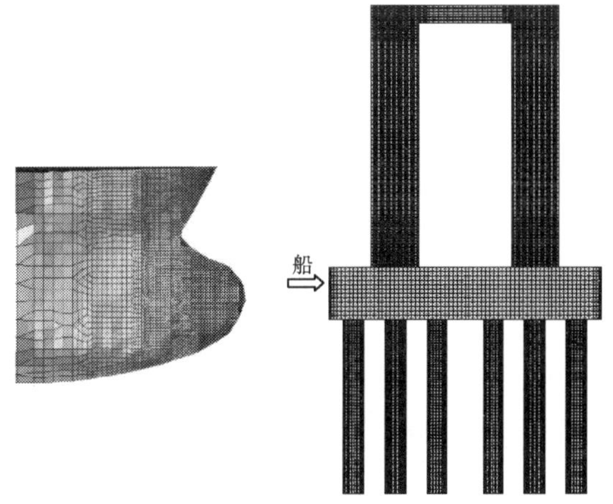

图 6-30　船与桥梁桩基础碰撞计算模型

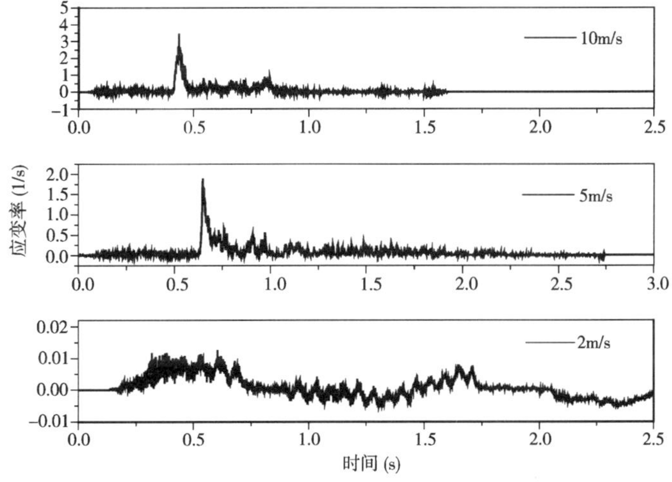

图 6-31　不同撞击速度下桩中最大应变率时程

可以发现，对于配筋混凝土桥墩结构，当撞击速度较大时，结构（特别是桩身）的变形较大，同时相应的应变率也随之增加；当材料未出现破坏仅产生较大塑性变形时（如撞击速度为

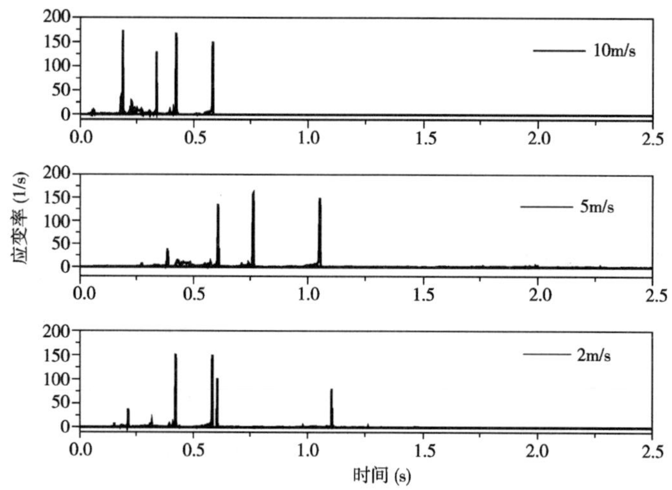

图 6-32 不同撞击速度下船艏变形处单元应变率时程

2m/s 的情形)，材料应变率较小(幅值约 1.2×10^{-2}/s)，不超过 0.1/s，当撞击速度较大使材料出现破坏时，应变率会明显增加(5m/s 时对应的幅值为 1.8/s，10m/s 时对应的幅值为3.7/s)，但仍不超过 10/s，实际上此时结构中钢筋已屈服。对于船艏的钢材来说，其变形速率要大得多，一般要大 2 ~ 3 个量级，并随着撞击速度增大而增大，一般最大应变速率约为 10^2 ~ 10^3/s 的量级。由于船撞速度一般不超过 10m/s，因此这个算例的混凝土、钢筋和钢材的应变率水平具有代表意义。

欧碧峰[35]在其博士论文中研究了应变速率对桩抗弯能力的影响，定义了两个系数：

$$\alpha_f = M_f^d / M_f^s, \alpha_u = M_u^d / M_u^s \tag{6-41}$$

式中：α_f、α_u——分别为屈服弯矩放大系数和极限弯矩放大系数，上标 d 表示动态弯矩，s 表示静态弯矩，α_f 和 α_u 随曲率加载速率而变化，见图 6-33。

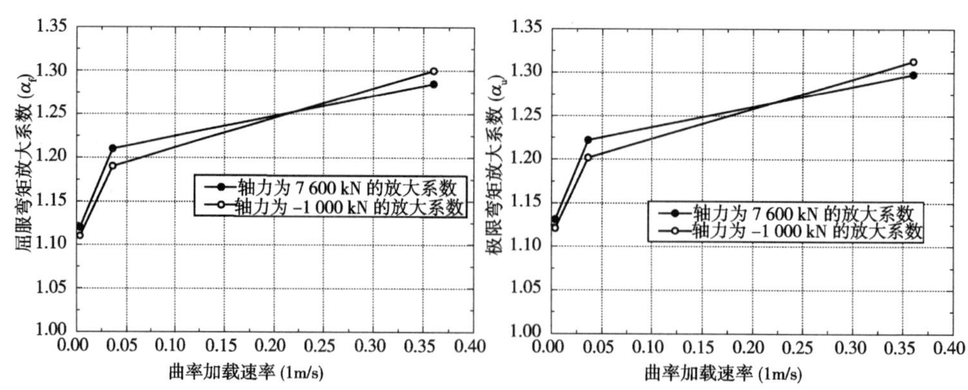

图 6-33 加载速率对桩抗弯强度的影响

根据图 6-33，考虑 0.1 的曲率加载速率，则由于应变速率效应，桩的抗弯能力可提高 20%以上。但这只是初步研究结果，尚需进一步的研究与核实。

参考文献

[1] AASHTO. Guide Specification and Commentary for Vessel Collision Design of Highway Bridges [S]. American Association of State Highway and Transportation Officials, Washington D. C. 1994,2009.

[2] AASHTO. 公路桥梁设计规范[S],2007.

[3] Fujii, Y. & Shiobara, R. The Estimation of Losses Resulting from Marine Accidents[J]. Journal of Navigation. 1978(31).

[4] 杨渡军. 桥梁的防撞保护系统及其设计[M]. 北京:人民交通出版社,1990.

[5] A. C. W. M. Vrouwenvelder. Design for Ship Impact according to Eurocode 1, Part 2.7[M]. Ship Collision Analysis. 1998.

[6] 中华人民共和国铁道部. 铁路桥涵设计基本规范(TB 10002.1—99)[S], 北京:铁道出版社,2000.

[7] 钱铧. 桥梁船舶碰撞的简化分析[D]. 同济大学硕士学位论文,2003.

[8] J. Wang & C. Chen. Equivalent Static Loading for Ship-Collision Design of Bridges Based on Numerical Simulations, Y. Yuan et. al. (eds) Procedings of Computational Structural Engineering, Springer Dordrecht Heidelberg London New York, Shanghai, China, June 22 ~ 24,2009, pp. 391 ~ 398.

[9] 陈诚. 桥梁设计船撞力及损伤状态仿真研究[D]. 同济大学硕士学位论文,2006.

[10] 王君杰,等. 南京长江第四大桥船舶撞击动力分析研究[R]. 上海:同济大学,2007.

[11] C. U. Kunz. Ship Bridge Collision in River Traffic, Analysis and Design Practice[M]. Ship Collision Analysis. A. A. Balkema,1998: 13 ~ 21.

[12] 中华人民共和国交通部. 公路桥涵设计通用规范(JTJ D60—2004)[S]. 北京:人民交通出版社,2004.

[13] 王君杰,等. 青岛海湾大桥一期工程初步设计大桥基础防撞设施设计专题报告[R]. 2006.

[14] 王君杰,等. 湛江海湾大桥防撞系统动力仿真分析[R]. 2003 ~ 2006.

[15] 王君杰,等. 上海崇明越江通道长江大桥工程基础防撞专题研究[R]. 2005.

[16] 刘洪兵,王君杰,等. 连续梁桥线性随机地震响应的概率统计特性[J]. 解放军理工大学学报,2004,5(3):57 ~ 62.

[17] 刘洪兵,王君杰,等. 钢筋混凝土桥墩截面能力的概率分析[J]. 工程力学,2005,22(6): 104 ~ 111.

[18] 刘洪兵. 桥梁在随机地震作用下的概率统计分析及抗震可靠性研究[R]. 同济大学博士后研究工作报告,2003.4.

[19] 耿波. 桥梁船撞安全评估[D]. 同济大学工学博士学位论文,2007.

[20] Priestley 等著,袁万城等译. 桥梁抗震设计与加固[M]. 北京:人民交通出版社,1997.

[21] API, API Recommended practice for planning designing and constructing fixed offshore plat-

forms [S], 17th edition 1987.

[22] Reese, L. C., Cox, W. R. and Koop, F. D. Field Testing and Analysis of Laterally Loaded Piles in Stiff Clay [C]. Proceedings, Seventh Offshore Technology Conference, Houston, Texas, 1975.

[23] Reese, L. C. and Welch, R. C. Lateral Loading of Deep Foundations in Stiff Clay [J]. Journal of the Geotechnical Engineering Division, American Society of Civil Engineers, 1975, 633 ~ 649.

[24] Reese, L. C., Cox, W. R. and Koop, F. D. Analysis of Laterally Loaded Piles in Sand [C]. Proceedings, Fifth Annual Offshore Technology Conference, Houston, Texas, 1974.

[25] 中华人民共和国行业标准. 港口工程桩基规范(JTJ 254—98)[S]. 北京:人民交通出版社,1998.

[26] 中华人民共和国行业标准. 公路钢筋混凝土及预应力混凝土桥涵设计规范(JTG D62—2004)[S]. 北京:人民交通出版社,2004.

[27] 中华人民共和国行业标准. 公路桥涵地基与基础设计规范(JTG D63—2007)[S]. 北京:人民交通出版社,2004.

[28] CEB-FIB Model Code 1990. Design Code. Lausanne, Switzerland: Thomas Telford; 1993,43.

[29] Malvar LJ, Ross CA. Review of strain rate effects for concrete in tension[J]. ACI Materials 1998,95(6):735 ~ 739.

[30] 闫东明,林皋. 不同应变速率下混凝土直接拉伸试验研究[J]. 土木工程学报,2005,38(6):97 ~ 103.

[31] Y. Matsuoka, F. Esaki and M. Ono, Effect of Strain Rate on Shear Behaviour of R/C Wall Panel Restrained by Peripheral Frame[C], 日本建筑学会构造工学论文集. 2005,51B.

[32] Cowper, G. R. and Symonds, P. S. (1957). Strain-hardening and strain rate effects in the impact loading of cantilever beams[R], Brown University, Technical Report No. 28.

[33] Paik, J. K. and Thayamballi, A. K. Ultimate limit state design of steel-plated structures[M], John Wiley & Sons, Chichester, U. K. 2002.

[34] Jones, N. (1989). On the dynamic inelastic failure of beams[M], Chapter 5 in Structural Failure, John Wiley & Sons, New York, 133 ~ 159.

[35] 欧碧峰. 基于微平面模型的桥梁船撞数值模拟与简化动力分析[D]. 同济大学博士学位论文,2008.

第七章 桥梁船撞风险决策准则

第一节 风险决策的一般原则

人的任何活动都包含了风险,企图完全消除风险是不切实际的想法,因此总是面临确定可接受风险水平的问题。风险从来都不是无条件可接受的,可接受风险水平一般是平衡众多因素后的结果。从这个角度来讲,可接受风险是决策所产生的结果。

ALARP(As Low As Reasonably Practicable)原则[1~4]是风险管理中的一个被普遍接受的原则。根据ALARP原则,风险被划分为三个区域,即不可接受区、ALARP区和可接受区,见图7-1。

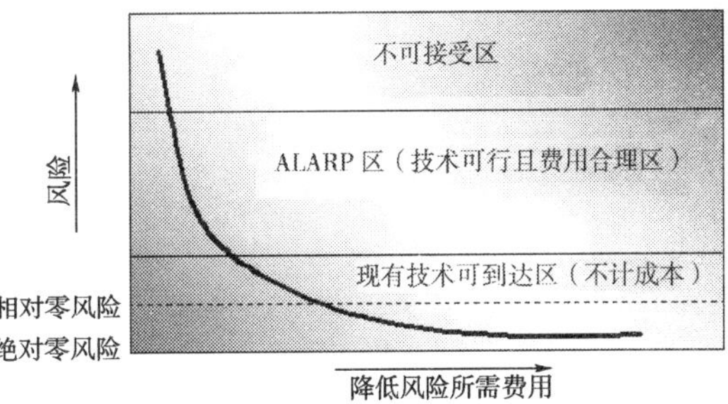

图7-1 风险水平与ALARP原则

(1)不可接受区。风险发生的频率高且后果严重,超过了当地的人员伤亡、经济损失和社会冲击等可以接受的程度。

(2)ALARP区。落在此区域内的风险,在收益合理的前提下,应通过各种手段予以降低。

(3)可接受区。风险低于广泛认可的风险水平,可不采取进一步降低风险的措施。

从图7-1可以看到,在管理技术和工程技术可以实现的条件下,一方面必须使工程风险处于ALARP区,另一方面对处于ALARP区的情况,应从费用—效益优化方面考虑采取进一步降低风险的措施。技术方面,一些技术的使用(意味需要进行风险投入)可以降低风险,但原则是因此而得到的收益需要大于风险投入。一些技术的采用可以进一步降低风险,但得到收益却小于风险投入,这种情况下即使技术是可以实现的,但从经济方面考虑,也是缺少意愿的。处于风险可忽略区的情况,除非有特殊因素需要考虑,一般不需要继续进行风险投入。

对于生命损失,采用“不可忍受(intolerable)区”、ALARP区和“可忍受(tolerable)区”的名词可能更易于接受,因为从生命的个人价值来说,任何生命损失都是不可接受的。考虑到生命因人类生存环境发生消逝是不可抗拒的事实,采用“不可忍受”和“可忍受”词语更符合人类的心理。

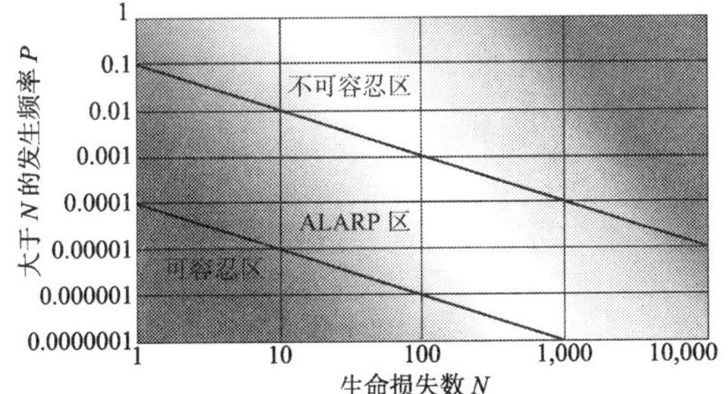

图7-2 基于生命损失的ALARP原则

从图7-2可以看到,对于生命损失,人类心理表现的主要特点是对于一次损失少量生命的忍耐性高,即更忍受多次的少量的生命损失(即一次事故中少量的生命损失),但对在一次事故中的大量生命损失的忍受性低。

从图 7-1 和图 7-2 可以看到,ALARP 是一个进行风险决策的一般原则,并非一个具体的方法。ALARP 提供了一个处理工程风险问题的逻辑思路。

根据 ALARP 原则,风险决策需要以适当的具体指标明确定义不可接受区(不可忍受区)、ALARP 区和可接受区(可忍受区),以及在 ALARP 区内评价各种降低风险措施合理性的准则。

确定上述准则一般需要考虑以下几个方面的因素:

(1)国家或行业法令和技术法规。

(2)地域、文化特征。

(3)工程安全要求。

(4)偶发事件及其效应的知识累积。

(5)相关事故中得到的经验。

根据风险主体的不同,确定可接受风险水平可以从以下几个方面考虑:

(1)个人可接受风险。

(2)社会可接受风险。

(3)环境可接受风险。

(4)社会资源的承受能力。

(5)社会心理的接受能力。

由此可见,可接受风险水平的确定涉及极其复杂的因素,重要而又困难。相关的研究一直在不断的进行之中。

第二节　个人风险准则

一、国外研究与应用现状

个人风险(Individual Risk)[4]是指个体在指定水平事故中受到伤害的频率,通常与个人偏好有很大的关系。个人风险主要采用年死亡率和职业个人风险两种形式来表达。

年死亡率的表达形式是根据个人风险的定义得到的,记为:

$$\mathrm{IR} = P_{\mathrm{f}} P_{\mathrm{dlf}} \tag{7-1}$$

式中:P_{f}——风险事件的年发生概率;

P_{dlf}——个人在风险事件中死亡的概率,与人们在某一结构中或危险区域中活动的时间有关。

职业个人风险 FAR(Fatal Accident Rate)是指从事某项活动 100 000 000h(相当于11 500 年,通常取 10 000 年)的死亡人数。考虑参与活动的时间后,年死亡率和 FAR 之间的关系可采用下式来描述:

$$\mathrm{IR} = \frac{\mathrm{FAR}}{10\,000} \times T \tag{7-2}$$

式中:T——参与活动的时间。

根据 DIS2394[5,6],个人风险的最大年可接受概率表示为:

$$P_f < \frac{10^{-6}}{P_{dlf}} \tag{7-3}$$

Vrouwenvelder 在 2001 年[3]提出了个人风险的可接受水平：

$$AFR < \beta \times AFR_0 \tag{7-4}$$

式中：AFR——年死亡风险；

β——风险偏好系数，当$\beta > 1$时，表示喜好和愿意冒险，$0 < \beta < 1$时则反之，$\beta = 1$时表示中性；

AFR_0——个人基础风险水平。

2003 年，Vrijling[4,8]结合荷兰的实际情况，建议取10^{-4}作为个人基础风险水平，这一取值是根据荷兰 14 岁少年年意外死亡概率而来的，这也是所有年龄段中意外死亡事故率最低的。同时，Vrijling 还给出了几个β的建议值，$\beta = 10$表示个人非常愿意参与某项有极高风险的活动，如登山；$\beta = 1$表示个人自主决定参与有直接利益的活动；$\beta = 0.01$表示极度不愿意参与毫无决定权的活动，如结构事故。根据研究，Vrijling 认为就世界范围来看10^{-5}是一个广泛被人们接受的个人风险水平，建议作为世界范围的个人基础风险水平。

世界其他国家也对个人风险进行了广泛的研究[8,9]，表 7-1 列出了部分国家和机构制定的个人可接受风险水平。

部分国家和机构制定的个人可接受风险水平　　表 7-1

国家或机构	适 用 范 围	最大可接受风险（每年）	可忽略风险（每年）
美国	自然灾害	5×10^{-6}	—
挪威	自然灾害	2×10^{-6}	—
荷兰	新建工厂	1×10^{-6}	—
荷兰	已建工厂	1×10^{-5}	—
荷兰建设和环境部	化学污染物	1×10^{-6}	1×10^{-8}
英国（HSE）	现有危险性工厂	1×10^{-5}	1×10^{-6}
英国（HSE）	新建核电站	1×10^{-5}	—
英国（HSE）	现有危险品运输	1×10^{-4}	1×10^{-6}
英国铁路局	对乘客	1×10^{-6}	—
CEB-FIP	对雇员	1×10^{-5}	—
CIB	自然灾害	1×10^{-4}	—
CIB	非自然灾害但不可避免	1×10^{-5}	—
ICRP	辐射	5×10^{-5}	—
丹麦 Miljostryrelsen	化学污染物	1×10^{-6}	—
澳大利亚新南威尔士	新建工厂	1×10^{-5}	—
美国加利福尼亚圣巴巴拉	新建工厂	1×10^{-5}	1×10^{-6}
中国香港	新建工厂	1×10^{-6}	—
中国香港	已建工厂	1×10^{-4}	—

从表 7-1 可以看出，各个国家制定的个人可接受风险标准一般在 $10^{-4} \sim 10^{-6}$之间，可忽略风险一般在 $10^{-6} \sim 10^{-8}$之间。对于建筑结构来说，个人可接受风险一般在 $10^{-4} \sim 10^{-5}$之间。在我国香港，针对地质灾害建立了专门的风险接受准则：针对新建项目，可以允许的最大个人风险为 10^{-6}，对于已建项目可以允许的最大个人风险为 10^{-4}。

表 7-2 列出了各类个人风险水平的统计结果[8,9]。从表 7-2 中可以发现与其他类型的风险相比，结构风险和自然灾害风险水平相对来说都较低。

各类个人风险水平的统计结果 表 7-2

风险事件		个人风险	风险事件		个人风险
结构相关	结构失效（英国）	1.4×10^{-7}	一般灾害（美国 1969）	中毒	2.0×10^{-5}
	建筑火灾（澳大利亚）	4.0×10^{-6}		溺水	3.0×10^{-5}
	小桥（英国）	1.0×10^{-6}		火灾和爆炸	4.0×10^{-5}
自然灾害	飓风（1901 ~ 1972）	4.0×10^{-7}		家庭事故	1.1×10^{-4}
	龙卷风（1953 ~ 1971）	4.0×10^{-7}		触电	5.3×10^{-5}
	雷电（1969）	5.0×10^{-7}		落物	9.0×10^{-5}
	地震（加州）	2.0×10^{-6}		交通事故	3.0×10^{-4}
职业风险	化工和工业	8.5×10^{-5}		汽车事故	2.5×10^{-4}
	造船	1.1×10^{-4}		驾车	2.2×10^{-4}
	农业	1.1×10^{-4}		汽车事故（对行人）	4.2×10^{-5}
	航空职员	5.0×10^{-5}		飞机失事	1.0×10^{-5}
	宇航员	2×10^{-3}	疾病	癌症（美国 1999）	5.7×10^{-3}
	建筑业	1.5×10^{-4}		心脏病（美国 1999）	5.7×10^{-3}
	铁路	1.8×10^{-4}		吸烟（美国 1999）	3.6×10^{-3}
	采煤业	2.1×10^{-4}		癌症（英国）	2.8×10^{-3}
	采石业	3.0×10^{-4}		艾滋病（美国 1995）	2.0×10^{-4}
	挖掘	7.5×10^{-4}	体育运动	攀岩（1970 ~ 1978）	4.5×10^{-5}
	海洋平台（1967 ~ 1976）	1.7×10^{-3}		潜水（1970 ~ 1978）	4.2×10^{-4}
	深海捕鱼（1959 ~ 1968）	2.8×10^{-3}		滑翔（1977 ~ 1979）	1.5×10^{-3}
				跳伞（1978）	1.9×10^{-3}
				赛车	5.0×10^{-3}

二、我国个人风险可接受水平

由于目前我国对个人风险的统计资料相对较为匮乏，除我国香港针对新建项目规定可以允许的最大个人风险为 10^{-6}，对于已建项目可以允许的最大个人风险为 10^{-4}外，并没有其他标准或规定可以参考。

为了制定符合我国实际情况的个人风险可接受水平，我国学者阮欣[8]采用修正 Vrijling 模型方法对我国桥梁附加风险的可接受水平进行了研究。在该模型中，根据中国人寿保险经验生命表（1990 ~ 1993）中对男女最低年死亡率的统计数据，个人基础风险水平取为 2×10^{-4}。

通过利用上述有关建筑风险的个人风险水平和 Vrijling 模型的个人基础风险水平 10^{-4} 对风险偏好系数进行标定，得到的风险偏好系数 β 在 0.1 ~ 0.001 之间，由此得到我国桥梁附加风险的可接受风险水平为 2×10^{-5}，可忽略水平为 2×10^{-7}。

在我国实际统计资料缺乏的情况下，采用阮欣提出的修正 Vrijling 模型方法具有一定的实用性，所提风险水平的合理与否主要在于个人基础风险水平和风险偏好系数 β 的取值。

对于风险偏好系数，根据前述，Vrijling 认为对于荷兰的结构事故 β 可取 0.01，阮欣标定的 β 值在 0.1 ~ 0.001 之间。β 取值越小代表公众的厌恶程度越高。通常情况下，发达国家对同等事故的厌恶程度往往要高于发展中国家，我国跟欧美等西方发达国家相比，对于结构事故 β 应大于 0.01，因此阮欣标定的 β 值存在一定的合理性。

对于基础风险水平，Vrijling 认为就世界范围来看，10^{-5} 是一个广泛被人们接受的个人风险水平，阮欣采用中国人寿保险经验生命表（1990 ~ 1993）中的年死亡率得到个人基础风险水平为 2×10^{-4}。2005 年，我国颁布了新的中国人寿保险业经验生命表（2000 ~ 2003），其中对我国公民年死亡率的取值较之以前发生了一定的变化，根据新表，对于男性，在 0 ~ 105 岁内，年死亡率最低的是 7 岁，为 3.08×10^{-4}（1990 ~ 1993 表：4.32×10^{-4}）；对于女性，年死亡率最低的是 11 岁，为 1.65×10^{-4}（1990 ~ 1993 表：2.4×10^{-4}）。因此，个人基础风险水平可初步定为 1.5×10^{-4}。

于是，采用修正 Vrijling 模型方法[8]得到的我国个人风险的可接受水平为 1.5×10^{-5}，可忽略水平为 1.5×10^{-7}。

第三节　社会风险准则

一、国外社会风险的研究结果

社会风险（Social Risk）[4]是指遭受事故的人中，受到伤害的人数与事故发生频率之间的关系。如果该风险事态是对特定的人群发生作用，也成为集体风险或职业风险，社会风险可采用年死亡人数来量度。

在社会风险的确定方法方面，根据 DIS2394，从社会风险出发的最大年失效可接受概率表示为：

$$P_f < CN^{-k} \tag{7-5}$$

式中：N——每年预期的死亡数；

C、k——参数，通常取值范围为 $C=0.01\sim0.1$，$k=1\sim2$。

如果在给定事故中的死亡数 N 非常不确定，就需要用下式替代：

$$P(N > n) = 1 - P(N \leqslant n) = 1 - F_N(n) < Cn^{-k} \tag{7-6}$$

式中参数 C 决定曲线的位置，k 表示斜率，当斜率为 -1 时，可认为是风险中性；当斜率为 -2 时，可认为是风险厌恶；当 $k=1$ 时，若 1 个人死亡的可接受风险为 C，则死亡 10 人的可接受风险是 $0.1C$；当 $k=2$ 时，若 1 个人死亡的可接受风险为 C，则死亡 10 人的可接受风险是 $0.01C$。这就是说，社会对于造成死亡人数多的大事故更为关注。

式(7-5)和式(7-6)可用于所有类型的重要结构,如建筑物、海洋平台、隧道、桥梁、风暴潮堤坝等。同样的标准也可以用于衡量重要的民用工程决策的可接受标准,如人口稠密区的机场、楼房结构,工业厂房,交通系统,风轮机场区。荷兰政府[5]就曾经用 $C=0.1$,$k=2$ 作为在人口稠密区建造工业厂房的可接受风险标准。

此外,英国的 CIRIA[9]在 Report 63 中提出了一个有关社会风险的结构失效概率的可接受准则计算公式。

$$P_{\mathrm{ft}} = \frac{10^{-4}}{n_{\mathrm{r}}} K_{\mathrm{s}} n_{\mathrm{d}} \tag{7-7}$$

式中:P_{ft}——在设计基准期(n_{d} 年)内由于任何原因引起的失效概率;

n_{r}——失效事件中处于危险状态的人数;

K_{s}——系数,按表 7-3 取值。

CIRIA K_{s} 取值表 表 7-3

适用对象	K_{s} 取值	适用对象	K_{s} 取值
公众集会、水坝	0.005	桥梁	0.5
日常办公、贸易、工厂	0.05	塔、塔状海洋结构	5

根据上述公式,对于设计基准期 100 年的桥梁来说,假设桥梁失效将导致 100 人处于危险状态,则桥梁的可接受失效概率为 5×10^{-5},若有 1 000 人处于危险状态,则桥梁的可接受失效概率为 5×10^{-6}。英国曾利用上述标准对塞文河 2 号斜拉桥进行过船撞设计,并使每跨的失效概率都小于 4×10^{-7}/年。

图 7-3 给出了英国、香港、丹麦、荷兰各国(或地区)采用的 F-N 曲线。荷兰和丹麦的社会可接受风险属于风险厌恶型,而英国和香港则属于中立型。对于香港来说,一次事故中死亡超过 1 000 人被认为是不可接受的。从社会风险的角度来说,英国的可接受准则最低,而荷兰的可接受准则最高。*F-N* 曲线下方的部分可视为 ALARP 区域。

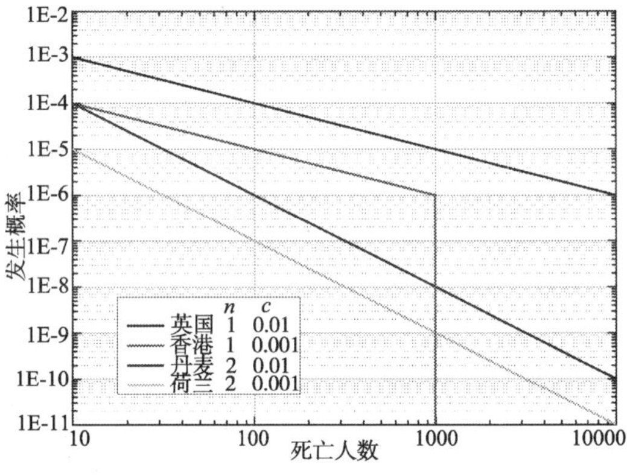

图 7-3 各国(或地区)的 *F-N* 曲线

图 7-4 给出了各种常见风险的 *F-N* 曲线[7],从图中看出,核电站事故的可接受水平最高,而各种自然灾害以及交通事故的可接受水平则远远低于这个水平。对于核电站事故来说,10 人死亡的年事故率约为 10^{-4},1 000 人死亡的年事故率约为 10^{-6},基本与我国香港的 *F-N* 曲线一致。

二、我国社会风险的研究结果

由于我国目前对社会风险水平研究较少,为了确定我国桥梁的社会风险水平,这里主要通过与其他事故进行类比的方法进行研究。

我国近年来频繁发生煤矿事故,造成了大量的人员伤亡,且事故一旦发生,通常都会引起社会的强烈反响,同时也成为各种媒体争相报道的对象,我国政府近年来针对煤矿安全事故也

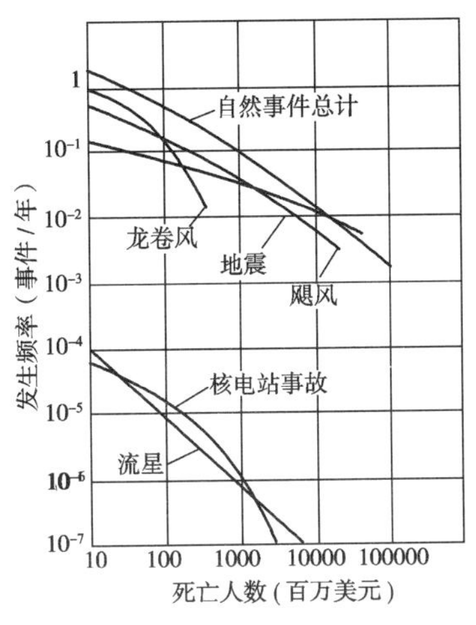

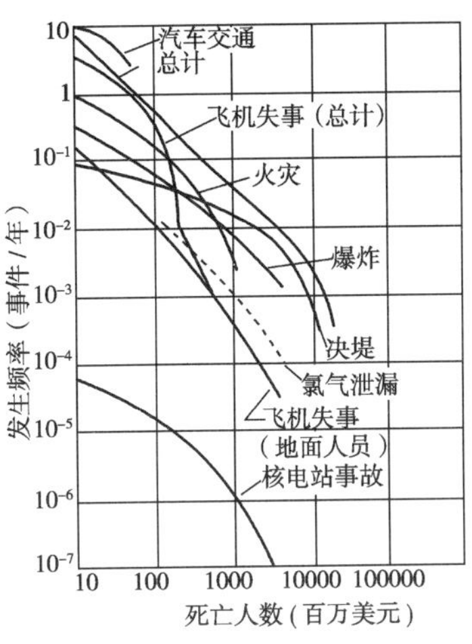

图 7-4　各种常见风险的 F-N 曲线

出台了一系列强有力的督导政策。虽然我国每年的交通事故在所有的安全事故中总是居第一位，但其引起的社会反响却远远赶不上煤矿事故。所有这些现象都说明一个问题，那就是煤矿事故所带来的社会风险通常是不被人们所接受的。为了对这一问题量化，作者收集了我国 2005 年国内的一些主要的安全事故统计资料[10~15]，见表 7-4。需要说明的是，表中数据主要针对一些大型事故，对于较小的事故可能并未包含在内。

2005 年我国主要安全事故统计　　表 7-4

事故类型	事故数							
	1~2 月	3~4 月	5~6 月	7~8 月	9~10 月	11~12 月	共计	百分比
矿业	191	319	289	366	317	288	1 770	0.57
交通	209	122	136	144	194	186	991	0.32
爆炸	21	14	18	17	15	21	106	0.03
泄漏中毒	7	5	19	9	10	10	60	0.02
火灾	9	10	6	8	9	13	55	0.02
其他	12	19	18	25	28	17	119	0.04
事故类型	**死亡人数**							
	1~2 月	3~4 月	5~6 月	7~8 月	9~10 月	11~12 月	共计	百分比
矿业	513	692	558	739	601	813	3 916	0.42
交通	866	566	548	603	766	775	4 124	0.44
爆炸	65	59	73	40	65	91	393	0.04
泄漏中毒	8	13	71	22	43	31	188	0.02
火灾	28	49	43	30	41	95	286	0.03
其他	60	68	73	115	94	76	486	0.05

从表 7-4 中看出，2005 年我国主要安全事故中主要以矿业事故和交通事故为主，其中矿业事故占 57%，交通事故占 32%，造成交通事故少于矿业事故的原因主要在于资料的不全面，表中对于一些小事故可能并未包含在内。另据我国公安部数据，2005 年我国煤矿共发生死亡

事故3 341起，死亡5 986人，与2004年相比，事故总量下降、重大事故下降、百万吨死亡率下降，但10人以上特大事故上升；2005年，我国共发生道路交通事故450 254起，比2004年减少67 635起，下降13.1%。矿业事故中的97%以上均为煤矿事故，2005年我国煤矿总数约2.5万座，以此来作为社会风险计算的风险源。

表7-5和表7-6分别给出了我国重大矿业事故和重大交通事故中死亡10人及以上的事故统计情况[10~15]。

2005年我国重大矿业事故统计 表7-5

编号	死亡人数	事故数	编号	死亡人数	事故数
1	10	5	14	26	2
2	11	1	15	28	1
3	12	4	16	29	1
4	13	1	17	33	1
5	14	5	18	34	1
6	15	5	19	35	1
7	16	5	20	36	1
8	17	1	21	49	1
9	18	1	22	72	1
10	19	1	23	83	1
11	20	1	24	91	1
12	22	2	25	214	1
13	23	1			

2005年我国重大交通事故统计 表7-6

编号	死亡人数	事故数	编号	死亡人数	事故数
1	10	6	9	19	1
2	11	9	10	21	1
3	12	5	11	22	2
4	13	2	12	24	2
5	14	2	13	26	1
6	15	2	14	27	1
7	16	2	15	28	3
8	17	6	16	31	1

从表7-5和表7-6看出，矿业事故造成的人员死亡要普遍高于交通事故造成的人员死亡。根据表中数据，绘制出我国矿业事故和交通事故的F-N曲线，见图7-5，并与阮欣[8]绘制的我国2004年矿业事故的F-N曲线进行了对比。

从图7-5中看出，2005年我国矿业事故的总体社会风险水平较2004年稍有上升，主要表现在死亡12~16人、22人、26人的事故较2004年频繁。其社会风险水平除能满足英国的社会风险水平外，对于其他国家或地区的社会风险水平均不满足。如果以我国香港的社会风险

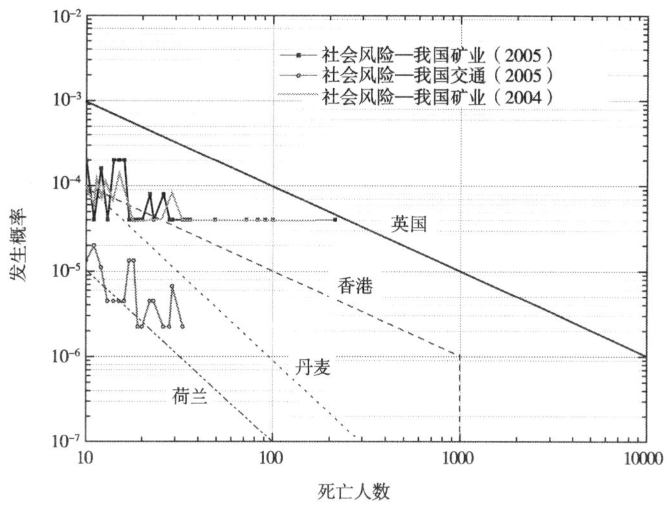

图7-5　2005年我国矿业事故和交通事故的 *F-N* 曲线

水平来衡量，则25起矿业事故中，有18起是不被公众接受的，占72%，可以被公众接受的只占28%。如果以丹麦或荷兰的社会风险水平来衡量，则不被公众接受的程度还会更高。从我国公众对矿业事故的反映来看，并非所有矿业事故都不被公众所接受，因此10人死亡的年事故率取 10^{-4} 在我国是较为合理的。

图7-5中得到的我国2005年交通事故的社会风险水平均能满足英国、香港和丹麦的社会风险水平，但不满足荷兰的社会风险水平。在我国，虽然会发生一些特大交通事故，如车辆翻入山谷或河流等，造成几十人死亡，但在我国车辆多交通量大的情势下，这些事故似乎并没有在社会上引起多大的波澜，所得到的政府重视程度也远远不及煤矿事故。因此，在制定我国社会风险可接受水平时，应考虑将交通事故的社会风险水平纳入社会可接受风险水平的范围内。

对于我国桥梁倒塌的社会风险，目前还缺乏较为系统的统计数据。从我国发生的几起由于船撞导致的桥梁垮塌事故来看(见第一章事故综述)，虽然小桥的垮塌数目要远远多于大桥，但九江桥垮塌所引起的社会反响要远远大于其他小桥。此外，湖南凤凰桥的倒塌也引起了社会和政府部门的高度重视。表7-7列出了我国自1991年以来由于桥梁垮塌造成人员死亡的事故。此外，我国还有许多桥梁垮塌，但由于桥梁跨径较小或未造成人员死亡等原因并未引起社会的关注，如苏州亭子桥、湖州岂风桥等。因此，对于我国的桥梁垮塌事故，也并非完全不被公众所接受，关键在于桥梁的规模以及造成的人员死亡是否超过了一定水平。

我国近年来造成人员死亡的重大桥梁垮塌事故　　表7-7

时　间	桥梁垮塌事故	死亡人数
1991.2	陕西西安楼观台铁链桥坠落	23
1998.1	广西柳州壶西大桥悬臂人行道坠落	4
1999.1	重庆綦江彩虹桥垮塌	40
2001.6	河北平泉某大桥被洪水冲垮	5
2001.9	福建京福高速三明连接线在建桥梁垮塌	6

续上表

时　间	桥梁垮塌事故	死亡人数
2006.12	贵州小尖山大桥垮塌	7
2007.6	广东九江桥船撞垮塌	8
2007.8	湖南凤凰桥整体垮塌	64

总体上说,对于我国桥梁倒塌的社会风险仍采用风险厌恶的态度,即 $k=2$。阮欣[8]对我国桥梁社会风险的 $F\text{-}N$ 曲线参数定为:可接受风险参数为 $k=2, C=0.1$,这个水平低于我国香港的社会风险水平;可忽略风险参数为 $k=2, C=0.001$,相当于荷兰的可接受风险水平,因此对于可忽略风险,应高于上述国家或地区的可接受风险水平较为合理。

从图 7-5 还可看出,各国或地区的 $F\text{-}N$ 曲线都是以 10 人死亡的年事故率作为曲线的起点,我国学者彭雪辉[19]建议我国水库大坝的社会风险以 1 人死亡的年事故率作为曲线起点,但桥梁事故通常会引发交通事故,而且会导致人员的伤亡,对社会影响较大的往往是那些重大桥梁事故,因此对于桥梁的社会风险,本书仍以 10 人死亡的年事故率作为曲线起点,根据相关资料[8],目前最为严重的桥梁事故造成的死亡人数在 200 人左右,因此,曲线终点可参考香港的 $F\text{-}N$ 曲线,在 1 000 人处截断。

综上所述,参考各国或地区标准、自然灾害风险以及我国现有事故的社会风险水平,对于我国的桥梁社会风险的 $F\text{-}N$ 曲线,建议仍以 10 人死亡的年事故率作为曲线起点,终点在 1 000 人处截断;对于曲线参数,采取风险厌恶的处理方式,$k=2$;对于可接受风险,参考我国香港和丹麦标准曲线起点,$C=0.01$,对于可忽略风险,参考荷兰标准提高一个数量级,采用 $C=0.0001$。两者之间的区域为 ALARP 区域,见图 7-6。

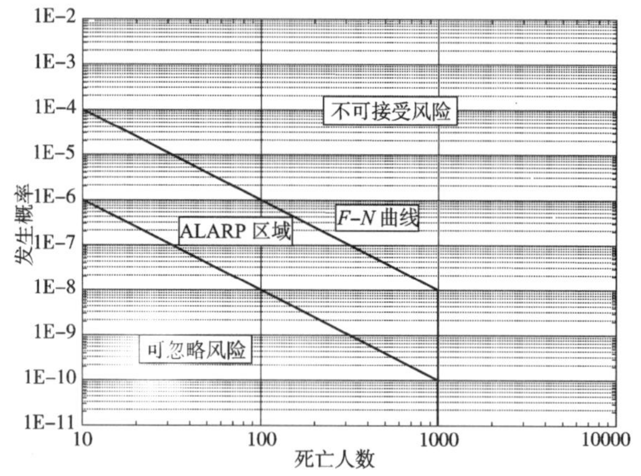

图 7-6　建议我国桥梁倒塌的 $F\text{-}N$ 曲线及 ALARP 图

第四节　费用—效益准则

一、一般概念

最优费用准则是基于将桥梁加固和防护措施的费用,与减低风险所得到的效益相比较,从广义造价最低的原则进行桥梁船撞设计。该方法主要是从项目投资企业或建设单位的角度出发,为项目投资与决策提供参考依据。一般来说,桥梁的船撞设防投资越高,船撞事故引发的损失也越小。然而极端的船撞事故比较罕见,而社会资源具有有限性,因而必须制定合理的设防设计标准,便于决策者们对社会中有限的资源分配作出决定。

大多数国家的规范允许结构物在极端荷载下因为功能失效而导致人员伤亡以及经济损失,这并不意味着这样的做法不合理,因为设防时应综合考虑:①生命安全;②控制破坏;③结

构可靠；④最小使用期成本四方面的因素。由于上述四方面是相关联的，即结构的初始造价越高，结构的可靠性越高，生命安全的保障越高，受灾后的损失越小。由此可知，为确定目标失效概率而采用的方法应不仅包括结构的初始造价，而且应包括结构物受灾后的损失值。现今广泛使用的费用—效益方法，不仅考虑了结构的初始造价（费用），而且考虑了结构受灾后的损失减少（收益）。这种方法在地震风险分析与决策中广泛采用，其一般概念可以表达为：

$$C_T = C_I + C_L \tag{7-8}$$

式中：C_T——桥梁单体广义总造价；

C_I——桥梁初始造价；

C_L——总经济损失期望值。

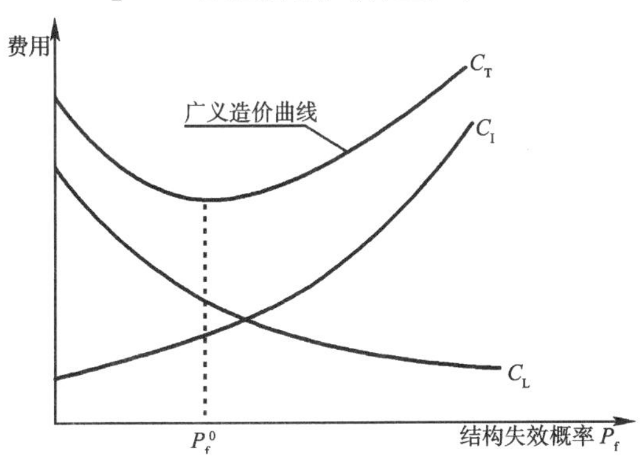

图 7-7　广义造价曲线

它们之间的关系见图 7-7。

初始投资 C_I 的估算可以参照工程预算或决算取值；C_L 则可以划分为两部分，即直接经济损失 $C_{L,dir}$和间接经济损失 $C_{L,indir}$，即：

$$C_L = C_{L,dir} + C_{L,indir} \tag{7-9}$$

直接经济损失包括桥梁破坏产生的检测、加固或重建费用，桥梁倒塌造成的车辆损失和船舶损失，桥梁倒塌或船舶损伤造成的人员损失、货物损失等。间接经济损失包括交通运输受阻或中断给交通运输行业造成的损失以及由于交通受阻致使地区其他产业部门的经济活动受到干扰而产生的损失。

由于船桥碰撞而造成的经济损失的估算是一个复杂的问题，尚未得到很好的研究，这里仅提供一个基本思路。

二、直接经济损失期望值估算

直接经济损失 $C_{L,dir}$可以表示为：

$$C_{L,dir} = C_{L,R} + C_{L,V} + C_{L,L} + C_{L,G} \tag{7-10}$$

式中：$C_{L,R}$——桥梁维修或重建费用；

$C_{L,V}$——车辆和船舶损失；

$C_{L,L}$——生命损失；

$C_{L,G}$——货物损失。

1. $C_{L,R}$的计算

在船舶撞击下，$C_{L,R}$主要来自于桥梁损伤的维修和重建费用。可以经过对各种桥梁的可能破坏状态、程度的分析研究，建立桥梁经济损失与桥梁船撞损伤程度指标之间的关系。

$$C_{L,R} = \sum_{i=1}^{m} E[C_{L,Ri}] = \sum_{i=1}^{m} P_i \int C_i(s) p_i(s) \mathrm{d}s \tag{7-11}$$

式中：s——第 i 种桥梁损伤状态的描述指标；

$C_i(s)$——第 i 种桥梁损伤状态的描述指标为 s 时的维修或重建费用；

$p_i(s)$——损伤指标 s 的概率密度函数；

P_i——导致第 i 种桥梁损伤状态的船舶撞击事件的发生概率。

当桥梁的第 i 种损伤状态采用离散指标进行描述时，式(7-11)可以表达为：

$$C_{L,R}=\sum_{i=1}^{m}E[C_{Ri}]=\sum_{i=1}^{m}\sum_{j=1}^{n}P_iP_{ij}C_i(s_j) \tag{7-12}$$

式中：s_j——第 i 种桥梁损伤状态的第 j 个等级；

$C_i(s_j)$——第 i 种桥梁损伤状态的第 j 个等级时的维修或重建费用。

2. $C_{L,V}$的计算

$C_{L,V}$的计算包括两部分，即车辆损失和船舶损失。

$$C_{L,V}=C_{L,VHL}+C_{L,VSL} \tag{7-13}$$

式中：$C_{L,VHL}$——车辆损失；

$C_{L,VSL}$——船舶损失。

车辆的损失与交通量有关，计算时可考虑通过桥梁单位时间内的平均交通量，建议按如下方法计算：

$$C_{L,VHL}=\sum_i L_{CLPS,i}\times P(L_{CLPS,i})\times\sum_j\lambda_j\times Q_j \tag{7-14}$$

式中：$L_{CLPS,i}$——第 i 类船舶造成的桥梁垮塌长度；

$P(L_{CLPS,i})$——第 i 类船舶造成的桥梁垮塌长度为 $L_{CLPS,i}$的概率；

λ_j——单位桥长上第 j 类车辆的平均流量；

Q_j——第 j 类车辆的平均价值。

船舶的损失与船舶的破损程度有关，以船头的破损长度作为衡量指标，可以表示为：

$$C_{L,VSL}=\sum_i C(L_{DMG,i})\times P(L_{DMG,i}) \tag{7-15}$$

式中：$L_{DMG,i}$——第 i 类船舶的破损长度；

$C(L_{DMG,i})$——第 i 类船舶的破损长度为 $L_{DMG,i}$时的船舶损失；

$P(L_{DMG,i})$——第 i 类船舶发生破损长度为 $L_{DMG,i}$的概率。

3. $C_{L,L}$的计算

人员损失实际上是将生命按一定的规则等价为经济损失。虽然从个体来说，生命是无价的，但为了工程设计的目的，不得已按照一定的社会标准，将生命损失等价为一定数量的货币。

近年来，安全成本 ICAF(Implied Cost of Averting a Fatality)[17]的概念得到了广泛的应用，ICAF 是指避免一个人死亡所需的成本。ICAF 越低，表明风险减小措施越符合低成本高收益的原则，即所花费的单位货币可以挽救更多人的生命。通过比较各种风险降低措施的 ICAF 值，决策人员就能够在既定费用的基础上选择一个最为合理的风险控制方法。ICAF 可看作是一个社会在其伦理框架和生产能力水平下，拯救一个生命所能承受的最大费用，即生命价值。

1997 年，Nathwani[18]基于人均国民生产总值和平均寿命这两个已有的社会生活评价指标，提出了生活质量指数 LQI(Life Quality Index)，随后，Rockwitz、Faber 等[19,20]学者对其进行了深入研究，建立了基于 LQI 的人的生命价值计算模型。通过将 ICAF 与 LQI 相结合，得到避免单位人员死亡的潜在成本为：

$$\mathrm{ICAF}=\frac{ge(1-w)}{4w} \tag{7-16}$$

式中：g——国内生产总值；

e——人的寿命；

w——人工作时间与生命时间的比值。

2004 年，Pandey[21]基于上述研究提出了基于社会支付意愿 SWTP(Social Willing To Pay)的决策方法。表 7-8 列出了国外研究[8]确定的 ICAF 值。阮欣[8]又将该方法引入了桥梁的公共安全风险评估中，根据阮欣的研究，我国各个地区的 ICAF 值见表 7-9。可见不同地域的 ICAF 值不同，这与各地域对生命价值的认识以及经济发展程度等复杂因素有关。

风险接受准则的 ICAF 值(以年死亡人数衡量)　　表 7-8

行业	海洋工业	船舶	工业安全	火车	轻轨	地铁
ICAF(百万美元)	3.1	3.0	≥1.6	1.0,1.6,2.5	4.1	3.1

我国各个地区的 ICAF 值(根据 2003 年我国人均 GDP 数据)　　表 7-9

地　区	人均 GDP(元)	人均寿命(年)	ICAF(万元)	地　区	人均 GDP(元)	人均寿命(年)	ICAF(万元)
北京	32 061	76.1	102.76	湖北	9 011	71.08	26.97
天津	26 532	74.91	83.71	湖南	7 554	70.66	22.48
河北	10 513	72.54	32.12	广东	17 213	73.27	53.12
山西	7 435	71.65	22.44	广西	5 969	71.29	17.92
内蒙古	8 975	69.87	26.41	海南	8 316	72.92	25.54
辽宁	14 258	73.34	44.04	重庆	7 209	71.73	21.78
吉林	9 338	73.1	28.75	四川	6 418	71.2	19.25
黑龙江	11 615	72.37	35.4	贵州	3 603	65.96	10.01
上海	46 718	78.14	153.74	云南	5 662	65.49	15.62
江苏	16 809	73.91	52.32	西藏	6 871	64.37	18.63
浙江	20 147	74.7	63.38	陕西	6 480	70.07	19.12
安徽	6 455	71.85	19.53	甘肃	5 022	67.47	14.27
福建	14 979	72.55	45.77	青海	7 277	66.03	20.24
江西	6 678	68.95	19.39	宁夏	6 691	70.17	19.77
山东	13 661	73.92	42.53	新疆	9 700	67.41	27.54
河南	7 570	71.54	22.81	全国	9 101	68.55	26.27

对于可能的人员伤亡损失 LF 可结合我国各个地区的 ICAF 值进行计算。

$$LF=N\times \mathrm{ICAF} \tag{7-17}$$

式中：N——事故可能导致的人员伤亡数目，需根据具体工程情况以及交通情况分析确定；

ICAF——可按表 7-9 进行取值。

由于车辆坠落造成的人员损失可按下式估算：

$$N_{\mathrm{VHL}}=\sum_{i}L_{\mathrm{CLPS},i}\times P(L_{\mathrm{CLPS},i})\times\sum_{j}\lambda_{j}\times N_{j} \tag{7-18}$$

式中：N_j——第 j 类车辆的平均乘坐人员数目。

船舶翻沉将导致人员伤亡，但考虑到有逃生手段，因此不能认为将损失所有船上人员。由于驾驶舱与上部结构碰撞造成的船上人员损失一般局限在船长等船舶驾驶人员。因此船上人员损失的数目可按下式估算：

$$N_{VSL} = \sum_i (P_{VT,i} \times \alpha_i \times N_{VSL,i0} + P_{STR,i} \times N_{STR,i0}) \tag{7-19}$$

式中：$N_{VSL,i0}$——第 i 类船舶船上人员平均数目；

$P_{VT,i}$——第 i 类船舶由于船桥碰撞发生翻沉的概率；

α_i——第 i 类船舶船上人员由于船桥碰撞发生翻沉损失人员的比例；

$P_{STR,i}$——第 i 类船舶驾驶舱与桥梁上部结构发生碰撞的概率；

$N_{STR,i0}$——第 i 类船舶驾驶人员的平均数目。

4. $C_{L,G}$的计算

车辆运载货物的损失可按下式估算：

$$C_{L,VHL,G} = \sum_i L_{CLPS,i} \times P(L_{CLPS,i}) \times \sum_j \lambda_j \times Q_{G,j} \tag{7-20}$$

式中：$Q_{G,j}$——第 j 类车辆运载货物的平均价值；

其余符号意义同前。

船舶运载货物的损失可按下式估算：

$$C_{L,VSL,G} = \sum_i (P_{VT,i} \times \beta_i \times Q_{G,VSL,i}) \tag{7-21}$$

式中：$Q_{G,VSL,i}$——第 i 类船舶运载货物的平均价值；

β_i——货物损失比例；

其余符号意义同前。

三、间接经济损失的估算

间接经济损失 $C_{L,indir}$ 涉及的范围十分广泛，估算的难度较大，主要包括救援与打捞费用、交通运输损失、产业关联损失和环境破坏的恢复费用等，可以表示为：

$$C_{L,indir} = C_{L,EMG} + C_{L,TPT} + C_{L,RLT} \tag{7-22}$$

式中：$C_{L,EMG}$——救援与打捞费用；

$C_{L,TPT}$——交通运输损失；

$C_{L,RLT}$——产业关联损失。

间接经济损失估算的难度很大，进一步的研究工作仍然繁重。在不能合理地估计间接损失的情况下，根据现有的研究，可取间接经济损失为直接经济损失的 1.5 ~ 3.0 倍。

第五节　行业技术标准蕴含的失效概率

一、中国技术标准的规定

1992 年，我国颁布了《工程结构可靠度设计统一标准》（GB 50153—92），后又颁布了多项与工程结构相关的可靠度设计统一标准，包括公路工程、铁路工程、建筑结构、港口工程、水利

水电工程等多项标准，用以指导我国工程结构的可靠度设计，见表 7-10 ~ 表 7-13（表中括号里为相应的失效概率）。

《公路工程结构可靠度设计统一标准》[22] 规定的目标可靠度指标　　表 7-10

构件破坏类型	安全等级		
	一级	二级	三级
延性破坏	$4.7(1.3\times10^{-6})$	$4.2(1.3\times10^{-5})$	$3.7(1.1\times10^{-4})$
脆性破坏	$5.2(1.0\times10^{-8})$	$4.7(1.3\times10^{-6})$	$4.2(1.3\times10^{-5})$

《建筑结构可靠度设计统一标准》[23] 规定的目标可靠度指标　　表 7-11

破坏类型	安全等级		
	一级	二级	三级
延性破坏	$3.7(1.1\times10^{-4})$	$3.2(6.9\times10^{-4})$	$2.7(3.5\times10^{-3})$
脆性破坏	$4.2(1.3\times10^{-5})$	$3.7(1.1\times10^{-4})$	$3.2(6.9\times10^{-4})$

《港口工程结构可靠度设计统一标准》[24] 规定的目标可靠度指标　　表 7-12

结构破坏类型	安全等级		
	一级	二级	三级
有预兆破坏	$4.0(3.2\times10^{-5})$	$3.5(2.3\times10^{-4})$	$3.0(1.3\times10^{-3})$
无预兆破坏	$4.5(3.4\times10^{-6})$	$4.0(3.2\times10^{-5})$	$3.5(2.3\times10^{-4})$

《水利水电工程结构可靠度设计统一标准》[25] 规定的目标可靠度指标　　表 7-13

破坏类型	安全等级		
	一级	二级	三级
一类破坏	$3.7(1.1\times10^{-4})$	$3.2(6.9\times10^{-4})$	$2.7(3.5\times10^{-3})$
二类破坏	$4.2(1.3\times10^{-5})$	$3.7(1.1\times10^{-4})$	$3.2(6.9\times10^{-4})$

从以上各个标准对目标可靠度的规定可以看出，对于桥梁结构，其目标可靠度取值最高，失效概率在 $10^{-4}\sim10^{-8}$ 之间，建筑结构失效概率在 $10^{-3}\sim10^{-5}$ 之间，港口工程在 $10^{-3}\sim10^{-6}$ 之间，水利水电工程在 $10^{-3}\sim10^{-5}$ 之间。

二、国外技术标准的规定

加拿大标准化协会 CSA（Canadian Standards Association）建议[26] 的结构或构件的目标失效概率见表 7-14。

CSA 建议的工程结构年目标失效概率　　表 7-14

安全等级	失效后果	年目标失效概率 P_f
安全等级 1	对人的生命有巨大风险，或高的潜在环境污染或破坏	10^{-5}
安全等级 2	对人的生命有小风险，或低的潜在环境污染或破坏	10^{-3}
服务功能要求	没有前两项后果，但结构的服务功能产生缺陷	10^{-1}

国际结构安全委员会 JCSS（Joint Committee on Structural Safety）发布的第 12 版草案（12th draft）建议[27] 的安全极限状态对应的目标失效概率见表 7-15。

安全极限状态年目标失效概率 表 7-15

结构安全措施的相对费用	失效后果轻微 ($r<2.0$)	失效后果中度 ($2.0<r<5.0$)	失效后果严重 ($5.0<r<10.0$)
大(A)	$3.1(10^{-3})$	$3.3(5\times10^{-4})$	$3.7(10^{-4})$
正常(B)	$3.7(10^{-4})$	$4.2(10^{-5})$	$4.4(5\times10^{-5})$
小(C)	$4.2(10^{-5})$	$4.4(5\times10^{-5})$	$4.7(10^{-6})$

表 7-15 中的数值可以用于绝大多数设计情况。为了正确选择目标失效概率，需要考虑对失效的后果进行分类。定义比值：

$$r=\frac{C_{\mathrm{TC}}}{C_{\mathrm{CC}}} \tag{7-23}$$

式中：C_{TC}——工程结构建造成本与其失效的直接损失之和；

C_{CC}——建造成本。

如果 $r>10.0$，并且损失数额大，则后果必须作为极端事件处理，建议采用成本—效益分析的方法。

对于不可恢复的使用极限状态，国际结构安全委员会[27]给出的目标失效概率见表 7-16。对于使用极限状态的目标可靠度指标，设计者可以考虑 0.3 以下的变化。

安全极限状态年目标失效概率 表 7-16

结构安全措施的相对费用	目标可靠度指标(失效概率)
高	$1.3(10^{-1})$
正常	$1.7(5\times10^{-2})$
低	$2.3(10^{-2})$

表 7-15 和 7-16 给出的 JCSS 关于目标失效概率的确定方法体现了风险决策准则中风险矩阵方法的思想，见本章第六节。

在桥梁船撞的风险准则方面，AASHTO《桥梁设计规范》[28]中对于方法 II 的年目标倒塌概率取值为：①重要桥梁，取 10^{-4}；②一般桥梁，取 10^{-3}。

在桥梁的船撞风险接受准则方面，还有其他相关标准以及各国为专门桥梁进行安全评估而设定的风险接受准则[29]，见表 7-17。

某些具体项目的桥梁船撞风险接受准则 表 7-17

项 目 名 称	风险接受准则
路易斯安那州水道桥	桥梁破坏：100 年，0.01
1987 年 ISO 标准“人类活动造成的意外风险”	对于过大的撞击能量：100 年，0.02
丹麦大带桥 （除船撞外还包括火灾、爆炸、冰撞、火车事故等）	铁路和公路连线同时破坏：100 年，0.02 公路连线同时破坏：100 年，0.10 铁路连线同时破坏：100 年，0.10

表 7-17 中，路易斯安那州水道桥的目标倒塌频率为 100 年 0.01，即 10^{-4}，相当于美国 AASHTO 规范对于重要桥梁规定的目标倒塌频率；丹麦大带桥对于公路和铁路的破坏相当于

AASHTO 规范对于一般桥梁规定的目标倒塌频率;1987 年 ISO 标准对于人类活动造成的意外风险中过大的撞击情况取 2×10^{-4},介于 AASHTO 规范重要桥梁和一般桥梁的目标倒塌频率之间。由此表可以看到,已有的船桥碰撞倒塌风险接受准则在 $10^{-3}\sim10^{-4}$之间。

我国船撞桥风险分析起步较晚,现有在建的几座航道桥如苏通大桥、东海大桥、崇明岛越江通道、金塘大桥、南京长江四桥等船撞风险分析的目标年倒塌频率都参照 ASSHTO 规范确定。

第六节 桥梁船撞风险等级评价准则和船撞设计目标失效概率

一、倒塌状态下的评价准则

桥梁是工程结构的一种,根据本章前面的叙述,在我国,桥梁结构的目标可靠度在 $10^{-4}\sim10^{-8}$之间,建筑结构在 $10^{-3}\sim10^{-5}$之间,港口工程在 $10^{-3}\sim10^{-6}$之间,水利水电工程在 $10^{-3}\sim10^{-5}$之间。国际上,JCSS 建议的目标失效概率在 $10^{-3}\sim10^{-6}$之间,是一个比较有代表性的取值范围。上述取值情况归纳为表 7-18。

结构的目标可靠度及失效概率 表 7-18

结构类型		目标可靠度指标	目标失效概率
中国	桥梁结构	3.7 ~ 5.2	$10^{-4}\sim10^{-8}$
	建筑结构	2.7 ~ 4.2	$10^{-3}\sim10^{-5}$
	港口工程	3.0 ~ 4.5	$10^{-3}\sim10^{-6}$
	水利水电工程	2.7 ~ 4.2	$10^{-3}\sim10^{-5}$
JCSS		3.1 ~ 4.7	$10^{-3}\sim10^{-6}$
AASHTO 规范		—	$<10^{-3}\sim10^{-4}$

其次桥梁为公共设施,从社会安全的角度来讲,必须保证桥梁使用者的安全,也即公众过桥的安全,还需要考虑由于桥梁倒塌造成的其他人员伤亡和船舶的损失,因为桥梁倒塌破坏一般都会造成严重的人员伤亡和相当大的社会影响,因此在用概率处理此类问题时,人们更倾向于一个特殊的准则,如最大个人可接受风险和最大社会可接受风险。这一问题在涉及到后果严重的极端事件时尤为重要。

通过前面的研究,对于我国个人风险,可接受风险水平可取为 1.5×10^{-5},可忽略水平可取为 1.5×10^{-7};对于我国桥梁倒塌的社会风险,10 人死亡的可接受风险水平取为 10^{-4},可忽略水平取为 10^{-6},50 人死亡的可接受风险水平约为 10^{-5},可忽略水平约为 10^{-7},详见表 7-19。

安全风险的可接受及可忽略水平 表 7-19

风险类别		可接受水平	可忽略水平
个人风险		1.5×10^{-5}	1.5×10^{-7}
社会风险	10 人死亡	1×10^{-4}	1×10^{-6}
	50 人死亡	1×10^{-5}	1×10^{-7}
	100 人死亡	1×10^{-6}	1×10^{-8}

参考上述资料及研究，对于我国桥梁船撞倒塌风险，本着以社会风险为主兼顾其他标准的原则，初步建议可接受水平取为 5×10^{-5}，可忽略水平取为 5×10^{-7}。这一概率水平处于 10 人死亡和 50 人死亡的社会可接受风险水平之间，稍高于个人可接受风险水平，基本满足高潜在环境污染风险水平的要求以及我国工程结构设计可靠度统一标准规定的目标失效概率的要求。

根据上述风险可接受水平和可忽略水平的限值，建议表 7-20 所列的桥梁船撞倒塌风险等级评价标准和初步的处置对策。

桥梁船撞倒塌风险等级评价标准及处置对策 表 7-20

年失效频率	风 险 等 级	说明及建议
$P_f > 10^{-3}$	高风险	风险不可接受，建议更改设计方案或采取防撞措施
$5\times10^{-5} < P_f < 10^{-3}$	中风险	风险不可接受，建议改进设计方案或采取降低风险的措施
$5\times10^{-7} < P_f < 5\times10^{-5}$	低风险	风险可以接受，注意风险管理和监控
$P_f < 5\times10^{-7}$	可忽略风险	风险可以接受，不必进行风险管理和监控

一般情况下可采用上表的风险等级评价标准进行风险处置决策，但如果桥梁的船撞风险很大，无论采用何种策略都不能使其风险降到可接受风险以内，特别是对于桥墩位于深水区的桥梁、水中有很多桥墩面临船舶撞击风险的桥梁以及需要进行船撞加固的已建桥梁，这时就需要对桥梁的船撞设计按最优费用准则进行，即通过费用—效益分析，尽可能在有限资金的情况下，找到最佳的风险处理方案。

需要说明的是，风险评价标准是相对的，不同的国家由于其社会发展程度不同，其风险评价标准也不尽相同，并且随着经济水平和科学水平的不断发展，风险评价标准也需进行动态调整。此外，我国桥梁风险评价标准研究目前较为匮乏，相关资料较少。因此，上述风险接受准则与等级评价标准，是根据国内外相关行业或机构的研究，结合我国现有事故情况以及研究成果确定的，其指标数值的合理性还有待于今后进一步的研究和验证。

二、风险矩阵

风险矩阵以一个二维表格表达风险事件的后果与风险概率之间的关系。根据风险矩阵可以对风险事件进行决策。风险矩阵的一个典型的例子是美国国防部的一项关于风险事件的分类标准，见表 7-21 ~ 表 7-24（这些表格都源自美国国防部，1993，“系统安全纲要规定”，编号“Mil – Std – 882C”）。

风险严重度分类 表 7-21

描 述	类 别	定 义
灾难性的	I	死亡、系统失败、严重的环境毁坏
严重的	II	重度伤人、重度职业病、主系统或环境破坏
较轻的	III	轻度伤人、轻度职业病害、次要系统或环境破坏
可忽略的	IV	更少地伤人、更少的职业病害、更少地引起次要系统或环境的破坏

定性的灾害概率水平　表 7-22

描　　述	水　　平	特定的项目	大项目或详细目录
频繁发生	A	似经常发生	接二连三地发生
可能发生	B	生命期内将多次发生	频繁发生
偶尔发生	C	生命期内有时可能发生	多次发生
难以发生	D	生命期内一般不会发生，但仍有发生的可能	不可能，但有理由会发生
不可能发生	E	几乎不会发生，以致可以假定为不可能发生	看来不可能，但仍存在发生的可能性

灾害风险评估矩阵　表 7-23

灾害分类频率	灾难性的	严　重　的	较　轻　的	可忽略的
(A)不可能($10^{-6} > x$)	1A	2A	3A	4A
(B)难得地($10^{-3} > x > 10^{-6}$)	1B	2B	3B	4B
(C)偶尔地($10^{-2} > x > 10^{-3}$)	1C	2C	3C	4C
(D)可能地($10^{-1} > x > 10^{-2}$)	1D	2D	3D	4D
(E)频繁地($x > 10^{-1}$)	1E	2E	3E	4E

风险决策准则　表 7-24

灾害风险指标	风险决策准则
1A,1B,1C,	可接受且不必进行管理审视
1D,1E,2A,2B,3A,4A	可接受，同时进行管理审视
2C,2D,3B,3C,4B	不希望发生，高层管理决策，接受或拒绝风险
2E,3D,3E,4C,4D,4E	不可接受，停止运营和立即整顿

美国国防部的这套风险矩阵方法最早在我国崇明越江通道工程通航船只相撞及通航船只撞击大桥的风险评估等中得到应用[30]，其后也在其他桥梁工程结构船撞风险分析中得到应用。

对于崇明越江通道工程各种桥梁方案，根据 AASHTO 规范的方法计算等效倒塌概率，并根据美国国防部的风险矩阵对风险水平进行评价，得到的风险评价等级见表 7-25。

崇明越江通道工程桥梁方案风险评价结果　表 7-25

方　　案	墩　　号	年倒塌概率 AF	风险等级
南港规划线方案一、二、三(悬索桥)下行	1#墩	4.8×10^{-4}	2B
	2#墩	3.1×10^{-9}	2A
	3#墩	3.8×10^{-14}	2A
	4#墩	2.2×10^{-15}	2A
南港规划线方案一、二、三(悬索桥)上行	1#墩	1.1×10^{-9}	2A
	2#墩	1.3×10^{-4}	2B
	3#墩	1.2×10^{-7}	2A
	4#墩	1.5×10^{-8}	2A

续上表

方　案	墩　号	年倒塌概率 AF	风险等级
南港比较线方案一、二(斜拉桥)下行	2#墩	6.2×10^{-3}	2C
	3#墩	1.0×10^{-4}	2B
	4#墩	4.8×10^{-8}	2A
	5#墩	3.2×10^{-8}	2A
南港比较线方案一、二(斜拉桥)上行	2#墩	6.2×10^{-5}	2B
	3#墩	2.9×10^{-3}	2C
	4#墩	3.9×10^{-5}	2B
	5#墩	2.4×10^{-5}	2B
北港规划线方案一、二(斜拉桥+斜拉桥,斜拉桥+连续刚构桥)长兴岛侧第二个通航孔下行	1#墩	1.4×10^{-5}	2B
	2#墩	1.6×10^{-4}	2B
	3#墩	1.1×10^{-5}	2B
	4#墩	2.1×10^{-8}	2A
北港规划线方案三(连续刚构桥+连续刚构桥)长兴岛侧第二个通航孔下行	2#墩	2.0×10^{-5}	2B
	3#墩	1.0×10^{-3}	2C
	4#墩	1.0×10^{-3}	2C
	5#墩	2.0×10^{-5}	2B
北港比较线方案一(斜拉桥)中间主通航孔下行	19#墩	1.1×10^{-6}	2B
	1#墩	3.9×10^{-6}	2B
	2#墩	1.5×10^{-4}	2B
	3#墩	1.4×10^{-5}	2B
	4#墩	2.2×10^{-8}	2A
北港比较线方案一(斜拉桥)长兴岛侧通航孔下行	19#墩	3.3×10^{-4}	2B
	1#墩	1.8×10^{-4}	2B
	2#墩	2.0×10^{-4}	2B
	3#墩	1.2×10^{-8}	2A
	4#墩	5.5×10^{-13}	2A
北港比较线方案二(连续刚构桥)长兴岛侧第一个通航孔下行	1#墩	1.9×10^{-4}	2B
	2#墩	1.1×10^{-3}	2C
	3#墩	1.1×10^{-3}	2C
	4#墩	2.5×10^{-5}	2B
	5#墩	2.0×10^{-8}	2A
北港比较线方案二(连续刚构桥)长兴岛侧第二个通航孔下行	1#墩	1.2×10^{-6}	2B
	2#墩	2.5×10^{-5}	2B
	3#墩	1.1×10^{-3}	2C
	4#墩	1.1×10^{-3}	2C
	5#墩	2.5×10^{-5}	2B

根据表 7-25 得到的结论是：

(1)比较线的船舶撞击风险大于规划线的船舶撞击风险。

(2)规划线桥梁方案的船舶撞击风险介于 2A 和 2B 之间。2A($<10^{-6}$)为可以忽略的风险,2B($10^{-3}\sim10^{-6}$)为需要采取措施进一步减低的风险。

(3)比较线南港 1 200m 斜拉桥的船舶撞击风险达到 2C($>10^{-3}$)水平,若采用此方案,则需要在设计上进一步加强抗船舶撞击的能力。

(4)比较线北港桥梁船舶撞击风险明显大于规划线北港桥梁方案,多个桥墩达到 2C 水平,需要采取措施降低风险水平。

(5)规划线南港桥梁船舶撞击风险也偏高,少数墩达到 2C 风险水平,亦需要采取措施降低风险水平。

总体上看,比较线桥梁方案的船舶撞击风险水平大于规划线桥梁方案的船舶撞击风险水平;同时北港桥梁船舶撞击的风险水平偏高。

建议采取措施进一步降低船舶撞击的风险。

实际上崇明越江通道工程最终设计方案已经与表 7-25 所列的方案不同,本例是方案比选阶段的研究结果,在这里仅作为风险矩阵决策方法的一个应用示例。

三、多损伤状态下的船撞设计目标失效概率

1. 设防水准

原则上,可以参考工程场地地震危险性分析的方法确定出任意给定超越概率下的设计代表船舶或设防船撞力,见图 7-8。具体确定方法为:对于一座特定的桥梁,我们可以先分别计算每类船舶的年碰撞频率,然后通过从小到大依次去除各类船舶的方式,计算剩余船舶撞击桥梁的年碰撞频率,其倒数便为重现期,剩余船舶中的最小吨位者便为该重现期对应的设防船型。

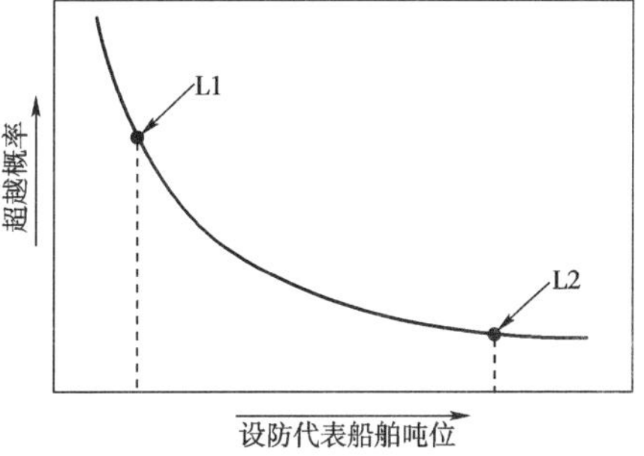

图 7-8 桥梁船撞设防水准的确定

图 7-8 所叙述方法可以直接用于桥梁船撞设防标准的确定。当给定超越概率时,就可以确定出设计代表船舶或设防船撞力。但如前所述,目前建筑结构抗震设计和桥梁抗震设计一般采用三级或二级设防原则。根据图 7-8 所示的方法,在给定两个或三个目标超越概率水准后,可以定义两个或三个设防代表船舶或设防船撞力。对于桥梁船撞建议采用二级设防原则,给定两个超越概率水平,即 L1 船撞水平和 L2 船撞水平,一个具体的建议见表 7-26。

不同撞击水平的重现期(年) 表 7-26

二级设防水平	重　现　期	二级设防水平	重　现　期
L1	100	L2	1000

对于缺少实际统计数据或船舶流量很小的航道,可以考虑采用通航船舶流量的某一分位值(如 5%)对应的船舶作为设计代表船舶,或采用确定性方法确定设计代表船舶,如航道中通行的最大船舶。

2.性能要求和目标失效概率

在本节“一”中,提出了一个桥梁倒塌状态的评价准则。但在船舶撞击下,桥梁可能发生局部的轻微损伤,也可能发生一定程度的全局损伤,也可能发生倒塌等不同程度的损伤状态。桥梁因船舶撞击而发生损失时,产生的后果的严重程度也不相同,亦即桥梁的重要性不同。在确定桥梁船撞评价标准时应考虑到这些重要因素。我国在地震工程领域对工程结构的抗震重要性进行了深入的研究,并体现在众多的技术规范中。

我国2008年颁布的《建筑工程抗震设防分类标准》[31]将建筑工程分为以下四个抗震设防类别:

(1)特殊设防类。即使用上有特殊设施,涉及国家公共安全的重大建筑工程和地震时可能发生严重次生灾害等特别重大灾害后果,需要进行特殊设防的建筑。简称甲类。

(2)重点设防类。即地震时使用功能不能中断或需尽快恢复的与生命线相关的建筑,以及地震时可能导致大量人员伤亡等重大灾害后果,需要提高设防标准的建筑。简称乙类。

(3)标准设防类。即大量的除(1)、(2)、(4)以外按标准要求进行设防的建筑。简称丙类。

(4)适度设防类。即使用人员稀少且震损不致产生次生灾害,允许在一定条件下适度降低要求的建筑。简称丁类。

2008年颁布的《公路桥梁抗震设计细则》[32]中规定,公路桥梁应根据公路等级及桥梁的重要性和修复(抢修)的难易程度,分为A类、B类、C类、D类四个抗震设防类别。A类桥梁是指单跨跨径超过150m的特大桥,B类桥梁是指除A类以外的高速公路和一级公路上的桥梁及二级公路上的大桥、特大桥等,C类桥梁是指A类、B类、D类以外的公路桥梁,D类桥梁是指位于三、四级公路上的中桥、小桥。

考虑到跨航道桥梁都具有一般以上的重要性,同时考虑到船舶及航道的等级,建议针对船舶撞击问题,将桥梁的重要性等级划分为以下三个设防类别。

A类:海湾、I级航道上的桥梁,后果严重。

B类:II~IV级航道上的桥梁,后果中等。

C类:V级以下航道上的桥梁,后果轻微。

根据表7-26的桥梁船撞设防水平和桥梁船撞的重要性分类,建议桥梁船撞的性能要求见表7-27。

桥梁船撞性能要求 表7-27

设防类别	设防水平	性能目标	桥梁状态描述	失效后果
A	L1	I	桥梁可产生不影响结构整体受力性能的局部损伤,正常交通不受影响,结构整体处于弹性状态	轻微
	L2	II	可发生易于修复的损伤	中等
B	L1	I	桥梁可产生不影响结构整体受力性能的局部损伤,正常交通不受影响,结构整体处于弹性状态	轻微
	L2	II	可发生较严重的损伤,但不发生整体倒毁	严重
C	L1	I	可发生易于修复的损伤	中等
	L2	II	可发生较严重的损伤,但不发生整体倒毁	严重

目标失效概率的确定参照表7-15和表7-20，建议表7-28所列的目标失效概率。

安全极限状态年目标失效概率　　表7-28

结构安全措施的相对费用	失效后果轻微 ($r<2.0$)	失效后果中度 ($2.0<r<5.0$)	失效后果严重 ($5.0<r<10.0$)
大	10^{-3}	5×10^{-4}	10^{-4}
正常	10^{-4}	10^{-5}	5×10^{-5}
小	10^{-5}	5×10^{-5}	5×10^{-7}

根据表7-28可以确定设防船舶撞击力和设计代表船舶。

必须说明的是，本章的叙述，特别是本章第六节的叙述，仅仅是作者目前的认识，其中有关目标概率数量值的建议需要根据逐步深入的研究成果修正为更加合理的取值。

参考文献

[1] Bottelberghs P H. Risk Analysis and Safety Policy Developments in the Netherlands[J]. Journal of Hazardous Meterials. 2000(71):59~84.

[2] T. Vrouwenvelder. Stochasitc Modeling of Extreme Action Events in Structural Engineering[J]. Probabilistic Engineering Mechanics. 2000(15):109~117.

[3] T. Vrouwenvelder & Roger Lovegrve. Risk Assement and Risk Communication in Civil Engineering. Safy, Risk, Reliability-Trends in Engineering. Malta: IABSE. 2001.

[4] Vrijling J K. Voortman H. G. Pandey M D. A Framework for Risk Criteria for Critical Infrastructures. Fundamentals and case studies in the Netherlands[R]. Journal of Risk Research 2003(7):569~579.

[5] 武雪芳，陈家宜. 定量风险评价标准探讨[J]. 上海环境科学，2000，19(4). 152~158.

[6] 胡二邦. 环境风险评价实用技术和方法[M]. 北京：中华环境科学出版社，2000.

[7] Manfred Curbach, Wolf-Michael Nitzsche, Dirk Proske. The Safety of Bridges in Comparison to Other Risks. .

[8] 阮欣. 桥梁工程风险评估体系及关键问题研究[D]. 同济大学博士学位论文，2006.

[9] Ration alisation of Safety Factors and Serviceability Factors in Structural Codes CIRIA Report 63.

[10] 王亚军，黄平，等. 2005年1~2月国内安全事故统计分析. 安全与环境学报，2005，(5) 2:122~125.

[11] 王亚军，黄平，等. 2005年3~4月国内安全事故统计分析. 安全与环境学报，2005，(5) 3:121~124.

[12] 王亚军，黄平，等. 2005年5~6月国内安全事故统计分析. 安全与环境学报，2005，(5) 4:119~122.

[13] 王亚军，黄平，等. 2005年7~8月国内安全事故统计分析. 安全与环境学报，2005，(5) 5:125~128.

[14] 王亚军，黄平，等. 2005年9~10月国内安全事故统计分析. 安全与环境学报，2005，(5)

6:123 ~ 125.

[15] 王亚军,黄平,等. 2005 年 11 ~ 12 月国内安全事故统计分析. 安全与环境学报,2006,(6)1:141 ~ 144.

[16] 彭雪辉. 风险分析在我国大坝安全上的应用[D]. 南京水利科学研究院硕士学位论文,2003.

[17] Skjong, R. Ronold, K. O. Societal Indicators and Risk Acceptance. Proceedings of the 17th International Conference on Offshore Mechanics and Arctic Engineering (OMAE 98) Lisbon, Portugal. 1998.

[18] Nathwani, J. S. Lind, N. C. Pandey, M. D. Affordable Safety by Choice[J]. Insitute for Risk Research. Cananda. ISBN 0-9696747-9-1,1997.

[19] Faber, M. H. Rachwitz, R. Sustainable Decision Making in Civil Engineering[J]. Structural Engineering International. 2004(3):237 ~ 244.

[20] Faber, M. H. Risk and Safety in Civil, Surveying and Environmental Engineering. Swiss Federal Institute of Technology. 2003.

[21] Pandey, M. D. Nathwani, J. S. Life Quality Index for the Estimation of Societal Willingness-to-pay for Safety[J]. Structural Safety,2004(26):181 ~ 199.

[22] 中华人民共和国国家标准. 公路工程结构可靠度设计统一标准(GB/T 50283—1999)[S]. 北京:人民交通出版社,1999.

[23] 中华人民共和国国家标准. 建筑结构可靠度设计统一标准(GB 50068—2001)[S]. 北京:中国建筑出版社,2001.

[24] 中华人民共和国国家标准. 港口工程结构可靠度设计统一标准(GB 50158—92)[S]. 北京:人民交通出版社,1992.

[25] 中华人民共和国国家标准. 水利水电工程结构可靠度设计统一标准(GB 50199—94)[S]. 北京:水利水电出版社,1994.

[26] Canadian Standards Association. General requirements, design criteria, the environment, and loads, a national standard of Canada[S]. CAN/CSA-S471-92, 1992.

[27] JCSS, Probabilistic model code[S]. The Joint Committee on Structural Safety, 2001.

[28] AASHTO. LRFD Bridge Design Specification and Commentary[S]. AmericanAssociation of State Highway and Transportation Officials, Washington D. C. 1994,2009.

[29] IABSE(顾翔,鲍卫刚译;张乃华校),交通船只与桥梁结构的相互影响(综述与指南)[M]. 1991.

[30] 王君杰,等. 崇明越江通道工程风险分析研究报告专题九“通航船只相撞及通航船只撞击大桥的风险评估”[R]. 上海,2002.

[31] 中华人民共和国住房和城乡建设部. 建筑工程抗震设防分类标准(GB 50223—2008)[S]. 北京:建筑工业出版社,2008.

[32] 中华人民共和国交通运输部. 公路桥梁抗震设计细则(JTG/T B02-01—2008)[S]. 北京:人民交通出版社,2008.

第八章 桥梁船撞概率风险分析软件 PRAVB 与应用

第一节 PRAVB 软件开发概述

一、软件的功能设计

PRAVB(Probability Risk Analysis of Vessel-Bridge Collision)软件主要包括两个大的模块：桥梁船撞安全评估数据库和桥梁船撞安全计算。桥梁船撞安全评估数据库的基本功能可参见第三章第二节的内容，这里主要介绍桥梁船撞安全评估的基本功能。

桥梁船撞安全评估的基本功能包括：

1. 桥梁年碰撞频率的计算

根据水流及通航船舶的特点，通过船舶航行分析和船舶通航密度等数据，考虑航道特征、水文特征，利用 AASHTO 规范方法和本书提出的三概率参数积分路径方法，计算各水中墩遭受船舶撞击的年碰撞频率，主要计算内容有：

(1)不同水位下各桥墩遭受船舶碰撞的年频率。

(2)不同水位下全桥遭受船舶碰撞的年频率。

(3)全年的水位变化对桥梁各桥墩年碰撞频率的影响。

(4)全年的水位变化对全桥年碰撞频率的影响。

2. 桥梁年倒塌频率的计算

分别利用 AASHTO 规范中的倒塌概率曲线法[1]和可靠度方法，计算各水中墩遭受船舶撞击后的年倒塌频率。

3. 数据输出功能

将计算程序得出的结果提供给用户，用户可以根据自己的选择来查看结果数据，并根据前述的风险计算结果辅助确定桥梁的船撞设计代表船型和设防船撞力。

二、软件开发环境

PRAVB 软件是基于 WindowsXP 系统平台开发的一套软件系统，并通过界面实现与用户的交互式数据操作。在软件界面编制语言的选择方面，由于目前界面编制语言很多，如 Visual C++、C++ Builder、Visual Basic、Visual Basic. net、Delphi 等，考虑到开发工具的简易性、方便性、可扩充性和可移植性，文中系统采用 Visual Basic. net[2][3]来作为软件界面开发语言。Visual Basic. net 是基于微软. net Framework 之上的面向对象的中间解释性语言，与其他语言相比，它具有简单易学、扩充性好的特点。Visual Basic. net 可以看作是 Visual Basic 在. net Framework 平台上的升级版本，增强了对面向对象的支持，从功能上讲完全满足本软件开发的需求。

在核心计算模块的计算机语言的选择方面，考虑到不同语言所适用的专业性特点，采用计算功能较强的 Fortran 语言来编写。

由于在 PRAVB 软件系统中，涉及到的数据众多，不仅数据库管理模块需要用到数据库，而且计算程序计算用到的数据、计算的结果数据都需要存入数据库，数据库是整个系统运行的基础。如何有效管理各类前后处理数据，就需要有专门的数据库工具。在选用数据库工具时，要考虑以下几个方面：

首先要保证信息的安全性。可以根据不同的用户类型开放相应的数据浏览和使用权限。其次是功能的完善性。PRAVB 软件系统中的数据不仅是一般的桥梁属性信息，还要包括评估结果等信息，所以要求系统的数据库能高度集成这些数据，实现多功能的数据管理和使用。再次是软件系统的数据库要能使用简便并可以与其他的数据库和应用程序方便地进行数据交换。最后系统采用的数据库最好是流行的数据库，这样无论是其本身的操作还是与其他数据库和应用程序之间的操作都相对方便，而且各种参考资源也比较丰富，方便用户开发，目前在桥梁管理系统中，常用的数据库主要有 Oracle、Sybase、SQL Server、Access 等。

PRAVB 软件系统采用的是 SQL Server 数据库[4]。SQL Server 能满足本软件对数据库的所有需求，同时，SQL Server 和 Visual Basic. net 之间有很多成熟的访问方法。

第二节　PRAVB 软件的框架设计

PRAVB 软件系统的总体功能框图见图 8-1。

1. 用户类型

用户类型指用户进入系统之前必须选择用户权限，本系统分一般用户和管理员两种权限。管理员能够使用本系统的所有功能，而一般用户只能使用部分功能，不能使用数据库管理模块和用户字典模块。

2. 功能选择

用户可以选择桥梁船撞安全评估数据库模块或选择桥梁船撞安全评估计算模块。

3. 子库选择

在桥梁船撞安全评估数据库中一共有七大子库：桥梁信息库、事故信息库、通航信息库、主动防撞库、船舶信息库、被动防撞库、环境信息库。用户在这七大子库中可以执行添加、删除、编辑、查询数据等操作。

4. 计算方法选择

在桥梁船撞安全评估计算中，用户可以选择不同的方法来计算船撞风险，如：AASHTO 规范方法和三参数路径积分方法。

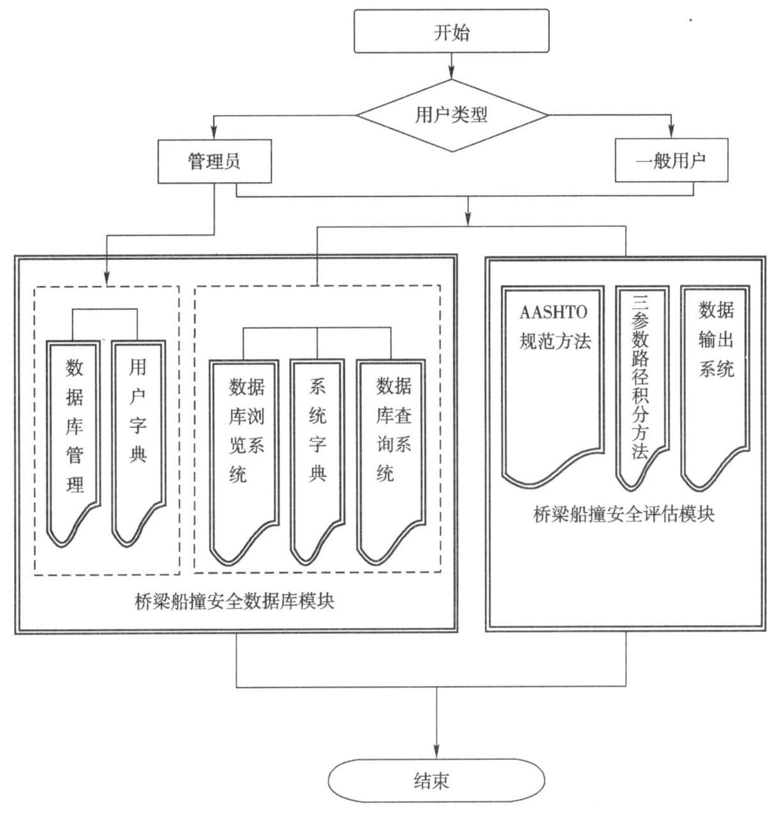

图 8-1　PRAVB 软件系统总体功能框图

第三节　PRAVB 软件的功能界面介绍

一、软件的登录界面

启动本软件，软件登录界面如图 8-2 所示。

在该界面中，用户需要输入用户名和密码，以及用户的权限、所选取的功能模块。用户权限分管理员和用户，功能模块分为计算模块和数据库模块，此外用户在登录的时候可以修改密码。信息输入完成后，点击登录，进入程序主界面，见图 8-3、图 8-4。

图 8-2　软件登录界面

二、桥梁船撞安全评估数据库界面

一般用户和管理员均能使用本模块。不同的是，一般用户只能浏览数据库中的数据，而不能修改里面的数据，而管理员既能浏览数据库中的数据，又能够修改数据表中的各个数据。

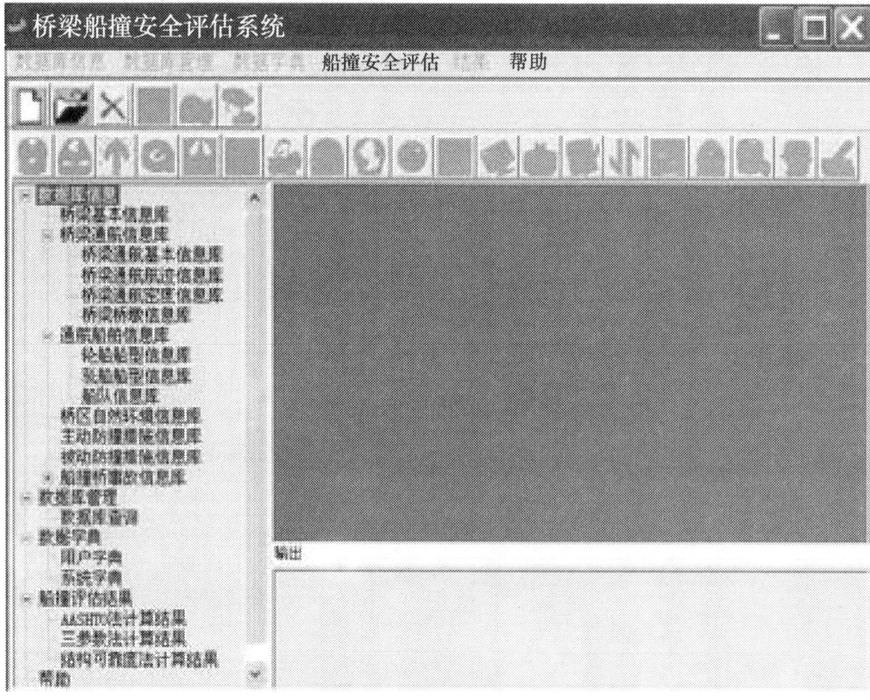

图 8-3　计算程序主界面

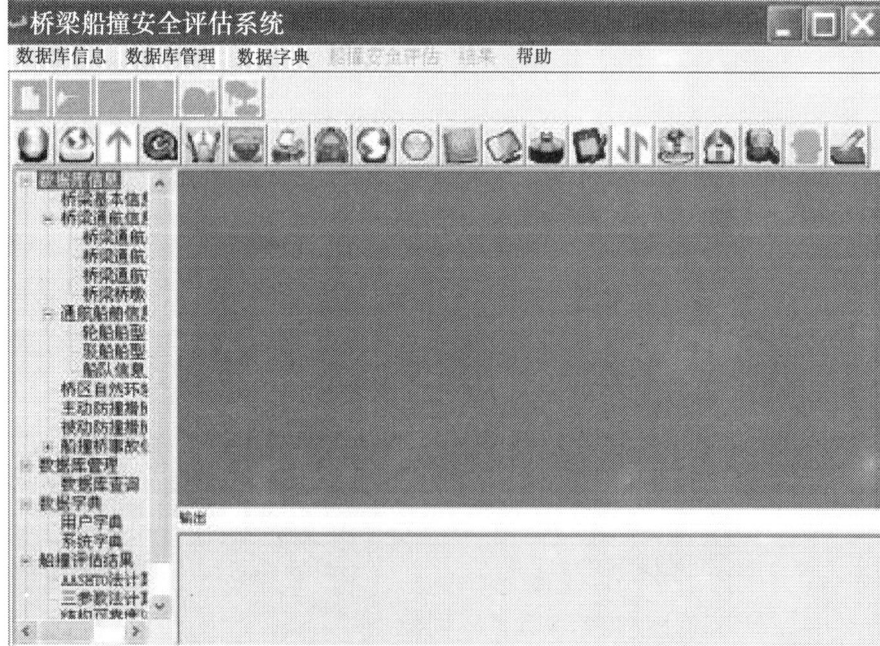

图 8-4　数据库主界面

1. 桥梁基本信息库

该部分主要记录了桥梁自身的一些基本参数,内容主要包括:桥梁代码、桥梁名称、桥型、设计跨径布置、桥梁类别、桥梁所属区域、建造年代。图 8-5 为桥梁基本信息库的界面。关于各项数据的详细说明见第三章。

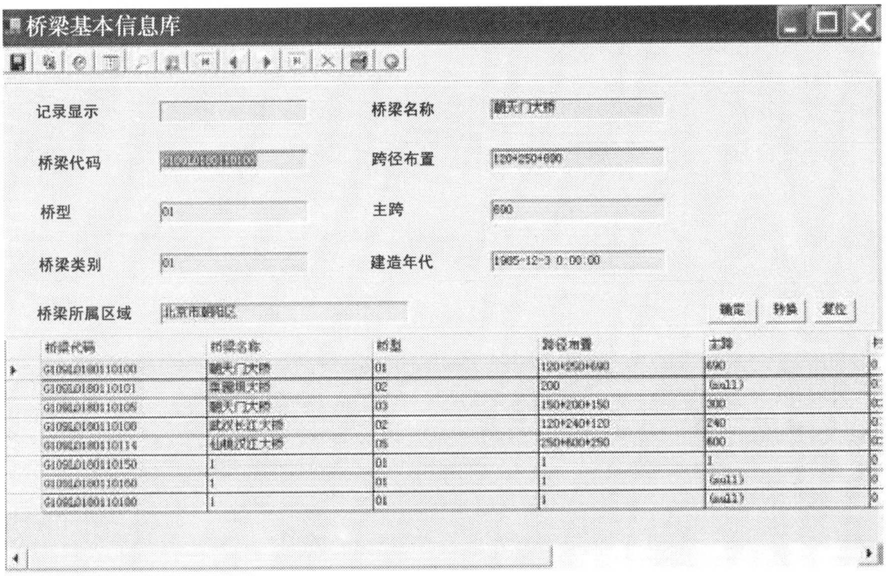

图 8-5　桥梁基本信息库界面

2. 桥梁通航基本信息库

这个菜单中包括 4 个子菜单,分别是:桥梁通航基本信息库、桥梁通航航迹信息库、桥梁桥墩信息库、桥梁通航密度信息库。

桥梁通航基本信息库主要录入桥梁通航的一些基本参数,内容主要有:桥梁代码、通航船型、航迹数、桥墩数、航线夹角。图 8-6 是桥梁通航基本信息库界面。

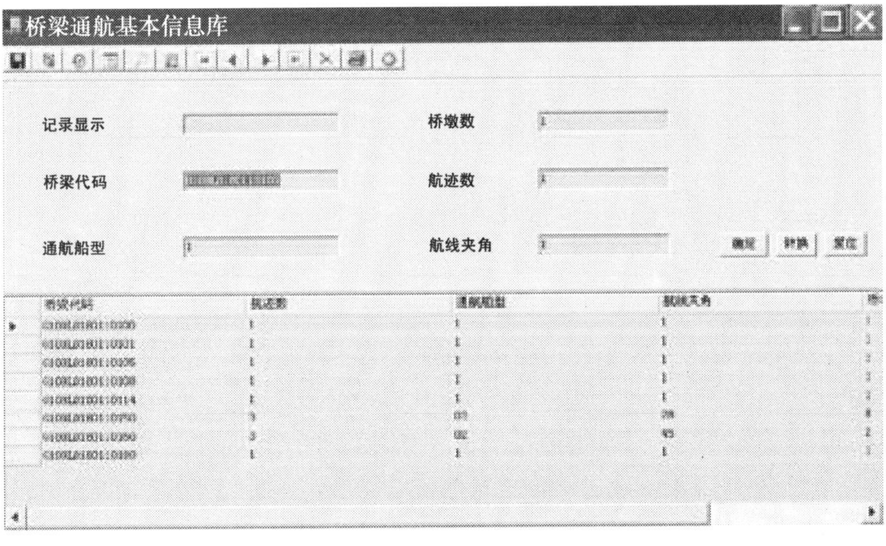

图 8-6　桥梁通航基本信息库界面

桥梁通航航迹信息库记录了桥梁通航航迹的一些数据，其主要内容有：航迹编号、航迹位置、航道位置、航道宽度。图8-7为桥梁通航航迹信息库界面。

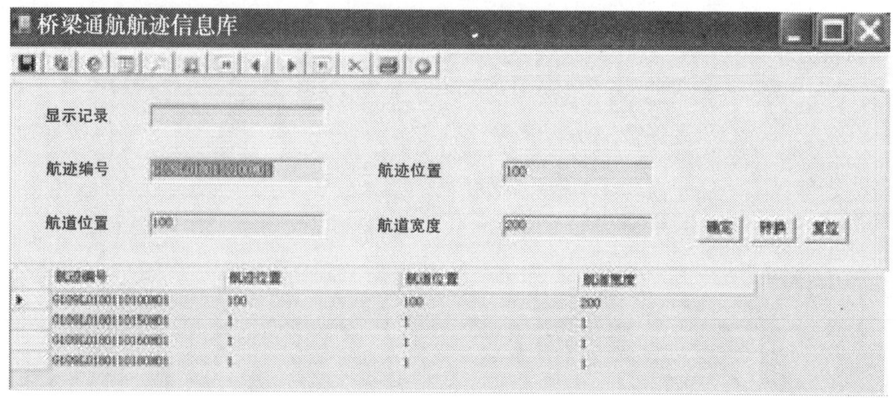

图8-7 桥梁通航航迹信息库界面

桥梁桥墩信息库记录了桥梁的下部结构的一些参数，其主要内容有：桥墩编号、墩的位置、基础形式、承台形状、承台平面尺寸长、承台平面尺寸宽、承台厚度、承台顶面高程、桥墩形式、桥墩形状、桥墩平面尺寸长、桥墩平面尺寸宽、标准水位下墩处水深。图8-8为桥梁桥墩信息库界面。

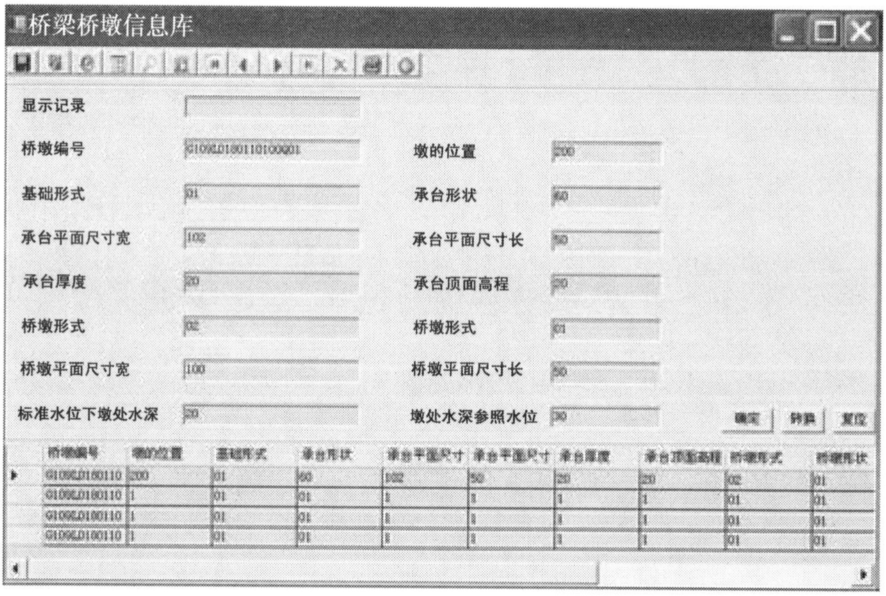

图8-8 桥梁桥墩信息库界面

桥梁通航密度信息库记录的是该桥梁未来10年的通航密度，其主要内容有：年号代码、船舶吨位1、船舶吨位2、船舶吨位3、船舶吨位4、船舶吨位5、船舶吨位6、船舶吨位7、船舶吨位8、船舶吨位9、船舶吨位10。图8-9为桥梁通航密度信息库界面。

3. 通航船舶信息库

这个菜单中还包括3个子菜单，分别是：轮船船型信息库、驳船船型信息库、船队信息库。

图 8-9　桥梁通航密度信息库界面

轮船船型信息库主要内容包括：恒重吨位 DWT、空载压舱排水量、满载排水量、空载压舱吃水深度、满载吃水深度、船长、船宽、船头高、甲板室高、桅杆高。图 8-10 为轮船船型信息库界面。

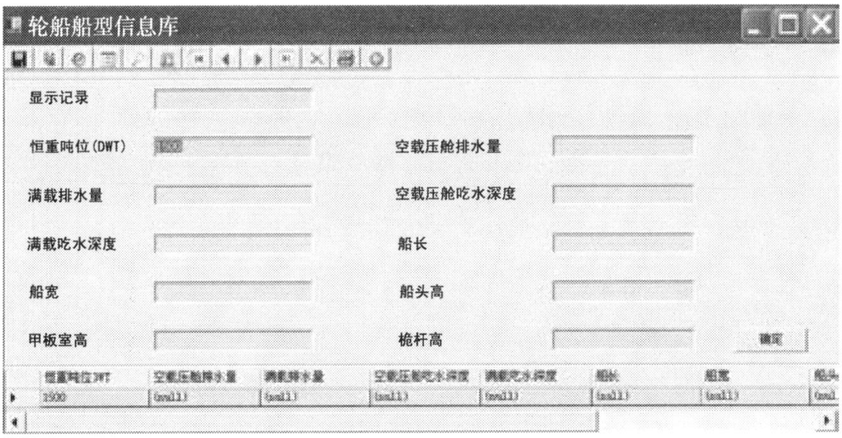

图 8-10　轮船船型信息库界面

驳船船型信息库主要内容包括：恒重吨位 DWT、空载压舱排水量、满载排水量、空载压舱吃水深度、满载吃水深度、船长、船宽、船头高。图 8-11 为驳船船型信息库界面。关于各项数据的详细说明见第三章。

船队信息库主要内容包括：恒重吨位 DWT、典型代表驳船、船队行数、船队列数。图 8-12 为船队信息库界面。

4. 桥区自然环境信息库

桥区的自然环境，如航道及水文条件等，也对碰撞有着重要影响，水流速度越高则碰撞概率越大，大多数船桥碰撞事故发生在洪水期的事实证明了这一点。桥区水流与法线方向夹角过大时，例如桥区航道转向，船桥碰撞概率也会加大，这是因为存在较大的横流。因此，为了更好地描述桥区影响船桥碰撞概率的众多自然因素，该部分主要包括以下内容：桥梁代码、水流

驳船船型信息库

显示记录

恒重吨位（DWT） 空载压舱排水量

满载排水量 空载压舱吃水深度

满载吃水深度 船长

船宽 船头高

确定

恒重吨位DWT	空载压舱排水量	满载排水量	空载压舱吃水深度	满载吃水深度	船长
1500	1	1	1	1	1

图 8-11　驳船船型信息库界面

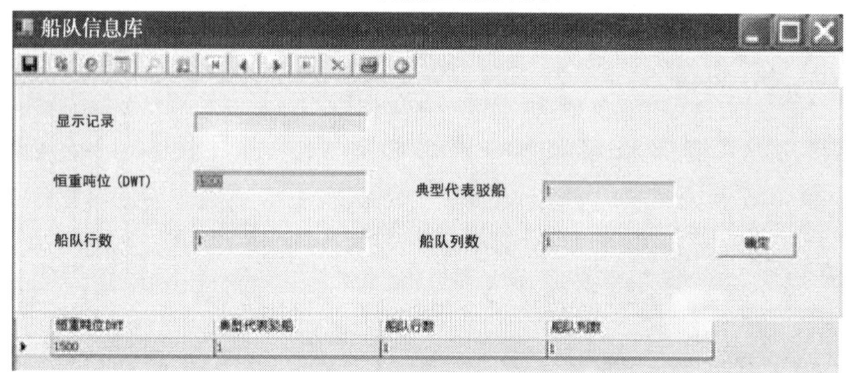

图 8-12　船队信息库界面

夹角、年平均水流流速、风向、设计风速、设计最高通航水位、全年平均通航水位、设计最低通航水位、汛期月份、枯水期月份、平均涨潮流速、平均落潮流速、年雨日数、年雪日数、年雾日数。图 8-13 为桥区自然环境信息库界面。

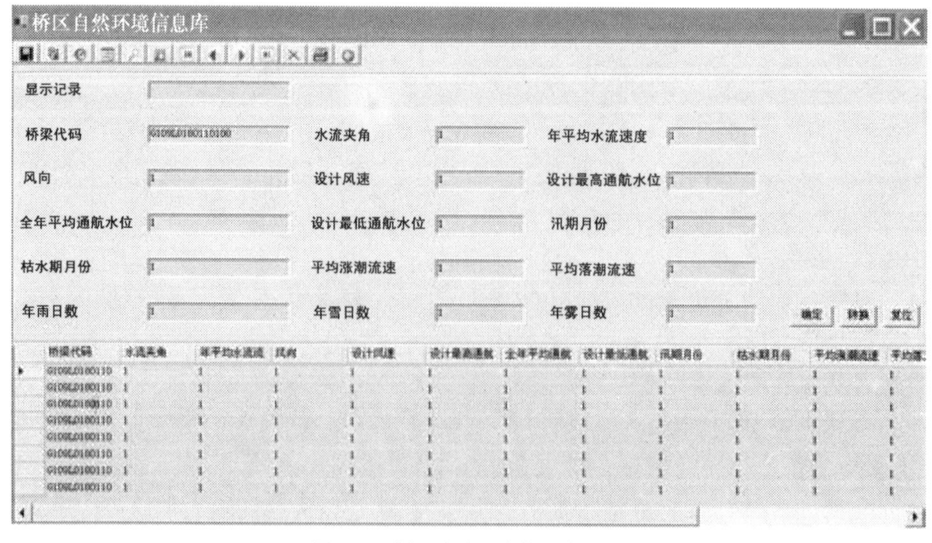

图 8-13　桥区自然环境信息库界面

5. 船撞桥事故信息库

这个菜单还包括 6 个子菜单，分别是：事故总体信息库、桥梁信息库、船舶信息库、航道信息库、自然环境信息库、事故详细信息库。

事故总体信息库内容包括：事故代码、国家、事故文号、事故档案名称、事故记录单位、事故信息来源、桥梁名称、航道名称、事故发生地、事故发生日期、事故发生时间。图 8-14 为事故总体信息库界面。

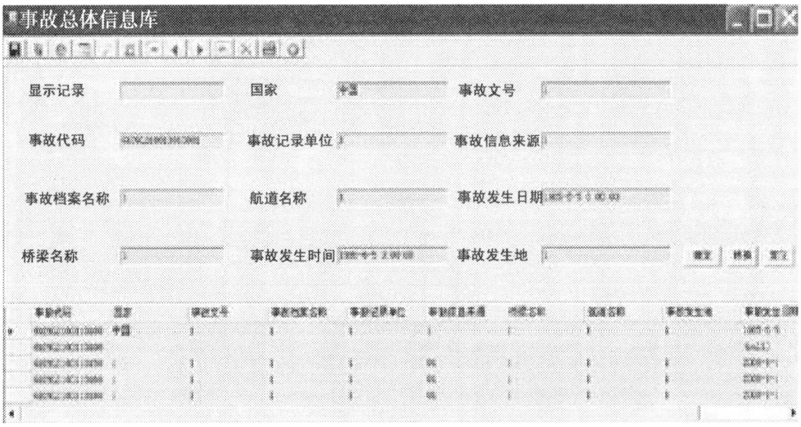

图 8-14　事故总体信息库界面

桥梁信息库内容包括：事故代码、桥梁类别、桥型、建造年代、通航净空、设计跨径、被撞位置。图 8-15 为桥梁信息库界面。

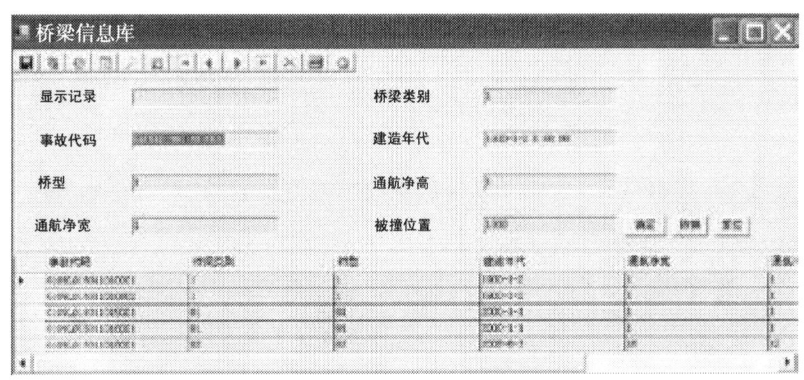

图 8-15　桥梁信息库界面

船舶信息库内容包括：事故代码、船名、船旗、船型、船舶材质、空载排水量、船长、船宽、吃水深度、有无锚泊系统、主机数量、推进主机类型、有无首推器、航向、航速、是否引航、船主、所载货物数量、载客数、主机功率。图 8-16 为船舶信息库界面。

航道信息库内容包括：事故代码、航道水深、航道类型、航道曲度、桥区直线航道长、航道宽度、年通行船舶数、桥下通行难度、是否分道航行、有无分道标志或标线、导航系统完善程度、是否有 VTS、搜救能力、其他需要说明的问题。图 8-17 为航道信息库界面。

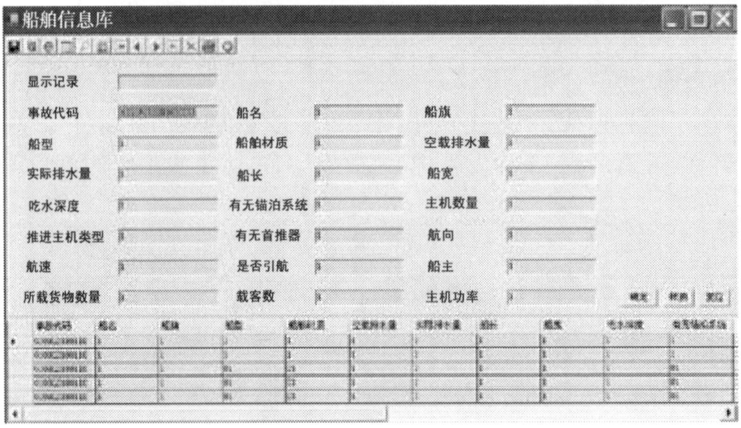

图 8-16　船舶信息库界面

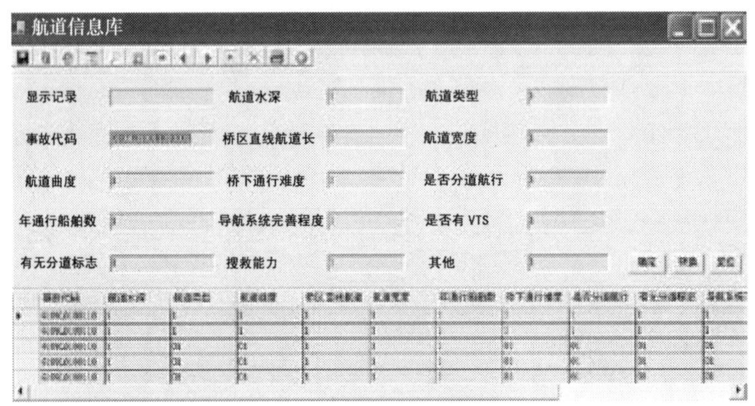

图 8-17　航道信息库界面

自然环境信息库内容包括：事故代码、风向、风速、浪高、水流方向、水流速度、有无浮冰、能见度、白天或夜间、天气总体情况。图 8-18 为自然环境信息库界面。

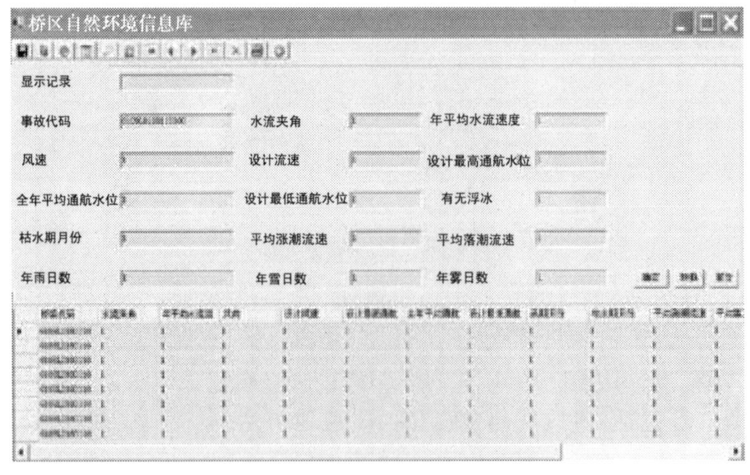

图 8-18　自然环境信息库界面

事故详细信息库内容包括:事故代码、事故类型、事故描述、事故原因、事故后果之一、事故后果之二、事故后果之三、事故后果之四、事故后果之五、事故后果之六、环境直接损失、直接总损失、环境间接损害、航道堵塞时间、桥上交通堵塞时间、间接总损失、事故概述、法律问题、近期事故。图 8-19 为事故详细信息库界面。

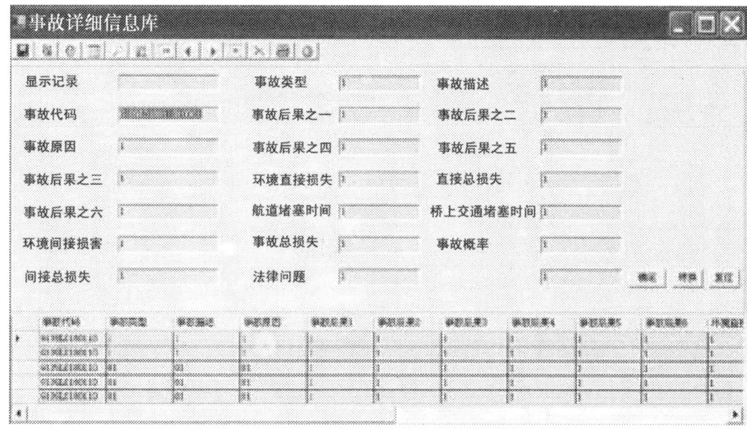

图 8-19 事故详细信息库界面

6. 主动防撞措施信息库

主动防撞是指为了避免船舶在航行过程中撞击到桥梁而采取的一系列人为改善的措施,如设置导航标、船舶定线航行、安装 VTS 系统等。这些都会降低船桥碰撞发生的概率,因此,在建立桥梁安全评估数据库时对于已建桥梁,还应该考虑到桥区现有的主动防撞措施。

该部分主要内容有:桥梁代码、是否采用主动防撞、主动防撞类型、01 开始时间、02 开始时间、03 开始时间、04 开始时间、05 开始时间、06 开始时间、资金投入。

图 8-20 为主动防撞措施信息库界面。

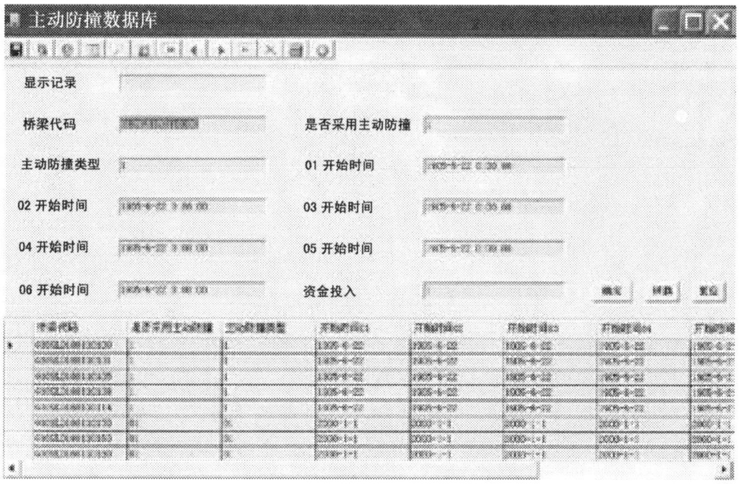

图 8-20 主动防撞措施信息库界面

7. 被动防撞措施信息库

窗口的各个按钮和工具条的功能说明如下:

被动防撞措施主要是指在桥墩处安装防撞措施，以减小船撞桥墩产生的撞击力大小。该部分主要内容有：桥梁代码、是否采用被动防撞、被动防撞类型、加装的桥墩数、加装防撞类型、加装时间、资金投入。图 8-21 为被动防撞措施信息库界面。

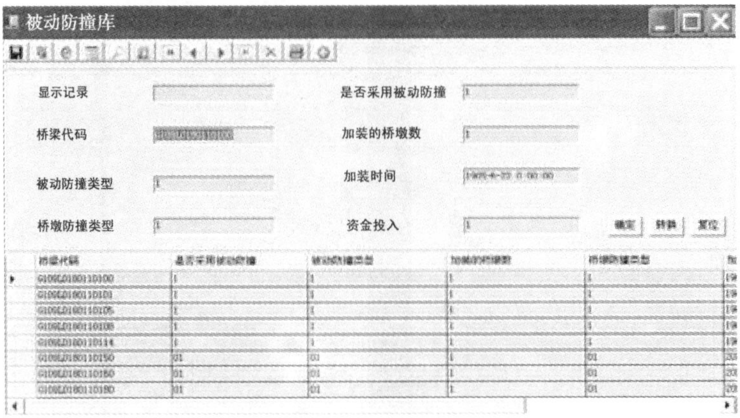

图 8-21　被动防撞措施信息库界面

8. 数据库查询

提供对之前录入的数据库信息查询，用户只需输入查询条件即可查询到用户需要查询的信息，提供一般查询和高级查询。

在一般查询中，用户可以查询桥梁相应的信息和船舶的信息。用户可以通过桥梁的桥梁名称、主跨跨径、建造年代、所属区域来简单的查询某个数据库中的信息。查询方式中设置了精确和模糊查询两种方式。一般查询界面见图 8-22。

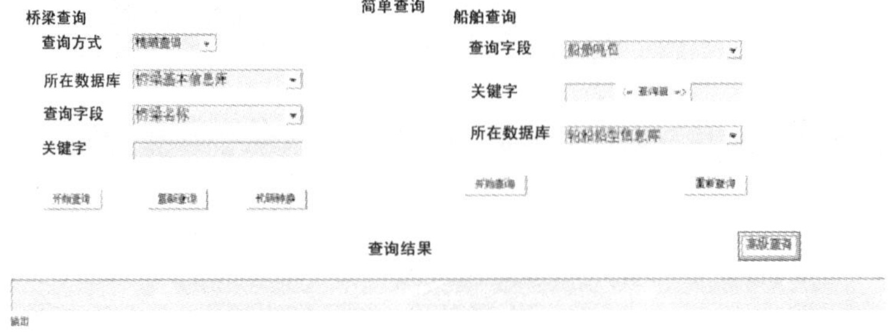

图 8-22　一般查询界面

在高级查询中，用户可以通过多项查询条件来查询用户所需要的信息，同时可以将查询出来的结果打印输出保存。在高级查询中，用户可以根据桥梁名称、桥型、主跨跨径、桥梁类别、所属区域、建造年代的多项组合来查询出用户所需要的信息，高级查询界面见图 8-23。

9. 数据字典

这个菜单还包括两个子菜单。

1）系统字典

本功能主要提供对系统录入数据代码的查询。由于本系统数据库的数据比较多，为了方便对本数据库进行统一管理，对相应字段的不同数据进行了如下编码：01：客船；02：货船；03：集装箱船；04：滚装船；05：化学品船；06：油船；07：船队。

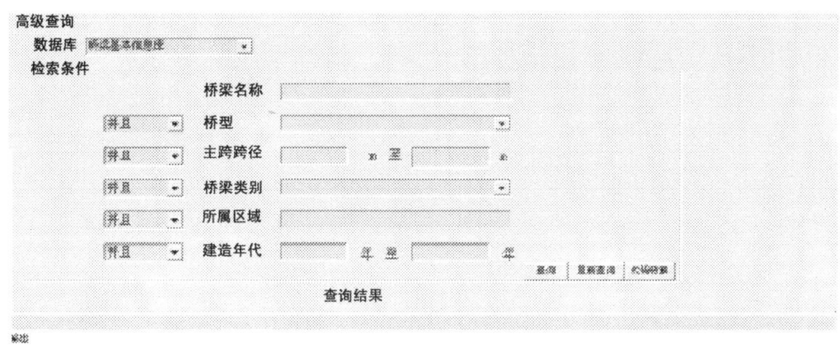

图 8-23　高级查询界面

在用户输入数据时，有必要对要输入的数据进行相应的编码输入，用户可以使用本功能方便的进行代码查询。界面见图 8-24。

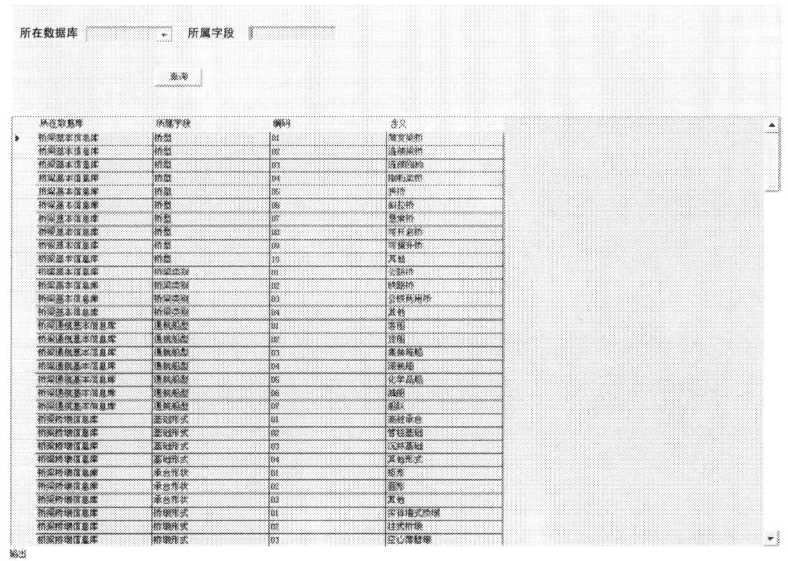

所在数据库	所属字段	编码	含义
桥梁基本信息库	桥型	01	简支梁桥
桥梁基本信息库	桥型	02	连续梁桥
桥梁基本信息库	桥型	03	连续刚构
桥梁基本信息库	桥型	04	刚构梁桥
桥梁基本信息库	桥型	05	拱桥
桥梁基本信息库	桥型	06	斜拉桥
桥梁基本信息库	桥型	07	悬索桥
桥梁基本信息库	桥型	08	可开启桥
桥梁基本信息库	桥型	09	可提升桥
桥梁基本信息库	桥型	10	其他
桥梁基本信息库	桥梁类别	01	公路桥
桥梁基本信息库	桥梁类别	02	铁路桥
桥梁基本信息库	桥梁类别	03	公铁两用桥
桥梁基本信息库	桥梁类别	04	其他
桥梁通航基本信息库	通航船型	01	客船
桥梁通航基本信息库	通航船型	02	货船
桥梁通航基本信息库	通航船型	03	集装箱船
桥梁通航基本信息库	通航船型	04	滚装船
桥梁通航基本信息库	通航船型	05	化学品船
桥梁通航基本信息库	通航船型	06	油船
桥梁通航基本信息库	通航船型	07	船队
桥梁桥墩信息库	基础形式	01	高桩承台
桥梁桥墩信息库	基础形式	02	管柱基础
桥梁桥墩信息库	基础形式	03	沉井基础
桥梁桥墩信息库	基础形式	04	其他形式
桥梁桥墩信息库	承台形状	01	矩形
桥梁桥墩信息库	承台形状	02	圆形
桥梁桥墩信息库	承台形状	03	其他
桥梁桥墩信息库	桥墩形式	01	实体墙式桥墩
桥梁桥墩信息库	桥墩形式	02	柱式桥墩
桥梁桥墩信息库	桥墩形式	03	空心薄壁墩

图 8-24　系统字典界面

2）用户字典

用户字典主要记录用户的各种信息，比如：用户名、密码、权限。此功能只对管理员开放，方便管理员对用户的相关信息进行查看和编辑。界面见图 8-25。

用户字典

用户信息

用户名　密码　权限

添加用户　查询　删除用户　退出

用户名	密码	权限
a	2	admin
b	123	user
c	12345	admin
d	6	user
n	8	user

图 8-25　用户字典界面

三、AASHTO 桥梁年碰撞频率和年倒塌频率计算界面介绍

1. 基本数据输入界面

本界面主要提供用户对相应的基本数据进行输入。基本数据输入对话框见图 8-26。桥位参数:输入桥位处的水文条件,有三个可选项:直线水域、过渡水域、转向水域。

交通密度参数:输入桥下通航船只的密度。具有三个可选项:高交通密度 、平均交通密度 、低交通密度 。

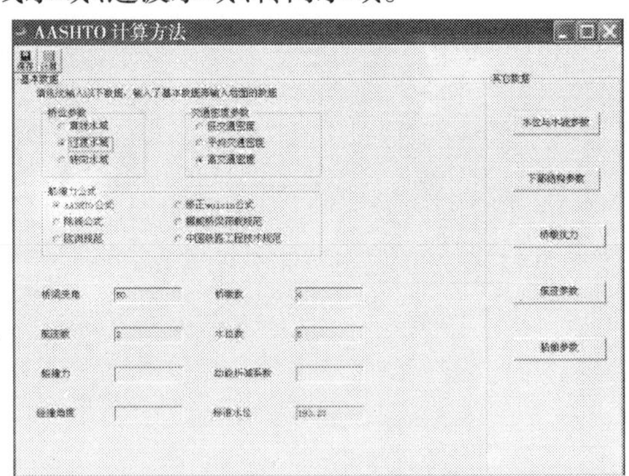

图 8-26　基本数据输入对话框

船撞力公式:本系统需要选择一个公式来计算船撞力。船撞力公式的计算有六种方法:AASHTO 公式、王陈公式、欧洲规范公式、修正 woisin 公式、挪威桥梁荷载规范公式、中国铁路工程技术规范公式。用户可从中选择一种。

桥梁夹角:水流与桥梁的夹角。

桥墩数:所要计算的桥梁具有的桥墩数目。

航迹数:桥位处航行迹线数目。

水位数:桥梁需要计算水位的数目。

船撞力:若船撞力公式选择了 2,则输入王陈公式的计算方式,最大船撞力取 1, 局部平均船撞力取 2,总体平均船撞力取 3。其他船撞力公式计算时,不需输入该项值。

动能折减系数:当船只斜向撞击承台(指船只行驶方向与撞击点处墩台面法线方向不一致)时取用 0.2,正向撞击(指船只行驶方向与撞击点处墩台面法线方向一致)时可采用 0.3。单位是 $s/m^{0.5}$。当船撞力公式选择 6 时,需要输入此项。

碰撞角度;船只驶近方向与墩台撞击点处切线所成的夹角,应根据具体情况确定,如有困难可采用 20°;当船撞力公式选择 6 时,需要输入此项。

标准水位:与水深对应的标准水位。

2. 水位与水流参数输入界面

本界面主要提供用户对相应的水位与水流参数进行输入。水位与水流参数对话框见图 8-27。

水位与水流参数

保存

水位号	计算水位值	水位年概率	平行水流速	垂直水流	最小水流速
1	193.23	0.01	3.88	0.34	3.9
2	189.33	0.05	3.88	0.34	3.9
3	174	0.5	3.88	0.34	3.9
4	166	0.3	3.88	0.34	3.9
5	160.58	0.14	3.88	0.34	3.9

图 8-27　水位与水流参数对话框

水位号:根据水位的数目来编号。

计算水位值:要计算的水位。

水位年概率:计算的水位出现的年概率。

平行水流速度:在这些计算水位下的平行水流速度。

垂直水流速度:在这些计算水位下的垂直水流速度。

最小水流速度:在这些计算水位下的最小水流速度。

3. 下部结构参数输入界面

本界面主要提供用户对相应的下部结构参数进行输入。下部结构参数对话框见图 8-28。

下部结构参数

保存

桥墩号	桥墩位置坐标	桥墩宽度	桥墩处水深	承台厚度	承台半径	承台顶面高	撞击角度
1	-210	14	26.252	(null)	(null)	(null)	(null)
2	210	14	31.487	(null)	(null)	(null)	(null)
3	312	4	30.047	(null)	(null)	(null)	(null)
4	400	4	28.2	(null)	(null)	(null)	(null)

图 8-28　下部结构参数对话框

桥墩号:根据水位的数目来编号。

桥墩位置坐标:各桥墩的位置坐标(m),此坐标可以选择任何一个桥墩作为参照。

桥墩宽度:桥梁桥墩宽度。

桥墩处水深:桥墩处的水深。

承台厚度:承台的厚度。如果船撞力公式选择了 2,需要输入此项,如果船撞力公式选择了其他公式,不需输入此项。

承台半径:每个承台圆弧半径,矩形承台则取 0。如果船撞力公式选择了 2,需要输入此项,如果船撞力公式选择了其他公式,不需输入此项。

承台顶面高:每个承台顶面高程。如果船撞力公式选择了 2,需要输入此项,如果船撞力公式选择了其他公式,不需输入此项。

撞击角度:每个墩处的撞击角度。如果船撞力公式选择了 2,需要输入此项,如果船撞力公式选择了其他公式,不需输入此项。

4. 桥墩抗力输入界面

本界面主要提供用户对相应的桥墩抗力进行输入。桥墩抗力对话框见图 8-29。

编号:根据水位的数目来编号。

水位:水位编号同水流与水位参数对话框。

桥墩:桥墩的编号同下部结构参数对话框输入的桥墩编号。

抗力:不同的水位下桥墩所具有的抗力。

5. 航迹参数输入界面

本界面主要提供用户对相应的航迹参数进行输入。航迹参数对话框见图 8-30。

航迹号:根据航迹的数目来编号。

均值:航迹的均值。

标准差:航迹的标准差。

航道位置:航迹对应的航道的位置。

航道宽度:航迹对应的航道宽度。

分组数:航迹对应的船舶的分组数。

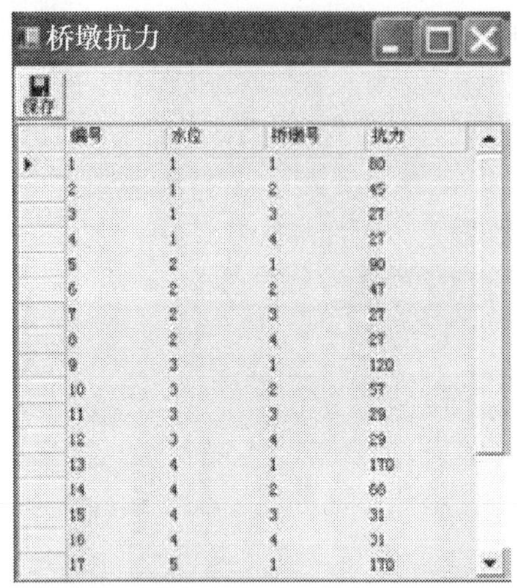

桥墩抗力

保存

编号	水位	桥墩号	抗力
1	1	1	80
2	1	2	45
3	1	3	27
4	1	4	27
5	2	1	90
6	2	2	47
7	2	3	27
8	2	4	27
9	3	1	120
10	3	2	57
11	3	3	29
12	3	4	29
13	4	1	170
14	4	2	68
15	4	3	31
16	4	4	31
17	5	1	170

图 8-29　桥墩抗力对话框

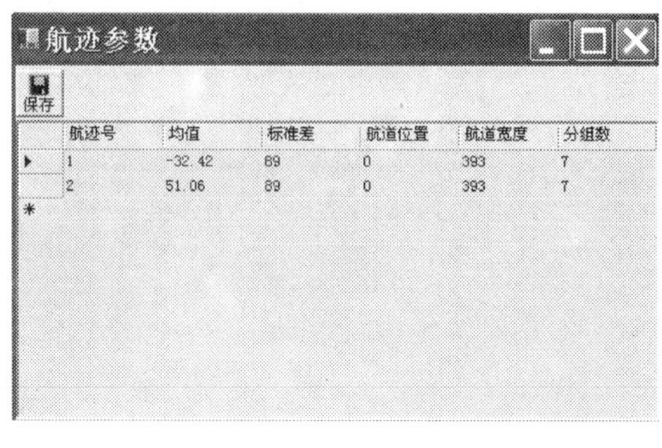

航迹参数

保存

航迹号	均值	标准差	航道位置	航道宽度	分组数
1	-32.42	89	0	393	7
2	51.06	89	0	393	7

图 8-30　航迹参数对话框

6. 船舶参数输入界面

本界面主要提供用户对相应的船舶参数进行输入。船舶参数输入对话框见图 8-31。

船舶参数

保存

编号	航迹号	分组号	船舶10	船舶50	船舶数	船型	附联水质量系数	典型航速	典型船舶长度	典型船舶宽度	吃水深度	船头高度
1	1	1	50	50	9737	1	1.05	6.17	21.4	6.28	1.3	4.3
2	1	2	50	200	21420	1	1.05	6.17	34.6	9.6	1.8	4.8
3	1	3	200	600	38946	1	1.05	6.17	50.7	13.4	2.5	6.5
4	1	4	600	1600	52577	1	1.05	6.17	71.3	18.1	3.3	6.3
5	1	5	1600	3000	45391	1	1.05	6.17	88.7	21.9	3.9	6.9
6	1	6	3000	5000	21614	1	1.05	6.17	106	25.5	4.6	7.6
7	1	7	5000	8000	5044	1	1.05	6.17	124.8	29.5	5.2	8.2
8	2	1	50	50	9737	1	1.05	3.44	21.4	6.28	1.3	4.3
9	2	2	50	200	21420	1	1.05	3.44	34.6	9.6	1.8	4.8
10	2	3	200	600	38946	1	1.05	3.44	50.7	13.4	2.5	6.5
11	2	4	600	1600	52577	1	1.05	3.44	71.3	18.1	3.3	6.3
12	2	5	1600	3000	45391	1	1.05	3.44	88.7	21.9	3.9	6.9
13	2	6	3000	5000	21614	1	1.05	3.44	106	25.5	4.6	7.6

图 8-31　船舶参数输入对话框

编号:根据分组数和航迹数取的编号,用户只需从 1 开始往下编辑即可。

航迹号:对应于航迹参数中的航迹号。

分组号:对应于航迹参数中的分组数所编的号码。

船舶 1:船舶的起始吨位。

船舶 2:船舶的结束吨位

船舶数:在船舶 1 和船舶 2 区间中的船舶数。

船型:1 为轮船。

附联水质量系数:该吨位区间下的船舶附联水质量系数。

典型航速:该吨位区间下的船舶典型航速。

典型船舶长度: 该吨位区间下的典型船舶长度。

典型船舶宽度: 该吨位区间下的典型船舶宽度。

吃水深度: 该吨位区间下的船舶吃水深度。

船头高度: 该吨位区间下的船舶船头高度。

四、三参数路径积分法桥梁年碰撞频率和年倒塌频率计算界面

1. 基本数据输入界面

本界面主要提供用户对相应的基本数据进行输入。基本数据输入对话框见图 8-32。

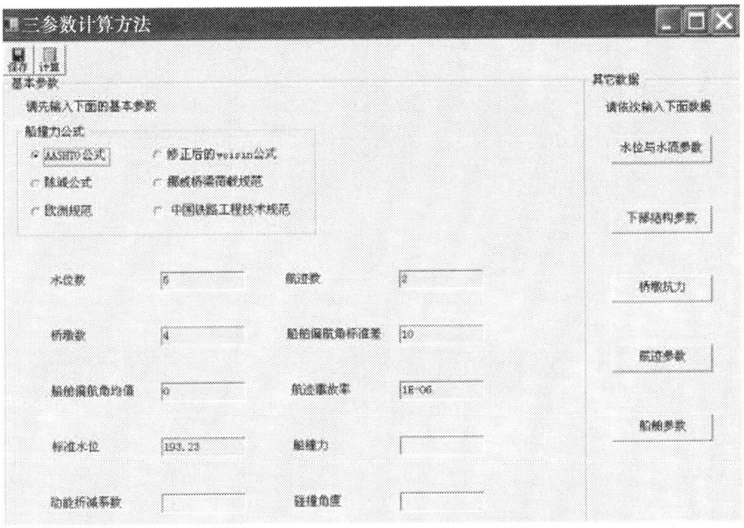

图 8-32　基本数据输入对话框

船撞力计算公式的选择同前。

水位数：桥梁需要计算水位的数目。

航迹数：桥位处航行迹线数目。

桥墩数：所要计算的桥梁具有的桥墩数目。

船舶偏航角标准差：该航迹船舶偏航角标准差。

船舶偏航角均值：该航迹船舶偏航角均值。

航迹事故率：该航迹所发生事故的概率。

标准水位：与水深对应的标准水位。

2. 水位与水流参数输入界面

本界面主要提供用户对相应的水位与水流参数进行输入。水位与水流参数对话框见图 8-33。

水位号：根据水位的数目来编号。

计算水位值：要计算的水位。

水位年概率：计算的水位出现的年概率。

最小水流速度：在这些计算水位下的最小水流速度。

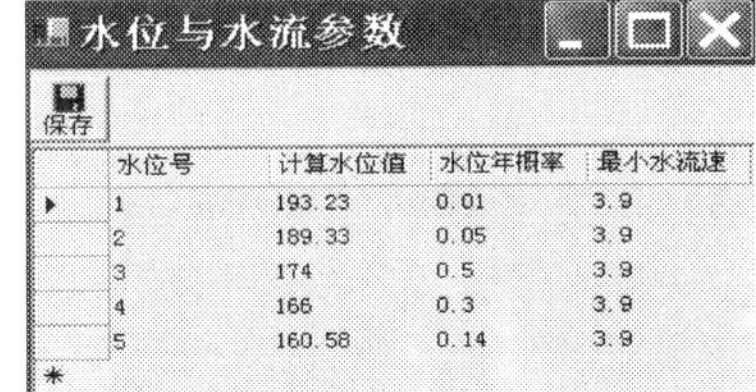

水位号	计算水位值	水位年概率	最小水流速
1	193.23	0.01	3.9
2	189.33	0.05	3.9
3	174	0.5	3.9
4	166	0.3	3.9
5	160.58	0.14	3.9

图 8-33　水位与水流参数对话框

3. 下部结构参数输入界面

本界面主要提供用户对相应的下部结构参数进行输入。下部结构参数对话框见图 8-34。

桥墩号：根据水中桥墩的数目来编号。

桥墩位置坐标：各桥墩的位置坐标(m)，此坐标可以选择任何一个桥墩作为参照。

桥墩宽度:桥梁桥墩宽度。

桥墩长度:桥梁桥墩长度。

桥墩处水深:桥墩处的水深。

下部结构参数

桥墩号	桥墩位置半	桥墩宽度	桥墩长度	桥墩处水深	承台厚度	承台半径	承台顶面高	撞击角度
1	-210	14	20	26.252	(null)	(null)	(null)	(null)
2	210	14	20	31.487	(null)	(null)	(null)	(null)
3	312	4	10	30.047	(null)	(null)	(null)	(null)
4	400	4	10	20.2	(null)	(null)	(null)	(null)

图 8-34　下部结构参数对话框

如果船撞力公式选择 2,则需要输入承台厚度、承台半径、承台顶面高程和撞击角度参数。

4. *桥墩抗力输入界面*

本界面主要提供用户对相应的桥墩抗力进行输入。桥墩抗力对话框见图 8-35。

编号:根据水位的数目来编号。

水位:水位编号同水流与水位参数对话框。

桥墩:桥墩的编号同下部结构参数对话框输入的桥墩编号。

抗力:不同的水位下桥墩所具有的抗力。

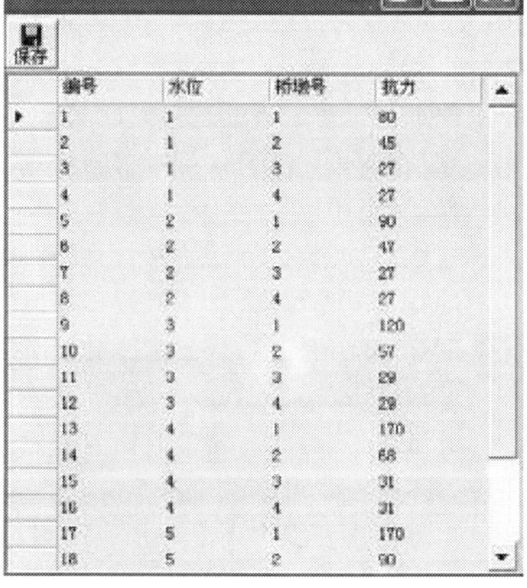
桥墩抗力

编号	水位	桥墩号	抗力
1	1	1	80
2	1	2	45
3	1	3	27
4	1	4	27
5	2	1	90
6	2	2	47
7	2	3	27
8	2	4	27
9	3	1	120
10	3	2	57
11	3	3	29
12	3	4	29
13	4	1	170
14	4	2	68
15	4	3	31
16	4	4	31
17	5	1	170
18	5	2	90

图 8-35　桥墩抗力对话框

5. *航迹参数*

本界面主要提供用户对相应的航迹参数进行输入。航迹参数界面见图 8-36。

航迹号:根据航迹的数目来编号。

均值:航迹的均值。

标准差:航迹的标准差。

航道位置:航迹对应的航道的位置。

航道宽度:航迹对应的航道的宽度。

分组数:航迹对应的船舶的分组数。

6. *船舶参数输入界面*

本界面主要提供用户对相应的船舶参数进行输入。船舶参数对话框见图 8-37。

编号:根据分组数和航迹数取的编号,用户只需从 1 开始往下编辑即可。

航迹参数

航迹号	均值	标准差	航道位置	航道宽度	分组数
1	-32.42	89	0	393	7
2	51.06	89	0	393	7

图 8-36　航迹参数对话框

航迹号:对应于航迹参数中的航迹号。

分组号:对应于航迹参数中的分组数所编的号码。

船舶 1:船舶的起始吨位。

船舶 2:船舶的结束吨位。

船舶参数

保存

编号	航迹号	分组号	船舶10	船舶50	船舶数	船型	附联水质量	典型航速	典型船舶长	典型船舶宽	吃水深度	船头高度	停船距离均	停船距离标
1	1	1	50	50	9737	1	1.05	6.17	21.4	6.28	1.3	4.3	50	10
2	1	2	50	200	21420	1	1.05	6.17	34.8	9.6	1.8	4.8	80	15
3	1	3	200	600	38946	1	1.05	6.17	50.7	13.4	2.5	6.5	100	20
4	1	4	600	1600	52577	1	1.05	6.17	71.3	18.1	3.3	6.3	200	40
5	1	5	1600	3000	45391	1	1.05	6.17	88.7	21.9	3.9	6.9	300	50
6	1	6	3000	5000	21614	1	1.05	6.17	106	25.5	4.6	7.6	400	50
7	1	7	5000	8000	5044	1	1.05	6.17	124.8	29.5	5.2	8.2	500	100
8	2	1	50	50	9737	1	1.05	3.44	21.4	6.28	1.3	4.3	50	10
9	2	2	50	200	21420	1	1.05	3.44	34.8	9.6	1.8	4.8	80	15
10	2	3	200	600	38946	1	1.05	3.44	50.7	13.4	2.5	6.5	100	20
11	2	4	600	1600	52577	1	1.05	3.44	71.3	18.1	3.3	6.3	200	40
12	2	5	1600	3000	45391	1	1.05	3.44	88.7	21.9	3.9	6.9	300	50
13	2	6	3000	5000	21614	1	1.05	3.44	106	25.5	4.6	7.6	400	50
14	2	7	5000	8000	5044	1	1.05	3.44	124.8	29.5	5.2	8.2	500	100

图 8-37　船舶参数对话框

船舶数:在船舶 1 和船舶 2 区间中的船舶数。

船型:1 为轮船。

附联水质量系数:该吨位区间下的船舶附联水质量系数。

典型航速:该吨位区间下的船舶典型航速。

典型船舶长度:该吨位区间下的典型船舶长度。

典型船舶宽度:该吨位区间下的典型船舶宽度。

吃水深度:该吨位区间下的船舶吃水深度。

船头高度:该吨位区间下的船舶船头高度。

停泊距离均值:该吨位区间下船舶停泊距离的均值。

停泊距离标准差:该吨位区间下船舶停泊距离的标准差。

将计算程序得出的结果提供给用户,用户可以根据自己的选择来查看结果数据。

五、数据输出界面

1. 界面介绍

本界面主要对计算出的数据进行查询,主要输出不同桥位或者不同水位下的年碰撞频率和年倒塌频率。数据输出界面见图 8-38。

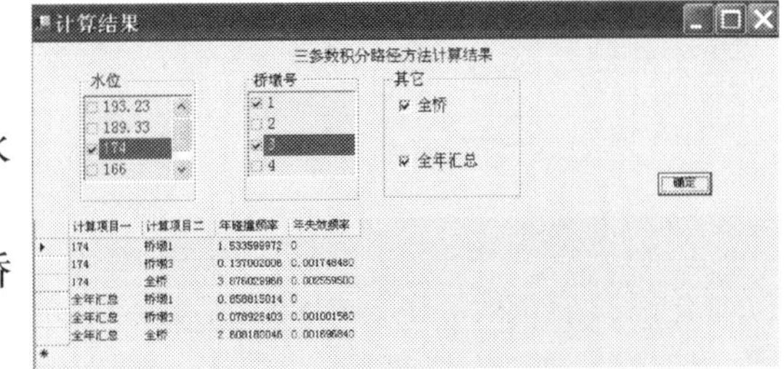

图 8-38　数据输出界面

2. 数据说明

水位对话框:用户可以选择需要查看的水位,可以选择多项。

桥墩号对话框:用户可以选择需要查看的桥墩,可以选择多项。

其他:用户可以选择全桥的或者全年汇总的结果。

计算项目 1:显示用户所选的水位数或者全年汇总的数据。

计算项目 2:显示用户所选的桥墩或者全桥的。

年碰撞频率:年船撞桥频率。

年倒塌频率:桥墩船撞的倒塌概率。

第四节　PRAVB 软件在南京长江第四大桥中的应用

一、工程概况

在建的南京长江第四大桥位于南京市栖霞山附近，西距南京长江大桥约 20.5km，是南京市规划建设二环线路中的过江通道。南京长江第四大桥推荐方案为主跨 1 418m 的三跨悬索桥，跨径布置为 166m + 422m + 1 418m + 352m + 122m，见图 8-39。锚锭形式采用重力式锚，主塔采用混凝土门式框架结构，主塔基础采用钻孔灌注桩基础。引桥采用预应力混凝土连续箱梁，两侧锚锭均布置在大堤外，主孔通航净高 50m 范围宽度为 690m。

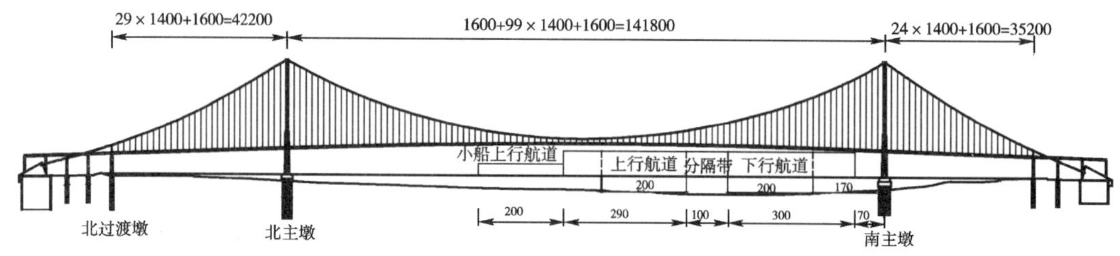

图 8-39　南京四桥主跨 1 418m 方案布置(尺寸单位:cm)

桥区河段自八卦洲尾至三江口，全长 23km。由于本河段河势较稳定，多年来河槽水深与宽度未发生明显变化，主流与主航道走向一致。目前该段航道水深条件较好，航行基面下 10m 等深线贯通，宽度为 600 ~ 1 300m，航道等级为 I(1)级，全年主航道维护尺度为 10.5m × 200m (航道水深 × 航道宽)，水深维护保证率为 98%。根据历年航道维护情况，桥区河段航道较为稳定，枯水期可保证计划航道维护尺度。总体来说，桥区河段航道水深与宽度条件较优良。从桥区河段船舶流量看，桥区河段内过往船舶密度大，航运繁忙。

大桥设三个航道，一个下行航道，两个上行航道，其中一个上行航道专门供江船使用，船舶航行实行定线制。具体航道布置见图 8-39。在高水位下，北过渡墩、北主墩、南主墩都将有可能遭受船舶的撞击，如图 8-39 所示。

二、基本参数取值

南京长江第四大桥位于转向水域，根据桥位的地理特征，弯道转角大约取 21°。考虑到潮位变化的影响，该计算中进行偏保守取值，平行于航线的水流速度分量取 1.5 m/s，垂直于航线的水流速度分量取 0.2 m/s。最小水流速度取 1.5 m/s，水流速度的变异系数取 0.2。

根据有关水文资料，枯水期(2 月份)采用最低通航水位 0.44m，洪水期(7 月份)采用多年平均洪峰水位 6.2m，中水期(5 月份)采用多年平均水位 3.39m。其他月份水位按照线性插值计算。各月份的水位见表 8-1。

南京长江第四大桥桥区船舶通航密度取高交通密度。通航密度具体情况分别见表 8-2 和表 8-3。

南京长江第四大桥水位变化情况　　表 8-1

月　份	水位(m)	月　份	水位(m)	月　份	水位(m)
1	1.26	5	3.39	9	4.55
2	0.44	6	4.80	10	3.73
3	1.42	7	6.20	11	2.91
4	2.41	8	5.38	12	2.09

通航量预测表——海船(艘次)　　表 8-2

通 航 量		2003 年实测	2010 年预测	2020 年预测	2050 年预测
总体情况	通过船舶总数(艘)	12 751	16 355	23 095	35 209
	平均日通过船舶艘数	35	45	63	96
	3 万吨级以上(艘/年)	627	1319	2667	5 198
	5 万吨级以上(艘/年)	93	232	466	1 038
分吨位信息	1 000 载重吨以下(艘/年)	6 072	7147	9 207	11 244
	1 000 ~ 2 999 载重吨(艘/年)	2 425	2 732	3 170	4 361
	3 000 ~ 5 000 载重吨(艘/年)	1 470	1 660	1 992	2 991
	5 000 ~ 10 000 载重吨(艘/年)	1 079	1 375	1 763	3 095
	10 000 ~ 30 000 载重吨(艘/年)	1078	2 122	4 296	8 320
	30 000 ~ 50 000 载重吨(艘/年)	534	1 087	2 201	4 160
	50 000 载重吨以上(艘/年)	93	232	466	1 038

通过量预测表——江船(艘次)　　表 8-3

通 航 量		2003 年	2010 年	2020 年	2050 年
总体情况	通过船舶总数(艘)	498 225	555 532	839 498	1 123 465
	平均日通过船舶艘数	1 365	1 522	2 300	3 078
分等级信息	一等江船(艘/年)	5 072	5 655	8 564	11 451
	二等江船(艘/年)	13 536	15 091	22 855	30 560
	三等江船(艘/年)	29 126	32 473	49 178	65 758
	四等江船(艘/年)	34 310	38 253	57 931	77 462
	五等江船(艘/年)	3 579	3 990	6 043	8 080
	过往江船(艘/年)	412 602	460 070	694 927	930 154

在利用三参数路径积分模型时，根据相关研究资料，船舶的偏航角均值取 0°，标准差取 10°，事故率取 1×10^{-6}/艘/年/m。船舶的停船距离根据吨位的不同，取值为 200 ~ 800m，标准

差为 20～100m。船舶的撞击角度取 10°，变异系数取 0.2。

表 8-3 中的江船等级是按船舶总吨位及主推动力装置功率划分的。一等船舶：1 600 总吨以上或 1 500kW（2 040 马力）以上；二等船舶：600 总吨以上至 1 600 总吨以下或 441kW（600 马力）以上至 1 500kW 以下；三等船舶：200 总吨以上至 600 总吨以下或 147kW（200 马力）以上至 441kW 以下；四等船舶：50 总吨以上至 200 总吨以下或 36.8kW（50 马力）以上至 147kW 以下；五等船舶：50 总吨以下或 36.8kW 以下，以及所有挂桨机船舶。

根据调研资料和船舶分类方法，得到的各种船型的基本参数见表 8-4。

各船型参数一览表 表 8-4

DWT（t）	船 长（m）	船 宽（m）	吃水深度（m）
0～50	10.0	2.5	0.8
50～200	45.0	8.2	1.4
200～600	57.0	9.5	2.3
600～1 600	65.0	12.0	2.5
2 000～3 000	79.0	14.3	2.8
3 000～5 000	99.0	17.7	3.7
5 000～10 000	111.3	18.6	6.1
10 000～30 000	143.2	21.9	9.7
30 000～50 000	180.7	29.0	11.0
50 000 以上	230.0	32.0	11.0

船舶的典型航速取值见表 8-5。航速变异系数取 0.2。

船舶通过大桥航速选取表 表 8-5

航　道	船舶吨级	航　向	过桥航速（kn）
主通航孔	50 000 吨级海轮	上水	5.14
		下水	5.66
	5 000 吨级以下轮船	上水	4.63
		下水	5.14
	1 000 吨级以下轮船	上水	2.06
		下水	3.09
边孔航道	1 000 吨级以下小型船舶	上水	2.06
		下水	3.09

三、桥梁船撞频率

根据前述基本参数取值，对全桥进行船撞频率计算，并考虑了水位变化的影响，得到了北过渡墩、北主墩和南主墩以及全桥分别在 2010 年、2020 年和 2050 年的年撞击频率，详细列于表 8-6。

各墩以及全桥的年撞击频率　　表 8-6

年　份	墩　号	三参数路径积分模型	AASHTO 模型
2010 年	北过渡墩	3.25×10^{-10}	1.38×10^{-11}
	北主墩	2.18×10^{-4}	1.89×10^{-4}
	南主墩	1.72	4.28
	全桥	1.72	4.28
2020 年	北过渡墩	4.91×10^{-10}	2.08×10^{-11}
	北主墩	3.28×10^{-4}	2.61×10^{-4}
	南主墩	2.61	6.46
	全桥	2.61	6.46
2050 年	北过渡墩	6.57×10^{-10}	2.79×10^{-11}
	北主墩	5.04×10^{-4}	3.63×10^{-4}
	南主墩	3.62	8.67
	全桥	3.62	8.67

从表 8-6 中看出，对于北过渡墩和北主墩，三参数路径积分模型计算结果偏大，对于南主墩，AASHTO 模型计算结果偏大。全桥的年碰撞频率取决于南主墩。三参数路径积分模型的结果 2010 年约为 2 次/年，2020 年约为 3 次/年，2050 约为 4 次/年；AASHTO 模型得到的结果 2010 年约为 5 次/年，2020 年约为 7 次/年，2050 约为 9 次/年。二者存在差别的原因在前面第五章已做过说明。

四、桥梁倒塌概率

1. 抗力的概率特征

大桥船撞计算的重点是基础的桩顶和塔柱根部位，本节对这些关键断面的抗船撞能力进行计算，以此考核大桥的抗撞能力。桩、主塔塔根以及北边墩的截面形状如图 8-40 所示。其中，主塔和过渡墩材料用 C40 混凝土，桩采用 C30 混凝土，其余材料参数见表 8-7。各截面的能力见表 8-8。

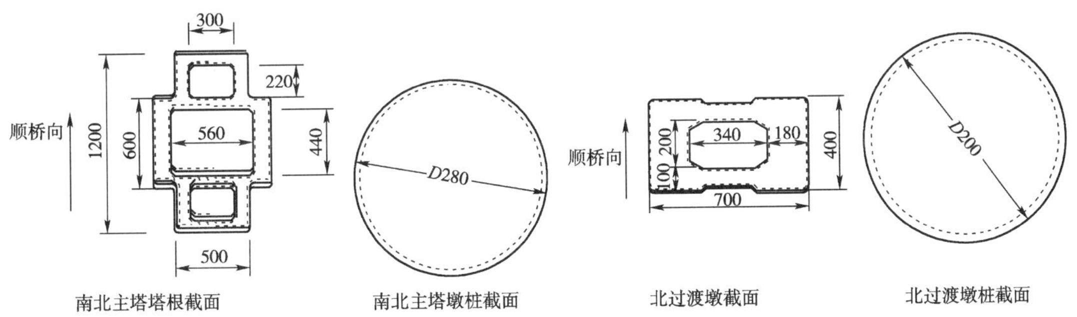

图 8-40　典型截面形状及尺寸

材料参数的概率统计特性 表 8-7

变量	钢的弹性模量	混凝土的弹性模量	钢筋的屈服强度	混凝土 28d 抗压强度
概率分布类型	正态分布	正态分布	对数正态分布	正态分布
变异系数	0.04	0.3	0.1	0.2

抗力的概率统计特性 表 8-8

截面	轴力(MN)	抗弯能力(MN·m)				抗剪能力(MN)			
		横桥向		顺桥向		横桥向		顺桥向	
		均值	标准差	均值	标准差	均值标	标准差	均值	标准差
主塔	355.3	1 091.0	54.6	1 577.0	78.9	151.5	16.7	171.9	18.9
主塔桩	31.4	34.6	1.7	34.6	1.7	8.5	0.9	8.5	0.9
过渡墩	23.7	214.3	10.7	131.4	6.6	20.8	2.3	15.5	1.7
过渡桩	7.1	12.3	0.6	12.3	0.6	2.0	0.2	2.0	0.2

注:表中轴力为计算截面能力时所采用的轴向压力值。

2. 船撞力的概率特征

通过对影响船撞力的三个主要因素——吨位、撞击速度和撞击角度进行归类总结,船撞计算中共需20 种船撞力工况,通过利用船撞力概率分析程序,分别得到了这20 种船撞力的均值和标准差,列于表 8-9。

各种情形下的横桥向船撞力概率特征汇总 表 8-9

编号	船型	撞击速度(m/s)	撞击角度(°)	撞击力均值(MN)	撞击力标准差	撞击力变异系数
1	过往江船	1.5	10	0.2	0.1	0.55
2	五等江船	1.5	10	0.4	0.1	0.20
3	四等江船	1.5	10	0.7	0.2	0.33
4	三等江船	1.5	10	1.6	0.5	0.28
5	二等江船	1.5	10	3.1	0.8	0.27
6	一等江船	1.5	10	4.0	0.8	0.20
7	1 000DWT 以下	1.58	10	3.0	0.6	0.20
8		1.5	10	4.6	1.3	0.28
9	1 000 ~ 3 000DWT	1.5	10	7.3	1.6	0.22
10	3 000 ~ 5 000DWT	1.5	10	10.9	2.5	0.23
11		2.37	10	20.4	5.6	0.28
12	5 000 ~ 10 000DWT	1.5	10	32.1	7.0	0.22
13		2.99	10	37.1	7.4	0.20
14	10 000 ~ 30 000DWT	1.5	10	4.2	0.8	0.20
15		3.77	10	11.5	2.5	0.22
16	30 000 ~ 50 000DWT	1.5	10	21.7	5.1	0.23
17		4.25	10	51.2	14.2	0.28
18	50 000DWT 以上	1.5	10	90.9	19.7	0.22
19		4.6	10	113.8	22.5	0.20
20		2.36	10	58.4	11.6	0.20

3. 结构倒塌概率

通过将上述船撞力分别作用于结构，并利用可靠度计算程序得到了下部结构在不同船撞力下的倒塌概率，列于表 8-10。同时在计算中发现，由于北过渡墩年撞击频率非常小，约为 10^{-10}级，因此即便失效概率为 1，也可满足风险准则要求，因此此处仅列出主墩在各种概率船撞力作用下的倒塌概率。

主墩在不同船撞力下的倒塌概率　　表 8-10

编　号	船　型	撞击速度(m/s)	撞击力均值(MN)	主墩倒塌概率
1	过往江船	1.5	0.2	0.00
2	五等江船	1.5	0.4	0.00
3	四等江船	1.5	0.7	0.00
4	三等江船	1.5	1.6	0.00
5	1 000DWT 以下	1.5	3.0	0.00
6	二等江船	1.5	3.1	0.00
7	一等江船	1.5	4.0	0.00
8	10 000 ~ 30 000DWT	1.58	4.2	0.00
9	1 001DWT 以下	1.5	4.6	0.00
10	1 000 ~ 3 000DWT	1.5	7.3	0.00
11	3 000 ~ 5 000DWT	1.5	10.9	0.00
12	10 000 ~ 3 0001DWT	2.37	11.5	0.00
13	3 000 ~ 5 001DWT	1.5	20.4	0.00
14	30 000 ~ 50 000DWT	2.99	21.7	0.00
15	5 000 ~ 10 000DWT	1.5	32.1	6.37×10^{-13}
16	5 000 ~ 10 001DWT	1.5	37.1	1.86×10^{-12}
17	30 000 ~ 50 001DWT	3.77	51.2	2.90×10^{-10}
18	50 002DWT 以上	2.36	58.4	2.48×10^{-9}
19	50 000DWT 以上	4.25	90.9	5.45×10^{-5}
20	50 001DWT 以上	4.6	113.8	4.31×10^{-4}

五、桥梁的年倒塌频率

通过将船撞频率与结构的失效概率相乘，得到的结构的年倒塌频率列于表 8-11，并同时列出了年碰撞频率，与 AASHTO 规范方法的计算结果进行了对比。

桥梁年碰撞频率与年倒塌频率　　表 8-11

年　份	墩　号	三参数路径积分方法		AASHTO 规范方法	
		年碰撞频率	年倒塌频率	年碰撞频率	年倒塌频率
2010 年	北过渡墩	3.25×10^{-10}	0.00	1.38×10^{-11}	0.00
	北主墩	2.18×10^{-4}	7.50×10^{-15}	1.89×10^{-4}	0.00
	南主墩	1.72	3.56×10^{-6}	4.28	5.07×10^{-6}
	全桥	1.72	3.56×10^{-6}	4.28	5.07×10^{-6}

续上表

年份	墩号	三参数路径积分方法		AASHTO 规范方法	
		年碰撞频率	年倒塌频率	年碰撞频率	年倒塌频率
2020 年	北过渡墩	4.91×10^{-10}	0.00	2.08×10^{-11}	0.00
	北主墩	3.28×10^{-4}	1.51×10^{-14}	2.61×10^{-4}	0.00
	南主墩	2.61	7.16×10^{-6}	6.46	1.02×10^{-5}
	全桥	2.61	7.16×10^{-6}	6.46	1.02×10^{-5}
2050 年	北过渡墩	6.57×10^{-10}	0.00	2.79×10^{-11}	0.00
	北主墩	5.04×10^{-4}	3.35×10^{-14}	3.63×10^{-4}	0.00
	南主墩	3.62	1.58×10^{-5}	8.67	2.27×10^{-5}
	全桥	3.62	1.58×10^{-5}	8.67	2.27×10^{-5}

注：表中 AASHTO 计算年倒塌频率时采用的设防船撞力为 120MN。

从表中看出，对于北过渡墩，两种方法计算出的结果均为零；对于北主墩，三参数路径积分方法计算出的年倒塌频率约为 $10^{-14} \sim 10^{-15}$，AASHTO 规范方法计算结果为零；对于南主墩，三参数路径积分方法计算出的年倒塌频率为 $3.56\times10^{-6} \sim 15.8\times10^{-6}$，AASHTO 规范方法计算出的结果为 $5.07\times10^{-6} \sim 22.7\times10^{-6}$。全桥的年倒塌频率由南主墩控制。总体来说，全桥的年倒塌频率 AASHTO 规范方法的结果较三参数路径积分方法计算结果约大 40%。

六、综合分析及结论

图 8-41 ~ 图 8-44 分别绘出了北过渡墩、北主墩、南主墩以及全桥随年份变化的年碰撞频率和年倒塌频率的趋势图。

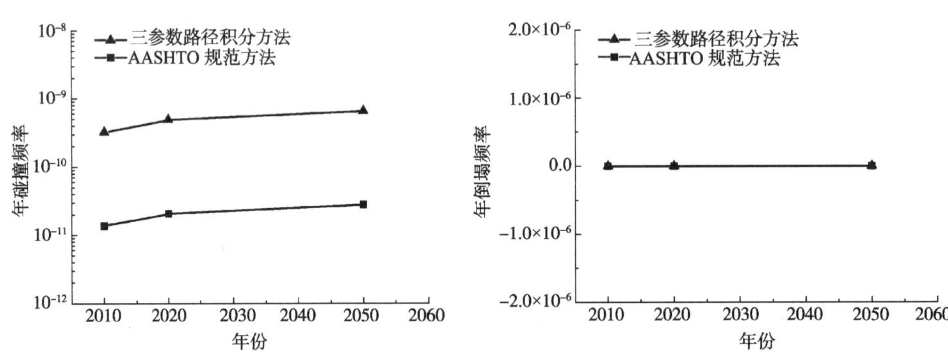

图 8-41　北过渡墩船撞风险变化趋势

从图中看出，对于北过渡墩和北主墩，根据 AASHTO 规范方法算出的年碰撞频率要小于三参数路径积分方法的结果，对于南主墩，按 AASHTO 规范方法算出的年碰撞频率要大于三参数路径积分方法的结果。对于北过渡墩，其年倒塌频率两种方法的结果相同；对于北主墩，AASHTO 规范方法算出的年倒塌频率小于三参数路径积分方法的结果；对于南主墩，AASHTO 规范方法算出的年倒塌频率大于三参数路径积分方法的结果。

从全桥船撞风险的角度来说，AASHTO 规范方法算出的年碰撞频率和年倒塌频率都大于三参数路径积分方法的结果。造成年碰撞频率增大的原因在第五章有过说明，从实际的事故

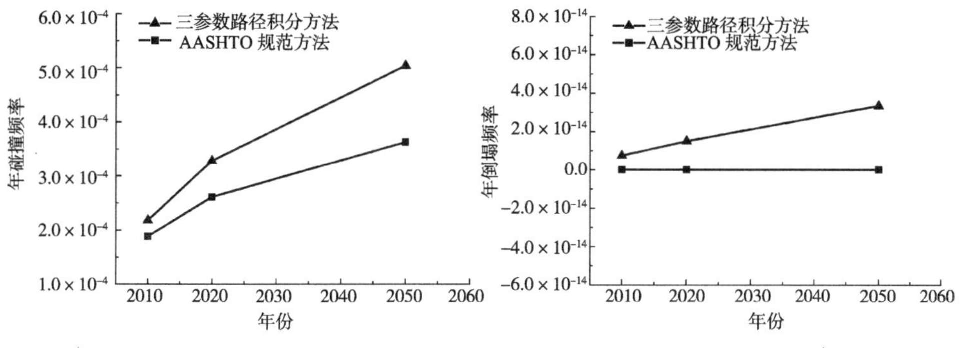

图 8-42　北主墩船撞风险变化趋势

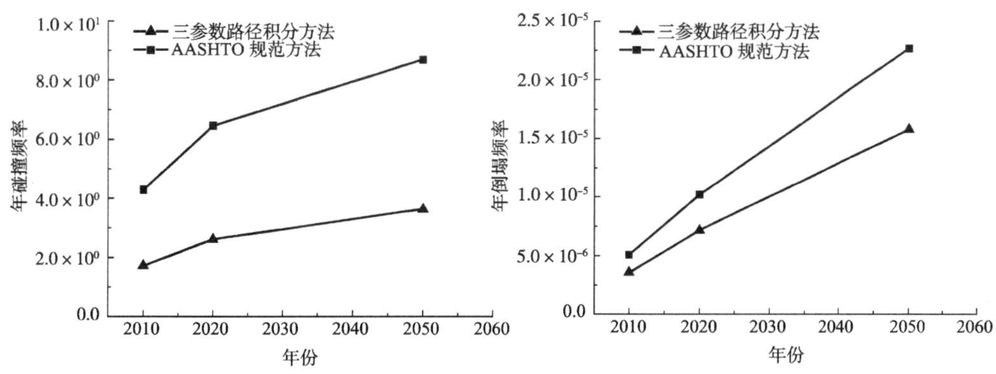

图 8-43　南主墩船撞风险变化趋势

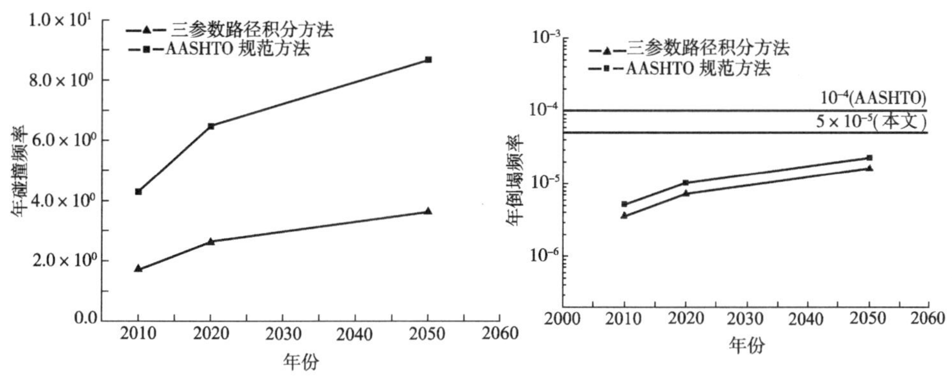

图 8-44　全桥船撞风险变化趋势

资料统计来看,三参数路径积分方法计算的年碰撞频率也更为贴近实际情况。造成年倒塌频率增大的原因可能在于实际结构抗力大于 120MN,而 AASHTO 规范方法在计算倒塌概率时采用结构抗力为 120MN,因此会导致较大的倒塌频率,同时 AASHTO 规范方法的倒塌概率曲线是由船舶的破坏资料统计而来,其合理性也有待进一步考证;而三参数路径积分方法则是从实际结构入手,以构件的能力来考察结构整体的抗力,更加真实地反映了结构的抗撞能力,因此,其计算结果也更有说服力。

总体上说,两种方法得出的桥梁年倒塌频率均能满足美国 AASHTO 规范规定的重要桥梁年倒塌频率 $<10^{-4}$的要求和本书提出的 5×10^{-5}的要求。具体列于表 8-12。

风险等级及结论　　表 8-12

年份＼类别	三参数路径积分方法			AASHTO 规范方法		
	年倒塌频率	可接受风险	结论	年倒塌频率	可接受风险	结论
2010 年，全桥	3.56×10^{-6}	5×10^{-5}	满足，低风险	5.07×10^{-6}	1×10^{-4}	满足
2020 年，全桥	7.16×10^{-6}	5×10^{-5}	满足，低风险	1.02×10^{-5}	1×10^{-4}	满足
2050 年，全桥	1.58×10^{-5}	5×10^{-5}	满足，低风险	2.27×10^{-5}	1×10^{-4}	满足

第五节　PRAVB 软件在忠县长江大桥中的应用

一、工程概况

沪蓉国道主干线重庆石柱至忠县公路全长 73.790km，全线采用设计速度为 80km/h 的高速公路标准。忠县长江大桥的设计方案如图 8-45 所示。湖北利川方向为三跨连续刚构桥，跨径组合为 112m + 200m + 112m，刚构桥下不设置通航航道；四川邻水方向为混凝土斜拉桥，跨径组合为 205m + 460m + 205m，混凝土斜拉桥下通航航道分为上水方向辅航道（四川邻水方向一侧），主跨上水方向主航道（四川邻水方向一侧）与下水方向主航道（湖北利川方向一侧）以及备用下水辅航道（湖北利川方向一侧）。四川邻水方向引桥为跨径 40m 的连续梁桥。

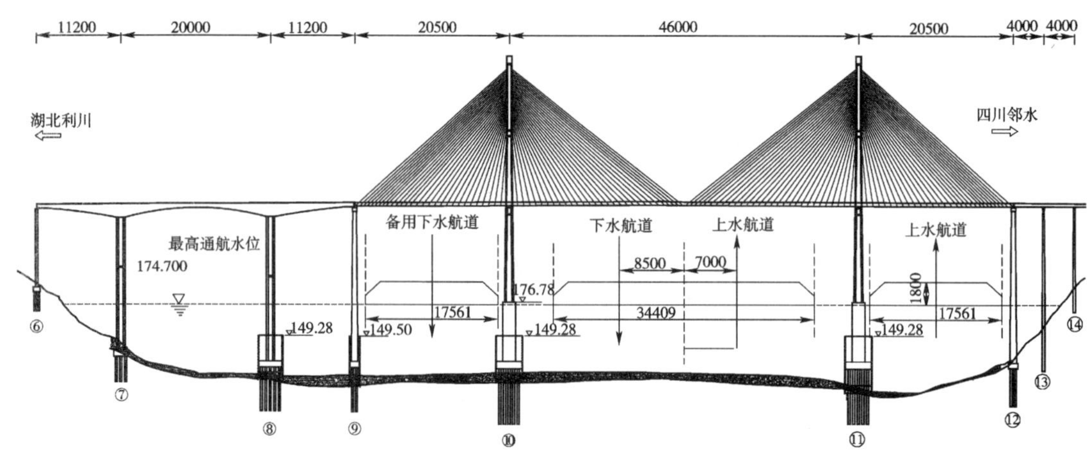

图 8-45　忠县长江大桥桥型布置图

忠县长江大桥位于三峡水库回水段，受三峡水库蓄水的影响较大，每年水位落差通常有 20m 左右。在 175 水位下，7 ~ 13 号墩均存在船撞风险。

二、基本参数取值

1. 水流参数

根据桥区水文条件调查与分析，桥位附近水流速度最大可取为 2.97m/s，最小可取为 0.11m/s，为了偏保守的取值，本计算中平行于水流的速度取 2.5m/s，垂直于水流的速度取 0.2m/s，水流速度的变异系数取 0.2。

2. 计算水位

忠县长江大桥桥址处水位的统计结果分别见表 8-13 和图 8-46。

忠县站 2006 年 3 月至 2007 年 7 月长江水位值　　表 8-13

月份	2006 年								
	3 月	4 月	5 月	6 月	7 月	8 月	9 月	10 月	11 月
水位(m)	149.1	149.0	151.3	154	156.4	151.9	155.0	153.1	149.9

月份	2006 年	2007 年						
	12 月	1 月	2 月	3 月	4 月	5 月	6 月	7 月
水位(m)	149.0	148.6	148	148.1	148.8	150.7	159.9	163.4

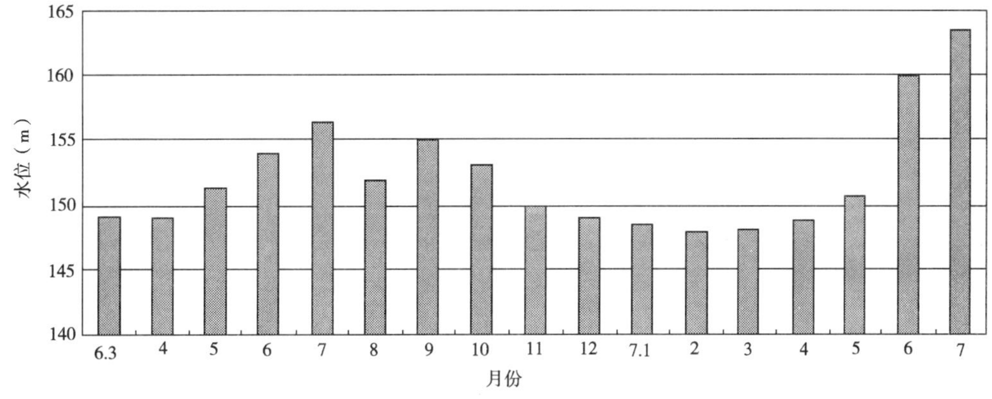

图 8-46　忠县站 2006 年 3 月至 2007 年 7 月长江水位变化图

表中水位只是临时水位，由于三峡水库成库后，忠县长江大桥的水位变化较大，因此三峡水库成库后桥址处的水位变化还有待于今后的观测资料收集工作。作为算例，本书将以表 8-13 中 2006 年 8 月～2007 年 7 月的观测水位作为计算水位，各水位出现频率均为 1/12，然后加权得到全年的桥梁船撞风险。

3. 通航船舶及密度

重庆市港航管理部门对当前以及今后的长江干线通航量进行了统计和预测，以忠县长江大桥桥位处的船舶通航密度为例，表 8-14 列出了 2007 年、2010 年、2020 年和 2050 年船舶的通航量。

忠县长江大桥桥位处船舶通航量(艘次)　　表 8-14

通 航 量		2007 年	2010 年	2020 年	2050 年
通过船舶总数(艘)		71 175	95 734	379 600	663 570
平均日通过船舶艘数		195	262	1 040	1 818
其中	一等江船 1 600t 以上	23 488	33 507	140 452	265 429
	二等江船 600～1 600t	21 352	26 805	102 492	172 528
	三等江船 200～600t	14 947	20 104	75 920	126 078
	四等江船 50～200t	7 829	10 531	41 756	72 993
	五等江船 50t 以下	3 559	4 787	18 980	26 542

根据通航密度的情况，忠县长江大桥的交通密度修正系数取1.6，属高交通密度情况。各通航船舶的船型参数见表8-15。根据观测资料，上水船舶航速取3.33m/s，下水船舶航速取4.17m/s，航速变异系数取0.2。

各船型参数一览表　　表8-15

DWT (t)	船长(m)	船宽(m)	吃水深度(m)
50以下	10.0	2.5	0.8
50～200	45.0	8.2	1.4
200～600	57.0	9.5	2.3
600～1 600	65.0	12.0	2.5
1 600～3 000	79.0	14.3	2.8
3 000～5 000	99.0	17.7	3.7
5 000以上	111.3	18.6	6.1

在利用三参数积分路径模型时，根据相关研究资料，船舶的偏航角均值取5°，标准差取3°，事故率取1×10^{-6}/艘/年/m。船舶的停船距离根据吨位的不同，取值为200～600m，标准差为20～60m。船舶的撞击角度取10°，变异系数取0.2。

4. 船舶习惯航迹线位置

根据实测资料，船舶在139水位和156水位下的航迹线参数见表8-16。根据观测，所有过桥的船舶均从主航道通过，在实际计算时，根据表8-16的数据，主航道上水航迹均值取距上下航道分隔线70m，下水航道距上下航道分隔线80m，标准差偏保守地取50m，上下水辅航道航迹均值分别取作航道中心线，如图8-45所示。

船舶不同水位下的习惯航迹线参数　　表8-16

上下水	分布类型	均值 μ		标准差 σ		$\alpha=\|\mu/w\|$		$\beta=\sigma/w$	
		139水位	156水位	139水位	156水位	139水位	156水位	139水位	156水位
上水	正态分布	53.11	68.52	22.55	23.61	0.144	0.185	0.061	0.064
下水	正态分布	-101.72	-83.49	19.42	29.93	0.275	0.226	0.052	0.081

三、桥梁船撞频率

根据前述基本参数取值，对全桥进行船撞频率计算，并考虑了水位变化的影响，得到了7#墩～13#墩以及全桥分别在2010年、2020年和2050年的年撞击频率，详细列于表8-17。

各墩以及全桥的年撞击频率　　表8-17

年份	墩号	三参数路径积分模型	AASHTO模型
2010年	7#墩	5.99×10^{-9}	1.03×10^{-15}
	8#墩	5.94×10^{-4}	1.13×10^{-4}
	9#墩	1.79×10^{-2}	6.03×10^{-2}
	10#墩	1.19×10^{-1}	2.65×10^{-1}
	11#墩	8.84×10^{-2}	1.80×10^{-1}
	12#墩	1.73×10^{-2}	5.30×10^{-2}
	13#墩	5.99×10^{-4}	7.51×10^{-4}
	全桥	2.44×10^{-1}	5.60×10^{-1}

续上表

年　份	墩　号	三参数路径积分模型	AASHTO 模型
2020 年	7#墩	2.48×10^{-8}	4.06×10^{-15}
	8#墩	2.44×10^{-3}	4.44×10^{-4}
	9#墩	7.25×10^{-2}	2.37×10^{-1}
	10#墩	4.83×10^{-1}	1.04
	11#墩	3.58×10^{-1}	7.07×10^{-1}
	12#墩	6.98×10^{-2}	2.08×10^{-1}
	13#墩	2.41×10^{-3}	2.94×10^{-3}
	全桥	9.88×10^{-1}	2.20
2050 年	7#墩	4.63×10^{-8}	7.07×10^{-15}
	8#墩	4.50×10^{-3}	7.68×10^{-4}
	9#墩	1.31×10^{-1}	4.10×10^{-1}
	10#墩	8.74×10^{-1}	1.80
	11#墩	6.49×10^{-1}	1.22
	12#墩	1.26×10^{-1}	3.61×10^{-1}
	13#墩	4.34×10^{-3}	5.08×10^{-3}
	全桥	1.79	3.80

从表 8-17 中看出，对于 7#墩和 8#墩，三参数路径积分模型计算结果偏大，对于其他墩，AASHTO 模型计算结果偏大。全桥的年碰撞频率取决于 10#墩和 11#主墩。三参数路径积分模型的结果 2010 年约为 0.25 次/年，2020 年约为 1 次/年，2050 约为 2 次/年；AASHTO 模型得到的结果 2010 年约为 0.6 次/年，2020 年约为 2 次/年，2050 约为 4 次/年。由于该桥目前还在建设之中，有关船撞桥事故的统计资料相对缺乏，因此，计算结果的合理性还有待于未来统计数据来进行验证。

四、桥梁倒塌概率

1. 抗力概率特征统计

桩、主塔塔根以及北边墩的截面形状如图 8-47 所示。其中，主塔和过渡墩采用 C40 混凝土，桩采用 C30 混凝土，其余材料参数见表 8-18。各截面的能力见表 8-19。

材料参数的概率统计特性　　表 8-18

变　量	钢的弹性模量	混凝土的弹性模量	钢筋的屈服强度	混凝土 28d 抗压强度
概率分布类型	正态分布	正态分布	对数正态分布	正态分布
变异系数	0.04	0.3	0.1	0.2

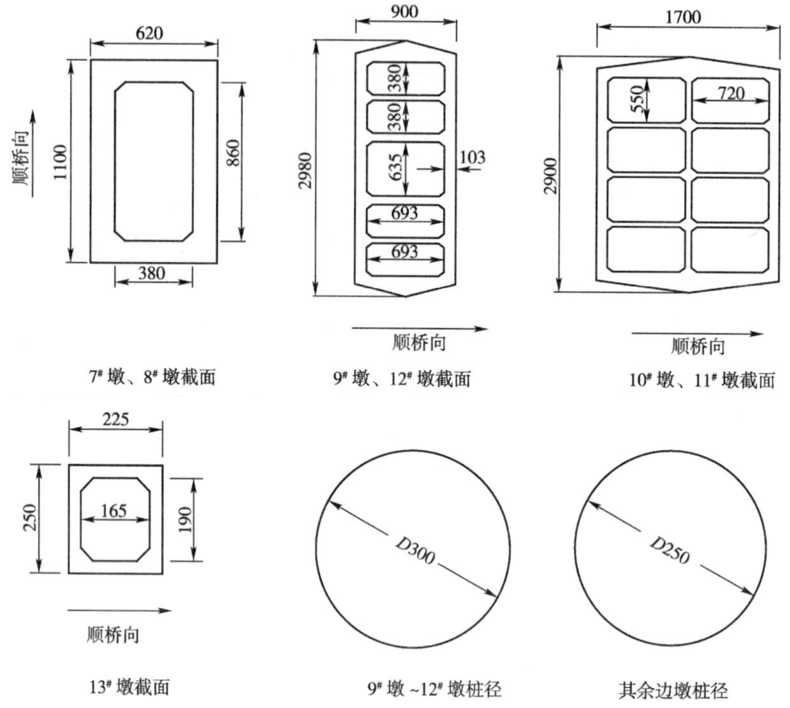

图 8-47　典型截面形状及尺寸

抗力的概率统计特性　　表 8-19

截　　面	轴力（MN）	抗弯能力（MN·m）				抗剪能力（MN）			
		横桥向		顺桥向		横桥向		顺桥向	
		均值	标准差	均值	标准差	均值	标准差	均值	标准差
7#墩、8#墩截面	90.05	666.2	40.0	1 166	70.0	43.8	4.6	52.3	5.5
9#墩、12#墩截面	258.5	9 453	567.2	3 146	188.8	147.0	15.4	110.1	11.6
10#墩、11#墩截面	785.1	18 360	918.0	11 230	561.5	362.9	38.1	331.0	34.8
13#墩截面	6.5	24.44	1.5	22.11	1.3	6.8	0.7	6.4	0.7
*D*2.5m 桩截面	12.9	29.6	1.8	29.6	1.8	3.9	0.4	3.9	0.4
*D*3.0m 桩截面	32.3	58.42	2.9	58.42	2.9	7.7	0.8	7.7	0.8
*D*3.0m 桩截面	41.3	62.4	2.8	62.4	2.8	9.3	1.0	9.3	1.0

注：表中轴力为计算截面能力时所采用的轴向压力值。

2. 船撞力的概率特征

通过对影响船撞力的三个主要因素——吨位、撞击速度和撞击角度进行归类总结，得到了 15 种典型的船撞力的均值和标准差，列于表 8-20。

典型工况下的横桥向船撞力概率特征汇总　　表 8-20

编号	船　型	撞击速度(m/s)	撞击角度(°)	撞击力均值(MN)	撞击力标准差	撞击力变异系数
1	50DWT 以下	4.15	10	1.46	0.29	0.20
2	50～200DWT	3.03	10	1.94	0.67	0.34
3	50～200DWT	4.15	10	2.66	0.91	0.34
4	200～600DWT	3.16	10	4.61	1.35	0.29
5	200～600DWT	4.15	10	6.05	1.77	0.29
6	600～1 600DWT	3.26	10	9.51	2.61	0.27
7	600～1 600DWT	4.15	10	12.10	3.32	0.27
8	1 600～3 000DWT	3.24	10	15.76	3.74	0.24
9	1 600～3 000DWT	4.15	10	20.18	4.79	0.24
10	3 000～5 000DWT	2.85	10	20.17	4.63	0.23
11	3 000～5 000DWT	3.26	10	23.07	5.29	0.23
12	3 000～5 000DWT	4.15	10	29.37	6.74	0.23
13	5 000DWT 以上	2.06	10	17.23	3.92	0.23
14	5 000DWT 以上	3.27	10	27.34	6.22	0.23
15	5 000DWT 以上	4.15	10	34.70	7.90	0.23

3. 结构倒塌概率

通过将上述船撞力分别作用于不同的下部结构，并利用可靠度计算程序得到了下部结构在不同船撞力下的倒塌概率，列于表 8-21。由于 7# 墩年撞击频率非常小，约为 10^{-8} 级，因此即便失效概率为 1，也可满足风险准则要求，因此此处仅列出 8# 墩～13# 墩在各种典型概率船撞力作用下的倒塌概率。

表中只列出了大于 10^{-10} 级别的倒塌概率，对于小于 10^{-10} 级别的倒塌概率，由于与年碰撞频率相乘得到的年倒塌频率非常小，并不影响桥梁整体的年倒塌频率，因此可以忽略不计。

各墩在不同典型船撞力下的倒塌概率　　表 8-21

墩　号	编　号	船　型	撞击速度(m/s)	撞击力均值(MN)	结构倒塌概率
8# 墩	1	600～1 600DWT	3.26	9.51	5.28×10^{-10}
	2	600～1 600DWT	4.15	12.10	1.66×10^{-7}
	3	1 600～3 000DWT	3.24	15.76	1.72×10^{-5}
	4	5 000DWT 以上	2.06	17.23	8.24×10^{-5}
	5	3 000～5 000DWT	2.85	20.17	1.80×10^{-3}
	6	1 600～3 000DWT	4.15	20.18	1.80×10^{-3}
	7	3 000～5 000DWT	3.26	23.07	1.04×10^{-2}
	8	5 000DWT 以上	3.27	27.34	6.43×10^{-2}
	9	3 000～5 000DWT	4.15	29.37	1.22×10^{-1}
	10	5 000DWT 以上	4.15	34.70	3.58×10^{-1}

续上表

墩　号	编　号	船　　型	撞击速度 (m/s)	撞击力均值 (MN)	结构倒塌概率
9#墩	13	5 000DWT 以上	2.06	17.23	6.89×10^{-9}
	10	3 000 ~ 5 000DWT	2.85	20.17	2.07×10^{-7}
	9	1 600 ~ 3 000DWT	4.15	20.18	2.07×10^{-7}
	11	3 000 ~ 5 000DWT	3.26	23.07	5.17×10^{-5}
	14	5 000DWT 以上	3.27	27.34	1.51×10^{-3}
	12	3 000 ~ 5 000DWT	4.15	29.37	4.09×10^{-3}
	15	5 000DWT 以上	4.15	34.70	1.21×10^{-2}
10#墩	14	5 000DWT 以上	3.27	27.34	1.69×10^{-14}
	15	5 000DWT 以上	4.15	34.70	3.92×10^{-12}
11#墩	14	5 000DWT 以上	3.27	27.34	2.54×10^{-14}
	15	5 000DWT 以上	4.15	34.70	6.65×10^{-9}
	13	5 000DWT 以上	2.06	17.23	8.90×10^{-9}
12#墩	10	3 000 ~ 5 000DWT	2.85	20.17	4.46×10^{-7}
	9	1 600 ~ 3 000DWT	4.15	20.18	4.46×10^{-7}
	11	3 000 ~ 5 000DWT	3.26	23.07	6.19×10^{-5}
	14	5 000DWT 以上	3.27	27.34	1.93×10^{-3}
	12	3 000 ~ 5 000DWT	4.15	29.37	4.51×10^{-3}
	15	5 000DWT 以上	4.15	34.70	1.35×10^{-2}
13#墩	1	50DWT 以下	4.15	1.46	0.00
	2	50 ~ 200DWT	3.03	1.94	2.58×10^{-6}
	3	50 ~ 200DWT	4.15	2.66	2.99×10^{-3}
	4	200 ~ 600DWT	3.16	4.61	3.01×10^{-1}
	5	200 ~ 600DWT	4.15	6.05	2.84×10^{-2}
	6	600 ~ 1 600DWT	3.26	9.51	4.95×10^{-2}

五、桥梁的年倒塌频率

通过将船撞频率与结构的失效概率相乘，得到桥梁的年倒塌频率见表 8-22。同时列出了 AASHTO 规范方法的计算结果，并给出了利用 AASHTO 规范方法计算时设防船撞力的取值大小。为了了解不同设防船撞力下桥梁的年倒塌频率，此处给出了三种按不同原则计算的设防

船撞力，见表 8-23。

桥梁的年倒塌频率 表 8-22

年份	墩号	三参数路径积分方法	AASHTO 规范方法		
			（抗力 1）	（抗力 2）	（抗力 3）
2010 年	7# 墩	0.00	0.00	0.00	0.00
	8# 墩	2.20×10^{-6}	2.30×10^{-8}	0.00	0.00
	9# 墩	4.57×10^{-5}	6.86×10^{-5}	4.92×10^{-5}	0.00
	10# 墩	0.00	0.00	0.00	0.00
	11# 墩	0.00	0.00	0.00	0.00
	12# 墩	5.14×10^{-6}	1.88×10^{-4}	5.86×10^{-5}	0.00
	13# 墩	4.21×10^{-5}	8.40×10^{-6}	6.31×10^{-6}	3.19×10^{-6}
	全桥	9.52×10^{-5}	2.65×10^{-4}	1.14×10^{-4}	3.19×10^{-6}
2020 年	7# 墩	0.00	0.00	0.00	0.00
	8# 墩	9.22×10^{-6}	9.65×10^{-8}	0.00	0.00
	9# 墩	1.92×10^{-4}	2.88×10^{-4}	2.06×10^{-4}	0.00
	10# 墩	0.00	0.00	0.00	0.00
	11# 墩	0.00	0.00	0.00	0.00
	12# 墩	2.15×10^{-5}	7.87×10^{-4}	2.46×10^{-4}	0.00
	13# 墩	1.74×10^{-4}	3.52×10^{-5}	2.65×10^{-5}	1.34×10^{-5}
	全桥	3.96×10^{-4}	1.11×10^{-3}	4.78×10^{-4}	1.34×10^{-5}
2050 年	7# 墩	0.00	0.00	0.00	0.00
	8# 墩	1.74×10^{-5}	1.82×10^{-7}	0.00	0.00
	9# 墩	3.62×10^{-4}	5.44×10^{-4}	3.90×10^{-4}	0.00
	10# 墩	0.00	0.00	0.00	0.00
	11# 墩	0.00	0.00	0.00	0.00
	12# 墩	4.07×10^{-5}	1.49×10^{-3}	4.64×10^{-4}	0.00
	13# 墩	3.23×10^{-4}	6.65×10^{-3}	5.00×10^{-5}	2.52×10^{-5}
	全桥	7.43×10^{-4}	2.10×10^{-3}	9.04×10^{-4}	2.52×10^{-5}

桥梁设防船撞力取值（AASHTO 规范方法） 表 8-23

墩号	抗力 1（MN）	抗力 2（MN）	抗力 3（MN）
7# 墩	25.0	30.7	35.0
8# 墩	25.0	30.7	35.0
9# 墩	30.0	30.7	35.0
10# 墩	40.0	41.5	45.0
11# 墩	30.0	32.7	35.0
12# 墩	20.0	24.1	30.0
13# 墩	10.0	12.0	15.0

从表中看出，利用三参数路径积分方法计算出的桥梁的年倒塌概率2010年为9.52×10^{-5}，2020年为3.96×10^{-4}，2050年为7.43×10^{-4}。从计算结果来看，采用AASHTO规范方法计算时，抗力2的结果与三参数路径积分结果最为接近，抗力1和抗力3得到的结果均偏大或偏小，这也说明如果采用AASHTO规范方法进行计算，桥梁抗力的确定是一个非常重要的因素，如果抗力确定不当，则计算出的结果就会偏差较大。从表中还可看出，无论是三参数路径积分方法还是AASHTO规范方法，全桥的年倒塌概率主要由8#墩、9#墩、12#墩、13#墩控制，而非主墩控制。

六、综合分析及结论

由于全桥的船撞风险主要来自8#墩、9#墩、12#墩、13#墩，因此，此处仅给出这四个墩及全桥随年份变化的年碰撞频率和年倒塌频率的趋势图，AASHTO规范方法的结果为按抗力2计算的结果，见图8-48～图8-52。

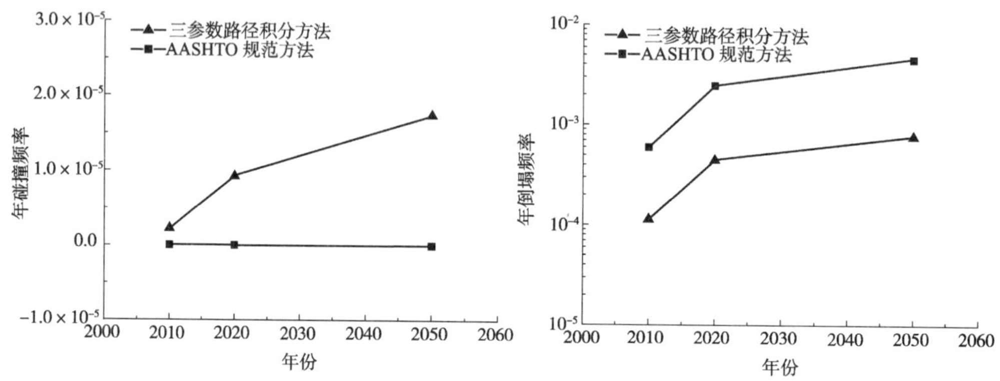

图8-48　8#墩船撞风险变化趋势

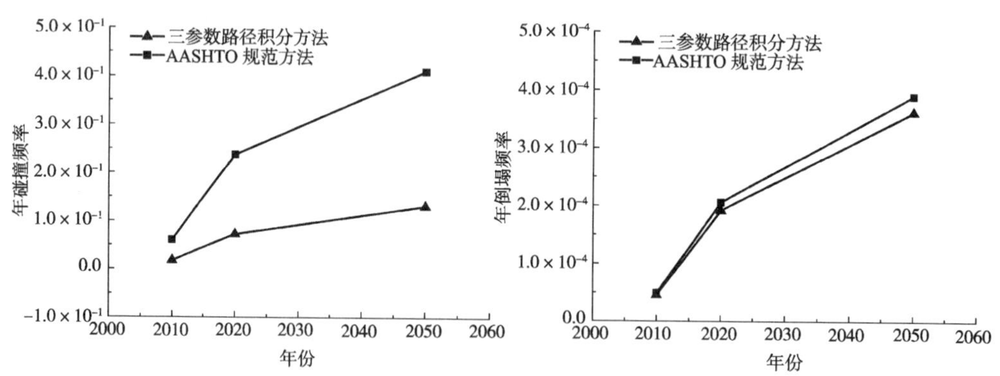

图8-49　9#墩船撞风险变化趋势

从图中看出，对于四个墩，采用三参数路径积分方法得到的年碰撞频率均小于AASHTO规范方法计算的结果，而8#墩和13#墩的年倒塌概率，三参数路径积分方法结果要大于AASHTO规范方法的结果，9#墩和12#墩则反之。这是由AASHTO规范方法抗力取值的原因造成的，因此采用AASHTO规范方法计算时，建议首先对结构进行细致的计算，以确定其合理抗撞能力。

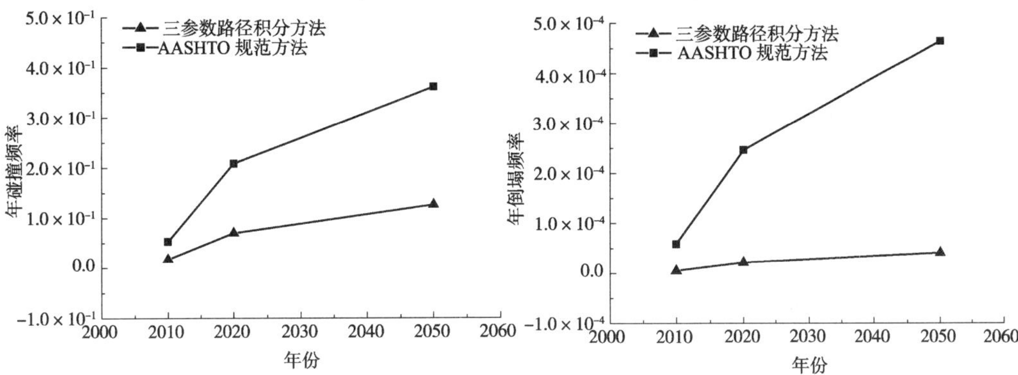

图 8-50　12#墩船撞风险变化趋势

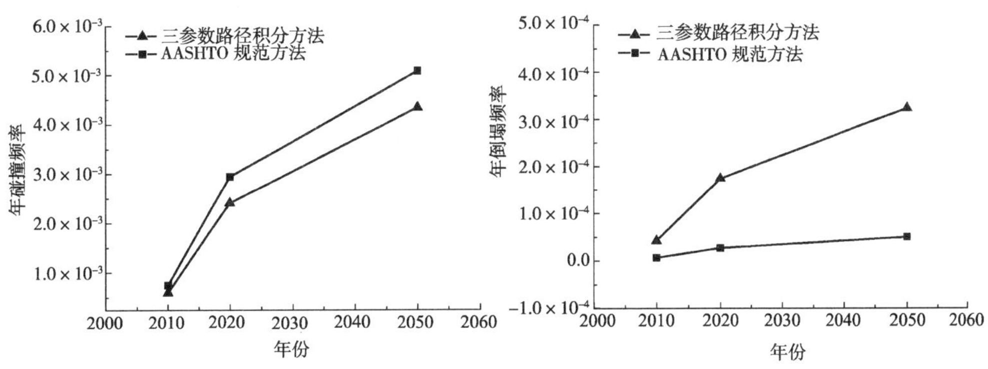

图 8-51　13#墩船撞风险变化趋势

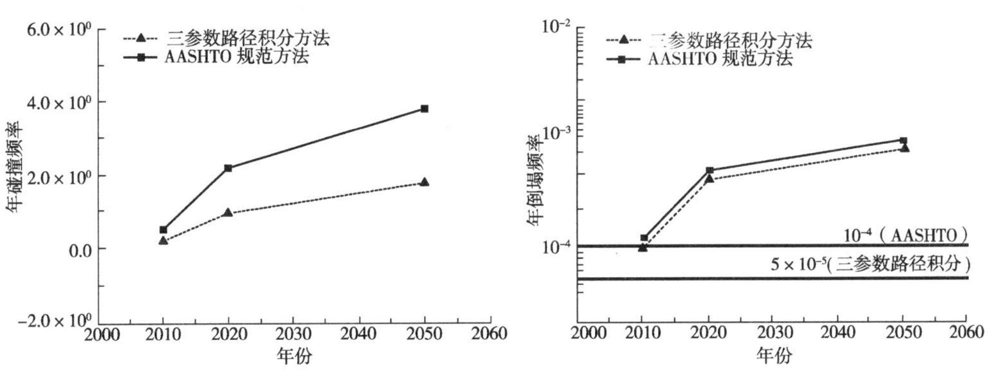

图 8-52　全桥船撞风险变化趋势

从全桥船撞风险的角度来说，AASHTO 规范方法算出的年碰撞频率和年倒塌频率都大于三参数路径积分方法的结果。总体上说，两种方法得出的桥梁年倒塌频率除 2010 年三参数路径积分方法计算的结果小于 10^{-4} 外，其余结果均不满足风险准则，具体列于表 8-24。

风险等级及结论　　表 8-24

类别／年份	三参数路径积分方法			AASHTO 规范方法		
	年倒塌频率	可接受风险	结论	年倒塌频率	可接受风险	结论
2010 年,全桥	9.52×10^{-5}	5×10^{-5}	不满足,中风险	1.14×10^{-4}	1×10^{-4}	不满足
2020 年,全桥	3.96×10^{-4}	5×10^{-5}	不满足,中风险	4.78×10^{-4}	1×10^{-4}	不满足
2050 年,全桥	7.43×10^{-4}	5×10^{-4}	不满足,中风险	9.04×10^{-4}	1×10^{-4}	不满足

由评估结果可知,忠县长江大桥的船撞风险属于中级风险,2010 年的船撞风险基本在可接受风险附近,但随着船舶通航密度的增大,其船撞风险也在逐渐增大,至 2050 年其船撞风险已基本达到可接受风险的 10 倍。因此,从长远来看,则建议对该桥采取降低风险措施,如加装防撞设施、设置桥涵标和导航标等,具体采用何种防船撞措施,则需要根据工程所处的具体地理位置和环境以及投入的经济费用等由桥梁业主部门以及设计部门等研商确定。采取了降低风险的措施后,则可以对船撞概率或船撞力进行修正,然后再重复进行上述评估过程。

参考文献

[1] AASHTO 1994,2009. Guide Specifications and Commentary for Vessel Collision Design of Highway Bridges [S]. American Association of State Highway and Transportation Official, Washington D. C.

[2] 闫英,曹蓉蓉. VB. NET 数据库入门经典(第 2 版)[M]. 北京:清华大学出版社,2006.

[3] 杨洁. VB. NET 高级编程(第 3 版)[M]. 北京:清华大学出版社,2005.

[4] 张莉,陈雷,孙龙清,郑立华,等. SQL Server 数据库原理及应用(第 2 版)[M]. 北京:清华大学出版社,2009.

第九章 桥梁船撞风险管理措施

第一节 风险管理制度

一、桥梁船撞风险利益相关方

船桥碰撞安全涉及多方利益，这些利益可能一致，也可能不一致。总体上来说，桥梁船撞安全主要涉及以下几个方面的利益。

1. 公众利益

每一次严重的船桥碰撞事故都会对公众利益造成重大损失，引起公众的广泛关注。如2007年6月15日325国道原九江大桥船撞倒塌事故引起公众、媒体、业界的广泛关注和讨论。该次船桥碰撞事故也引起了很多质疑之声，对工程设计、施工和运营管理部门在法律、技术和道德等方面产生了一些疑虑，政府部门也经历了一次公信力的考验。

2007年7月26日交通运输部副部长徐远祖[1]在其“统一思想　提高认识　落实责任　促进交通企业安全发展”的讲话中认为，交通行业的发展应体现安全理念，安全发展的目的是为公众提供安定有序的生产生活环境。从哲学的观点看，安全就是一种远离恐惧的境界，追求悠然宽松的精神享受，也是一种和谐沉静的社会力量。和谐社会以人为本，首先是以人的生命为本。交通的发展不能以牺牲资源、环境为代价，更不能以牺牲人的生命安全为代价。尽可能减少造成人员伤亡和环境污染的事故，社会才能安定有序。可见徐祖远以行政管理人员的视角，将交通行业的生产安全与以人为本、社会安定和社会和谐联系在一起。因此公众的利益是桥梁船撞安全中需要考虑的根本利益。

2. 桥梁投资方利益

桥梁投资方是桥梁结构的所有者和主要受益者。一方面桥梁投资方期望桥梁结构能够长期、安全与正常运营，同时也期望为此而产生的资金投入尽可能地少。一般来说，桥梁投资方期望在工程结构安全与投资之间达到适当的平衡。

在我国，目前桥梁建设投资大部分来自国家或地方交通主管部门，更倾向于尽可能地降低结构失效风险和损失，以尽可能避免决策部门或决策者承担更大的责任甚至是政治风险。这一点与我国的国情有关。

3. 航运企业和船舶拥有者的利益

船舶撞击桥梁更可能造成船舶、船上人员、船上货物的损失。同时航运企业和船舶拥有者还要承担船只、人员的救援以及船舶维修（或更换）、桥梁拥有者和桥梁使用者的索赔费用等，因此对船桥碰撞安全问题至为关心。

4. 桥梁使用者的利益

桥梁船撞事故资料显示，行驶在桥梁上的车辆与行人会因为桥梁倒塌而发生伤亡及财产损失，因此桥梁使用者也是关心桥梁船撞安全的一个方面。

5. 工程技术部门的利益

航道桥梁通过规划、设计、施工等完成建造，之后移交给桥梁投资方运营，期间涉及设计院、科研机构和施工企业等很多技术部门。这些技术部门关心各自的企业（机构）声誉以及在建设市场中的企业利益，也对桥梁船撞安全问题敏感和关心。

二、风险管理制度

从风险管理理论（或安全管理理论）方面考虑，安全管理可以分为四个阶段[1]，即："第一阶段是经验管理阶段；第二阶段是制度管理阶段；第三阶段是预控阶段；第四阶段是安全文化阶段。"我国国有大型企业处在第二和第三阶段之间，民营企业处在第一和第二阶段之间。这与在第二章第五节叙述的观点是一致的。安全文化（或风险文化）阶段，是风险（或安全）管理的最高阶段。从人的基本行为模式层次上理解和处理风险问题，是其他具体风险管理技术的思想基础。

风险管理文化的建立需要一个长期的过程。在这个过程中，首先应当在宏观层面上建立和完善各种灾害险管理的指导思想、法律和法规体系，建立和完善各种灾害的管理制度。

2009 年 5 月发布的《中国的减灾行动》白皮书[2]中提出的我国减灾的战略目标是：

"建立比较完善的减灾工作管理体制和运行机制，灾害监测预警、防灾备灾、应急处置、灾害救助、恢复重建能力大幅提升，公民减灾意识和技能显著增强，人员伤亡和自然灾害造成的直接经济损失明显减少。

中国减灾的主要任务是：

加强自然灾害风险隐患和信息管理能力建设。全面查明重点区域主要自然灾害风险隐患，基本摸清减灾能力底数，建立自然灾害风险隐患数据库，编制全国灾害高风险区及重点区域灾害风险图。建立自然灾害灾情统计体系，建成国家、省、市、县四级灾情上报系统，健全灾情信息快报、核报工作机制和灾害信息沟通、会商、通报制度，建设灾害信息共享及发布平台，加强对灾害信息的分析、评估和应用。"

"白皮书"论述了"减灾法制和体制机制建设"，强调了将减灾纳入法制化和制度化轨道。"白皮书"论述的是自然灾害，在这方面，全国人大已经通过了超过 20 部相关法律。

为应对自然灾害，我国已经从总体制度层面上建立起了灾害预警、防灾减灾和应急救援三大体系。随着时间的推移和认识的深入，这种应对自然灾害的思想将逐步扩展到人为灾害的防灾和减灾方面。

目前桥梁船撞事故纳入到生产安全之中进行管理。相关的管理规定有：《中华人民共和国安全生产法》、《中华人民共和国内河交通事故调查处理规定》、《公路水运工程安全生产监督管理办法》、《中华人民共和国船舶交通管理系统安全监督管理规则》等。

这些法律规定可以为桥梁船撞风险管理提供一定基础，但是目前来看仍需进一步细化和可操作化。比如在相关的法律或管理规定中，增加船桥碰撞事故责任与赔偿责任的界定条文、桥梁船撞保险的条文等。

此外，基于我国重大工程的投资和管理特点，从行政和技术管理方面，建立一套系统的桥梁船撞安全管理规定，以在桥梁规划、设计、施工和运营管理阶段明确各方的责任，建立操作性强的相关责任方的有效协商机制，并以法规的形式确定下来。

桥梁船撞安全问题涉及各方利益，通过宏观层面的法规和制度建设，为相关各方的利益保护和协调提供一个法律和制度基础，也为在企业层面上进行桥梁船撞风险管理提供法律和制度基础。

2007 年 6 月 15 日 325 国道原九江大桥和 2006 年 8 月 11 日杭州湾大桥船撞事故的处理过程中都启动了司法程序，说明桥梁船撞事故纳入法制化和制度化轨道的重要性和必要性。

从企业层面来说，与桥梁船撞安全相关的企业应在各自企业文化的基础上建立桥梁船撞风险管理制度、事故处理程序和应急预案。

第二节　与桥梁结构相关的降低船撞风险的措施

一、桥梁选址

桥梁选址涉及很多因素，总体上可以归纳为两个方面：

(1)桥梁选址应符合交通网络规划中对线路通过地点的宏观要求。交通路网规划是国家宏观经济发展和区域经济发展对交通运输基础设施建设的要求，航道桥梁的选址在地点上不能与交通路网规划显著背离。

(2)桥梁选址应考虑桥梁与船舶航行的安全。重点要考虑桥址上下游(特别是上游)航道和港口发展与规划情况以及岸线的利用情况。桥位应选在航道顺直，河势、深槽及河床、海床稳定，水深和水流条件良好的航段上，桥区水域河床(海床)冲淤变化幅度不大，桥址上、下游水流顺畅，流向顺直，要避开弯道、汊道、险滩、汇流口等河段[3,4]。

图 9-1 是苏通长江公路大桥的桥位与岸线利用相互影响的一个例子[5]，涉及的利益方较多，既要保证大桥的船撞安全，又要保证区域经济的规划与发展少受影响，是一个需要谨慎考虑和综合决策的问题。

河势对桥梁船撞安全的重要性在第四章中已经有详细的叙述，桥梁选址应充分考虑河势变化的影响。

桥梁选址时应尽可能地位于可通行航道的直线区域，远离弯道和转弯区域，见图 9-2。根据事故统计和船舶驾驶理论，当桥梁选址靠近或位于航道转弯处(弯曲)时，桥梁受船撞的可能性更大。美国《公路桥梁船撞设计指南》[6]就给出了弯曲航道桥梁受船舶撞击概率的修正系数。

航道的弯曲程度用航道弯曲半径描述。《内河通航标准》[7]规定，船舶(船队)航行所需的航道最小弯曲半径 R 取顶推船队长度的 3 倍，也可适当减小，但不得小于顶推船队长度的 2 倍，另外，对各河段或各浅滩还须作具体分析。航道的最小弯曲半径是否能保证最长的下水船队安全通过弯曲河段，还与流速、流态、船舶操纵性能和河岸情况有关。

桥位应要[8]避开弯道、汊道、险滩、分流口、汇流口、港口作业区、锚地等，其距离应能保证船舶安全航行。对跨河桥梁，其距离上游不得小于控制性顶推船队长度的 4 倍或拖带船队的

3 倍，下游不得小于顶推船队长度的 2 倍或拖带船队的 1.5 倍；通航海轮的内河航道桥梁上游不得小于代表船型或控制性顶推船队长度 4 倍的大值，下游不得小于代表船型或控制性顶推船队长度 2 倍的大值。对跨海桥梁，其距离上、下游均为不得小于代表船型长度的 4 倍；通航 10 000DWT 及以上巨型船舶航道的桥梁，远离的距离可适当加大，不能远离时需进行专门的技术论证。

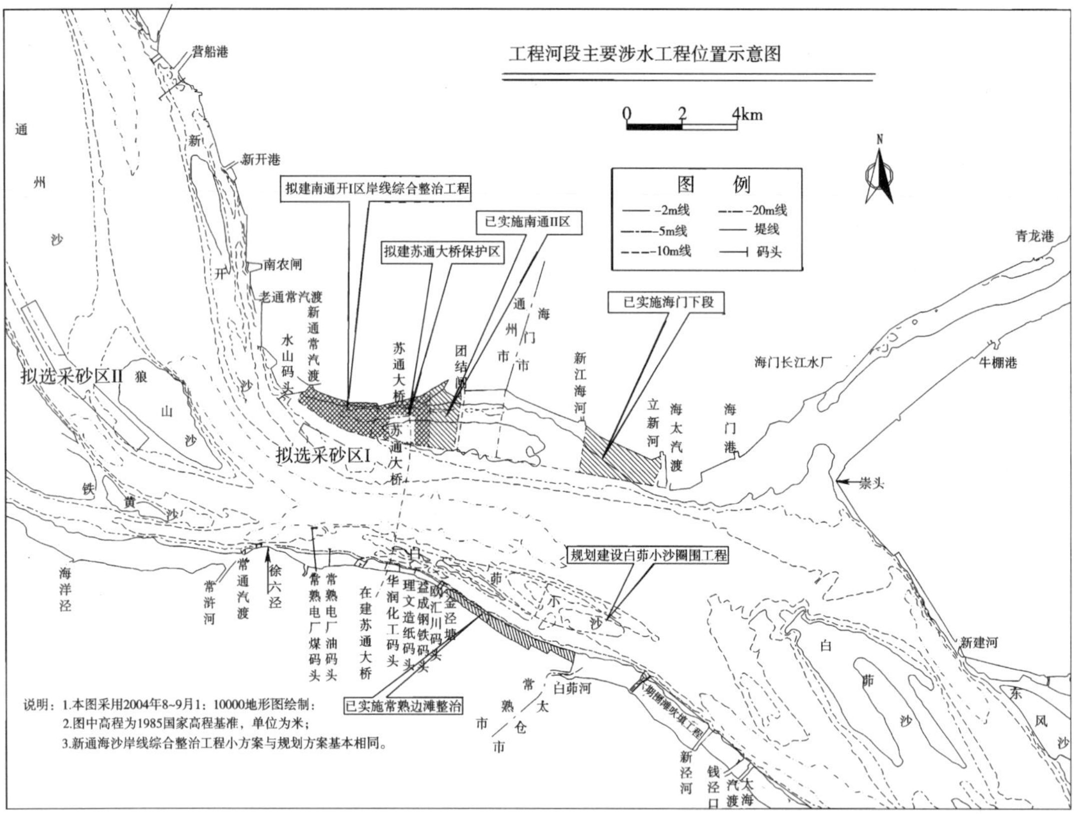

图 9-1　苏通长江公路大桥的桥位与岸线利用

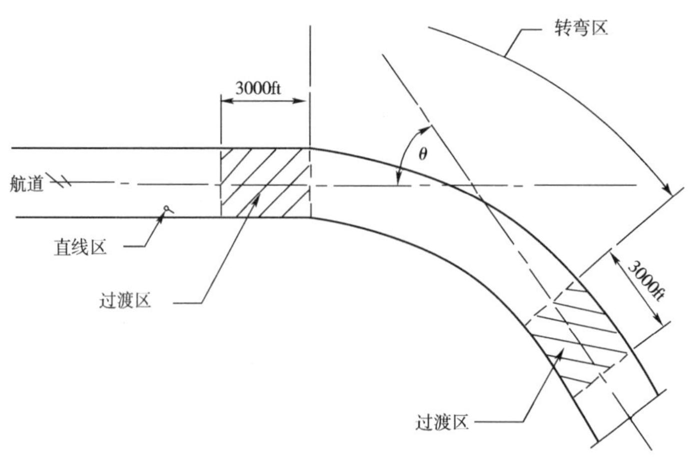

图 9-2　弯曲河道（航道）与桥梁选址

对跨河桥梁，I ~ V 级航道应大于代表船队长度与代表船队下行 5min 航程之和，VI 级和 VII 级航道应大于代表船队长度与代表船队下行 3min 航程之和。当两座桥梁轴线间距不能满足要求，且其所处通航水域无碍航水流，可靠近布置，相邻边缘距离控制在 50m 以内，且通航孔必须相互对应。对跨海桥梁，可参考跨河桥梁标准，必要时进行专门的技术论证。

2006 年 8 月 11 日 12 时左右，新加坡籍货轮 BITUMAN EXPRESS 船从浙江嘉兴乍浦二期码头附近海域(距大桥下游约 1 海里和码头前沿约 1.5 海里处)走锚失控后，顺流撞击杭州湾跨海大桥中引桥和北航道桥南高墩区结合部位 B26、B27、C01 等混凝土承台、墩身及箱梁结构物，其位于船艏的驾驶台及其桅杆撞击大桥箱梁并卡在梁下[9]。因此大桥选址应慎重考虑周围的港口、锚地等设施的情况。

二、桥跨布置与桥梁构造

桥轴线应尽可能与水流主流向和设计航线正交[8]，水流流向与桥轴线的法向夹角不超过 5°，这样可减小水流的横向流速，利于船舶操纵，减少航迹带宽度，缩短桥梁的跨度，降低工程造价。当桥梁轴线法向与主流产生较大夹角时，会产生严重妨碍安全航行的不良水流，严重影响船舶航行安全。如黄石长江公路大桥轴线法向与主流线的夹角在 5°以上，最大时达 18°，且流速也很大，船舶过桥操纵都比较困难。如水流与桥轴线法向的夹角不能满足要求，就应考虑适当增加桥跨尺度，保证船舶的安全通行。

尽可能将桥墩置于浅水区，以避免大型船舶的撞击。桥梁的通航孔应布置在航行最方便的河域。对于变迁性河流，鉴于航道位置可能发生变化，就需要多设几个通航孔。在平原地区的宽阔河流上修建多孔桥时，通常在主槽部分按需要布置跨径较大的通航孔，而在两旁浅滩部分则按照经济跨径进行分孔。如果经济跨径比通航要求的还大，则通航孔也应取用较大跨径。在山区的深谷上、在水深流急的江河上或需要在水库上修桥时，为了减少中间桥墩，应加大跨径，如果条件允许的话，甚至可以用特大跨径单孔跨越。

从船舶航行方面考虑，在进行桥跨布置时尽可能不影响和限制航道的通过能力，尽可能较少改变船舶的原习惯航线。通航孔布置需考虑满足船舶航行条件要求，满足船舶通过密度及能力。

根据《内河通航标准》(GB 50139—2004)的规定，水上过河建筑物的布置不得影响和限制航道的通过能力。在水运繁忙的宽阔河流上，通航孔的布置应满足多线通航的要求，在限制性航道上，应采取一孔跨过通航水域。

根据水深情况和可预见的水位变化，选择适当的桥型。特别是在选择中承式和上承式拱桥时，应特别注意船舶撞击拱圈的风险。

水中尽可能少设桥墩。桥墩柱布置不应过于缩小河道的过水面积，以致引起桥区附近水流条件有较大的改变，恶化通航水流条件。如果墩柱过多，过于缩小河道的过水面积，使桥梁上游出现壅水，流速减缓，水流的挟沙能力降低，造成泥沙淤积。

例如武汉长江大桥，水中有 8 个桥墩，使过水断面缩小，结果桥梁上游出现壅水，加上汉水的顶托作用，使汉阳江边一带水流流速减缓，水流挟沙能力降低，造成泥沙淤积，汉阳边滩不断增大，低水位期主流向右，4 号桥孔水深不足不能通航，有时甚至 6 号桥孔也因水深不足而封

航，只剩下一个桥墩基础较差的7号孔通航，严重影响桥梁与航运安全。

从桥梁结构方面考虑，应注意：

(1)尽可能采用呈流线形或圆形的桥墩，并正对水流流向，以减小对水流的阻力。

(2)如果桥梁设有承台(墩台)，应设置在航道设计最高通航水位以上，以保证桥梁和船舶航行安全的需要。如果承台设置在最高通航水位以下，淹没在水中，这样极易造成碰损事故。

(3)桥梁下部结构在构造设计上尽可能具有一定的赘余度。桥梁船撞事故经验表明，具有赘余度的桥梁结构可以降低船舶撞击产生后果的严重程度。

三、桥梁通航净空尺度

船舶碰撞桥梁的危险区主要在通航桥孔附近的区域，设计该区域的桥墩时应尽量扩大其桥墩之间的水平距离及垂直净空高度，以尽可能避免大型船舶碰撞桥梁的危险。

(1)垂直净空高度 H 应满足船舶(包括桅杆等高层设备)的最高处顺利通过，一般可按下式估算：

$$H = H_{V} - H_{VD} + \Delta H$$

式中：H_{V}——船舶高度；

H_{VD}——船舶空载吃水高度；

ΔH——安全裕度，起算点为最高通航水位。

净空高度的确定主要考虑以下几个问题：

①桥位处航道现状及规划等级；

②附近港口、船厂、船舶基地等设施的现状；

③工程船、军事船等非运输船舶及其他水上浮体的通航要求。

另外，还需要考虑潮汐预报和使用中可能出现的误差，水流及波浪引起的船舶纵摇和垂荡使船舶水线以上至最高点产生较大的变化，观测和设计吃水深度的误差，船舶在淡水、海水中的吃水深度差，吃水深度修正高度的误差，船舶修理后高度出现的误差，海平面上升等。

《内河通航标准》[7]中通航净空高度尺度应按所通过的最大船舶(队)的高度和航行技术要求确定，如图9-3所示，但不得小于规范规定的取值。内河与跨海桥梁通航净空高度的安全裕度应满足表9-1的规定。

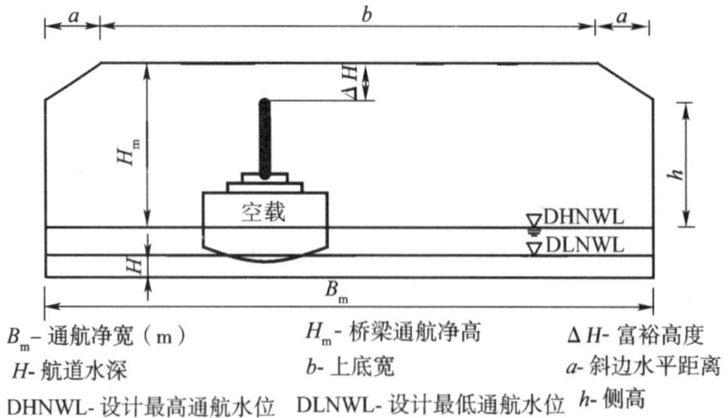

图9-3 通航净空示意图

桥梁通航净空高度的安全裕度　　表 9-1

通航水域		安全裕度(ΔH)(m)
一般内河桥梁	I 级航道	1.5
	II,III,IV 级航道	0.5 ~ 1.0
	V,VI 级航道	0.3 ~ 0.5
	VII 级航道	0.2 ~ 0.3
通航海轮的内河感潮河段		2
跨海桥梁	一般情况	2
	波浪较大的开敞海域,且建在重要航道上的桥梁	4
	平均海面有上升的趋势	平均海面上升的预测年限不应少于 50 年
	桥址地区有地面下沉或海床抬高趋势	专门论证

(2)桥梁通航净空宽度是指经批准的远期规划航道设计底高程以上供代表船型的船舶或船队安全通过桥孔的最小净宽度。

船舶碰撞桥梁的事故主要受通航桥孔水平宽度的影响,这是由于船舶在水平面运动的不精确性造成的。从理论上来说,通航桥孔宽度越宽越好,但从桥梁建造的技术性和经济性来看,很多情况下水中无墩是不现实的,只能在保证桥梁建造的技术性、经济性要求的前提下扩大其通航桥孔的宽度。统计资料较多的情况下,可通过桥区船舶交通事故的统计分析确定合理的通航净宽。表 9-2[10]是国外 6 座桥梁的 50 km 航段上的事故统计的分析结果。可见,当净宽 B_B 与船宽 B_V 之比值小于 2 时,船桥碰撞事故显著增加,因此桥孔宽度宜大于船型(船队)宽度的 3 倍,至少不小于 2 倍。

桥梁净宽与船撞事故的统计实例　　表 9-2

桥孔宽度(m)	126	100	97	50	49	35	23	20
B_B/B_V	7.9	6.0	5.9	3.0	2.9	2.2	1.4	1.2
碰撞次数 k	4	5	5	7	7	8	23	42

我国《内河通航标准》[7]和《通航海轮桥梁通航标准》[11]均对桥梁通航净宽的计算有明确的规定。

船舶航行在弯曲航道时,其航迹带宽度要比在直线航段宽得多,因此应该适当加宽,其加宽值应根据弯曲半径、流速、流向、流态、船队长度及其操作性能等因素来确定。当 $R>6L$ 时,可以不考虑加宽;$R<3L$ 时,需要适当加宽。

美国《公路桥梁船撞设计指南》[6]根据历史资料建议了如图 9-4 所示的指导意见。主跨 S 小于 2 倍或 3 倍的设计船只长度 LOA 的桥梁特别容易受到船舶撞击;主跨 S 小于 2 倍的航道宽度 C 的桥梁特别容易受到船舶撞击;墩位与航道边缘的距离 Y_N(或 Y_W)小于 2 倍到 3 倍的墩宽度特别容易受到撞击;航道的中心线应与主跨的中心重合,航道与桥梁中心线之间最大偏移量不应超过主跨长度 S 的 15%。

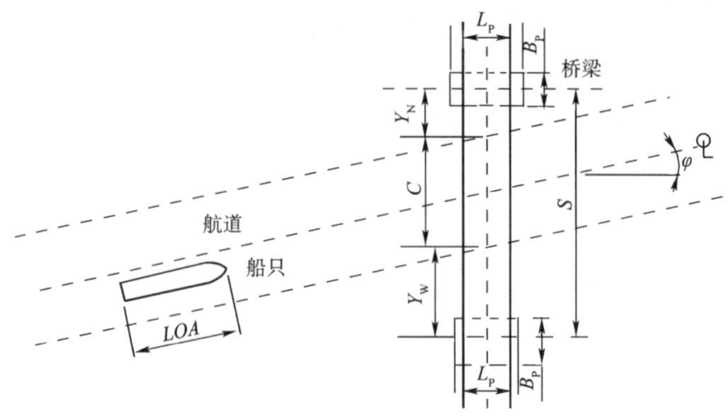

图9-4　桥梁/航道几何布置图

近年不断出现两桥甚至三桥并列的桥群，广东省佛山市九江大桥（图9-5）则呈现三桥平行并列的情况，宽度超过70m，通航净宽的确定需要考虑桥群宽度的影响。

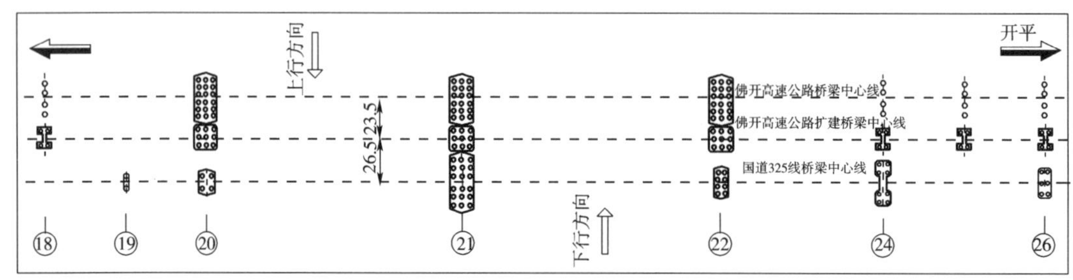

图9-5　九江大桥三桥并列意图

（3）非通航孔。根据船舶事故调查资料的统计与分析，撞击非通航孔的事故的数量约为撞击主通航孔的两倍，因此宜加大非通航孔的跨度以减少非通航孔桥墩的数目，同时也增强了非通航孔的抗船舶撞击能力。

由于非通航孔按规定不通行船舶，所以在设计上非通航孔桥墩的设防船撞力一般不会很大。但正是由于这样，一般主通航孔的防撞措施做得比较完善，而非通航孔的防撞措施相对比较缺乏。由于人为操作失误，或者由于天气条件原因，总有船舶误驶入非通航孔，一旦这样的事情发生，则船舶撞击防撞能力弱的非通航孔桥墩时产生的后果就相当严重。因此必须适当考虑非通航孔的防撞能力，必要时可以增强非通航孔的防撞能力。

（4）防撞结构。很多情况下，结构性防撞设施的造价在桥梁总造价中可能占有相当可观的比例，应在桥梁规划阶段、工程可行性研究阶段和初步设计阶段将其与桥梁主体作为一个整体一同加以考虑。

桥梁防撞装置的目的是防止桥梁因船舶撞击力超过桥墩的承受能力而发生破坏，保护桥梁结构安全。通过采用不同形式的防撞设施，可以阻止船舶撞击力传到桥墩，或者通过缓冲消能防撞设施，延长船舶的撞击时间，减小船舶撞击力，从而最终保护桥梁安全。防撞设施的设计需要根据桥墩的自身抗撞能力、桥墩的位置、桥墩的外形、水流的速度、水位变化情况、通航船舶的类型、碰撞速度等因素进行。防撞设施一般应满足如下要求：对碰撞的船舶能量进行消能缓冲；在各种水位条件下，撞击的船舶不应直接触及墩壁；防撞设施不应影响通航，占用航道

范围尽量少；各种缓冲材料的布置应尽量减小通航船舶的损伤；防撞设施制造、安装、维护和修理经济性较好；防撞设施具有很好的可靠性和安全性等。

第三节　航道与航行管理

一、设置导航标

航标是指供船舶定位、导航或者用于其他专用目的的助航设施，包括音响航标、无线电导航设施和视觉航标等，是保障水上交通安全的最基本设施。

音响航标是指依靠产生的音响传递信息以引起航行人员注意其概位的助航标志。音响航标在能见度不良的天气或在水中，发出具有一定识别特征的音响信号，使船舶知道其概略方位，起警告危险作用。

视觉航标是供直接目视观测的固定或者浮动的助航标志。视觉航标具有易辨认的形状与颜色，可装灯器及其他附属设备。视觉航标包括灯塔、灯桩、立标、灯浮标、浮标、灯船、系碇设备和导标。

无线电导航设施主要是利用无线电技术对运载体（船舶、飞机与车辆等）运动进行引导的设施。一般来说，不受气候条件影响，因而它是在复杂气象条件及能见度不良情况下的一种很有效的导航方法，可以在近、中、远距离上较顺利地完成导航任务。无线电航标包括雷达反射器（Radar reflector）、雷达指向标（Radar beacon）、雷达应答器（Radar responder）、无线电指向标（Radio beacon）、台卡（Decca）、子午仪卫星导航系统（TRANSIT）、全球导航卫星系统（GLONASS）和全球定位系统（GPS）等。

灵江大桥是甬台温（宁波—台州—温州）高速公路穿越灵江的控制性工程，见图9-6。大桥主桥为510m，在江面上有5个桥孔，通航孔设在主桥7#、8#、9#桥墩之间的桥孔，每个通航孔宽122m，高18m。桥位处江面宽度510m左右，可通航水域宽366m，可通航平均水深2.5m以上。该水域系灵江航道，江面窄，水流急，且处于弯道处，特别是下游船舶向上游航行时受到的侧流影响较大，直接威胁大桥及通航船舶安全。大桥设计为500t以下海轮通航。

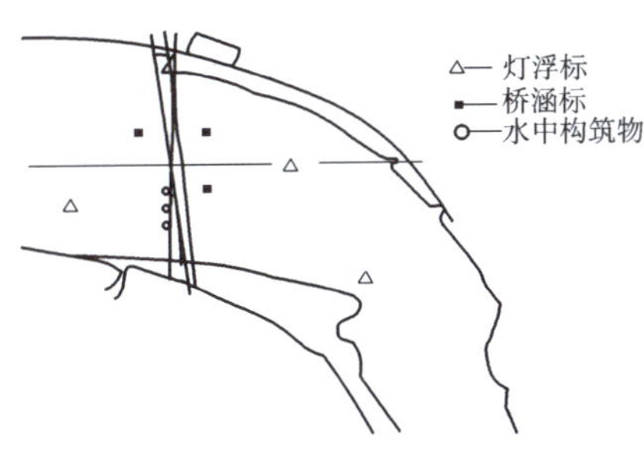

图9-6　灵江大桥桥位

2005年11月13日凌晨左右，某采砂船采满400t黄砂后抛锚。凌晨5点左右，涨潮流急，采砂船在潮水的冲击下走锚。由于天还没有亮，能见度很差，加上船员正在睡觉，造成采砂船碰撞灵江高速公路大桥防撞墩后沉没。

为避免此类事件再发生，有关部门对其进行了导航标的设置[12]，具体情况为：灵江大桥设计配布航标共 14 座，分别是桥涵标 6 座，灯浮标 3 座，水中构筑物标 5 座；实际设置航标 12 座，分别是桥涵标 6 座，灯浮标 3 座，水中构筑物标 3 座。

最近竣工的苏通长江公路大桥是世界最大跨度的斜拉桥，桥位处通航环境复杂，为降低苏通大桥的船舶撞击风险，在大桥附近布设了众多的导航标，见图 9-7。

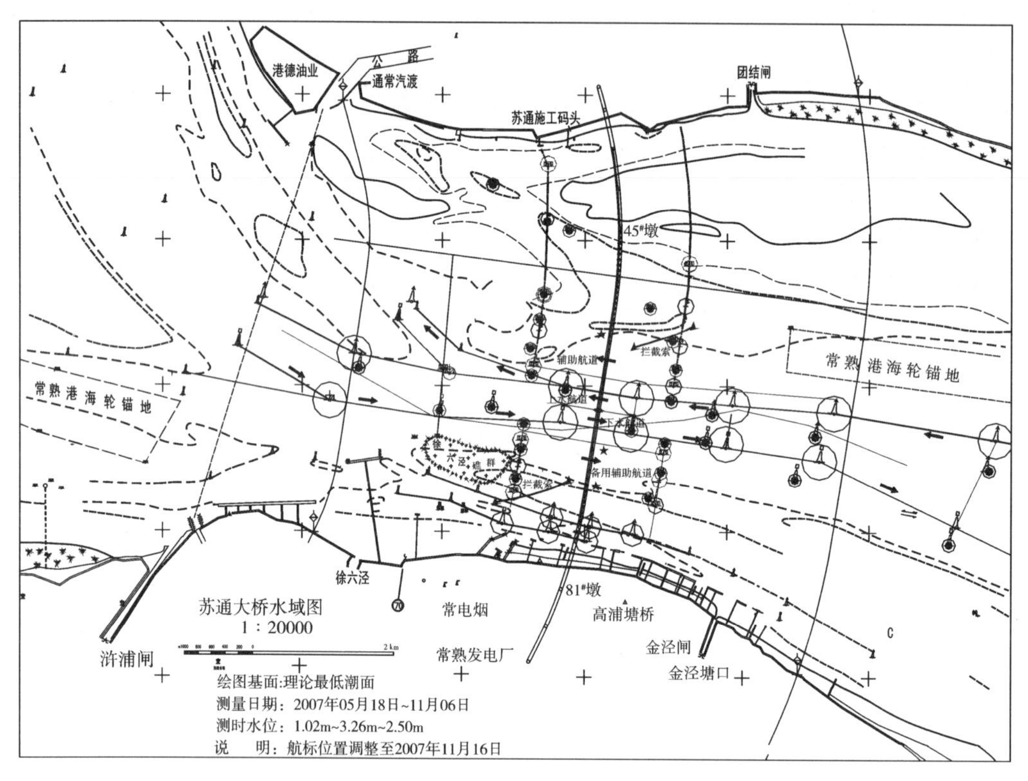

图 9-7　苏通大桥附近导航标分布

荆州长江公路大桥助航系统则由水上助航标志、桥上助航标志、桥墩防撞设施标识三个部分组成。其水上助航标志为南汊通航桥孔航标，10m 钢质航标船 14 艘，15m 钢质航标船 3 艘以及航标灯器及电源。之后增加的桥上助航标志为：桥涵标悬挂装置 12 处，标牌(灯)2 套，桥墩上安装封闭式检修通道 14 处，设置桥柱灯安装点 56 处以及在通航桥孔两侧桥墩上设置桥柱灯计 16 盏。在桥墩上设置防撞设施标识灯 8 盏，预留标识灯安装位置 24 处。

图 9-8 是在丹麦大海带西桥[20]通航孔上设置的导航标识。在铁路桥上包括桥梁识别标识(37 个红矩形，38 个绿三角)、导航灯(红 37 个，绿 38 个)、雾探测器和雾喇叭(38 个)；在公路桥上则设置了导航灯(红 37 个，绿 38 个)。

导航灯设置于 +4.1m 处的墩身上，可以收缩进墩身以进行检修。雾探测器和雾喇叭设置于墩身 +10.6m 处的一个平台上，从墩身可以到达。2.5m 高的桥梁标识被固定在墩身 +5.0m 处。铁路桥上的导航灯在 250°的视角内可见，而公路桥上的导航灯覆盖了 90°的视角。

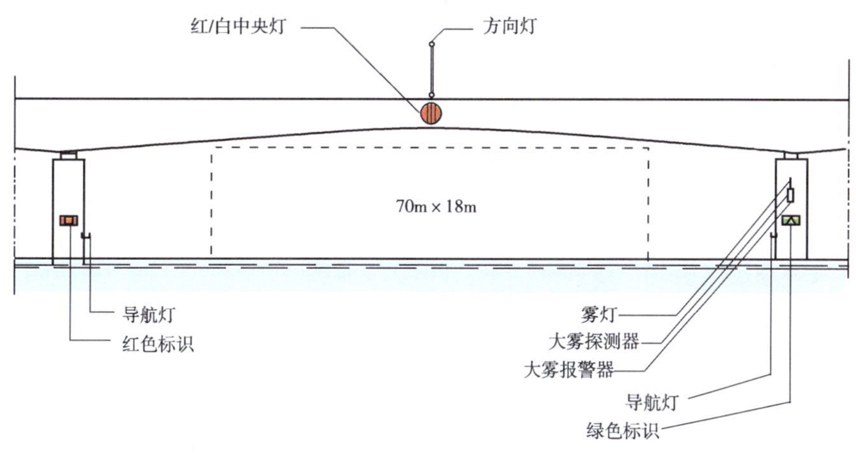

图9-8　丹麦大带桥西桥桥墩和主梁上设置的桥涵标和导航、助航标识

二、船舶航行定线制

船舶定线是航海术语，其含义是用法律规定或推荐形式指定船舶在海上某一区域行进所要遵循或采取的航线、航路或通航分道。

现代分道通航制是1956年开始的，西班牙提出在交通繁忙的直布罗陀海峡及其附近建立由单向通航分道和分隔带组成的通航分隔制。1971年10月，IMO第七届大会对《1960年国际海上生命安全公约》[13]进行了修改，强调船舶定线并确认IMO是国际范围内制订和通过定线措施的唯一国际性组织。1972年IMO召开修订《国际海上避碰规则》会议时又将分道通航制纳入《1972年国际海上避碰规则》[14]第十条。自此，分道通航制进入强制实施阶段。

目前，世界上已在120个地区建立了分道通航制，还有80多个国家和地区建立了其他定线制[15]和强制报告。世界上著名的繁忙水道，如多佛尔海峡、博斯普鲁斯海峡、劳伦斯海峡等，都已经建立了分道通航制。实践表明，船舶定线制的建立，大大减少了船舶碰撞事故。

我国的船舶定线制与国际相比，起步相对较晚，但发展步伐很快。我国自2000年5月开始在烟台成山角实施定线制以来，接着在长江口、大连的大三山等地也相继实施了船舶定线制，我国的香港也实施了分道通航制。同时，我国还创新地把海上的船舶定线制理念引入内河水域[16~19]，对长江干线实施船舶定线制进行了积极的探索，对长江各航段的定线制进行了明确的规定。定线制措施大大减少了碰撞事故。

此外，三峡库区也施行了一系列的船舶定线制，如《长江三峡库区船舶定线航行制度》、《长江三峡库区船舶定线制航行避让规则》、《长江三峡库区船舶定线航行信号与通信》、《长江三峡库区船舶实行定线制航行与停泊规定》等。

目前长江干线水域部分区段实施定线制后，大船、小船分道航行，航路交叉现象减少，过去大船、小船共争一道、相互影响的现象日趋消除，船舶间的避让关系进一步理顺，船舶碰撞事故明显下降，通航效率明显提高。

现以长江三峡库区的船舶定线制为例来介绍船舶定线制的设置方式。

1. 设置通航分道

在长江三峡库区坝前至庙河、香溪宽谷、大宁河宽谷、臭盐债至关刀峡、庙基子至重庆（除几处短峡河段）等宽阔河段设置分道通航，建立由上下端线、左右航道边界线、分隔线和船舶通航分道组成的分道通航制，并根据航行原则结合航道、水流特点以及蓄水前习惯航路，确定上、下行船舶通航分道。但由于沿岸障碍物的存在，河道走向弯曲以及航道宽窄、深浅不等，为了保证船舶航行安全，提高航速，上行船舶仍然存在由右（左）一侧过渡到左（右）一侧航行。因此，在上行（下行）通航分道或分边航路由一岸侧过渡另一岸侧的交界处，设置横驶区，并通过规则来制约船舶的横驶行为。

2. 设置双向分边通航路

在兵书宝剑峡、巫峡、瞿塘峡、关刀峡至庙基子以及其他少数短峡等河段，其航道条件不足以建立分道通航，但仍可以满足船舶对驶会让的航段中建立双向航路，实行分边通航，规定上、下行船舶互会左舷或右舷，并规定船舶会让时应保持安全横距，达到分隔相反船流的目的。

3. 设置单向航路

对于三峡库区航道尺度不能满足代表性船舶（队）对驶相遇的航道以及航道尺度满足船舶对驶相遇，但航行通视差的急弯河段，如火焰石、陪石、青石洞、空望沱、石板夹、关刀峡等河段，实行单向通航，规定单向通航河段的上下界限、受控船舶等级、联系办法和等让水域。

4. 设置推荐航路

长江上游高速船舶（水翼船、滑行艇）在客运市场占有相当的比例，而且在库区蓄水，“三峡千岛”形成后，还将得以蓬勃发展。由于高速船舶的航行性能和操纵性能与常速船舶之间存在较大差别，因此，在库区航道中，应建立高速船舶推荐航路，以保证高速船与高速船、高速船与常速船之间的航行安全。

5. 设置环行道

库区蓄水后，干、支流交汇水域将增多，流速较建库前减小，如香溪、西壤口、大宁河、小江、乌江和嘉陵江等，干、支流交汇水域通航环境将日趋复杂，船舶进出干、支流航行频繁，对此水域实施环行道通航管理是十分必要的。

三、设置船舶航行警戒区

警戒区是指由于通航环境复杂、船舶穿越通航分道频繁，要求船舶通过时必须予以特别警惕并设有交通安全标志的特定水域。

同时，定线制里面也对特殊的通航区域进行了规定，如控制航段，是指因航道狭窄、弯曲、通视条件差等因素，不能满足大型船舶间安全会让，需设置信号台控制航行的水域；通航条件受限制的航段，是指由于航道狭窄、弯曲、通视条件差等因素，大型船舶间会让行为受到限制的水域。长江三峡库区也施行了一系列的条例，如《长江三峡库区船舶航行控制航段》、《长江三峡库区通航条件受限制的航段》等来保证船舶的安全航行。

设置船舶航行警戒区的首要目的在于避免交通复杂区域的船舶碰撞问题，规范船舶航行行为，减少水上交通事故，保证船舶的通行顺畅与安全。

四、船舶引航

引航是指一定的水域内（港口或内河），专门性的从业人员登上船舶，为船舶指引航向，把

船舶安全地引进、带出港口，或在港内移泊。由于港口的航道条件构成了一个国家天然的屏障，事关一国的国防，因而按照国际惯例，引航员必须由本国人担任，并且对出入港口的外籍船舶实行强制引航。

国际上普遍认为港口引航具有主权性和公众服务的特性，涉及港口公共安全以及航运企业、货主等多方利益，均实行政府严格的管理制度，引航机构都独立于港口企业。

中国现有引航机构35家，其中属于港口企业的有15家，承担着沿海、长江、珠江和黑龙江界河等外贸船舶以及部分内贸船舶进出港口的引领任务，同时具有承担象征中国国家航运主权的责任。全国有引航员1000多名。

对于船舶的引航，为了规范船舶引航活动，维护国家主权，保障水上人身及财产安全，适应水上运输和港口生产的需要，我国于2002年1月1日正式施行了《船舶引航管理规定》，该规定适用于我国的沿海、内河和港口。

在河流上架设桥梁，对船舶(队)的通过能力和航行安全有直接的影响。据不完全统计，仅在长江干流航道上的15座大桥水域中，至今发生船舶(队)碰撞桥梁的事故达250件以上。黄石大桥仅1993年、1994年两年时间，就连续发生船舶(队)撞桥事故19起，造成了严重的经济损失和恶劣的政治影响，引起了航运界的普遍关注，不少专家、船长撰文探讨船舶(队)安全过桥的驾驶方法及对策，并提出了一些建议。

引航理论的确定，必须要有与之相配套的助航设施，才能使引航技术具体实施。为此对黄石大桥桥区航道的助航设施做以下建议：

(1)根据水位、流速、流向、合理配布助航标志。

(2)设置流速、流向显示牌。

(3)设置转向点、掉头点标志，夜间显示相应灯光。

(4)在浮标上设置测距仪，船舶(队)经过时，以便测报正横距离。

此外，还应制定大桥水上交通管理法规，严格桥区航行管理制度；完善船舶船位报告制度；指挥船舶按法规要求，有秩序的通过桥区；安装现代化监控设备；加强交通管理系统的服务功能；驾驶员应不断提高操船技艺，加强测距、测向的训练。

对于某些重大桥梁，建立完善的船舶引航制度无疑可以减少水上交通事故的发生，防止某些船舶由于操作不当造成的撞桥事故，确保大桥的安全。但同时也会增加船舶过桥的费用，因此，如何得到最经济合理的过桥方案仍需进一步的论证，比如设置导航标、增加水上VTS系统等。

五、船舶安装AIS系统

AIS又称“自动识别系统”，安装了AIS的船舶能够在不需要船舶驾驶员介入的条件下，周期性地在海上通过VHF频道自动广播船舶的类型、船名、航行状态(船位速度)等信息。若是在沿岸海域航行，海岸交管系统也可使用相关信息进而加强交管能力，以避免海上碰撞等事故的发生。从表面上看通用AIS仅仅是实现了船舶的自动识别功能，但实质上它给海上监控技术带来了一个全新的概念，以此为基础，还能实现导航监控通信等多项功能。是改善海上航行安全，保护海洋环境，实现世界范围的航路管理。

在船舶碰撞事故中，会遇两船间的不协调避碰行动是造成船舶碰撞事故的重要原因之一。

有的学者甚至认为所有碰撞事故都是由于会遇两船的不协调行动造成的。船舶自动识别系统的开发应用,以其信息量大、传输速率高、数据准确及时和其出色的信息交互功能,为航海者提供一幅清晰的交通状况图,极大地减少避碰中的不确定性,从而能有效地避免不协调避碰行动的发生。

目前,AIS 主要用于避免船舶间的碰撞问题,对于船舶撞击桥梁来讲,AIS 并不能直接发挥作用,而是通过与船舶交通管理系统 VTS 的结合进一步发挥其功效。

六、设置船舶交通管理系统 VTS

VTS,即船舶交通服务(管理)系统,是指由岸基雷达、VHF 通信和数据处理器等设备组成的设备和人员系统。建设 VTS 系统的主要目的是防止船舶通航事故,提高运输效率。当规划建造一座桥梁时,如果桥梁船撞初步分析表明其破坏频率处于不是很有把握的可接受水平时,可以考虑采用 VTS 降低船舶撞击桥梁的风险概率。虽然建立和运行 VTS 需要成本,但为了减少事故,付出这种成本通常是值得的。可以考虑将用于桥梁防撞目的的 VTS 与正常船舶航行管理的 VTS 合二为一,以降低建造成本。

为了降低遭受船舶撞击的风险,丹麦交通部 1990 年决定为丹麦大带桥建设一个专用的 VTS 系统,见图 9-9,其基本任务是保证西航道桥的安全[20]。VTS 系统可以减小非法船只的风险,如试图通过此航道的超过规定高度和超过规定吨位的船舶。VTS 系统也用于帮助和劝说船只改走东航道。丹麦大带桥 VTS 系统的设计导则由国际海事组织(IMO Resolution

图 9-9　丹麦大带桥专用 VTS 系统

A.578(4))颁布。为了与IMO强制性船舶报告制度一致,丹麦大带桥VTS操作中心保证所有超过50BT和超过15m的船舶进行报告。

丹麦大带桥的VTS系统由数座遥测站和一个操作中心组成。遥测站包括三座由雷达—VHF—无线电三合一台站,和四座日光/红外TV摄像台站组成。遥测站通过宽带数据线与操作中心连接。三人组成的VTS操作组24h管理VTS系统。丹麦大带桥主通航孔双向通航(2×690m),设有专用的VTS系统,在每一个航道上方安装了多个雷达站,见图9-10。一般情况下,桥梁结构以线的形式出现在雷达屏幕上。接近桥梁的船舶可以看到桥梁,利用雷达信号台发射的雷达波,决定是否需要调整航线。此外,桥塔、通航孔和锚碇安装了汇光照明系统,以便于航行。

在丹麦,海军是海事权力机构,因此丹麦大带桥的VTS系统和附属设施由丹麦海军负责。救援船舶是VTS系统的一个必要的部分,当一艘航行的船舶试图违反航行规则,并且出现撞击西桥的姿态时,救援船舶就会赶到现场。

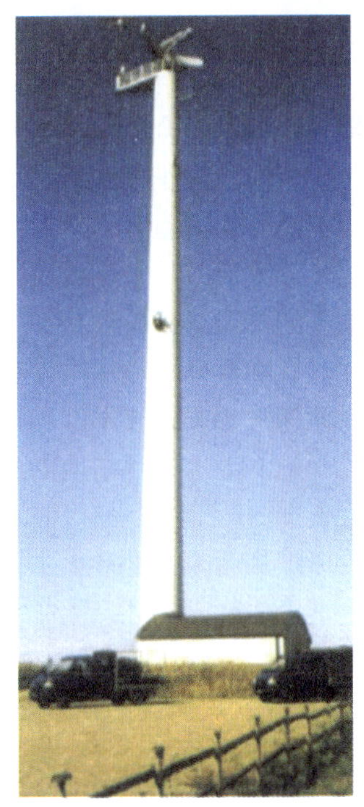

图9-10　丹麦大带桥VTS系统的雷达基站

七、人员安全素质培训

据统计,海上事故中80%由人为因素造成,这些事故中包括了由于主管机关、培训和教育机构、船旗国和港口国等管理人员的管理不当、监督不严和疏于管理而造成的,不能简单地归咎为船员的因素。

在我国,随着国民经济的飞速发展,航运业的发展速度也相当惊人,大大小小的航运公司应运而生,从而使通航水域的航行密度进一步增大。仅南京港每天进、出口的船舶就有上百艘次。值得注意的是,大量的个体户,联营户,承包户的船舶投入营运,更使可航水域的危险度大幅度上升。由于航运业科技含量的提高与地方航运企业人员素质不相适应,有的船舶有章不循,违章操作。

现代船舶的装备已向计算机配载、电子导航、无人机舱及船岸实时通信等方向发展。这就要求船员能够适应这种变化,及时更新知识和提高技术,以跟上现代科技的发展。海运业的发展,不仅是量的增长,更主要体现在以信息技术为主的结构调整。越来越高超的航海技术,越来越规范的国际公约和规定,对高风险的航海业的船员业务能力、职业道德提出了更严格的要求,船员必须具备较高的综合素质。

为此,我国专门制定了相关的政策与规则,例如,1997年11月5日颁布施行的《中华人民共和国船员培训管理规则》[21]等,来规范船员培训的实施。

第四节　桥梁船撞保险

通过保险方式转移桥梁遭受潜在船舶撞击的风险是桥梁船撞事故利益相关各方应对桥梁船撞风险的一个好的措施。保险作为风险转移的一种主要方法,已经在人寿、财产、火灾等诸多领域有广泛的应用，对工程项目风险应对而言，也是一种主要措施。工程项目保险是指业主、承包人或其他被保险人向保险人缴纳一定的保险费，一旦所投保的风险发生，造成相应的损失则按保险合同来给予补偿的一种制度。

目前我国正在施行的工程保险的险种主要有：建筑工程一切险、安装工程一切险以及建筑职工意外伤害险等，是在工程施工阶段设置的三个险种，工程的其他阶段险种和类似桥梁船撞等事故或灾害的险种设置几乎没有。我国工程保险业的发展仍然处于初级阶段，很多保险条款不完备或缺乏具体化。

影响桥梁船撞保险发展的因素很多，即使将制度问题、市场环境问题等撇开不谈，与桥梁船撞保险相关的技术问题也没有得到较好的解决，也就是存在一个保险技术与工程技术结合的问题。土木工程结构的建造与运营涉及到众多复杂的工程技术，不是一般保险业从业人员所熟悉的，土木工程结构所处的风险环境也不是一般保险业从业人员所熟悉的。仅依靠一般的保险从业人员进行土木工程结构保险则难度极大。

表9-3是我国某跨海大桥施工期间遭受船舶撞击的记录。可见桥梁船撞事故牵扯部门较多，涉及桥梁结构损伤程度的评估和修复、加固方案，这需要具有资质的专门工程检测评估机构来完成，这一点在保险理赔阶段判断被保险人的经济损失尤显重要。

国内某大桥施工期间船舶碰撞桥梁构筑物事故统计表 表9-3

序号	年月日	损坏情况	船种、载重吨	修复情况
1	03.1.27	PHC桩断1根，4根损坏	运输船 290t	补PHC桩2根
2	03.5.29	4根钢管桩偏位0.65~2.3m不等	工程拖轮船队	补桩5根
3	03.9.24	2根桩变形	运输船 597t	割除桩顶变形部，外包钢板，电焊修复
4	03.10.25	8根桩全部受损，2根偏位	集装箱船	补桩14根
5	03.11.15	16根桩偏位0.3~5.4m不等	工程拖轮船队	补桩22根
6	03.11.25	2根桩偏位	工程 拖轮	补桩2根
7	04.1.7	2根桩偏位	—	补桩1根
8	04.2.25	套箱局部混凝土脱落	运输船 240t	套箱在施工过程中已一并予以修复
9	04.3.6	套箱表面、内壁35cm×6cm混凝土脱落、裂缝	—	套箱在施工过程中已一并予以修复
10	04.5.29	套箱表面、内壁35cm×50cm混凝土脱落、裂缝	—	套箱在施工过程中已一并予以修复
11	04.7.4	承台表面和底部混凝土脱落约11~13m^2，梁走动	工程搅拌船	承台另行修复，箱梁在施工过程中一并修复

续上表

序号	年月日	损坏情况	船种、载重吨	修复情况
12	04.7.23	PM349#A 墩身落海	工程墩身运架驳	墩身另外制作
13	04.8.31	梁底板局部混凝土损坏	工程　搅拌船	梁底板在施工过程中一并修复
14	04.9.30	两墩承台中心位移 25mm，承台局部混凝土脱落	运输船　28 378 t	承台已另行施工予以修复

从我国目前的工程实践来看，桥梁船撞保险被包含在其他险种之中。

2001 年 6 月 23 日晚，受台风“飞燕”影响，青州闽江大桥受港机撞击，一些桥梁构件受到较大损伤。青州闽江大桥投保了建筑工程一切险，事后得到了一定程度的赔偿。青州大桥投保人报损金额为 1 056 万元，理赔金额为 829 万元，扣除免赔额 30 万元，不足额投保部分扣除 99 万元，实际赔付 700 万元。

2006 年 8 月 11 日 12 时左右，新加坡籍货轮 BITUMAN EXPRESS 船撞击杭州湾跨海大桥中引桥和北航道桥南高墩区结合部位 B26、B27、C01 等混凝土承台、墩身及箱梁结构物，造成大桥部分结构物损伤。后对大桥的损伤进行了评估，保险公司赔付约 800 万元。之后事故的责任经由海事法庭进行了审理。

上述两个例子说明：

(1)保险对保障桥梁按期完成建造、正常运营有积极意义，应当大力推广。

(2)桥梁船撞保险涉及一般的保险技术，同时涉及复杂的工程技术和经济损失评估，需要一般保险技术与工程技术的结合。

(3)保险赔付不能简单达成一致时，需要法庭审理，因此完善系统的法规体系是工程保险得以正常进行的必要基础。

目前我国工程保险的技术基础还准备不足，市场环境也有待于进一步规范和完善，保险费率的确定主要是通过保险人与被保险人之间协商确定，带有相当大的随意性。

第五节　桥梁船撞监测、预警与应急救援

一、船舶航行监测、预警与应急救援

桥梁船撞预警是指航行船只进入危险区域、违章停靠、禁航区航行等情况发出红色警报信息并可通过呼叫中心喊话制止，以防止船撞桥事故的发生。

桥梁预警的基本原理是在桥墩周围设定一个预警范围，当船舶驶入预警范围内时，就需要提醒船舶要远离桥墩区域。

目前国内的桥梁船撞预警应用还处于起步阶段，国内比较有代表性的是重庆市水上交通管理监控系统。该系统应用 GPS 卫星定位技术、GPRS、CDMA1X 移动通信技术、GIS 地理信息技术、移动视频技术及呼叫中心等高新技术，通过研发的专用船载信息终端和应用部署专门的水上交通管理监控中心、区县分中心和企业分中心。

系统可全天 24h 不间断的对全市水域船舶进行实时监控，掌握所有船只的基本静态信息和其位置、速度、航向等动态航行信息。通过交互式的移动船岸通信，对船只驶入桥梁危险区

域和危险情况进行信息分析，监控中心可对一般危险情况向航行船舶发出黄色警报信息，以避免发生更大的危险和事故。

对于航行船只进入危险区域、越线行驶、冒雾航行、违章停靠、禁航区航行等情况发出红色警报信息并可通过呼叫中心喊话制止，系统会将当时的通话情况和船舶航行情况自动记录，便于事后分析并为出发或事故处理提供依据。

航行途中发现船只向桥梁靠近时及时预警，预警级别随船只和桥梁距离逐渐靠近而提升，以提醒船长、船员注意避让，防止碰撞。

2008年8月7日，荆州长江大桥防撞安全监管雷达系统建成并投入试运行[22]。通过雷达"电子眼"的有效覆盖，见图9-11，海事人员坐在操控室里，就能监控到大桥上下游20km水域船舶的运行状况。

图9-11 荆州长江大桥船舶航行安全监测与预警系统

2008年9月6日，荆州海事局组织了一次以防撞为主要内容的水上搜救演习[23]。演习地点选择在荆州长江公路大桥上游的杨林矶水域。当日9时26分，演习正式开始。"鄂荆州货2020"轮航行至该水域时主机突然熄火，船舶失去控制，顺着湍急的江水向下漂流，随时有碰撞桥墩的危险。货船在抢修主机时导致船舶起火，在组织自救过程中一名船员落水。这一突发险情迅速逐级报告给荆州海事局，救助行动随之展开。

根据指令，"海巡31418艇"前往现场组织救助，港内拖轮"沙港501"火速赶往事发地点。另有2艘海巡艇"海巡31133"、"海巡31105"分别驶往事故水域的上下游方向，对过往船舶实施临时交通管制，通知其在指定水域抛锚等候。"海巡31216"则组织搜寻救助落水人员。同时，各相关单位接到险情后，各行其责，纷纷投入到应急救助的战斗中。长江荆州通信管理处滚动播出临时禁航通告，航道部门调派"汉道1241"等航道艇到现场探测水深并参与救助，长江航运公安局荆州分局调派警力维护治安，并组织消防力量灭火，荆州公路大桥管理局按程序启动应急预案，将险情通报给高管十五大队，对大桥过往车辆实行交通管制，禁止车辆通行，并通知南北两岸收费站关闭道口。

本次演习，共有海事、安监、交通、公安、航道等9个单位参加，8艘海事、公安、航道船艇投入救助，是长江荆州段规模最大的一次演习。

二、桥梁船撞监测与路面交通预警

近十几年严重的桥梁船撞事故显示，桥上的车辆和行人会因此而发生生命和财产损失。桥梁的船撞安全措施是多种多样的，可以通过结构性的防撞措施（见第十章）和本章前述的各种主动管理措施达到保护桥梁安全的目的，但是如果这些措施无条件实现，或没有实现，或部分实现了但并不能完全消除桥梁的船撞风险，则减少桥面交通损失的措施就是必须的。

面临这种情况时，可以建立桥梁船撞状态监测和路面交通预警系统，以避免或减少由于船舶撞击导致的桥梁使用者的生命与财产损失。桥梁船撞监测和路面交通预警系统可以与其他

方面的监测和预警系统联合建设,或者作为桥梁监测与预警系统的一个部分。

2001 年 9 月 16 日,美国得克萨斯州的跨海大桥 Queen Isabella Causeway 受拖轮撞击倒塌两孔,5 辆汽车坠入海中,4 人丧生。修复后的大桥上安装了路面交通船撞安全预警系统[24],见图 9-12。

图 9-12　美国得克萨斯州修复后的 Queen Isabella Causeway 桥路面交通预警系统

当光纤维传感器严重损伤(意味着桥梁因船舶撞击而严重损伤或倒塌)时,该系统执行以下两项任务:

(1)预警红灯闪烁,提示桥面车辆和行人停止行进。

(2)自动呼叫警察和海岸警卫队。

这样的桥面交通预警系统在美国 Louisiana 州的 Lake Pontchartrain Causeway 和 Florida 州的 Sunshine Skyway Bridge 上也有使用。

参考文献

[1] 徐祖远. 统一思想　提高认识　落实责任 促进交通企业安全发展[R]. 2007. 7. 26.

[2] 中华人民共和国. 中国的减灾行动[Z]. 北京. 2009. 5.

[3] 陈明栋,罗家麟,杨斌. 通航河流中桥梁选址应注意的一些问题[J]. 重庆交通学院学报,1998,17(1):31 ~ 38.

[4] 董先远,吴应红. 荆州大桥桥区水域通航安全的思考[J]. 中国水运,2008,8(10):16 ~ 17.

[5] 长江水利委员会长江勘测规划设计研究院. 新通海沙南通开发区上段岸线综合整治工程防洪评价报告[R]. 2008. 12.

[6] AASHTO. Guide Specification and Commentary for Vessel Collision Design of Highway Bridges [S]. American Association of State Highway and Transportation Officials, Washington D. C. 1994,2009.

[7] 中华人民共和国交通部. 内河通航标准(GB 50139—2004)[S]. 北京:中国计划出版

社,2004.

[8] 肖亮希.桥区水域通航评估的内容与方法研究[D].武汉理工大学硕士学位论文,2007.

[9] 上海同济建设工程质量检测站.杭州湾跨海大桥船撞事故结构检测评估报告[R].2006.

[10] 甘浪雄.船舶在桥区安全航行的可靠性分析[J].武汉理工大学学报(交通科学与工程版),2003,27(4):455~458.

[11] 中华人民共和国交通部.通航海轮桥梁通航标准(JTJ 311—97)[S].1997.

[12] 唐庆友.灵江大桥设标的分析与思考[C].中国航海学会航标专业委员会沿海、内河航标学组联合会议论文集,2003,293~396.

[13] IMO.国际海上生命安全公约[S].1974.

[14] IMO.国际海上避碰规则[S].1972.

[15] IMO.船舶定线制的一般规定[S].1977.

[16] 上海海事局. 长江口船舶定线制[Z].2002.9.

[17] 中华人民共和国交通部.长江江苏段船舶定线制规定[S].2003.7.

[18] 中华人民共和国交通部.长江三峡库区船舶定线制[S].2003.10.

[19] 中华人民共和国交通部.长江安徽段船舶定线制规定[S].2003.10.

[20] COWI,West Bridge-Risk Analysis[M].1986.

[21] 中华人民共和国交通部.中华人民共和国船员培训管理规则[S].2007.

[22] http://www.hb.xinhuanet.com/photo/2008-08/07/content_14063153.htm.

[23] http://www.jzmsa.gov.cn/news_view.asp? newsid=915.

[24] Robert Y. Love, Allision With Interstate 40 Highway Bridge Near Webbers Falls, Oklahoma, Highway/Marine Accident Report, NTSB/HAR-04/05,2002.5.26.

第十章 桥梁防撞结构

第一节 被动防撞措施的分类

一、采用被动防撞措施的技术规定

被动防撞措施是为降低桥梁船撞风险而采取的工程措施。

随着工程界对于船舶撞击桥梁问题的逐渐重视，工程师们逐渐改变了那种把船舶撞击桥梁当成是无需设防的"意外"事故的观念，开始考虑对桥梁采取防护措施。各国对于设置防撞保护系统的条件做出了各自的规定。

瑞典国家公路局(Sweden's National Highway Administration)指出，凡通过船舶排水量在2 000t以上的桥梁，必须验算桥墩的防撞能力，并按需要设置适当的防护系统[1]。

美国《公路桥梁船撞设计指南》规定，跨越通航水道，位于设计水深不小于0.6m的桥梁的所有构件，均应按船只撞击予以设计[2]。

德国铁路规范中规定，跨越莱茵河桥梁的桥墩应能承受30MN的等效水平撞击荷载，即能够承受排水量1 800t、速度为5.88m/s的驳船的撞击；通航船舶排水量大于1 800t的桥梁，必须设置防护系统[1]。

我国2004年颁布实行的《公路桥涵设计通用规范》(JTG D60—2004)中作出以下规定："可能遭受大型船舶撞击作用的桥墩，应根据桥墩的自身抗撞击能力、桥墩的位置和外形、水流流速、水位变化、通航船舶类型和碰撞速度等因素做桥墩防撞设施的设计"。规范并且说明："当桥梁设有与墩台分开的防护结构时，桥墩可不计船舶的撞击作用"[3]。

当桥梁与船舶的刚度均较大，桥梁不设置防护系统时，船舶将直接与桥墩接触，产生极大的撞击力，严重时可导致船毁桥塌的事故。而设计适当的防护系统不但可以改变撞击力的方向，同时还可以吸收能量，使撞击动能消散，限制及降低由船舶转移到桥墩上的能量，从而减小桥墩受到的撞击力，达到保护桥梁结构的目的。

当船舶撞击力接近或者大于桥墩的承载能力时，设置附着于桥墩或与桥墩相分离的防撞保护系统可以保护桥墩免受撞击破坏并避免由此导致的桥梁上部结构倒塌。而出于桥梁耐久性的要求，即使当船舶撞击力小于桥梁基础承载能力时，也可以设置相应规模的防船撞设施来防止如桥墩混凝土被船舶撞落等影响桥墩耐久性的破坏。

二、被动防撞措施的分类

鉴于船舶撞垮桥梁的事件日益增多，许多国家都在努力研究碰撞理论和防护方法。在重建或规划设计桥梁时，已经开始将防撞保护工程列入设计方案，重要的桥梁还常常会为此进行

广泛的国际咨询和投标。对有被撞垮之虞的桥梁,也增设防护系统。

工程师为了保护桥梁下部结构免受船舶撞击的威胁,构思了多种防撞设施,其中相当一部分最终应用于工程实际,并在船舶冲撞事故经受住了考验。桥墩的防护系统是多种多样的,各有特点,它们性能不同,适用于不同的场合,所以要根据具体情况慎重选择。

1991 年,国际桥梁和结构工程协会(IABSE)将通常的桥梁保护结构分为五类[4],即:防护板系统、支撑桩系统、系缆桩系统、人工岛或暗礁保护以及浮动保护系统。

日本学者岩井聪[5]按照船舶冲撞能量吸收方法和设置场所的不同对各种防护措施采用了以下的分类方法。

1. 按船舶冲撞能量吸收方法分类

弹性变形型——因弹性变形吸收冲撞能量。

抗压变形型——因压缩压屈、弯曲破坏等来吸收冲撞能量。

变位型——利用重力或浮力产生的还原力吸收冲撞能量。

2. 按设置场所分类

直接构造——设施与桥墩相连安装。

间接构造——距离桥墩安装。

根据以上分类,各种方式的防撞设施如下。

(1)直接构造,弹性变形型:护舷方式、绳索方式;抗压变形型:缓冲体方式;变位型:重力式。

(2)间接结构,弹性变形型:桩方式;抗压变形型:沉箱式、人工岛方式;变位型:浮体系泊缆方式。

通过对上述各类防撞系统进行综合比较,笔者认为日本学者岩井聪提出的分类方法较其他方法更为系统和详实,基本涵盖了目前工程上所用到的防撞形式,但表达还不够直观。从工程师的角度出发,为了更加直观易懂地区分各类防撞系统,建议将被动防撞系统归纳为以下三类:

(1)一体式防撞系统。

(2)附着式防撞系统。

(3)独立式防撞系统。

以下将根据上述分类方法介绍典型防撞系统设计实例。

第二节　独立式防撞系统

一、墩桩式

1. 集群桩防撞系统

集群桩防撞系统是较为常见的一种防撞装置,包括从廉价而常见的原木梅花桩(仅适用于使低能量船只偏离)到用刚性盖梁连接在一起的大直径桩群。集群桩可与桥墩完全无关,由于船撞产生很大的设计冲击荷载,导致桩结构塑性变形和压碎,只要船在不撞到桥墩之前就被止住,或者最终的冲击力低于桥墩和基础的承受能力,则认为是容许的。根据桥址条件、冲击荷载和经济等情况，可以采用木桩、钢桩或混凝土桩。

1）特点及适用场合

优点：

（1）运用广泛的桩系统能吸收中等撞击能量。

（2）若选择合适的防护板形状，可使漂浮的船只偏向或转向，仅对桥墩有中度损伤。

缺点：

（1）对高能量碰撞无效。

（2）构建成本相对昂贵。

（3）仅在中等水深（如12～15m）中有效。

（4）在重大碰撞事件后进行修复的成本相对较高。

适用场合：

（1）适用于通航船舶吨位不太大的桥梁。

（2）桥区水深不易过大。

2）工程应用实例

（1）托罗姆桥（Tromso Bridge）[6]。Tromso桥全长1 016m，主跨径为80m，航道宽为60m，见图10-1。原先东西两个主墩采用的是以混凝土桩为支撑桩的防护系统，于1959年设置，桩的顶部由混凝土刚性梁连接，其防撞能力估计能抵抗10 000DWT的轮船在1kn的速度下的撞击。

图10-1　Tromso桥防撞系统

1961年11月，一艘载重量为10 000t的货轮冲撞西侧防护系统，使大部分水平板和混凝土桩被撞坏沉入海底。1963年，东边墩的防护系统被一艘1 560DWT的货轮撞毁。于是，在1975年，又设置了集群桩防撞设施，如图10-2所示，它在钢桩上配置了钢筋混凝土，钢筋混凝土包围着主跨墩的4根桩柱。

1975年7月，一艘游船撞上该防护设施。船侧以及4个船舱出现裂纹，安装在防撞设施上的木材被压溃，可是，混凝土和钢制护舷物本体无损。由此可见，如果没有设置该防护设施，该桥被冲撞的后果将不堪设想。

（2）塔斯曼桥（Tasman Bridge）。Tasman桥[6]的防船撞备选方案有很多，前面介绍的重力式防撞方案为最终采用方案，下面再介绍两种备选的桩方式防撞设施方案。

方案一，由垂直的预应力混凝土桩和缓冲梁构成，如图10-3a）所示。桩的下端固定在岩

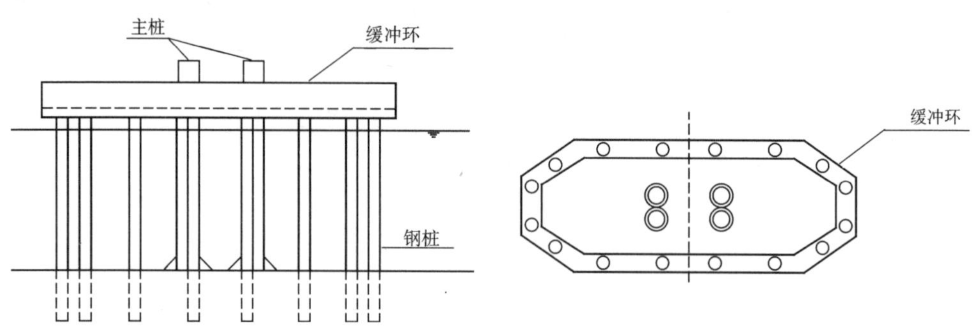

图 10-2　Tromso 桥桩支承防护系统

基上。冲撞船的能量(假设为 300MJ)通过固定在桩上下的塑性铰链的旋转而被吸收。直径为 3m 的桩,当上端变形量为 5m 时,可计算其能量接收量为 18.3MJ。这种设施在发生较大塑性变形后需要更换。

方案二,由水面的 V 形防撞梁、抗压桩、抗拉桩构成,如图 10-3b)所示。各防撞梁用钢筋增强,是在 430MPa 的屈服强度和在破坏的情况下,至少能够延长 22% 的一种梁。防撞梁的最大荷载 P_{max} 为 15.8MN,最大延长量 S_{max} 为 8.8m,当防撞梁为 2 根时,内功 A_i 可以用下式计算:$A_i = 2 \times P_{max} \times S_{max} = 278$MJ,这个值很接近冲撞能量的设计值 300MJ。

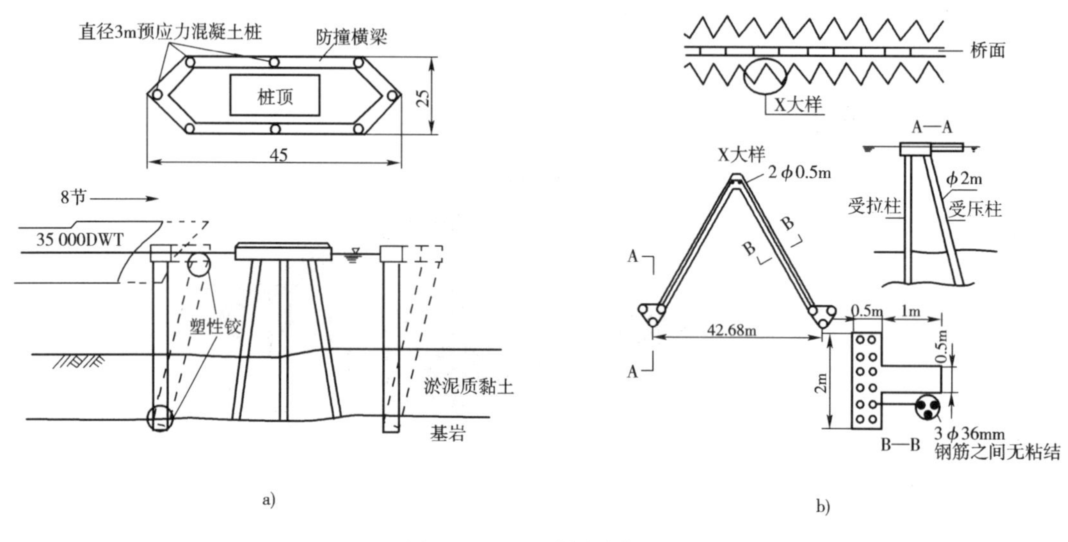

图 10-3　Tasman 桥防撞装置

a)方案一;b)方案二

2. 独立式防撞墩防撞系统

防撞桩通常独立于墩身布置,一般设置在桥墩的上游和下游位置,桩可以采用木桩、混凝土桩、钢管桩等。桩顶通过钢筋混凝土结构连接,共同抵抗船舶撞击。钢筋混凝土外围一般安装原木或橡胶缓冲设施,用于抵抗小型船舶或漂流物的撞击,避免与钢壳船体发生摩擦。

按照其刚度来划分,防撞墩可以分为柔性和刚性两种。柔性防撞墩一般采用钢管桩或钢管混凝土桩,这种防撞设施会发生较大的变形,对船只的破坏较小。刚性防撞墩一般采用预应力混凝土桩或钻孔灌注桩,主要靠船首变形吸收撞击能量。

1)特点及适用场合

优点：

(1)能抵挡较大的撞击能量。

(2)可以与主墩承台选用一样的桩基形式,减少了施工难度。

(3)耐久性好,基本不需要进行维护。

(4)承台若做成流线形,能够拨转船头,这样船舶的动能大部分还保留在船上,不用参与交换。

缺点：

(1)对船舶的损伤程度较大。

(2)构建成本较昂贵,要完全抵挡船舶的撞击,则规模一般与主墩承台相当。

(3)仅在中等水深条件下适用。

(4)河床冲刷对其防撞性能影响较大。

适用场合：

(1)适用于通航船舶吨位较大的桥梁。

(2)桥区水深不宜过大。

(3)桥区水流冲刷不宜太强。

2)工程应用实例

(1)Rosario-Victoria 桥。[7] Rosario-Victoria 桥是位于阿根廷 Parana 河上的一座斜拉桥,主跨为 350m。该桥采用柔性防撞墩防护形式,对两个主塔墩及七个边墩进行防护。主墩防撞设施按照设计,能抵抗 100 000DWT 轮船在 4.64m/s 速度下的撞击。总体布置图及防撞墩的布置形式如图 10-4 所示。

防撞墩由混凝土平台和钢管混凝土桩构成,混凝土平台刚度极大,因此该防护措施完全靠钢管混凝土桩承受弯矩来抵抗船舶撞击力。混凝土平台底面与平均高水位处于同一水平面上,边缘延伸出 2m,防止驳船在低水位时与桩相撞。防撞设施的几何形状和布置必须满足要求,防止轮船与其正撞时,由于船头被抬升,船体继续向前滑移而与桥墩任何一部分发生碰撞,造成桥墩的损坏。桩与混凝土平台之间设有连接件,这样混凝土承台受到的水平撞击力可以通过剪力传递到桩上。钢管的材料为高强度钢,屈服强度为 690MPa,最小拉伸强度为 790MPa,最大弯矩截面处厚为 24mm,桩长 50 ~ 60m。

当船舶在最大冲刷发生时撞击防撞墩,桩顶会产生最大的侧向位移,而允许位移值受到钢管塑性铰最大拉应变的限制,桩顶的最大位移可达到 15m,从安全角度出发,加上 2.5m 的净空,因此防撞墩与桥墩承台之间的水平净空设为 17.5m。

全桥采用了几种不同尺寸和形式的防撞墩,在两个主塔墩的上游方向采用了 28 根桩的大型防撞墩防护设施,在边墩则用规模较小的 4 根桩的防撞墩。

(2)青岛海湾大桥[8]。青岛海湾大桥的大沽航道远期计划通航 10 000t 船舶,设计航速 4.11m/s。其防撞设施拟采用刚性防撞墩防撞设施的构思。图 10-5 所示为大沽桥 4 号墩所采用的独立防撞墩防护措施。

防撞墩桩基采用 3 根 ϕ2 500mm 钻孔灌注桩,墩台为现浇钢筋混凝土结构,三座防撞墩呈等边三角形布置,相互之间用钢筋混凝土系梁连接。承台轮廓设计成流线形,船舶撞击时将发

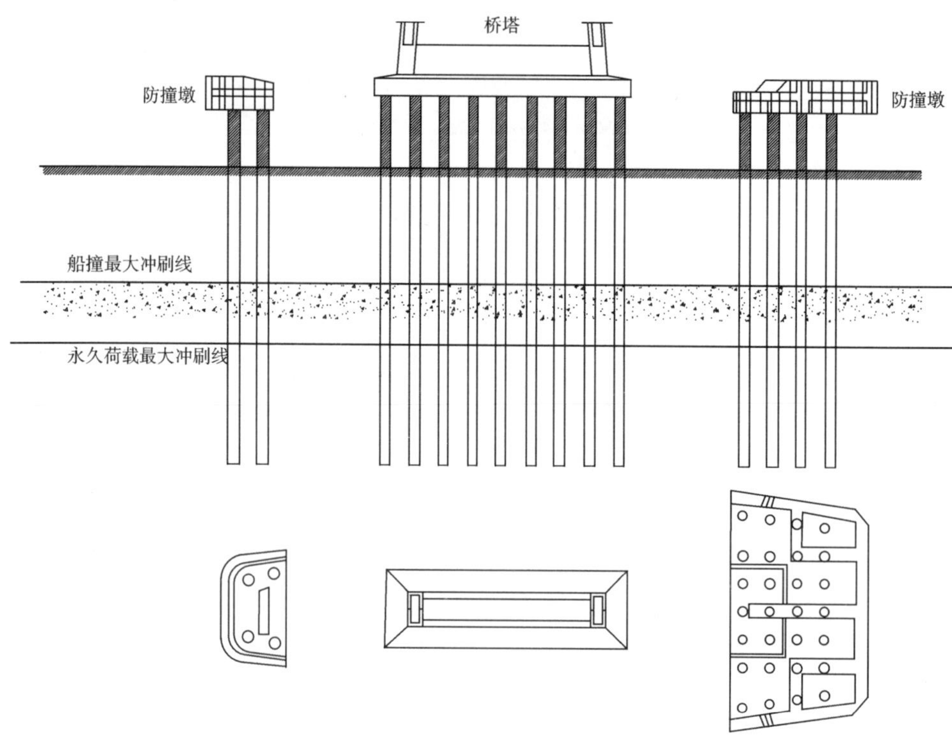

图 10-4 Rosario-Victoria 桥主墩防撞装置

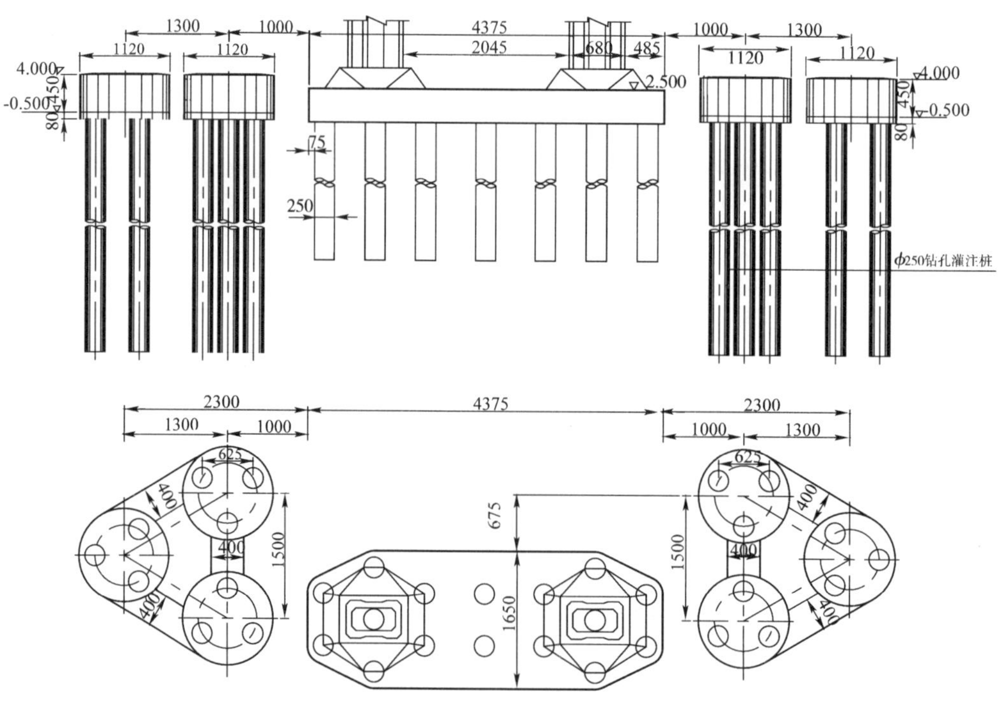

图 10-5 大沽桥 4 号墩独立护墩桩防护措施俯视图(尺寸单位:cm)

生偏转,从而减小承台直接承受的撞击动能。

(3)荆州长江公路大桥[9]。为了荆州长江大桥的防船撞安全,对大桥34号、35号、36号、37号、38号、39号、40号7个桥墩加设防护设施,见图10-6。工程概算总投资6 318万元。荆州长江大桥防撞设施(土建)工程施工内容为:制作、施打钢管桩112根,浇注混凝土桩芯112根;制作、安装XG1、2、3共336根;制作、安装消能钢板2 028块;安装橡胶护舷504套;现浇承台连接块混凝土724.1m^3。工程自2007年12月1日开工至2009年元月15日完工。

图10-6　荆州长江大桥的防船撞结构

二、沉井式

1. 薄壳筑砂围堰防撞系统[6]

薄壳筑砂围堰外壳一般采用圆柱形结构,内部用混凝土或松散的材料填充。根据外壳的不同可分为刚性薄壳结构和柔性薄壳结构。刚性薄壳结构外壳一般采用类似双壁钢围堰的结构,两壁内填充混凝土。柔性薄壳结构常用钢板桩构成,也可以用钢筋混凝土薄板桩构成,它与刚性薄壳结构的最大不同之处在于壳体不是一个整体,而是由平板形的薄板桩沿着薄体的圆周打入河床基底而组成。此外,在上述两种形式的基础上,又发展出了胶囊沙袋防护系统。下面分别对这三种形式作一下简单介绍。

1)刚性薄壳围堰

这是国内采用比较多的一种防撞形式。这种结构由于刚度较大,主要靠船艏的变形来吸收撞击能量,为了减小船只的损坏,以及从经济角度出发,可以利用二次撞击的理论,即下部采用双壁钢围堰,上部采用混凝土围堰或钢筋混凝土围堰,上部与下部之间设置一道薄弱面,上部结构能承受普通船只的撞击,当撞击力较大时,顶圈破坏,此时将吸收大部分的能量,这时钢围堰发挥作用,它将承受第二次撞击,从而确保桥墩的安全。图10-7所示为典型的刚性围堰式防撞装置。

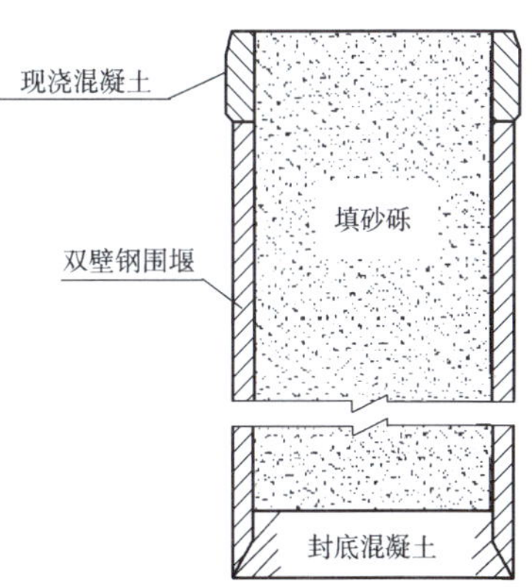

图10-7　典型的刚性围堰式防撞装置

2)柔性薄壳围堰

柔性围堰与刚性围堰的受力机理有所不同,当受到船舶撞击时,由于撞击力的作用,锚固在河底的钢板桩(或钢筋混凝土板桩)被拔出,内部的填充材料外溢,船体与高摩阻的填充材料充分摩擦,从而达到大量吸收能量的目的。

由于填料也参与吸能,故理想的填充材料应具有良好自由坍落度、轻质、抗剪,并具有较高的摩阻系数。在实际工程中,不一定要拘泥于此,可采用许多类型的填充材料。例如:外交叉桥和格塞尔斯桥采用海岸沙;达姆角桥的下层用粗砂石，上层用河沙；托宾纪念桥则灌注强度等级低的素混凝土。

如果采用可以溢出的松散材料，柔性薄壳筑砂围堰的顶部通常要设置一块盖板，以免河水或海水灌入。盖板一般采用钢筋混凝土结构，顶部预留一个孔洞，以便填料外溢时进行补充。混凝土盖板与板桩之间应该紧密相联，以提高围堰的防撞能力。

考虑到薄壳筑砂围堰的设计和安置是针对大型船舶的，而这种剧烈碰撞的概率毕竟较小的实际情况，就要防止经常发生的一些小规模冲击对薄壳结构带来的伤害。因此薄壳结构的顶部应安装缓冲设施。常见的缓冲设施是原木和橡胶，如外交叉桥、达姆角桥和阳光大道桥采用的都是原木缓冲体。另一种新型的缓冲设施是可以自由旋转的泡沫橡胶环，这是在对托宾纪念桥进行防撞设计时所提出的方案。此外，缓冲设施也可以做成三角形的避碰结构，以便降低漂浮物对结构的正面撞击概率，例如萨拉特—布拉索拉戈桥。图 10-8 所示为典型的柔性围堰式防撞装置。

3）胶囊沙袋防护系统

胶囊沙袋防护系统是薄壳筑砂围堰防护系统的演变形式，当河床淤泥覆盖层太厚，组成薄壳的板桩的锚固力不足时，这种防护系统更显示出优越性。

胶囊沙袋防护系统主要部分是尼龙绳加固的氯丁橡胶制成的不透水胶囊、内部填充的中粗沙和胶囊顶部的盖板。防护系统顶部设置盖板的目的，是为了防止海水涌入胶囊内，并增加胶囊内部的土压力，以求得其内、外压力平衡。盖板有刚性板和折叠板两种形式。刚性盖板一般用钢筋混凝土结构，受到撞击时对船体损伤较大。折叠盖板一般用钢结构，变形量较大，对船舶的损伤也较小。胶囊顶部的缓冲设施与薄壳筑砂围堰相似。

防护系统受到船舶撞击时，其吸收撞击动能的原理与薄壳筑砂围堰基本一致。因为外壳是氯丁橡胶胶囊，故对船舶几乎毫无损害。从已有的经验看，这种防护系统可以克服其余防护工程造价高、维修和施工困难的缺点。实际上，它是一种大量沙的集合体，且因为外壳的改善，具有施工快速简便的优点。图 10-9 所示为胶囊沙袋防护系统。

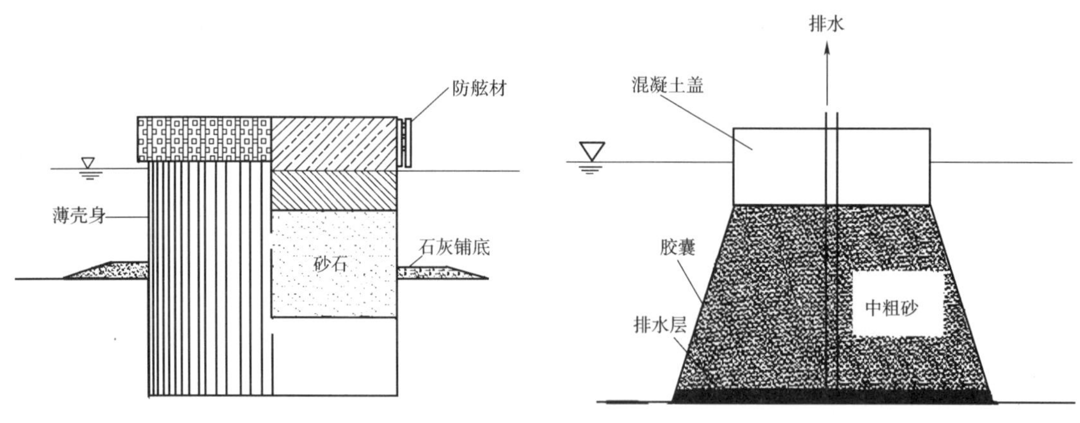

图 10-8　典型的柔性围堰式防撞装置

图 10-9　胶囊沙袋防护系统

（1）特点及适用场合

优点：

①能抵挡较大的撞击能量。

②在中等水深（12 ~ 15m 以下）场合下是一种比较经济的防撞设施。

③长期维护成本相对较低。

缺点：

①对船只的损伤较大，特别是刚性围堰，撞击能量基本靠船艏变形吸收。

②在重大碰撞事件后的修复成本相当高。

③防撞性能受河床冲刷的影响较大。

适用场合：

①适用于桥区水深不是太大的桥梁。

②采用围堰进行基础施工的桥梁。

（2）工程应用实例

①尼泰罗依河桥。当薄壳筑砂围堰的直径与桥墩厚度接近，且预计的允许船舶缓冲位移较小时，可采用这种布置形式。例如，巴西的尼泰罗依河桥和安哥拉阿图尔海岸的席尔瓦桥就是采用的这种形式。

尼泰罗依河桥有三个通航孔，位于航道中的四个桥墩的上、下游方向，均设薄壳筑沙围堰防护。桥墩的高桩承台与防护系统距离较近，二者之间用缓冲木栅栏相连，使高桩承台和上、下游的两个防护围堰共同起到抵抗船舶撞击的作用。图10-10为尼泰罗依河桥防护系统布置图。

图 10-10　尼泰罗依河桥防护系统布置图

②阳光大道桥。主墩采用人工岛防护，主墩两侧各5个边墩采用薄壳筑砂围堰防护，这些边墩都是经过风险分析后得出的最容易遭受船舶撞击的桥墩。直径为60ft 的围堰能承受63 000DWT 的满载货轮或87 300DWT 的空载货轮的撞击；直径为54ft 的围堰能承受65 000DWT 满载驳船或70 000DWT 空载轮船的撞击；直径为47ft 的围堰能承受15 000DWT 满载驳船或35 000DWT 空载船的撞击。所有撞击速度都假设为10kn。

1986 年，一艘600t 的小型渔船与直径为60ft 的围堰相撞。渔船遭受严重破坏，撞击后不久便沉入水中，而围堰却完好无损。图10-11 所示为阳光大道桥防护系统。

a)

b)

图 10-11　阳光大道桥防护系统

③虎门大桥。虎门大桥[10]辅航道上的三跨连续刚构桥也采用了4个防撞岛，采用二级防撞体，设计最大船撞击力为30MN。第1级为沉井上部的钢筋混凝土部分，容许防撞能力为10MN，能够保证在一般船撞击力条件下不破坏，当船撞击力较大时，钢筋混凝土部分破坏而吸收一大部分撞击能力，剩余的撞击能量由下级钢围堰承受。钢围堰外径25m，内径22m，井壁厚度为1.5 m，刃脚高1.5m，一个钢围堰混凝土总量为5 400m^3。

2. 双壁钢围堰防撞系统

双壁钢围堰是大型深水基础工程理想的防护结构物，既可起到基础工程施工时的围水与施工平台作用，又可参与部分结构受力。利用双壁钢围堰充作永久性防撞设施，是一种经济可行的方案。双壁钢围堰可以与桩基及承台分离，这样是为了不增加桩基的附加重量，同时避免船舶撞击对桩基的影响；也可以采用复合基础，当船撞击防撞设施时，防撞岛和钢围堰将带动岛内和堰内填砂一起产生强迫位移，填砂作为弹性变形介质对群桩基础产生侧向压力，从而与桥墩基础共同承担船舶撞击。

1）特点及适用场合

优点：

（1）可用于施工时的围水设施，下部结构施工完可转换为防撞设施。

（2）成本小。

（3）结构形式多样，既可保护桩基，也可与桩基一起参与受力。

（4）能抵挡较大的撞击能量。

缺点：

（1）钢围堰耐腐蚀性能较差。

（2）在重大碰撞事件后的修复成本较高。

适用场合：

（1）采用围堰进行基础施工的桥梁。

（2）通航船舶吨位较大的桥梁。

2）工程应用实例

（1）下白石大桥[11]。下白石大桥如图10-12所示，全长为984.6m。主桥上部为四跨连续刚构，下部为钢筋混凝土薄壁空心墩。该桥位于内河入海口处，典型的潮汐河段，属三级航道，常年通行1 000吨级海轮，亦有3 000吨级海轮通行。

图10-12　下白石大桥

该桥采用双壁钢围堰进行防撞，钢围堰高48m，外径28m，内径25m，壁厚1.5m。在钢围堰的内、外壁间填充C25素混凝土。围堰的下端支撑在基岩上。

该防撞设施按照如下防撞要求进行设计：能承受3 000吨级海轮横桥向撞击力19.0MN，顺桥向撞击力9.5MN；能承受1 000吨级海轮横桥向撞击力13.4MN。防撞设施的一般构造如图10-13所示。

（2）洛溪大桥[12]。洛溪大桥是105国道广州市与番禺市交界的一座特大桥，如图10-14

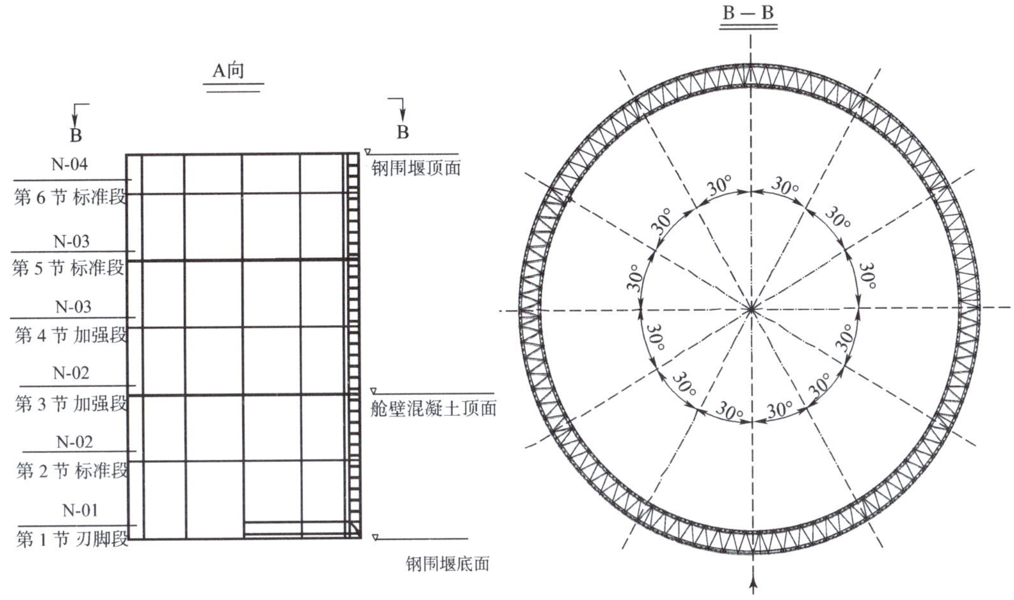

图 10-13　防撞设施一般构造图

所示。全长 1 916m，其中主桥长 480m，为 65m + 125m + 180m + 110m 不对称四孔连续刚构。下部结构采用双墙式薄壁墩。

该桥要求通过 5 000t 又要兼顾 7 000t 海轮，船舶的撞击力大，而且桥梁由于采用双柱式柔性墩，防撞能力很弱，因此必须为桥墩安装防撞结构。经过方案比较，决定采用钢围堰对主墩进行防撞。

图 10-14　洛溪大桥

洛溪大桥采用了双层钢围堰与桩基及承台分离的方案。最初设计为外直径 28m，高 20m，壁厚 2m，采用传统的直壁式结构。这个方案的特点是有足够的刚度和强度确保墩身安全，但造价高。经合理化建议，将直壁式改为 Y 形新式结构，壁厚减为 1.5m。由此两个墩的建筑安装费比原方案节省 47 万元，钢材 165t，混凝土 6 462m^3。

洛溪大桥为确保墩身安全和尽量降低船舶的损坏，设计时也采用了二次撞击的理论。顶节用 C15 素混凝土，按 15 000kN 作为破坏力控制设计值。当撞击力超过 15 000kN 后，顶圈会被破坏，此时将吸收大部分的能量，但尚有余能诱导船舶继续往前冲撞，这时钢围堰的斜面顶发挥作用，它将承受第二次撞击，从而确保墩身的安全。围堰一般构造如图 10-15 所示。

三、其他独立式防撞装置

1. 防护板防撞系统[6,13]

防护板防护系统广泛应用于美国内陆航道上的桥梁及海岸港湾河口结构物上，常见形式是由竖直桩和斜桩构成，桩一般可采用圆木桩、混凝土桩或钢管桩。桩之间设水平联结构件，

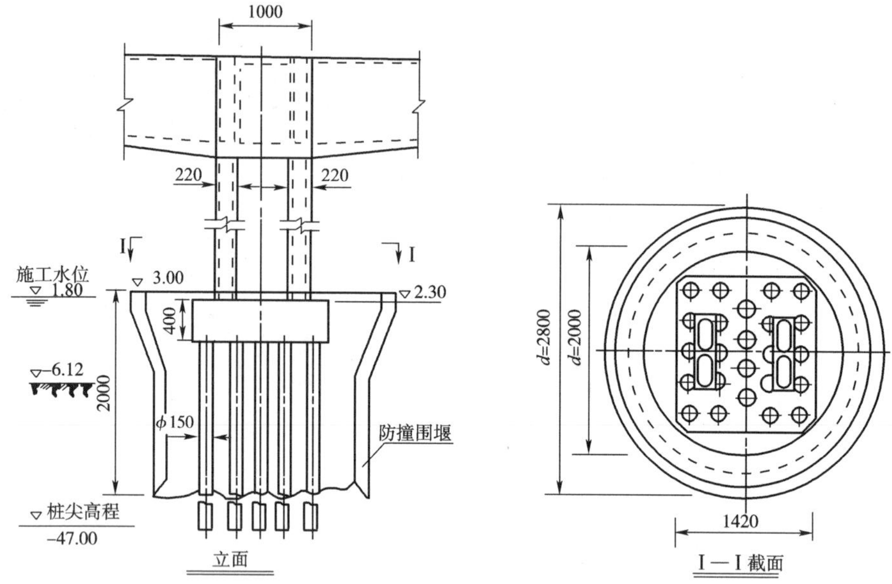

图 10-15　洛溪大桥围堰一般构造图(尺寸单位:cm)

水平联结构件本身可以起摩擦条带作用,也可将专门制作的摩擦条带安装在上面。摩擦条带能够消耗部分撞击能量。

防护板原先是作为一种导向板使用,对船只导航起着重要的作用,因此在设计时没有考虑结构承受侧向撞击的能力。2000 年,由佛罗里达交通部资助,Rafal Wuttrich 等人对该州防护板防护系统的防撞性能进行了全面的评估,分析这种导向板作为桥梁防撞设施的可能性。

研究中采用的设计船舶为 Jumbo Hopper 驳船,该船型在美国内陆河流广泛使用,占所有驳船使用量的 27%,驳船空载 181.4t,满载 1 723.7t。设计船速则取 1.95m/s(3.8kn),为佛州水道统计资料中最大水流速度。设计驳船一般的通航水深为 3.0~5.8m,故水深取 4.6m。

通过大型有限元动力分析软件 LS-DYNA 对防护板及驳船进行有限元建模,并对多种碰撞场景(碰撞角度分别为 90°、45°、30°、15°)进行仿真分析。分析后得出结论,原先的导向板根本不能作为桥墩防撞装置使用。最根本的原因就是竖直桩与斜撑桩之间的连接件过于薄弱,很早就失效了,斜桩与直桩之间只靠摩擦力和压力互相影响,没有共同发挥作用。

通过对连接件采取加固措施之后,原先的导向板能够作为防护板使用,承受较小能量的撞击。在船速较小、碰撞角度较大的情况下,防护板可以减缓轮船的速度,减少桥墩所受到的损坏;在撞击角度小于 30°的情况下,防护板可以有效地抵挡住碰撞,并能将船头拨正,使桥墩不受破坏。

1)特点及适用场合

优点:

(1)对船舶能起到导向的作用。

(2)桩基可采用圆木、钢管桩等,施工难度相对较小。

缺点:

(1)不能承受较大的撞击力。

(2)养护成本相对昂贵。

(3)仅在浅水区有效。

适用场合:

(1)适用于通航船舶吨位不大的桥梁。

(2)桥区水深不大。

2)工程应用实例

(1)百万桥(Million Dollar Bridge)。1996 年,一艘 560ft 长的油轮(Julie N)与美国波特兰港的百万桥(Million Dollar Bridge)相撞。该桥有防护板,防护板的竖直桩为橡木缓冲桩,长为 43ft,底部镶嵌在一个混凝土支承体上,水平联结件截面为 5in × 16in 的原木条。但是在事故当中,防护板没有发挥作用,船和桥都发生了损坏。油轮由于直接与桥墩承台的一角发生相撞,被撕开一个巨大的口子,造成了大量的燃油泄露,严重污染了港口的水域。受到轮船撞击后,百万桥的 18 号墩在水平方向发生了 1.75in 的永久位移,并沿着上游方向移动了 1.65in。桥墩与船体接触的地方发生了混凝土脱落,面积约为 6in × 6in,造成加劲钢筋裸露。此外,18 号墩的墩帽及桥梁上部结构也发生了损坏。防护板的竖直桩被拔出,没有镶嵌在混凝土支撑体上。对该桥进行修复和加固需花费 36 000 美元,更换原来的防护板需花费 600 000 美元。轮船、桥及防护板的破损情况如图 10-16 所示。

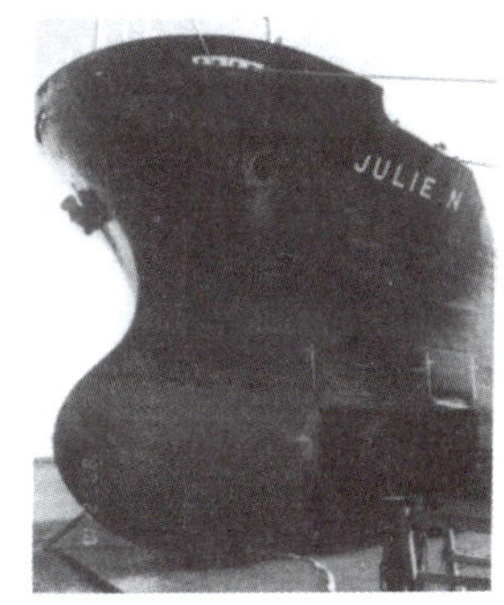

图 10-16　轮船、桥及防护板破损图

(2)美国印地安洛克桥。美国印地安洛克桥采用的防撞板结构系统见图 10-17。该防撞系统兼有防撞与导航作用。

图 10-17　美国印地安洛克桥防护板防护系统

2. 浮体系泊索防撞系统

浮体系泊索是指在桥墩周围水面设置一定数量的钢制绳索来防止船舶撞击到桥墩。采用

浮体系泊索方式防止船舶撞击，在桥墩所处位置水深很大的情况下是非常经济的。这种防护措施对船只的损坏很小，但是船舶需要很大的缓冲位移才能被止住，因此设置浮体系泊索防护措施需要很大的空间。

1）特点及适用场合

优点：

（1）能吸收很大的动能。

（2）船只损伤有限，或许极小。

（3）该系统能在深水，甚至很深的水中予以安装和施工。

缺点：

（1）船艏如果比较尖锐，则水中部分缆索易被切断。

（2）它在桥墩周围占用空间相当大。

（3）它在水域中经受风暴和浮冰而使其耐久性成问题。

（4）在重大碰撞事件后的修复成本可能较高。

（5）长期维护成本明显地取决于防腐措施的范围和效果。

适用场合：

（1）适合于深水港湾的交叉口中的桥梁。

（2）桥墩周围空间相对较大的桥梁。

2）工程应用实例

（1）意大利塔兰托桥[2]。意大利塔兰托桥采用的S. A. P. S防护系统是漂浮网状防护系统的一种形式。塔兰托桥有两个长156m的主跨，有六个桥墩布置在16m深的水中。防护系统是按撞击船舶排水量为15 000t，速度为3. 1m/s设计的。设计要求船舶与防护系统拦截设施碰撞后在30m内停止前进，则相应的船舶最大加速度是$-0.6m/s^6$，故防护系统应产生3. 6MJ的制动能量。

在每根锚固浮筒的锚缆上，安装了五个铅垂重力锚，间距为5m。每个重力锚都是一个钢筒，受拉的连杆可在钢筒中滑动，如图10-18所示。

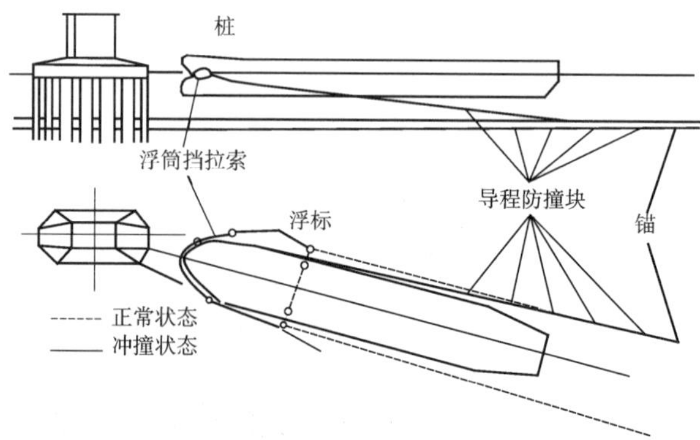

图10-18　S. A. P. S防护系统构造图

（2）东海大桥[14]。东海大桥非通航孔数目众多，防护结构设计用来拦截失去动力船舶的漂移撞击。其结构为锚定—缆索—浮筒系统，见图10-19。功能要求是：

①对失去动力的船舶进行拦截，使船舶不直接撞击桥墩，或使船舶撞击力控制在安全的范围内；

②通过合理地结构布置和材料选取，尽可能减少拦截过程中船舶和缆索系统的破坏；

③防撞缆索系统功能可靠、耐久性好、施工简单、维修方便、经济性合理。

该研究项目于2005年由上海同盛大桥建设有限公司会同中交第一航务工程勘察设计院和上海海事局完成。

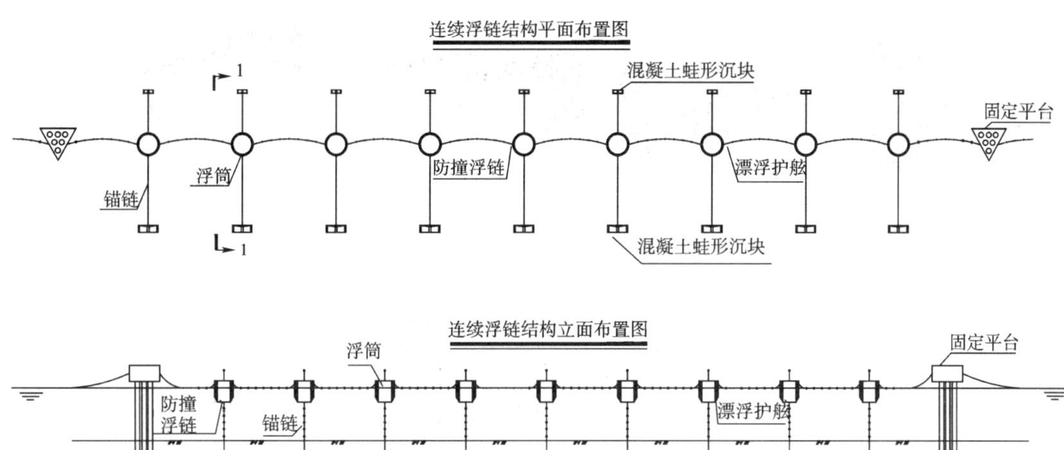

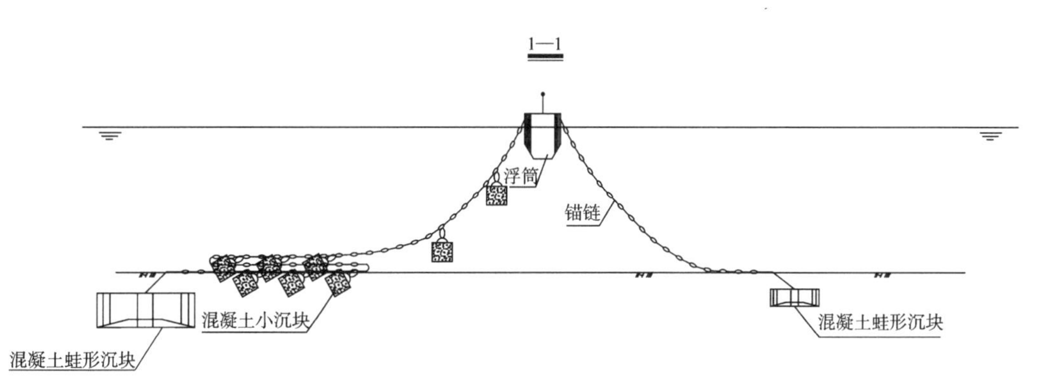

图 10-19 东海大桥防撞缆索系统示意图

第三节 附着式防撞系统

一、附着式消能组件

1. 附着式护舷防撞系统

护舷中常用于桥墩防船撞的是橡胶护舷，这种防撞装置在港口和码头工程应用已比较普遍。目前世界各国采用的橡胶护舷主要有：压缩型、充气型、剪切型、转动型及水压型五类。我国各港口目前采用的护舷大部分为压缩型和橡胶浮筒[15]。其中压缩型主要有：圆筒型、半圆型(D 型)、DO 型、拱型(V 型)、DA 型、鼓型、Π 型、M 型、TTV 型橡胶护舷。橡胶浮筒主要有充气式和填充泡沫式两种。图 10-20 为常见的护舷形式。

用于桥梁防撞设施的护舷主要有圆筒型、V 型、TTV 型、鼓型和橡胶浮筒。根据用途一般可分为两种：一是作为防撞设施直接用于抵抗船舶撞击；二是作为其他防撞设施的辅助设施，主要起缓和小型船舶撞击和大型船舶初期撞击的作用。

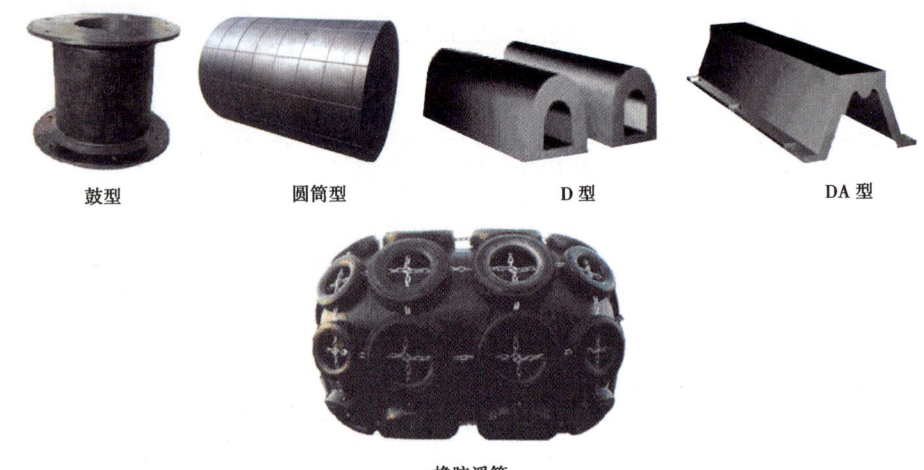

图 10-20　几种常见的护舷形式

圆筒型护舷一般作为其他防撞设施的辅助设施，既可安装在承台与其他防撞设施之间，用来吸收大型船舶的初期撞击能量，同时起到缓冲和降低船撞力的作用；又可安装在防撞设施外部，以减小船舶的损伤。V 型橡胶护舷可以安装在承台侧面，与防撞钢套箱连接，使设施能够随水位变化而升落；也可以安装在防撞装置外部，减小船舶的损伤。TTV 型是在 V 型和 D 型橡胶护舷应用实例基础上，研制成的一种新型橡胶护舷，结合了 V 型吸能更大和 D 型受力稳定的优点[6]，一般直接用于抵抗船舶撞击。鼓型护舷和橡胶浮筒既可作为防撞设施直接抵抗船舶撞击，又可作为缓冲设施，其中鼓型护舷一般放在承台和其他防撞设施之间，橡胶浮筒放置在防撞设施外部。

1)特点及适用场合

优点：

(1)规格种类繁多，分别对应不同的力学性能，适用于不同的缓冲需要。

(2)安装方便，耐腐蚀，寿命长，长期维护费用低。

(3)被撞后修复简易，可以反复使用。

缺点：

(1)对于中等或高能量碰撞事件无效。

(2)初始造价比较高。

适用场合：

(1)对环境的适应性较好，不受波浪、水流等的影响。

(2)安装在承台侧面，可用于抵挡大型船舶低速、小角度的撞击。

(3)安装在承台正面，可用于抵挡小型船舶(1 000DWT 级以下)在一定速度下的撞击。

(4)安装于防撞设施与承台之间，主要起缓冲和均匀分布撞击力的作用。

(5)安装于防撞设施外部，用于减小船舶和设施自身的损坏程度。

2)工程应用实例

(1)东海大桥[16]。在对东海大桥 5 000 吨级通航孔桥墩进行防护系统设计时，曾提出两种防撞方案，两种方案都采用了橡胶护舷作为防撞装置使用，见图 10-21。第一种方案承台侧面采用 H2500mm 鼓型橡胶护舷加钢质防冲板围护，能抵挡 5 000DWT 船舶在 4m/s 速度下 30°的斜向撞击，撞击能量为 4.27MJ。承台正面采用混凝土船型防撞承台，防撞承台与主墩承台之间设置有鼓型橡胶护舷，防撞承台外面用 V 型橡胶护舷加钢质防冲板围护。第二种方案承台侧面采用直径为 4.3m 的超大型桥墩浮护舷作为防撞设施，能有效地吸收 5 000DWT 以下船舶的撞击能量及 10 000DWT 船舶的大部分撞击能量。

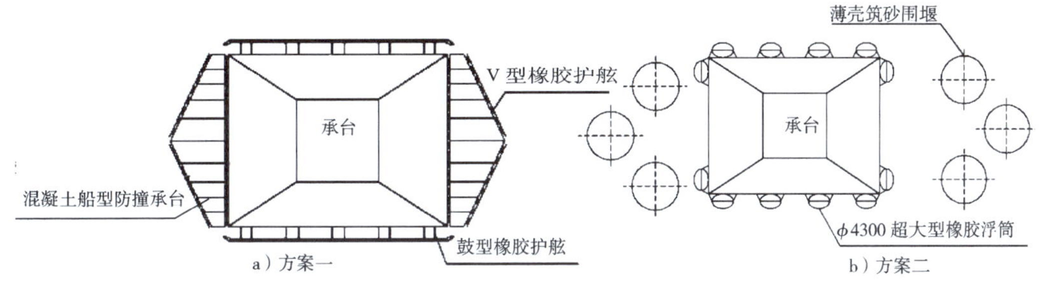

图 10-21　东海大桥 5000 吨级通航孔桥墩防撞方案

(2)濑户大桥[17]。日本的南北备赞濑户大桥采用了充气式橡胶浮筒作为桥墩的防撞装置，见图 10-22。直径为 4.5m 的浮筒可用于直接抵挡 500t 船舶以 4.12m/s 速度的撞击，也可放在钢套箱外部，和套箱一起抵抗 3 000t 船舶在 4.12m/s 速度下的撞击。直径为 2.0m 的橡胶浮筒可以抵挡船舶在 1.286m/s 速度下的侧向撞击。

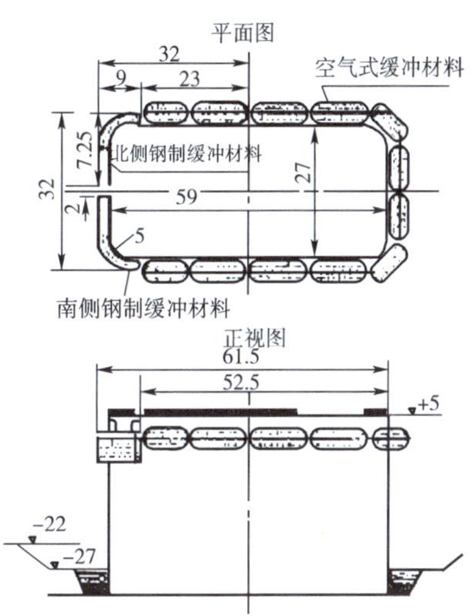

图 10-22　濑户大桥防撞装置(尺寸单位:m)

2. 附着式绳索防撞系统

绳索方式是将钢丝绳通过支撑固定在桥墩上，并在桥墩附近水面水平地展铺，当船舶冲撞时，由钢丝绳的弹性变形吸收冲撞能量。图 10-23 是绳索方式防撞装置缓冲吸能原理示意图。

1)特点及适用场合

优点：

(1)材料用量少，安装快速方便。

(2)受船舶撞击后易修复。

缺点:

(1)对于高能量碰撞事件效果较差。

(2)对钢材的防腐性能要求较高。

适用场合:

(1)通航船舶吨位不是太大的桥梁。

(2)可安装在大规模防撞设施周围作为第1次能量吸收的装置。

2)工程应用实例

柜石岛桥[18]。日本连接本州与四国大型工程的柜石岛桥段采用的就是绳索方式的防撞设施。该桥在$2^{\#}$桥墩的墩角处装置了槽型缓冲材料,在航道侧的3个边则采用了绳索方式防撞设施,如图10-24所示,大致以水面附近为中心上下排列着17根钢丝绳(<20mm)。

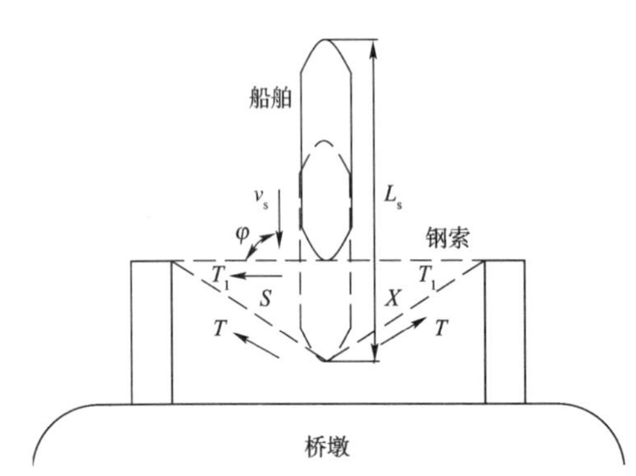

图10-23 绳索方式防撞装置受力图

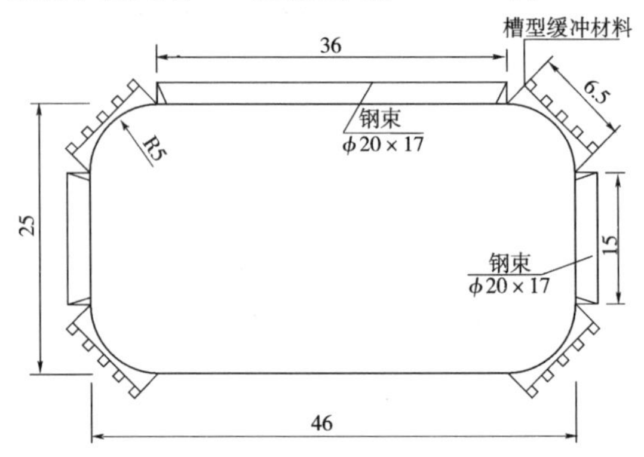

图10-24 柜石岛桥2#桥墩防撞装置设计图(尺寸单位:m)

3.附着式木结构防撞系统

木结构防撞装置主要是靠木材的压溃来吸收撞击能量,可以安装在承台上直接抵挡船舶的撞击,也可以设置在其他防撞设施(如围堰、混凝土箱、防护板防护系统)上,既能防止船体与防撞设施摩擦产生火花,也可以减小船体损伤。直接用于抵抗船撞的木结构防撞装置,根据构造不同有框架式和桁架式两种。

1)特点及适用场合

优点:

(1)木材初始造价低。

(2)对船只损伤小,可以防止船体由于摩擦而产生火花。

缺点:

(1)对中等或高能量碰撞事件无效。

(2)木材在水中容易腐蚀,长期维护成本高。

(3)即使在能量很小的撞击下,原木也需要更换。

适用场合:

(1)通航船舶吨位不大的桥梁。

(2)可加装在其他防撞设施的周围缓冲消能。

2）工程应用实例

（1）Richmond-san Rafael 桥。Richmond-san Rafael 桥[6]是横跨旧金山湾东西两岸的一座平衡悬臂桁架桥，桥全长为 5.5km。该桥于 1956 年完工，它的防撞设施是木制桁架构造。该桥在易撞桥墩周围设置的缓冲工事为木制桁架构造，如图 10-25 所示。该工事涉及水面上下范围为 +4.5 ~ −1.5m。

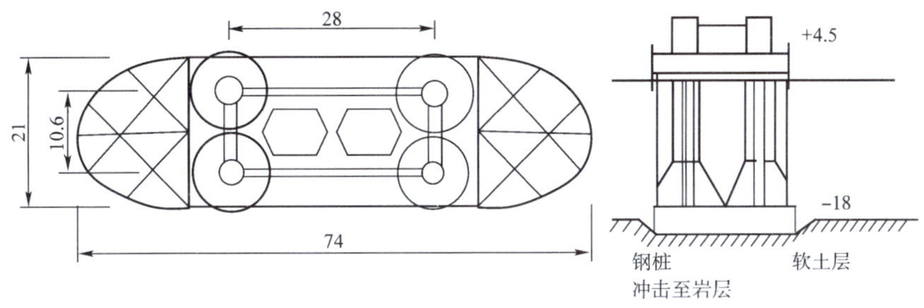

图 10-25　Richmond-san Rafael 桥防撞装置结构图（单位：m）

1961 年 8 月 5 日，美国海军一艘排水量为 1 450t 的舰只由于舵故障而冲撞该缓冲工事。其结果是，受冲撞部分的缓冲工事完全被破坏，桥墩无损伤，冲撞舰只也损伤轻微。

（2）Commodore John Barry 桥[2]。Commodore John Barry 桥是一座主跨为 1 644ft 的平衡悬臂桁架桥，它的防护设施是原木框架结构。该桥按照三种工况对防撞设施进行设计：在撞击速度 1.5kn，撞击角度为 10°的情况下，船和防撞设施都不会损坏；在撞击速度 6kn，撞击角度为 10°的情况下，防撞设施破坏；在撞击速度 6kn，正撞的情况下，防撞设施完全失效，桥墩必须承担一部分的撞击力。该桥结构如图 10-26 所示。

图 10-26　Commodore John Barry 桥结构图

4. 附着式重力摆防撞系统

重力摆防撞系统主要利用摩擦阻力或重力产生复原力的方式来吸收撞击能量，同时也可借助流体效应，靠防撞装置周围水的运动来吸收撞击能量。

这里主要介绍两种典型的重力摆式防护系统。第一种方式的主要构件是一沉重的钢筋混凝土块，此钢筋混凝土块由固定在支承结构上的锚链或缆索悬挂起来，见图 10-27a）。钢筋混凝土块作为重力摆，其迎船面装有充分柔韧的软木或橡胶作为摩擦面，以保证船舶与防护系统相撞时不擦伤船体。当船舶撞击时，摩擦面将来自船舶的撞击能量传递给钢筋混凝土重力摆，重力摆通过较长距离的位移耗散大量的撞击动能。此外，木材纤维之间的挤压和橡胶的变形也将提供一部分附加的能量吸收能力。

第二种典型形式是圆筒重力摆防护系统，重力摆悬挂在支承结构上，见图 10-27b）。不仅靠重力摆本身的重力作用原理来吸收撞击能量，同时还借助于流体效应，来提高这种结构的抗冲击能力和吸收能量的能力。根据设计的船舶撞击力，设计者可以确定重力摆没入水中的深度。当其受到船舶撞击时，重力摆就在自身运动的同时推动其背面的流体同时运动，从而能够极大地提高这种结构抗衡撞击的能力，并能吸收更多的能量。

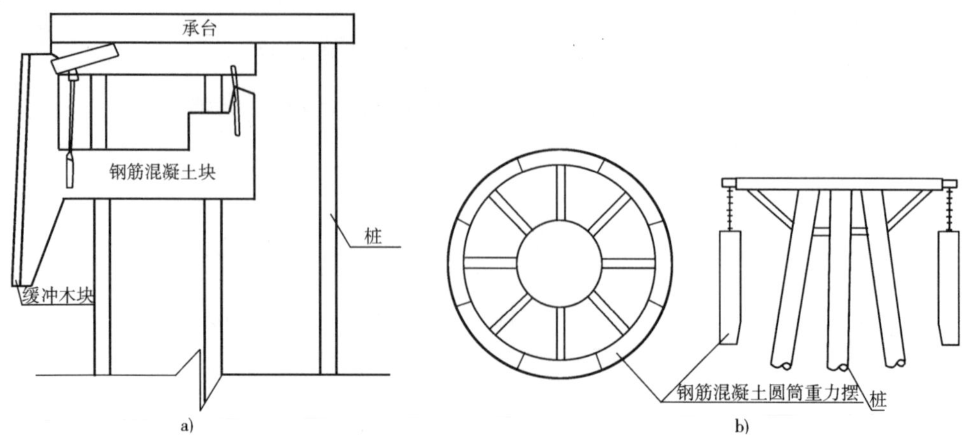

图 10-27　重力摆防撞设施

1)特点及适用场合

优点:

(1)重力摆通过较长距离的位移,可耗散大量的撞击动能。

(2)重力摆就在自身运动的同时可推动其背面的流体运动,吸收更多的能量。

缺点:

(1)体积较大,建造费用高昂,维修养护有一定的困难。

(2)一旦受到撞击损坏,其修复工作常需要重型起重设备,操作相当复杂。

(3)结构的悬挂体系不仅有机械的磨耗,而且还受到水的侵蚀的影响,当将它设在海峡或江河入海口的桥址处时,海水对悬挂体系的影响更加严重,因而养护费用也相当高。

(4)如果在大风大浪中,则重力摆的振颤也可能使支承结构的悬挂系发生故障。

适用场合:

(1)重力摆式防撞保护系统的尺寸一般是较大的,宜设在较开阔的水域,抵抗中型船舶的冲击。

(2)重力摆有时也可直接安置在桥墩的承台上,这时防护能力要相应降低。

2)工程应用实例

(1)塔斯曼桥(Tasman Bridge)。澳大利亚的 Tasman 桥[6]采用的就是重力式的防撞设施。该桥于 1964 年建成,桥长 1 025m,最大跨径 94m。在主航道宽为 73m 的两侧 14#和 15#桥墩处设置有重力式防护设施,如图 10-28 所示。它是从桩顶把预应力混凝土构造物通过销栓连接沉吊而成。当船舶冲撞它时,它便作水平移动而吸收船舶的冲撞能量。该沉吊的混凝土构造物重量尚不可知,其可移动距离为 2.44m。当排水量为 20 000t,速度为 4.63m/s,角度为 5°的船舶冲撞该防撞设施时,该船的冲撞能量 E 可计算为:

$$E = 0.0561\Delta v^2 \sin 5^\circ$$

式中:Δ ——排水量(t);

　　v ——速度(m/s)。

从速度值还可推算出混凝土构造物的重量约为 810t。

(2)武汉长江大桥。在对武汉长江大桥进行防撞设计时,曾经提出过这样一种防撞装置

的构思[19]，在桥墩两侧各挑出一个悬臂梁，悬臂梁之间平行地挂着数排钢丝绳，钢丝绳的两头各吊着一个重物，当船舶撞向桥墩时，钢丝绳收紧，重物被向上提升，靠重力做功来吸收船舶的撞击能量。如图 10-29 所示。

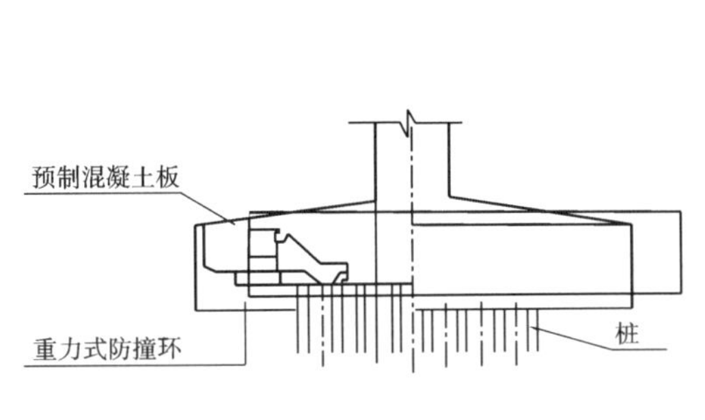

图 10-28　Tasman 桥重力式防撞装置

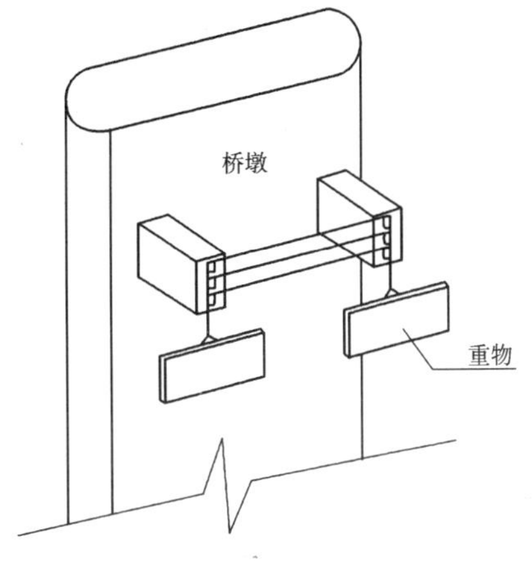

图 10-29　武汉长江大桥重力式防撞装置构思

二、附着式套箱防撞装置

1. 附着式混凝土套箱防撞系统

混凝土结构从受力机理上可以分为两种。第一种为预应力混凝土箱式结构，安装在承台周围，是靠混凝土箱的压溃变形来吸收能量的，通过改变混凝土箱的尺寸，箱壁厚度，箱内部的几何布置，其吸收能量的能力会发生很大的改变。第二种为混凝土套箱式结构，安装在承台周围，在承台与桥墩之间安装大量的橡胶件，受到船舶撞击时，主要靠船艏的塑性变形和橡胶件的弹性变形吸收能量。

1）特点及适用场合

优点：

（1）造价适中。

（2）耐久性好，受到小能量撞击时不需要维修，可以反复使用。

（3）施工与承台同时完成。

缺点：

（1）对船舶的损伤较大。

（2）混凝土套箱受撞之后如发生损坏，修复比较困难。

适用场合：

（1）由于耐腐蚀性能好，可用于跨海桥梁的船舶防撞。

（2）可用于通航船舶吨位较大的桥梁。

2）工程应用实例

（1）Francis Scott Key 桥。Francis Scott Key 桥[6]全长1 200ft，位于美国的马里兰州，是一座连续桁架桥。该桥在桥墩周围安装了可压碎的预应力混凝土箱，与箱外围的原木缓冲装置形成总的防护措施。这个装置的截面构造如图 10-30 所示。

1980 年，一艘名为 M/V Blue Negoya 的轮船由于引擎失灵，与 Francis Scott Key 桥的一个主墩发生正撞。船头被墩身刺穿，原木缓冲装置和混凝土箱完全被毁，但是它阻止了轮船的继续前进，主墩表面只发生了轻微的混凝土脱落。

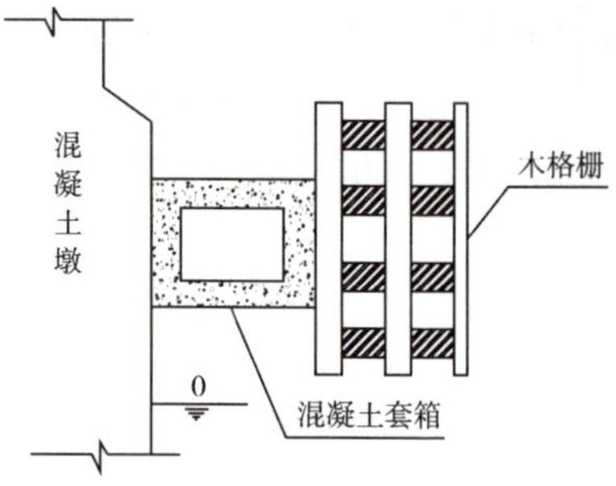

这种防撞装置的优点是：

①吸能范围大，不同规模的混凝土箱可以抵挡不同能量的船舶撞击。

②初始造价低。

③有较好的抗腐蚀能力，可以用于环境较为恶劣的场合。

混凝土墩

木格栅

混凝土套箱

图 10-30　预应力混凝土箱式防撞装置

缺点是：

①钢筋混凝土结构进入塑性时的力学机理很复杂，很难分析结构进入塑性变形时所吸收的能量，设计难度较大。

②被撞后需立刻维修，不能够重复使用。

(2)平潭海峡大桥。在对平潭海峡大桥进行防撞设计时，孙雾[20]提出了一种混凝土套箱防撞系统的构思。该系统主要由混凝土套箱和固定在承台上的天然橡胶块两部分构成。套箱两头呈尖角形，在船舶撞击套箱时可以拨转船头，使剩余动能保留在船上。按照设计，该防撞装置能够抵挡 5 000DWT 散货船在 4m/s 速度下的撞击。防撞设施的外形和橡胶块在承台上的安装情况见图 10-31。

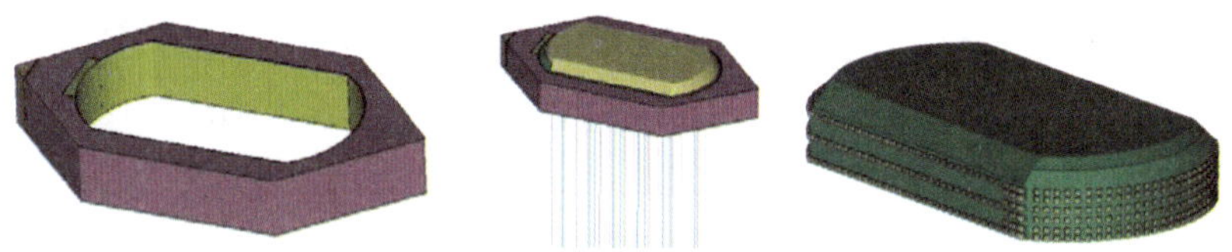

图 10-31　混凝土套箱防撞设施外形及橡胶块设置示意图

2. 附着式钢套箱防撞系统

钢套箱防撞装置一般安装在承台或桥墩周围，主要是靠钢材的塑性变形和破损来吸收撞击能量，钢套箱防撞装置可以通过采用橡胶或钢丝绳防撞圈等防撞吸能元件作为辅助装置来改善其防撞性能。这种防撞装置与水深和地质条件关系不大，而且吸能范围较大，一般能用来抵挡 500 吨级到 50 000 吨级船舶的撞击，是使用非常广泛的防撞设施之一。

1)特点及适用场合

优点：

(1)吸能性能好，即使碰撞方向变化，能量吸收性能也不会发生大的改变。

(2)适用性强，可以根据实际的防撞要求来决定防护装置的规模，因此用途较广。

缺点：

(1)一旦与船舶碰撞就会变形，随着变形一点点深入，船头可能会被防护装置镶住不能动，碰撞船舶的全部动能将由船头损坏变形和防护装置压坏变形吸收，因此防护装置每次都需要修理才能继续使用。

(2)制作时间长,又因其为薄板构造,极易被腐蚀,较难维护。

适用场合:

(1)可用于通航船舶吨位较大的桥梁。

(2)加装自由滑动装置后,可用于桥区水位变化较大的桥梁。

2)工程应用实例

(1)黄石长江公路大桥[6]。黄石长江公路大桥是一座特大型的连续刚构预应力混凝土桥梁,其连续刚构长度达1 060m,三个通航主跨跨距各为245m。由于桥位于长江航道弯曲段,受下水船舶碰撞机会较大;主墩为双臂型薄壁墩,抗碰撞能力较小;预应力混凝土连续刚构桥面因桥墩损坏可能造成桥梁整体破坏,事故后果特别严重,因此该大桥的防撞设计非常重要。

黄石大桥主墩共四座,其中2号主墩位于上水航道的浅水区,所使用的防撞设施与其他三座主墩防撞设施外观相似但结构简化,3号、4号、5号主墩防撞设施需在下列最严重的碰撞事故发生时保障大桥主墩的安全:

①5 000吨级货轮以6m/s速度发生的横桥向对中正撞。

②3 200吨级船队以4m/s速度发生的横桥向对中正撞。

黄石大桥主墩的设计抗碰撞能力为:横桥向(双臂)27 000kN,顺桥向9 000kN。按照计算,5 000吨货轮直接碰撞桥墩时,碰撞力可达32 000kN,对桥墩可能造成严重的破坏,显然防撞措施是必要的。最后决定在3号、4号、5号主墩采用浮式消能防撞设施,设施都是由一钢质箱形浮体和安装于其上的各种橡胶护舷件组成,如图10-32所示。

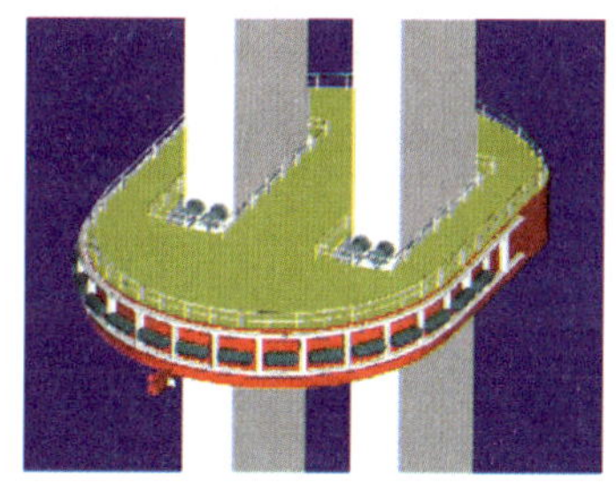
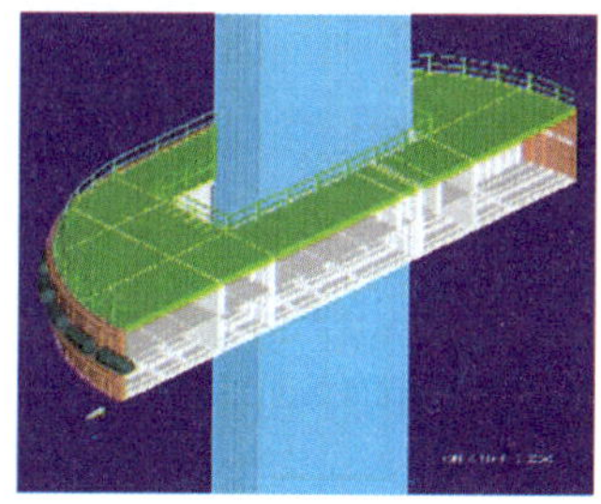

图10-32　防撞装置有限元三维图

防撞设施主体的结构类似于船体结构,由内、外围壁,底板,上甲板,下甲板,纵横舱壁等板架构件组成,这些构件将浮箱分隔为若干个水密区域,防撞设施各个构件的布置和组成件尺度应符合下述要求:

①当受到严重碰撞时能通过自身的变形和破坏充分吸收船舶动能,减少对桥墩的碰撞力;当受到较小的碰撞时又能有足够的强度和抗变形能力,尽可能保持防撞设施的整体完好性。

②在无事故发生时具有充分的浮力,灵活、方便地使用压载水使防撞设施保持良好的浮态。在受撞破损后,能使破损范围限制在一定区域内,防撞设施仍可保持必须的浮力和必要的浮态,不发生沉没,使防撞设施修复方便。

③能够可靠、方便地安装各种必要的设备、装备,例如各种橡胶护舷件等。

由于桥墩和防撞设施分别施工,必须把防撞设施分解为若干个部分制造,然后再在桥墩处合并、安装。黄石大桥的浮式消能防撞设施是分作前、后两个半体分别制作的,这对于设施的制造、运输和安装都较为有利,特别对防撞功能的可靠性有利。黄石大桥防撞设施的连接面位于纵向长度的后 1/3 处，避免连接面构造因被撞损坏，对连接面构造作了特别的处理，可以在水面以上用螺栓将两个半体连接成一体，施工较为方便。

在黄石大桥防撞设施上使用了三类橡胶护舷件，使用目的各有侧重：

①鼓型橡胶护舷件具有较大的吸能作用，承受危险性较大的横桥向碰撞时，可以吸收较多的能量，保持桥墩正面(迎水面)不受损坏，使防撞设施随水位变化而自由升落。

②拱型橡胶护舷件，保护桥墩侧面和后面，使设施能随水位变化而升落。

③筒型橡胶护舷件，悬挂于设施的外围壁上，减小船舶和设施自身的损坏程度。橡胶防撞物虽有变形吸能的作用，但具有较高速度的大吨位船舶带有极大的动能，对于此类碰撞橡胶防撞物所起作用甚小，绝大多数的船舶动能都是由船舶及防撞设施的变形与破坏吸收。

(2)湛江海湾大桥。湛江海湾大桥[21,22]采用了一种改进的附着式钢套箱防撞系统，如图 10-33 所示。该防撞系统能够抵挡满载排水量为 62 500t 船舶在 3m/s 速度下的撞击。防撞系统由外钢围 + 消能圈 + 内钢围组成。主要通过外钢围和消能圈吸收船舶的撞击能量。

图 10-33　湛江海湾大桥柔性消能防撞装置

湛江海湾大桥防撞系统的开发对推动我国科研和设计人员对钢套箱式防船撞系统的理解、研究和设计起到了很大的作用。

第四节　一体式防撞系统

一、一体化钢套箱防撞结构

一体化钢套箱防撞结构是指钢套箱和桥梁基础结合在一起，钢套箱不能随水位发生上下位移。但钢套箱可用作浇筑基础结构的模板，待基础施工完成后，就可以转化为防撞结构，这种防撞装置既可以满足基础施工的要求，又达到了防撞装置的效果。

1)特点及适用场合

优点：

(1)吸能性能好，即使碰撞方向变化，能量吸收性能也不会发生大的改变，能抵挡较大的撞击能量。

(2)可以与主墩承台选用一样的桩基形式，减少了施工难度。

(3)承台若做成流线形，能够拨转船头，这样船舶的动能大部分还保留在船上，不用参与交换。

缺点：

(1)对船舶的损伤程度较大。

(2)构建成本较昂贵，要完全抵挡船舶的撞击，则规模一般与主墩承台相当。

(3)混凝土套箱受撞之后如发生损坏，修复比较困难。

(4)耐腐蚀性能不好。

适用场合：

(1)适用于围堰施工基础的桥梁。

(2)可用于通航船舶吨位较大的桥梁。

2)工程应用实例

(1)青岛海湾大桥－红岛桥[7]。红岛桥索塔、过渡墩防撞钢套箱，尺寸分别为70.6m(长)×18.6m(宽)×6.6m(高)，18.6m(长)×14.6m(宽)×6.6m(高)。根据防撞及美观上的要求，防撞套箱顶部比承台高1m。

该钢套箱分仓设计，两仓间密封不连通，一个仓内设水平与竖向人孔，水平人孔均设水密封门，上下室分隔不透水。防撞套箱加工时在隔仓板及水平隔板上设的过焊孔在套箱下水前必须用电焊填充密封，该套箱的防撞代表船舶为3 000DWT，如图10-34所示。

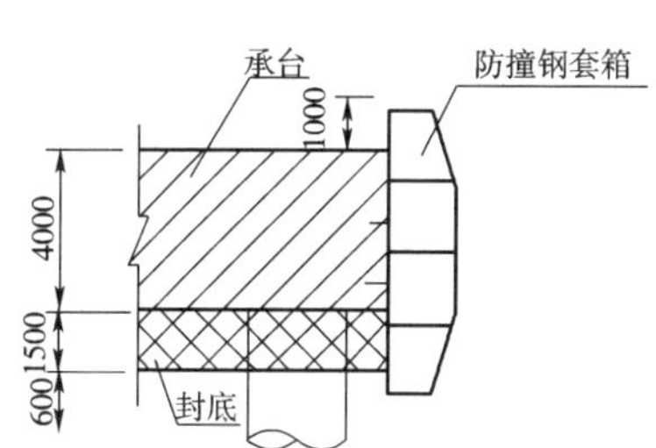

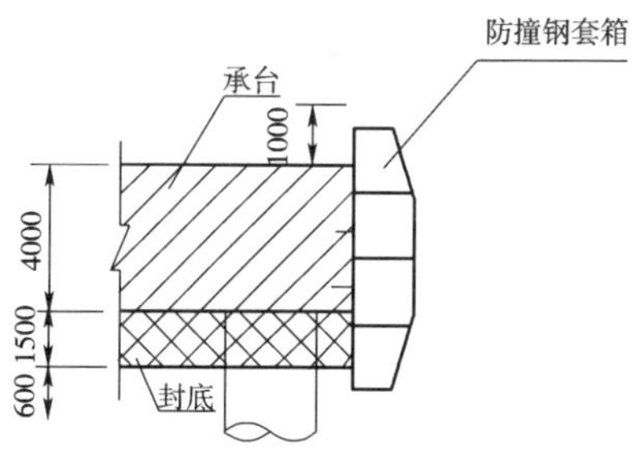

图10-34　青岛海湾大桥红岛桥防撞装置

(2)厦漳跨海大桥[22]。厦漳跨海大桥采用了一体化钢套箱作为桥墩的防撞装置。钢套箱先在工厂进行节段加工，然后在施工现场进行拼接。钢套箱内部分别设水平加劲肋、弱肋、强肋、水平隔板和竖向隔板，外侧分别为内侧板、外侧板、顶板和底板。顶板和水平隔板分别设竖向人孔，外侧板设消波孔，套箱内部上下连通，以保证海水能够自由进出，减小波浪力。采用该种防撞装置，主墩可抵御5 000DWT船舶的撞击，边墩可抵御3 000DWT船舶的撞击，如图10-35所示。

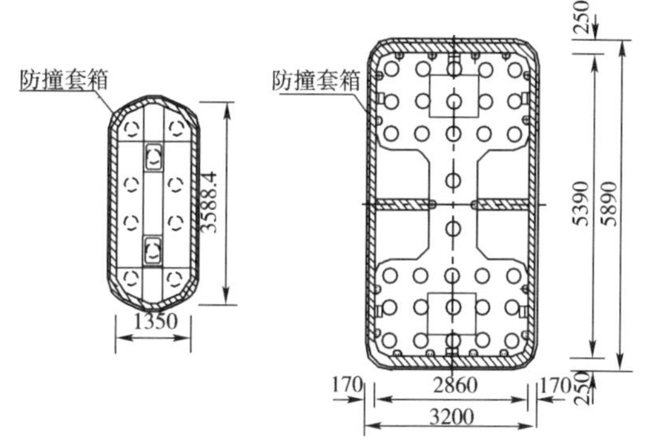

图10-35　厦漳跨海大桥防撞装置

二、人工岛

人工岛防撞是指在桥墩的周围构筑一个小岛以防止船舶碰撞到桥墩。岛通常用沙或石做芯，并用厚的块石铺砌外层加以保护，以防波浪、水流和冰的作用。人工岛的轮廓一般采用流

线形,且顺水流方向较长,四周都有较平缓的斜坡。斜坡的斜率可以是恒定的,有时为了减小对船体桁材的破坏,斜坡率可以随水深而减小。图 10-36 是法国凡尔东桥人工岛防撞设施的构造图[6]。

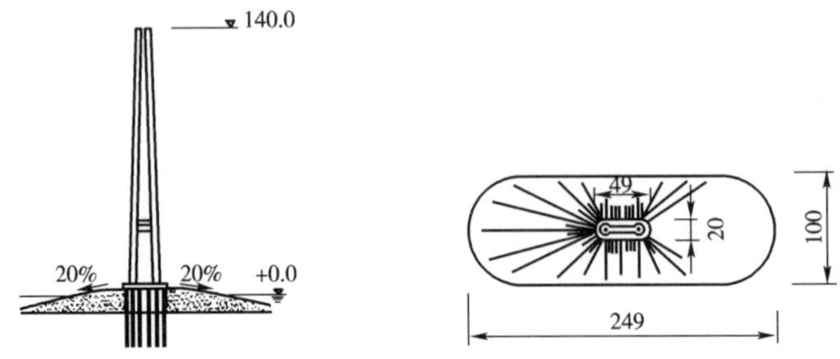

图 10-36 法国凡尔东桥人工岛防撞设施构造图(单位:m)

1)特点及适用场合

优点:

(1)能吸收很大的动能。

(2)限制船只损坏。

(3)施工简便,常可利用基础施工时构筑的砂岛改建,造价低廉。

(4)在重大碰撞事件后的修复成本低。

(5)长期维护成本低。

缺点:

(1)构建成本随水深增大而大幅增加。

(2)占去的航道位置较多,会压缩过水断面,增加流速,加剧河床的冲刷。

适用场合:

(1)适用于河床基础较好的桥梁。

(2)适用于水深较小的港湾。

(3)通航船舶吨位较大的桥梁。

(4)对于海峡交叉口的典型深水域和横截面有限的河流则不能运用此防护系统。

岛的几何尺寸应按下列准则制定:

(1)通过岛传给墩的船撞力不得超过桥墩和桥墩基础的横向承载能力。

(2)岛的尺寸应使船在碰撞时其伸入岛内的尺寸不会导致船和桥墩的任何部位有实际接触。第二点的规定对于空船或压舱船和驳船特别关键,因为它们能在岛的斜坡上滑行并在停止之前走行很长一段距离。

当船舶与岛发生撞击时,撞击能量主要靠以下方式吸收和消散:

(1)船艏的压碎。

(2)船艏的抬升。

(3)水波和湍流的形成。

(4)岛本身材料的抬升。

(5)岛材料的位移、剪切和压实。

(6)船与岛两者之间的摩擦。

(7)岛内冲击波的形成。

(8)岛的材料颗粒被压碎。

丹麦大带东桥[24]人工岛的防撞设计船舶排水量为250 000t,示意图见图10-37。

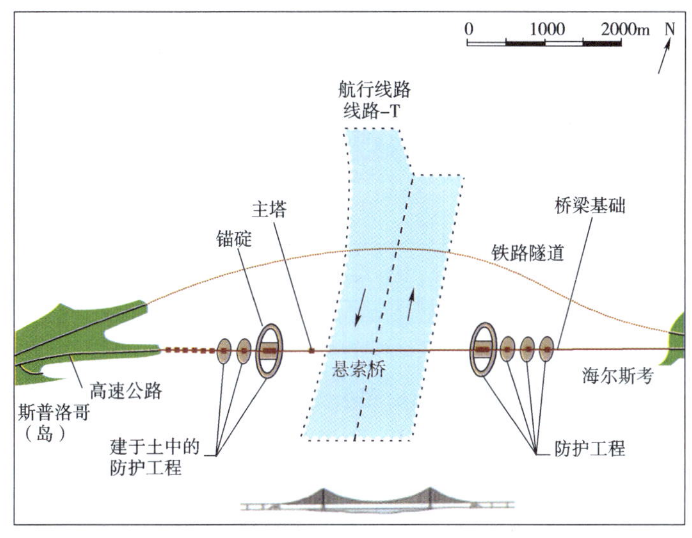

图10-37　丹麦大带桥防撞岛示意图

人工岛一般能够抵挡较大型船舶的撞击,例如:阿根廷的萨拉特—布拉索拉戈桥人工岛的防撞设计船舶排水量为20 000t,丹麦奥兰松桥人工岛的防撞设计船舶排水量为180 000t,美国得克萨斯州港城桥人工岛的防撞设计船舶排水量为65 000t。表10-1给出了国内外使用人工岛防撞设施的桥梁。

国内外使用人工岛防撞设施的桥梁　　表10-1

桥　名	桥　址	桥　型	设计船舶排水量	设计船速或撞击力
阳光大道桥 (Sunshine Skyway Bridge)	美国佛罗里达州, 坦帕海湾	混凝土斜拉桥	63 000t 满载货轮 87 000t 空载货轮	10kn
贝堂桥 (Baytown Bridge)	美国得克萨斯州, 波士顿港	混凝土斜拉桥		
詹姆斯河桥 (James River Bridge)	美国弗吉尼亚州	钢桁架梁桥		
拉威尔李特桥 (Laviolette Bridge)	加拿大	钢桁架梁桥		
安娜西斯岛桥 (Annacis Island Bridge)	加拿大	斜拉桥	60 000DWT	16kn
奥威尔桥 (Orwell Bridge)	英国	连续梁桥	11 000t 满载,吃水深19.7ft;9 000t 压舱,吃水深16.4ft;1 000t,吃水深6.6ft	8kn
青马大桥	中国香港	悬索桥		

续上表

桥　　名	桥　　址	桥　　型	设计船舶排水量	设计船速或撞击力
汀马大桥	中国香港	斜拉桥		
汀九大桥	中国香港	斜拉桥		
汲水门大桥	中国香港	斜拉桥		
大带东桥 (Great Belt Bridge)	丹麦	悬索桥		
西尼拉尼尔桥 (New Sidney Lanier Bridge)	美国佐治亚州	斜拉桥		

参考文献

[1] 杨渡军.桥梁的防撞保护系统及其设计[M].北京:人民交通出版社,1990.

[2] AASHTO 1994,2009. Guide Specifications and Commentary for Vessel Collision Design of Highway Bridges[S]. American Association of State Highway and Transportation Official, Washington D. C..

[3] 中华人民共和国行业标准,公路桥涵设计通用规范(JTG D60—2004)[S].北京.人民交通出版社,2004.

[4] Damgaard Larsen. Ship Collision with Bridges[Z], IABSE Structural Engineering Documents, 1993.

[5] 岩井聪.关于船舶对桥梁的安全设施[J].中国航海,1986(12).

[6] 孙振.桥梁防船撞设施的比较研究[D].同济大学硕士学位论文,2007.

[7] Armin Patsch,Carlos F. Gerbaudo, and Carlos A. Prato. Analysis and Testing of Piles for Ship Impact Defenses. Journal of Bridge Engineering,ASCE,2002,236 ~ 244.

[8] 王君杰,等.青岛海湾大桥一期工程桥梁防撞设施专题报告[J].2005.

[9] http://www.cjhy.gov.cn/hangyundongtai/hangyunjianguan/hangwudongtai/xxzx_ys/200803/t20080319_79016.html.

[10] 蔡爱杰,刘宏波.虎门大桥辅航道防撞岛沉井施工技术[J].桥梁建设,1998(4):33 ~ 37.

[11] 徐振立,许宏元,李哲民,钱海丽,陈常明.下白石大桥主墩双壁钢围堰受力分析[C].第十四届全国桥梁学术会议论文集,上海:同济大学出版社,2000,613 ~ 617.

[12] 孙国柱.大直径Y型防撞岛的设计与施工[J].公路,1989(9):16 ~ 22.

[13] Svensson, Holger,Protection of Bridge Piers Against Ship Collision,Int[R]. Conference on Bridge Engineering-Challenges in the 21 st Century, 2005, HK.

[14] 黄融,祝世华,智广路.东海大桥非通航孔防撞设施及管理研究[R],2005.

[15] 谭俊波,刘慧.码头防冲设备新材料的应用及其发展前景[J].水运工程,2004(8):25 ~ 28.

[16] 丁健康.跨海桥梁防撞设施研究和方案设计[D].硕士学位论文,2003.

[17] 高木浩.南北借谈濑户大桥の船舶冲突に衬する缓冲工[J].建设の机械化.1989

(468):66~36.

[18] 曾克俭.桥墩防撞设施研究及其应用综述[J].中南公路工程,1996(16),4.

[19] 陈国虞.桥墩防撞设施的历史及其功能——“三不坏”桥墩防撞装置的诞生[C].科学中国人十年优秀论文选,2002.

[20] 孙霁.桥梁防撞设施数值仿真研究[D].硕士学位论文.同济大学,2005.

[21] 王君杰,等.湛江海湾大桥防撞系统动力仿真分析[R].2004.

[22] 王君杰,等.湛江海湾大桥防撞系统优化设计[R].2004.

[23] 罗强,耿波,等.厦漳跨海大桥南汉桥防撞钢套箱施工图[Z].2009.

[24] 王仁贵.杭州湾跨海大桥技术创新与应用[S].浙江:浙江科学技术出版社,2008.

第十一章 桥梁船撞设计样板指南

1 总　　则

1.0.1　为减轻船舶撞击对航道桥梁造成的破坏、减少人员伤亡和经济损失，特制定本指南。

1.0.2　本指南适用于跨越内河与海湾的桥梁。

1.0.3　存在被船舶撞击风险的桥梁结构，必须进行船撞设计(新桥)或加固(旧桥)。

1.0.4　桥梁船撞设计与加固使用的船舶类型以及确定的设计代表船舶的类型应符合交通运输部关于船舶类型的规定。

1.0.5　桥梁的船撞设计与加固除应符合本指南的规定外，尚应符合国家现行有关强制性标准的规定。

2 主要术语和符号

2.1 术语

船撞设计　vessel-collision design

抗御船舶撞击的工程设计，包括抗船撞设计、验算及防撞结构和助航措施。

设防船撞力　vessel-collision fortification loading

按本指南确定的用于桥梁基础、桥墩、上部结构设计的船舶撞击荷载。

L1 船撞作用　L1 vessel collision

重现期为 100 年的船撞作用。

L2 船撞作用　L2 vessel collision

重现期为 1 000 年的船撞作用。

防撞结构 protection structure

专门设计用来防止、减小船舶撞击作用的工程结构。

助航措施 navigation - aid measure

设置在桥梁上、航道中用于帮助船舶正确航行的标识或装置。

2.2 符号

LOA——船舶长度(Length of Vessel)

KE——船舶吸收的能量(Absorption Enerdy by Vessel)

DWT——船舶载重吨位(Dead Weight Tonnage)

F——船舶撞击力(Collision Force)

v——船舶撞击速度(Collision Velocity)

P_{cl}——船舶撞击频率(Collision Frequency)

P_A——船舶偏航概率(Errant Frequency)

P_G——几何概率(Geological Probability)

P_c——桥梁倒塌概率(Collapse Probability)

3　桥梁船撞设计的基本要求

3.1　设防水准及性能要求

3.1.1　桥梁应按本节要求确定船撞设防重要性类别,以明确其船撞设防的水平。

3.1.2　桥梁应根据其使用功能的重要性分为A、B、C三个船撞设防类别。

A类:海湾、I级航道上的桥梁;

B类:II～IV级航道上的桥梁;

C类:V级以下航道上的桥梁。

3.1.3　桥梁拥有者应提出桥梁的船撞设防性能目标;在桥梁拥有者放弃提出桥梁船撞设防性能目标的情况下,可按3.1.3的规定确定桥梁船撞设防性能目标。

桥梁船撞性能要求　　表3.1.3

设防类别	设防水平	性能目标	桥梁状态描述	失效后果
A	L1	I	桥梁可产生不影响结构整体受力性能的局部损伤,正常交通不受影响,结构整体处于弹性状态	轻微
	L2	II	可发生易于修复的损伤	中等
B	L1	I	桥梁可产生不影响结构整体受力性能的局部损伤,正常交通不受影响,结构整体处于弹性状态	轻微
	L2	II	可发生较严重的损伤,但不发生整体倒毁	严重
C	L1	I	可发生易于修复的损伤	中等
	L2	II	可发生较严重的损伤,但不发生整体倒毁	严重

3.1.4　可按如下两种方法确定桥梁船撞设防水准。

3.1.4.1　桥梁拥有者应提出桥梁的船撞设防水准;在桥梁拥有者放弃提出桥梁船撞设防水准的情况下,可按3.1.4.2和3.1.4.3的规定确定桥梁船撞设防水准。

3.1.4.2　桥梁船撞设防水准可根据船撞发生的重现期分两级设定,见表3.1.4-1。

根据船撞重现期分级设定的桥梁船撞设防水准　　表3.1.4-1

船撞设防水准	重现期(年)
L1	100
L2	1 000

3.1.4.3 桥梁船撞设计可按表3.1.4-2规定的目标损伤概率进行。

安全极限状态年目标失效概率　　表3.1.4-2

结构安全措施的相对费用	失效后果轻微($r < 2.0$)	失效后果中度($2.0 < r < 5.0$)	失效后果严重($5.0 < r < 10.0$)
大	10^{-3}	5×10^{-4}	10^{-4}
正常	10^{-4}	10^{-5}	5×10^{-5}
小	10^{-5}	5×10^{-5}	5×10^{-7}

3.1.4.4 表3.1.4-2比值r表达失效的后果严重程度,按式(3.1.4)计算。

$$r = \frac{C_{TC}}{C_{CC}} \tag{3.1.4}$$

式中:C_{TC}——工程结构建造成本与其失效的直接损失之和;

C_{CC}——建造成本。

如果$r > 10.0$,并且损失数额大,则后果必须作为极端事件处理,建议采用成本—效益分析的方法。

3.2 基础资料

3.2.1 桥梁船撞设计应收集到足够确定L1和L2水平船撞作用的船舶载重、通航量、航速、航道、气象、水文等资料。

3.2.2 桥梁船撞设计应收集到足够确定桥梁船撞发生概率的桥梁几何尺寸等数据。

3.3 船撞计算

3.3.1 本指南提供的桥梁船撞设计的基本方法是等效静力方法,但可以采用更精确的计算方法。

3.3.2 船撞计算模型与方法的选取应满足桥梁船撞性能验算目标的验算要求。

3.3.3 船撞效应的计算应选取可准确反映桥梁船撞结构力学行为特点的计算模型。

3.4 船撞性能验算

应按3.1节的规定进行桥梁船撞性能验算。

3.5 防撞设施

3.5.1 可采用结构性防撞措施减小或避免船撞对桥梁的损伤。

3.5.2 结构性防撞措施的采用应与桥梁结构的主体设计一同考虑。

3.5.3 结构性防撞措施的采用应考虑其经济性和耐久性。

3.6 航行管理监测与预警

3.6.1 通航密度大的重要桥梁宜安设桥区船舶航态监控和预警系统。

3.6.2 桥梁应按规范要求进行桥涵标设置。

3.6.3 桥区水域宜设置导航和助航系统。

4　船舶撞击力估算方法

4.1　一般规定

4.1.1　桥梁船撞力的计算可按本章的规定进行。

4.1.2　桥梁船撞力等效为一个静力作用。

4.2　轮船对桥墩的撞击力

4.2.1　轮船与桥墩的正碰撞击力按式(4.2.1-1)计算。

$$F = 0.031 \cdot \eta \cdot \xi \cdot (\mathrm{DWT})^{0.66} \cdot v \tag{4.2.1}$$

4.2.2　式(4.2.1-1)中的修正系数 η 和 ξ 按式(4.2.2-1)和式(4.2.2-2)计算。

$$\eta = \begin{cases} 1 - \exp\left(-\dfrac{6H}{H_s}\right) & (H/H_s \leqslant 1.0) \\ 1.0 & (H/H_s > 1.0) \end{cases} \tag{4.2.2-1}$$

$$\xi = 0.8R^{0.068} \tag{4.2.2-2}$$

4.3　轮船对桥梁上部结构的撞击力

4.3.1　船头对桥梁上部结构构件的撞击力按式(4.3.1)计算。

$$F_{\mathrm{B,Sup}} = 0.031 \cdot \eta \cdot (\mathrm{DWT})^{0.66} \cdot v \tag{4.3.1}$$

式中：$F_{\mathrm{B,Sup}}$——轮船船头对桥梁上部结构构件的撞击力(MN)，见图4.3.1。

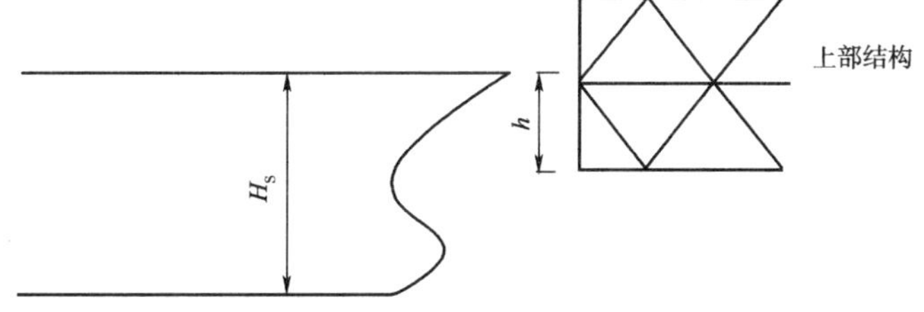

图4.3.1　轮船与上部结构撞击示意图

4.3.2　驾驶舱对桥梁上部结构构件的撞击力按式(4.3.2-1)计算。

$$F_{\mathrm{D,Sup}} = \alpha_{\mathrm{D,Sup}} \cdot F \tag{4.3.2-1}$$

式中：$F_{\mathrm{D,Sup}}$——驾驶舱对桥梁上部结构构件的撞击力(MN)；

$\alpha_{\mathrm{D,Sup}}$——折减系数，按式(4.3.2-2)计算。

$$\alpha_{\mathrm{D,Sup}} = \begin{cases} 0.2 - 0.1 \times \dfrac{\mathrm{DWT}}{100\,000} & (DWT \leqslant 100\,000) \\ 0.1 & (\mathrm{DWT} > 100\,000) \end{cases} \tag{4.3.2-2}$$

4.3.3　桅杆对桥梁上部结构构件的撞击力按式(4.3.3)计算。

$$F_{\mathrm{MT,Sup}} = \alpha_{\mathrm{MT,Sup}} \cdot F \tag{4.3.3}$$

式中：$F_{\mathrm{MT,Sup}}$——驾驶舱对桥梁上部结构构件的撞击力(MN)；

$\alpha_{MT,Sup}$——折减系数，没有专门研究的情况下取0.1。

4.4　驳船对桥梁下部结构的撞击力

4.4.1　驳船对桥梁下部结构构件的撞击力按式(4.4.1)计算。

$$FB = \begin{cases} 60.0a_B & (a_B < 0.1\text{m}) \\ 6.0 + 1.6a_B & (a_B \geq 0.1\text{m}) \end{cases} \tag{4.4.1}$$

式中：FB——驳船撞击力(MN)；

a_B——驳船的破损长度(m)。

4.4.2　驳船的破损长度 a_B 按式(4.4.2-1)计算。

$$a_B = 3.1 \times (\sqrt{1.0 + 1.3 \times 10^{-7} KE} - 1.0) \tag{4.4.2-1}$$

式中：KE——船舶撞击能量(J)，按式(4.4.2-2)计算。

$$KE = 500C_H M v^2 \tag{4.4.2-2}$$

式中：KE——船舶撞击能量(J)；

M——船舶的质量(t)；

C_H——水动力质量系数，当船舶龙骨以下净空超过吃水深度的1/2时，C_H 取1.05，当船舶龙骨以下净空小于吃水深度的1/10时，C_H 取1.25，中间情况可以线性内插；

v——船舶的撞击速度(m/s)。

5　设计船撞力与设计代表船舶

5.1　一般规定

5.1.1　桥梁设计船撞力和设计代表船舶按本章规定确定。

5.1.2　本指南提供了四种可供选择的方法来确定桥梁船撞效应分析中的设计船舶，即确定性方法(方法1)、重现期方法(方法2)、目标极限状态概率法(方法3)和费用—效益分析方法(方法4)。

5.1.3　设计方法的选择。

5.1.3.1　方法1只能应用于简单的情形。可以使用方法1的情形包括：

(1)吃水浅的航道，且在这些航道上的船舶吨位不大；

(2)航道中的船舶差别较小(即，航道中的船舶几乎是同一种大小)；

(3)没有资料。

5.1.3.2　方法2是一种基于船桥碰撞概率来选择设计代表船舶的方法。该方法适用于所有桥梁。

5.1.3.3　方法3直接以桥梁在船舶撞击下，以某种设计极限状态对应的损伤概率来确定设计代表船舶。该方法适用于所有桥梁。

5.1.3.4　方法4是在前述三种方法导致不经济或技术上不可行的情况下，或桥梁拥有者不可接受设计结果的情况下采用。可以考虑方法4的情况包括：

(1)对既有桥梁进行船撞加固。

(2)宽阔水域中很多桥梁构件存在被船舶撞击的风险。

5.2　航道特征

5.2.1　应明确单向、双向通航或更复杂通航情况的航道中心线和航道边界。

5.2.2　应当考虑航道水深的周期性变化。作为最低要求,设计水深应取河床表面计算至年平均水位高度。

5.2.3　桥位处的水流应被分解为与船只航行方向一致的水流和与船只航行方向垂直的横向水流。

5.3　桥梁特征

桥梁船撞设计应明确桥梁在航道中的位置和桥跨布置;应确定桥墩与上部结构的几何特征,包括水平与竖向净空。

5.4　船只特征

5.4.1　应确定适合桥梁船撞设计的船舶分类,分类宜考虑船舶大小(DWT)、负载情况(满载,部分载,压舱)、航速、每种船型的年通航量。

5.4.2　各种类型船舶的年通航量统计应区分上行与下行船舶,按月份统计每种船型的年通行量。

5.4.3　应区分驳船与轮船。

5.4.4　对各类船舶的流量在未来一定年份中的变化应当进行合理的预测。

5.5　船舶撞击的范围

5.5.1　各种船舶撞击桥梁的范围为航道中心线两侧3倍船长的范围内的桥梁结构,但应考虑水深的影响。

5.5.2　位于航道中心线两侧3倍船长距离外的桥梁结构按5.7节确定的最小冲击荷载来设计。

5.6　设计代表船舶和设计船撞力的确定

5.6.1　可采用方法1确定设计代表船舶,并按第四章的方法计算设计船撞力。

A类和B类桥梁　大于等于设计代表船舶的年通航量,累计达50艘次或年通航量的5%(两者取较小值)。

C类桥梁　大于等于设计代表船舶的年通航量,累计达200艘次或年通航量的10%(两者取较小值)。

5.6.2　可按方法2确定设计代表船舶与设计船撞力。

5.6.2.1　按5.2、5.3、5.4和5.5节的规定调查信息;按本节方法计算桥梁遭受船舶撞击的年频率。

5.6.2.2　方法2的年撞击频率按式(5.6.2.2-1)和式(5.6.2.2-2)计算。计算图示见图 5.6.2.2。

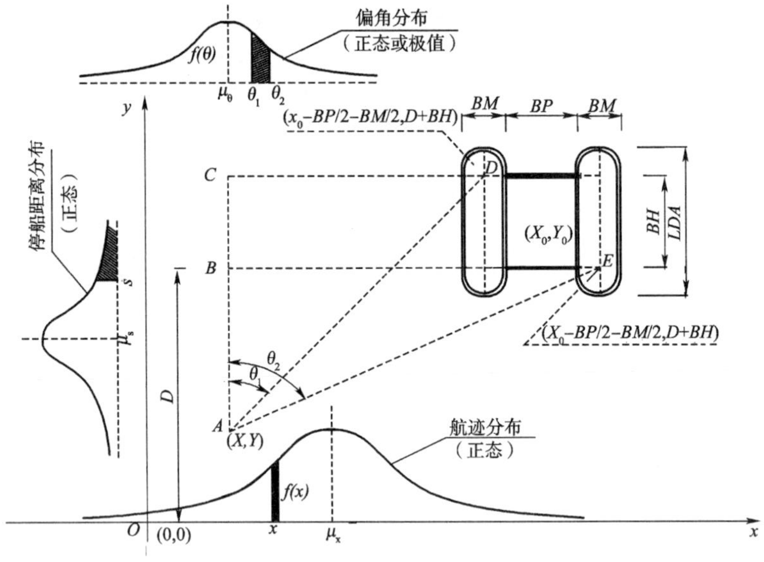

图 5.6.2.2 方法 2 中年撞击频率的计算图示

$$P_{cl} = \sum_{i=1}^{n} \alpha_i P_{wi} \tag{5.6.2.2-1}$$

$$P_{wi} = \sum_{j=1}^{n} N_j \int_{\mu_x-3\sigma_x}^{\mu_x+3\sigma_x} f(x) \int_0^D \lambda(s)[1-F(s)] \int_{\theta_1}^{\theta_2} f(\theta)\,\mathrm{d}\theta\mathrm{d}y\mathrm{d}x \tag{5.6.2.2-2}$$

上两式中：P_{cl}——总的年碰撞频率；

α_i——第 i 种水位出现的频率；

P_{wi}——第 i 种水位下的年碰撞频率；

N_j——按船舶分类方法第 j 种船舶的年通航量，艘次；

$f(x)$——航迹横向分布（几何分布）密度函数；

$\lambda(s)$——船舶单位航行距离的失误概率；

$F(s)$——停住船的概率；

$f(\theta)$——船舶偏航角分布密度函数；

μ_x——船舶的航迹横向分布（几何分布）均值；

σ_x——船舶的航迹横向分布（几何分布）标准差。

$f(x)$、$f(\theta)$、$F(s)$ 分别如下：

$$f(x) = \frac{1}{\sqrt{2\pi}\sigma_x} e^{-\frac{(x-\mu_x)^2}{2\sigma_x^2}}$$

$$f(\theta) = \frac{1}{\sqrt{2\pi}\sigma_\theta} e^{-\frac{(\theta-\mu_\theta)^2}{2\sigma_\theta^2}}$$

$$f(s) = \frac{1}{\sqrt{2\pi}\sigma_s} e^{-\frac{(s-\mu_s)^2}{2\sigma_s^2}}$$

$$F(s) = \int_{\mu_s-3\sigma_s}^{s} f(s)\,\mathrm{d}s$$

5.6.2.3　根据表3.1.3-1中重现期的规定确定设计代表船舶。

5.6.3　可按方法3确定设计代表船舶与设计船撞力。

5.6.3.1　按表3.1.4-2确定桥梁目标损伤概率。

5.6.3.2　按5.6.2方法计算各种类型船舶的年撞击频率。

5.6.3.3　桥梁船撞失效概率的计算可采用如下两种方法之一。

(1)一般的可靠度计算方法。

(2)图5.6.3.3规定的损伤概率曲线法。

5.6.3.4　采用试算方法调整桥梁构件的抗水平作用的能力,达到目标损伤概率的要求,确定出设计船舶撞击力。

5.6.3.5　根据5.6.3.4中确定的设计船舶撞击力,按第四章中的方法反算设计代表船舶。

5.6.4　当方法1、方法2和方法3给出不合理的设计结果,或桥梁拥有者不能接受的设计结果时,可采用方法4。

5.6.4.1　方法4的基本思想与原则是考虑期望风险损失后的广义造价最小,解释见图5.6.4.1。

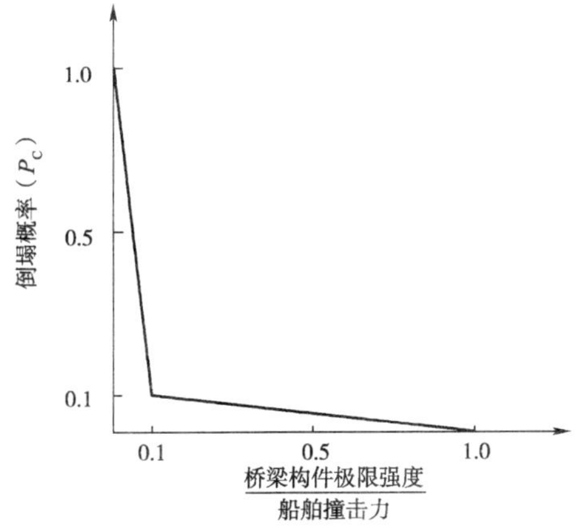

图5.6.3.3　AASHTO的倒塌概率曲线图

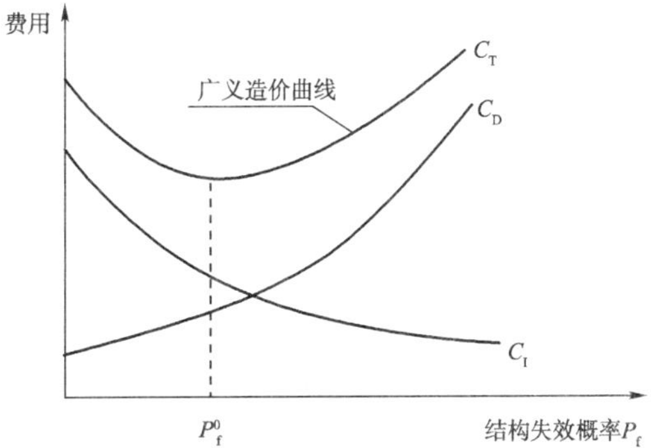

图5.6.4.1　方法4的解释图

图中:C_T——桥梁单体广义总造价;

C_I——桥梁初始造价;

C_D——期望总经济损失。

5.6.4.2　采用方法4时,应进行专门的研究。

5.7　最小设计撞击力要求

5.7.1　航道中心线两侧3倍设计代表船舶长度以外水域中的桥梁构件,设计代表船舶以年平均水流漂移速度撞击,确定其船舶撞击力;由于水深原因,设计代表船舶不能到达时,为可到达的最大船舶以年平均水流速度漂移撞击,确定其船舶撞击力。

5.7.2　航道中心线两侧3倍设计代表船舶长度区域以内的桥梁构件的船舶撞击力应不小于设计代表船舶以年平均水流速度漂移撞击产生的撞击力。

5.8 船舶撞击荷载组合

5.8.1 船撞设计荷载组合按式(5.8.1)计算。

$$\gamma_{DC}DC + \gamma_{LV}LV + \gamma_{WV}WV + \gamma_{FL}FL + \gamma_{IMP}IMP \qquad (5.8.1)$$

式中：DC——永久荷载效应；

LV——活荷载效应；

WV——波流力效应；

FL——浮力效应；

IMP——船舶撞击效应。

γ_{DC}、γ_{LV}、γ_{WV}、γ_{FL}、γ_{IMP}——相应的荷载效应组合系数。

5.8.2 荷载效应组合系数按表5.8.2取值。

荷载效应组合系数 表5.8.2

荷载效应	组合系数	荷载效应	组合系数
永久荷载效应	$\gamma_{DC}=1.0$	浮力效应	$\gamma_{FL}=1.0$
活荷载效应	$\gamma_{LV}=0.4$	船舶撞击效应	$\gamma_{IMP}=1.0$
波流力效应	$\gamma_{WV}=1.0$		

5.8.3 波流力的计算考虑一般水流情况。

5.8.4 冲刷效应考虑一般冲刷深度的1.25倍。

5.9 设计船舶冲击位置

5.9.1 桥梁船舶撞击作用的位置应考虑最高通航水位、最低通航水位和可能的最不利水位。

5.9.2 下部结构设计时，设计撞击荷载应作为等效集中静荷载横向作用在下部结构上，其作用方向平行于航道中航行中心线；50%的横向作用集中荷载作为下部结构纵向的作用力。横向和纵向的力不能同时作用。

5.9.3 局部设计时，设计撞击力应以竖向均布荷载沿船首高度范围作用在桥梁构件上。

5.9.4 上部结构设计时，设计撞击荷载应作为等效静集中荷载横向作用在上部结构构件上，其作用方向平行于航道中心线。

6 桥梁结构抗撞设计

6.1 一般规定

6.1.1 本章适用于桥梁上、下部结构船撞设计，荷载组合见5.8节。

6.1.2 本章不适用于牺牲构件和防撞设施的设计。

6.2 计算

6.2.1 计算建模应考虑上、下部结构的整体关联性。

6.3　基础设计

6.3.1　对于便于检查和维修简便的下部结构构件,可采用极限强度方法设计。

6.3.2　需要验算基础的抗拔能力。考虑到船舶撞击的短时性,基础抗拔能力的计算安全系数可适当降低。

6.4　钢筋混凝土

6.4.1　现场浇筑的钢筋混凝土柱或预制混凝土柱、墩底、连接构件的设计与施工均应符合《公路钢筋混凝土及预应力混凝土桥涵设计规范》(JTG D62—2004)和本节中的附加要求。

6.4.2　可以采用极限状态或容许应力法进行设计;如果采用容许应力法,容许应力可提高0.3倍。

6.4.3　如果允许柱中出现塑性铰,应在箍筋设置等方面保证塑性铰性能,可以参照《桥梁抗震设计细则》的规定进行构造设计。

6.5　钢结构

6.5.1　钢结构构件和连接件都应符合《钢结构设计规范》(GB 50017—2003)和本节中的附加要求。

6.5.2　可以采用极限状态或容许应力法进行设计;如果采用容许应力法,容许应力可提高0.5倍。

7　桥梁船撞概念设计

7.1　一般原则

7.1.1　基于一般的知识、工程经验等可以通过桥位、桥型、桥梁构造的选择等降低桥梁船撞的风险。

7.1.2　桥位、桥型、桥梁构造的选择等受到路线总体规划、工程投资、自然条件等众多因素的制约,进行桥梁船撞概念设计时应综合考虑这些因素。

7.2　跨越地点

7.2.1　桥位应尽可能避免处于河势变化大的河段。

7.2.2　桥位应尽可能位于可通航河道的直线区域。

7.2.3　当桥位无法避开弯曲河道时,应适当加大桥梁跨度。

7.3　桥梁布置和桥型

7.3.1　桥轴线应尽可能与航道中心线垂直。

7.3.2　根据水深情况和可预见的水位变化,选择适当的桥型。在选择中承式和上承式拱桥时，应特别注意船舶撞击拱圈的风险。

7.3.3 水中桥墩的数目应尽可能少。

7.3.4 尽可能将桥墩置于浅水区，以避免大型船舶的撞击。

7.3.5 应避免船舶直接撞击桩。

7.3.6 桥梁下部结构在构造设计上尽可能具有一定的赘余度。

7.4 通航净空

7.4.1 水平净空

一般情况下应符合我国《内河通航标准》和《通航海轮桥梁通航标准》的要求。当航道与桥梁轴线交角大、或桥群情况、或桥址位于弯曲航道附近时，应考虑这些因素的影响，适当加大桥梁通航孔水平净空。

7.4.2 竖向净空

桥梁竖向净空应满足高水位期使用该航道的船舶在空载压舱条件下通行时的最大船高的要求，以避免驾驶舱和桅杆撞击桥梁上部结构。

7.5 非通航孔

7.5.1 宜加大非通航孔的跨度以减少非通航孔桥墩的数目，或增强非通航孔的抗船舶撞击能力。

7.6 结构性防撞设施

7.6.1 应将结构性防撞设施与桥梁主体作为一个整体一同加以考虑。

7.6.2 结构性防撞设施的比选应考虑到有效性、耐久性、防腐蚀、可检修等综合因素。

 8 桥梁防撞设施设计

8.1 一般原则

8.1.1 防撞设施的设计应达到降低船舶撞击力，或部分（或全部）避免桥梁遭受不利的船舶撞击场景的出现。

8.1.2 在因船撞因素增加造价最低的条件下，应比较增强结构自身抗撞能力和采用附加防撞设施两种方案。一般情况下应首先采用增强结构自身抗撞能力的方案，若不可行或不合理，再考虑增加防撞设施。

8.1.3 附加防撞设施的采用，应使桥梁主体构件的船舶撞击力下降到可以接受的水平。

8.1.4 防撞设施的几何外形应有利于船舶改变航向，以便使更多的动能保留在船上，从而减小桥梁吸收的能量。

8.2 结构性防撞设施的设计荷载与设计计算

8.2.1 结构性防撞设施的设计应采用设计代表船舶。

8.2.2 结构性防撞设施的设计应采用冲击动力学方法进行结构计算。

8.2.3　设计具有消能作用的构件应进行必要的材料性能试验。

9　船撞风险管理措施

9.1　一般原则

9.1.1　宜从航道、航行管理、人员培训、桥梁管理等方面采取助航和预警措施，以降低船舶撞击桥梁的风险。

9.1.2　桥梁建造和运营期，技术管理机构应建立有效的桥梁船撞风险管理制度和风险处置程序。

9.2　VTS 系统功能增强和利用

9.2.1　应充分利用现有 VTS 系统的功能，对桥区附近船舶的航行状态进行监控和预警。

9.2.2　考虑到船桥碰撞的特殊性，条件许可时，宜对常规的 VTS 系统的功能进行增强，实现专门的预警功能。

9.3　助航措施

助航措施主要包括：

(1)在桥梁上设置桥涵标。

(2)桥梁附近放置浮标。

(3)在桥梁附近的浮标上设灯光和雷达反射器。

(4)在桥梁结构上设置反光性强的桥航标和导航灯。

(5)在桥梁上设置声纳设备。

(6)在桥梁主跨结构上设雷达信号台以提高对船舶信号捕捉能力。

9.4　管理措施

主要管理措施包括：

(1)对船只限速。

(2)强制领航或护航。

(3)恶劣气象、水文情况下的限航。

(4)吃水浅的河船要求对空船进行压舱。

(5)指定交通导流方案。

(6)采用先进的船舶交通管理系统。

(7)培训船舶驾驶人员。

(8)取缔非法航行的船只。

9.5　桥面交通预警

9.5.1　在条件允许的情况下，桥梁管理者应建立桥面交通预警系统，以降低因船撞造成

桥面交通车辆损失与人员伤亡。

9.5.2 桥面交通预警系统应包括以下三个方面的功能：

(1)检查并确认船撞事件发生的监测系统。

(2)自动识别事故危害严重程度或等级的识别系统。

(3)自动将危害信息和命令信息传达给车辆驾驶人员的信息发布系统。

9.5.3 可以采用现有的成熟技术建立桥梁船撞事故监控、识别、判断和发布的硬件系统。

9.5.4 事故严重程度的判断和等级划分宜针对桥梁的特点进行研究与开发。

参考文献

[1] AASHTO. Guide Specification and Commentary for Vessel Collision Design of Highway Bridges [S]. American Association of State Highway and Transportation Officials, Washington D. C. 1994,2009.

[2] AASHTO. LRFD Bridge Design Specification and Commentary[S]. American Association of State Highway and Transportation Officials, Washington D. C. 1994,2005.

[3] Gluver & Olsen . Ship Collision Analysis, Balkema, Rotterdam, 1998.

[4] 中华人民共和国行业标准. 公路桥涵设计通用规范(JTJ D60—2004)[S]. 北京:人民交通出版社,2004.

[5] 中华人民共和国行业标准. 铁路桥涵设计基本规范(TB 10002.1—99)[S]. 北京:铁道出版社,2000.

[6] 中华人民共和国国家标准. 建筑工程抗震设防分类标准(GB 50223—2008)[S]. 北京:中国建筑工业出版社,2008.

[7] 中华人民共和国国家标准. 铁路工程抗震设计规范(GB 50111—2006)[S]. 北京:中国建筑工业出版社,2006.

[8] 中华人民共和国行业标准. 公路桥梁抗震设计细则(JTG/T B02-01—2008)[S]. 北京:人民交通出版社,2008.

附录Ⅰ 跨长江与跨海湾主要桥梁概况

跨长江大桥概况 附表Ⅰ-1

编号	桥　　名	位　置	竣工时间	通航等级/设计船撞力/设计代表船舶
1	上海长江隧桥	上海市	在建	3 000 吨 级船舶双孔单向通航
2	苏通长江大桥	苏州—南通	2008 年	主通航孔:50 000 吨级海轮; 辅通航孔:10 000 吨级海轮
3	江阴长江大桥	江阴—靖江	1999 年	50 000 吨级巴拿马散装货船
4	泰州长江大桥	泰州—常州	2007 年	50 000 吨级海轮
5	润扬长江大桥	镇江—扬州	2005 年	50 000 吨级巴拿马货轮
6	南京长江二桥	南京	2001 年	5 000 吨级船舶
7	大胜关长江大桥	南京	在建	长江Ⅰ(1)级航道,可通行万吨级船舶
8	南京长江大桥	南京	1968 年	5 000 吨级轮船
9	南京长江三桥	南京	2005 年	设计船舶撞击力:顺桥向 13 500kN,横桥向 27 000kN
10	芜湖长江大桥	芜湖	2000 年	长江Ⅰ级航道
11	马鞍山长江大桥	巢湖—当涂	在建	左汊:通航等级为Ⅰ(1)级航道,万吨级船舶
12	铜陵长江大桥	铜陵市	1995 年	5 000 吨级渣油轮;主墩船舶撞击力顺水流方向 27 500kN,横水流方向 9 000kN
13	安庆长江大桥	安庆	2004 年	船舶撞击荷载:顺水流方向为 27 000kN,横水流方向为 13 500kN
14	九江长江大桥	江西—湖北	1993 年	大型顶推船队;5 000 吨级海轮
15	黄石长江大桥	黄石	1995 年	5 000 吨级轮船或 32 000t 大型船队;船舶撞击力:顺桥向为 9 000kN,横桥向为 27 000kN
16	鄂黄长江大桥	黄冈—鄂州	2002 年	Ⅰ(1)级航道;主通航孔 5 000 吨级海轮、5 000t 顶推船队的航道;船舶撞击力:主塔墩顺水流方向为 27 000 kN,横水流方向为 13 500 kN
17	阳逻长江大桥	武汉	2007 年	Ⅰ级航道
18	天兴洲长江大桥	武汉	2008 年	Ⅰ(1)级航道
19	武汉长江二桥	武汉	1995 年	Ⅰ(1)级航道;5 000 吨级轮船和 16 艘 3 000 吨级驳船组成的大型船队
20	武汉长江公路桥	武汉	1994 年	Ⅰ级航道
21	武汉长江大桥	武汉	1957 年	Ⅰ(3)级航道;3 000 吨级轮船和 6 艘 30 00 吨级驳船组成的大型船队

续上表

编号	桥　名	位　置	竣工时间	通航等级/设计船撞力/设计代表船舶
22	白沙洲长江大桥	武汉	2000年	内河航道标准Ⅰ(2)级;3 000吨级船舶
23	军山长江大桥	武汉	2001年	3 000吨级海轮、5 000吨级驳船组成的大型顶推船队;主塔墩设计船撞力在顺桥向为7 970kN,横桥向为15 930kN,辅助墩设计船撞力在顺桥向为5 800kN,横桥向为11 600kN
24	荆州长江大桥	荆州	2002年	非设计通航孔最大通航300吨级船舶
25	枝城长江大桥	枝城	1971年	可通行千吨级船舶
26	宜昌长江公路大桥	宜昌	2001年	Ⅰ级航道
27	宜昌长江铁路大桥	宜昌	2008年	通航等级为Ⅱ(3)级;万吨级船舶
28	夷陵长江大桥	宜昌	2001年	通航等级为Ⅰ(2)级
29	巴东长江大桥	巴东	2004年	内河Ⅰ(2)级;船舶撞击力:顺桥向5 000kN,横桥向8 000kN
30	巫山长江大桥	重庆巫山	2005年	可通行千吨级船舶
31	奉节长江大桥	奉节	在建	Ⅰ(2)级航道;船撞力:主塔墩为横桥向6 000kN,纵桥向3 000kN;1号墩为横桥向900kN,纵桥向700kN
32	云阳长江大桥	云阳	2005年	Ⅰ级航道
33	万州长江二桥	万州	2004年	Ⅰ(2)级航道;船舶撞击力按顺桥向10 000kN,横桥向8 000kN
34	宜万铁路万州长江大桥	万州	2005年	单孔双向通航时宽300m;万吨级船舶
35	万州长江大桥	万州	1997年	Ⅰ级航道
36	忠县长江大桥	重庆忠县	2008年	航道等级为内河Ⅰ(2);5 000吨级干散货船,3 000吨级驳船组成的双排双列船队;过渡墩:横桥向撞击力20.46MN,纵桥向撞击力10.23MN;主墩:横桥向撞击力27.65MN,纵桥向撞击力13.83MN
37	丰都长江大桥	重庆丰都县	1997年	Ⅰ级航道
38	涪陵长江二桥	重庆涪陵区	2007年	Ⅰ级航道
39	涪陵长江大桥	重庆涪陵区	1997年	Ⅰ级航道
40	涪陵长江三桥	重庆涪陵区	在建	Ⅰ级航道
41	涪陵区李渡长江大桥	重庆涪陵区	2007年	Ⅰ级航道,横桥向撞击力6.12MN,顺桥向撞击力3.06MN
42	涪陵区石板沟长江大桥	重庆涪陵区	在建	Ⅰ级航道,横桥向撞击力27.45MN,顺桥向撞击力13.73MN
43	涪陵区乌江二桥	重庆涪陵区	在建	Ⅲ级航道,横桥向撞击力≥4MN,顺桥向撞击力≥3.25MN
44	长寿长江大桥	重庆	2004年	Ⅰ(2)级航道

续上表

编号	桥　名	位　置	竣工时间	通航等级/设计船撞力/设计代表船舶
45	朝天门长江大桥	重庆朝天门	在建	I 级航道,横桥向撞击力 >1 400kN,顺桥向撞击力 >1 100kN
46	石板坡长江大桥复线桥	重庆	2006 年	I 级航道,横桥向撞击力≥7 000kN,顺桥向撞击力≥5 500kN
47	重庆石板坡长江大桥	重庆	1980 年	I 级航道,主航道桥墩:横桥向撞击力 5 000kN,顺桥向撞击力 3 000kN;边墩(1# ~ 4#):横桥向撞击力 900kN,顺桥向撞击力 700kN;边墩(5#、7#):横桥向撞击力 3 000kN,顺桥向撞击力 1 500kN
48	菜园坝长江大桥	重庆	2007 年	I 级航道,横桥向撞击力 >1 400kN,顺桥向撞击力 >1 100kN
49	重庆鹅公岩大桥	重庆	2000 年	I 级航道,塔柱 185m 以下:横桥向撞击力 2 000kN,顺桥向撞击力 1 000kN;185 ~ 201.22m:横桥向撞击力 900kN,顺桥向撞击力 700kN
50	李家沱大桥	重庆	1996 年	I 级航道,横桥向撞击力 5 000kN,顺桥向撞击力 3 000kN
51	重庆鱼洞长江大桥	重庆	在建	I 级航道;横桥向撞击力 >1 400kN,顺桥向撞击力 >1 100kN
52	马桑溪长江大桥	重庆	2001 年	内河 I(2)级
53	地维长江大桥	重庆江津	2004 年	II(1)级航道
54	江津长江大桥	重庆江津	1997 年	II(1)级航道
55	泸州茜草长江大桥	四川泸州	在建	IV 级航道
56	泸州泰安长江大桥	四川泸州	2008 年	II 级内河通航
57	泸州铁路长江大桥	四川泸州	2004 年	II 级内河通航
58	泸州长江大桥	四川泸州	1982 年	III 级航道;3 000 吨位的船舶
59	江安长江大桥	四川宜宾	2007 年	II(3)级航道
60	宜宾长江大桥	四川宜宾	2008 年	II(2)级航道
61	宜宾天池金沙江大桥	四川宜宾	2005 年	III 级航道
62	宜宾金沙江中坝大桥	四川宜宾	2003 年	III 级航道
63	柏溪金沙江大桥	四川宜宾	2005 年	III(4)级航道
64	溪洛渡金沙江大桥	四川云南	2005 年	IV 级航道
65	溪洛渡大桥	四川云南	2004 年	IV 级航道
66	通阳大桥	四川云南	2008 年	IV 级航道
67	即金江金沙江大桥	攀枝花	2007 年	IV 级航道
68	炳草岗金沙江大桥	攀枝花	2002 年	IV(2)级航道

续上表

编号	桥　名	位　置	竣工时间	通航等级/设计船撞力/设计代表船舶
69	新渡口大桥	攀枝花	2005 年	IV(1)级航道
70	法拉大桥	攀枝花	2005 年	IV 级航道
71	龙王庙大桥	江西南昌	1999 年	III 级航道
72	生米大桥(赣江)	江西南昌	2006 年	III(3)级航道
73	南昌沙田赣江特大桥	江西南昌	在建	III 级航道
74	南昌大桥	江西南昌	1993 年	III 级航道
75	新八一大桥(赣江)	江西南昌	1997 年	III 级航道
76	吉水赣江大桥	江西吉水	2004	III(4)级航道
77	浙赣复线樟树赣江大桥	江西樟树市	1995 年	III 级航道
78	樟树赣江大桥	江西樟树市	1995 年	III 级航道
79	洪都大桥	江西南昌	2009 年	南支 IV(3)级航道;北支 II(3)级航道
80	丰电赣江特大桥	江西丰城	在建	III(4)级航道
81	剑邑大桥	江西丰城	2008 年	III(4)级航道
82	宜城大桥	湖北宜城	1990 年	III 级航道
83	老河口汉江特大桥	湖北谷城县	2008 年	主航道 III(2)级,边孔 VI 级,共有三孔航道
84	江汉三桥(汉江)	湖北武汉	2000 年	III 级航道
85	江汉五桥	湖北武汉	2001 年	内河 III 级航道
86	丹江口汉江大桥	湖北	2006 年	内河 III 级航道
87	仙桃汉江大桥	仙桃—天门	2003 年	III 级航道
88	汉川汉江大桥	湖北汉川县	1997 年	III 级航道
89	蔡甸汉江大桥	湖北武汉	2001 年	III 级航道
90	安康汉江七里沟大桥	陕西安康	2008 年	IV 级通航
91	十堰将军河汉江大桥	湖北郧县	2006 年	III 级航道
92	湘潭湘江二桥	湖南湘潭	1993 年	III 级航道
93	湘潭湘江三桥	湖南湘潭	2001 年	III 级航道
94	湘潭四桥	湘潭	2007 年	III 级航道
95	衡阳湘江三桥	衡阳市	2002 年	III 级航道
96	湘潭湘江二桥	湘潭市	1993 年	III 级航道
97	湘江三桥	衡阳市	2000 年	III 级航道
98	湘江六桥	长沙市	1999 年	III 级航道
99	湘潭四桥	长沙市	2006 年	III 级航道;防撞力:顺桥向 400kN,横桥向 550kN
100	湘潭五桥	长沙市	2004 年	III(2)级航道
101	湘江南大桥	长沙市	2000 年	内河 III 级航道
102	北碚嘉陵江大桥	重庆	2007 年	III 级航道

续上表

编号	桥　名	位　置	竣工时间	通航等级/设计船撞力/设计代表船舶
103	重庆渝澳大桥	重庆	2002 年	Ⅲ级航道，横桥轴方向 900kN，顺桥轴向 700kN
104	黄花园嘉陵江大桥	重庆	1999 年	Ⅰ级航道，横桥向撞击力 3 000kN，顺桥向撞击力 1 500kN
105	梅溪河大桥	重庆奉节县	2001 年	Ⅳ级航道
106	嘉华嘉陵江大桥	重庆	2007 年	Ⅲ级航道，横桥向撞击力 1 400kN，顺桥向撞击力 1 100kN
107	嘉陵江石门大桥	重庆	1988 年	Ⅲ级航道，1# 墩塔柱主墩：横桥向撞击力 3 000kN，顺桥向撞击力 2 000kN；2# 墩：横桥向撞击力 900kN，顺桥向撞击力 700kN；3# ~ 6# 墩：横桥向撞击力 750kN，顺桥向撞击力 550kN
108	高家花园大桥	重庆	1998 年	Ⅲ级航道
109	渝怀铁路井口大桥	重庆	2003 年	Ⅲ级航道
110	悦来大桥	重庆	在建	Ⅲ级航道
111	碚东嘉陵江大桥	重庆	2007 年	Ⅲ级通航，横桥向撞击力 >800kN，顺桥向撞击力 >650kN
112	水土嘉陵江大桥	重庆	在建	Ⅲ级通航，横桥向撞击力 >800kN，顺桥向撞击力 >650kN
113	嘉陵江牛角沱大桥	重庆	1966 年	Ⅲ级通航，横桥向撞击力 2 000kN，顺桥向撞击力 1 000kN
114	嘉陵江嘉悦大桥	重庆	在建	Ⅲ级航道，横桥向撞击力≥4 000kN，顺桥向撞击力≥3 250kN

跨海大桥概况　　附表Ⅰ-2

编号	桥　名	位　置	建造时间	通航等级/设计船撞力/设计代表船舶
1	东海大桥	上海	2005 年	5 000 吨级货轮的通航，万吨级防撞能力设计
2	杭州湾大桥	浙江嘉兴至宁波	2008 年	北通航孔：35 000 吨级；南通航孔：3 000 吨级
3	湛江海湾大桥	吴川—湛江	2006 年	5 万吨级货轮
4	平潭海峡大桥	福清市至平潭	在建	5000 吨级海轮
5	岑港大桥	舟山本岛至宁波	1999 年 ~ 2006 年	通航等级为 3 000 吨级
6	响礁门大桥	舟山本岛至宁波		通航等级为 5 000 吨级
7	桃夭门大桥	舟山本岛至宁波		通航等级为 2 000 吨级
8	西堠门大桥	舟山本岛至宁波		通航等级为 3 0000 吨级
9	琼州海峡工程	雷州半岛至海南岛	规划	主通航孔：通航 20 万吨轮船，横桥向撞击力 234.6MN，顺桥向 117.3MN；辅通航孔：通航 3 万吨轮船，横桥向 112.9MN，顺桥向 56.5MN；联络桥：通航 1 000 吨轮船，横桥向 12MN，顺桥向 6MN
10	渤海湾工程	烟台—大连	规划	25 万吨货船

续上表

编号	桥　　名	位　　置	建造时间	通航等级/设计船撞力/设计代表船舶
11	台湾海峡工程	福建至台湾	规划	50 万吨油轮
12	澳门跨海大桥	澳门半岛至函仔岛	2004 年	万吨级海轮
13	胶州湾跨海工程	青岛至黄岛	在建	近期:3 000 吨级;远期:10 000 吨级
14	深港跨海大桥	深圳与香港	2007 年	西部通道大桥的设计通航船型是 500 吨级船舶
15	东山跨海大桥	福建	1998 年	5 万吨级
16	澎湖跨海大桥	白沙屿—渔翁屿	1996 年	可通行万吨级船舶
17	南澳跨海大桥	南澳岛与大陆	在建	可通行万吨级船舶
18	海阳—即墨大桥	青岛至烟台	在建	可通行万吨级船舶
19	厦漳跨海大桥	福建厦门至漳州	在建	北汊:3 000 吨级集装箱船;南汊:5 000 吨级
20	泉州(石狮)跨海大桥	福建	规划	万吨级船舶可乘潮通过
21	庄河—石城大桥	辽宁	规划	可通行万吨级船舶
22	象山—三门口大桥	宁波南田岛、高塘岛与大陆相连	2008 年	1 000 吨级海轮
23	湄洲岛跨海大桥	福建	规划	3 000t 船舶
24	江门市台山镇海湾大桥	广东	2002 年	5 000 吨级船舶
25	金塘大桥	浙江	在建	主通航孔:5 万吨级压载;2 万吨级 东通航孔:主墩,3 000 吨级;边墩,500 吨级; 其他通航孔:500 吨级

附录Ⅱ 桥梁事故统计

国内外严重的桥梁破坏和倒塌事故统计 附表Ⅱ-1

序号	桥 名	国家	年份	原因	类型	航道桥	所处阶段	倒塌程度
1	Third Rialto Bridge, Venice	意大利	1444	超载	人行	是	运营	完全
2	Steinbogen-Bridge	德国	1813	洪水	公路	否	运营	完全
3	Donaustauf-Bridge near Regensburg	德国	1837	撞击	公路	是	运营	部分
4	Menai Strait Bridge	英国	1839	台风	—	是	运营	完全
5	Yarmouth Suspension bridge	英国	1845	超载	人行	是	运营	完全
6	Barentin Viaduct	法国	1846	施工失误	铁路	否	施工	完全
7	Iron Bridge in Cheshire	英国	1847	知识不足	铁路	是	运营	完全
8	Britannia and Conway Bridge	英国	1849	设计错误	铁路	是	施工	—
9	Cable suspension bridge near Angers	法国	1850	知识不足	公路	是	运营	完全
10	Cable suspension bridge near Geneva	瑞士	1852	暴风雨	公路	是	运营	完全
11	Cable suspension bridge, Peney	瑞士	1852	下雨	公路	是	施工	完全
12	Cable suspension bridge near Wheeling	美国	1854	暴风雨	公路	是	运营	完全
13	Cable suspension bridge Lewiston-Queenston (Niagara)	美国	1864	暴风雨	公路	是	运营	完全
14	Hammer parabolic truss railbridge	德国	1869	撞击	铁路	是	运营	部分
15	Steel truss bridge near Payerne	瑞士	1873	施工失误	公路	否	施工	完全
16	6-span truss bridge near Riesa	德国	1876	洪水	铁路	否	运营	部分
17	Ashtabula (cast iron) bridge, Ohio	美国	1876	超载	铁路	否	运营	完全
18	Timber truss bridge near Uschgorod	匈牙利	1877	超载	铁路	否	运营	完全
19	Bridge over Firth of Tay	英国	1879	刮风	铁路	是	运营	部分
20	Truss bridge near St. Charles	美国	1879	撞击	铁路	是	运营	部分
21	Morelos Bridge	墨西哥	1881	人为故意	铁路	否	运营	完全
22	Steel truss bridge Miramont	法国	1881	知识不足	公路	否	施工	完全
23	Cast iron bridge Inverythan, Scotland	英国	1882	知识不足	铁路	否	运营	完全
24	Osijeg Bridge (Drau River)	塞尔维亚	1882	洪水	铁路	是	运营	部分
25	Truss bridge, Töss River	瑞士	1883	知识不足	公路	是	施工	完全
26	Bridge near Douarnenez, Britanny	法国	1884	暴风雨	—	否	施工	完全
27	Bridge near Evaux, Britanny	法国	1884	暴风雨	—	否	施工	完全

续上表

序号	桥　名	国家	年份	原因	类型	航道桥	所处阶段	倒塌程度
28	Truss bridge near Salez	瑞士	1884	设计错误	公路	否	施工	完全
29	2-span truss bridge near Fish's Eddy	美国	1886	撞击	铁路	是	运营	完全
30	Truss bridge near Hopfengarten	奥地利	1886	超载	铁路	否	运营	—
31	Bridge near Louisville, Nashville	美国	1887	漂流物	铁路	是	运营	完全
32	Bussey bridge near Forest Hill (Boston)	美国	1887	设计错误	公路	否	运营	—
33	Small wooden bridge in North Chatsworth	美国	1887	施工失误	铁路	否	运营	完全
34	Staunton Bridge, Virginia	美国	1887	施工失误	铁路	否	施工	部分
35	Bergbrücke, truss bridge	奥地利	1891	知识不足	公路	否	施工	完全
36	Cast iron bridge Norwood Junction, London	英国	1891	知识不足	铁路	是	运营	完全
37	Truss bridge near Mönchenstein	瑞士	1891	设计错误	铁路	是	运营	完全
38	Biwajima wooden carriage bridge	日本	1891	地震	公路	否	运营	完全
39	Bridge in Chicago	美国	1892	撞击	铁路	是	运营	完全
40	Covington Bridge	美国	1892	设计错误	公路	是	施工	完全
41	Ljubitschewo truss bridge	塞尔维亚	1892	设计错误	公路	否	施工	部分
42	Strathglass truss bridge, Scotland	英国	1892	知识不足	公路	否	施工	完全
43	Truss bridge near Frankfurt	德国	1892	超载	公路	否	运营	完全
44	Bridge near Ljubitschewo	塞尔维亚	1893	设计错误	—	是	运营	—
45	Chester truss bridge	美国	1893	施工失误	铁路	是	施工	完全
46	Louisville truss bridge	美国	1893	施工失误	—	否	施工	部分
47	Bridge near Paularo	意大利	1894	超载	—	是	运营	—
48	Stargard RC arch bridge	德国	1894	设计错误	公路	否	施工	完全
49	Bedford Bridge, Ohio	美国	1896	知识不足	铁路	否	运营	完全
50	Bridge between Victoria and Esquimalt	加拿大	1896	超载	铁路	是	运营	完全
51	Bridge near Spartanburg, South Carolina	美国	1897	撞击	铁路	否	运营	完全
52	Thames Iron Works bridge, Blackwall	英国	1898	超载	—	是	运营	—
53	Cornelius Bridge in Munich	德国	1902	设计错误	—	否	施工	完全
54	Mangapatnan Bridge	印度	1902	洪水	铁路	是	运营	完全
55	Timber railroad bridge, north of Pueblo	美国	1904	洪水	铁路	是	运营	完全
56	Heidelberg truss bridge	德国	1905	知识不足	铁路	否	施工	部分
57	7-span bridge near Ponts de Cé	法国	1907	撞击	铁路	是	运营	部分
58	La rasse steel truss bridge	法国	1907	设计错误	公路	否	施工	完全

续上表

序号	桥 名	国家	年份	原因	类型	航道桥	所处阶段	倒塌程度
59	Quebec truss bridge	加拿大	1907	设计错误	铁路	是	施工	完全
60	Herrenbrücke, Swing bridge near Lübeck	德国	1908	撞击	公路	是	运营	部分
61	Prinzregenten Bridge in Munich	德国	1910	洪水	公路	否	运营	完全
62	3 arches Auburn bridge, California	美国	1911	设计错误	—	否	施工	完全
63	Glen Loch bridge, Pennsylvania	美国	1912	知识不足	铁路	否	运营	完全
64	concrete arch bridge near Deep	德国	1913	洪水	公路	是	运营	完全
65	Truss bridge near Gütikhausen	瑞士	1913	施工失误	公路	否	施工	完全
66	Truss bridge near Prerow	德国	1913	洪水	铁路	是	运营	完全
67	Carr (masonry) bridge, Baddengorm Burn	英国	1914	洪水	铁路	是	运营	完全
68	Quebec truss bridge, 2nd accident	加拿大	1916	设计错误	铁路	是	施工	部分
69	11-span bridge leading to Sheppey-Island	英国	1922	撞击	公路	是	运营	部分
70	胶州云河桥	中国	1923	知识不足	铁路	是	运营	部分
71	Stone arch bridge in Flensburg	德国	1923	设计错误	公路	否	施工	完全
72	Coos-Bay-bridge Oregon	美国	1924	撞击	铁路	是	运营	部分
73	3-hinge concrete arch bridge near Aller	德国	1925	洪水	公路	是	运营	部分
74	Mozyrow bridge	俄罗斯	1925	施工失误	铁路	否	施工	完全
75	3-span concrete arch bridge	罗马尼亚	1926	洪水	铁路	是	运营	—
76	Gartz RC arch bridge	德国	1926	施工失误	铁路	是	施工	部分
77	Ohio Falls truss bridge	美国	1927	设计错误	铁路	否	施工	部分
78	Poughkeepsie suspension bridge	美国	1927	施工失误	公路	否	施工	部分
79	Second Narrows Bridge, Vancouver	加拿大	1927	撞击	公路	是	运营	部分
80	Bordeaux suspension bridge	法国	1931	设计错误	公路	是	施工	完全
81	4-span beam and slab bridge	美国	1933	洪水	铁路	是	运营	部分
82	Steel truss swing bridge near Copenhagen	丹麦	1935	撞击	公路	是	运营	部分
83	Bridge over Hardenbergstrasse in Berlin	德国	1936	知识不足	公路	否	运营	—
84	Steel truss bridge near Manassas, Virginia	美国	1937	撞击	公路	否	运营	完全
85	Truss bridge near Pagosa Springs	美国	1937	超载	公路	是	运营	完全
86	Whiteson Bridge near Minnville	美国	1937	撞击	公路	是	运营	完全
87	Bridge near the Niagara Falls	美国	1938	漂流物	公路	是	运营	完全
88	Valley bridge Rüdersdorf near Berlin	德国	1938	知识不足	公路	否	运营	—
89	Vierendeelbridge near Hasselt	比利时	1938	知识不足	公路	是	运营	完全

续上表

序号	桥　　名	国家	年份	原因	类型	航道桥	所处阶段	倒塌程度
90	Plate girder bridge near New York	美国	1939	撞击	公路	是	施工	部分
91	Reinforced concrete arch bridge near Sandö	瑞典	1939	设计错误	—	是	施工	完全
92	Herenthalsoolen Bridge	比利时	1940	知识不足	—	否	运营	—
93	Haulille Bridge	比利时	1940	知识不足	—	否	运营	—
94	Motorway bridge near Frankenthal	德国	1940	设计错误	公路	否	施工	部分
95	Tacoma Narrows suspension bridge	美国	1940	知识不足	公路	是	运营	完全
96	Two U-section bridges south of Le Mars,	美国	1941	施工失误	公路	是	运营	部分
97	2-span truss bridge in Chester	美国	1944	设计错误	公路	是	运营	完全
98	Hindenburg bridge in Cologne	德国	1945	施工失误	公路	是	运营	—
99	Swing bridge in Boston-Charlestown	美国	1945	撞击	公路	是	运营	部分
100	John Grace-Memorial Bridge	美国	1946	撞击	公路	是	运营	部分
101	All the bridges in the town of Bremen	德国	1947	洪水	—	是	运营	完全
102	Bridge near Fresno, California	美国	1947	超载	公路	是	运营	完全
103	Bridge near Koblenz	德国	1947	洪水	铁路	是	运营	完全
104	Rockport-Bridge, Maine	美国	1947	撞击	公路	是	运营	完全
105	Hinton truss bridge, West Virginia	美国	1949	设计错误	公路	否	施工	部分
106	Elbow Grade Bridge, timber truss	美国	1950	设计错误	公路	否	运营	完全
107	Duplessis bridge, Quebec	加拿大	1951	知识不足	公路	否	运营	部分
108	Sullivan Square motorway bridge, Boston	美国	1952	设计错误	公路	否	施工	完全
109	Walouru Bridge	新西兰	1953	洪水	铁路	否	运营	完全
110	Motorway bridge near Kaiserslautern	德国	1954	知识不足	公路	否	施工	部分
111	Eric bridge, Cleveland, Ohio	美国	1956	刮风	铁路	是	运营	完全
112	Nordbrücke Düsseldorf	德国	1956	施工失误	公路	是	施工	部分
113	Dawson-Creek bridge　British Columbia	加拿大	1957	施工失误	公路	是	运营	部分
114	St John's Bridge, London	英国	1957	撞击	—	是	运营	—
115	Second Narrows Bridge, Vancouver	加拿大	1958	施工失误	公路	是	施工	完全
116	Barton bridge, Lancashire	英国	1959	设计错误	—	是	施工	—
117	Goteborg arch bridge	瑞典	1959	知识不足	公路	是	施工	—
118	Motorway bridge near Salzburg	奥地利	1959	洪水	公路	是	运营	完全
119	Continuous truss bridge near Leer	德国	1960	设计错误	铁路	是	运营	—
120	Crediton Bridge, Devon	英国	1960	洪水	铁路	是	运营	部分

续上表

序号	桥 名	国家	年份	原因	类型	航道桥	所处阶段	倒塌程度
121	Severn Railway Bridge, multiple span	英国	1960	撞击	铁路	是	运营	部分
122	Bridge over Valdivia River	智利	1960	地震	公路	是	运营	部分
123	Continuous motorway bridge near Limburg	德国	1961	设计错误	公路	否	施工	部分
124	Fife bridge	英国	1962	设计错误	公路	是	施工	—
125	King Street Bridge in Melbourne	澳大利亚	1962	知识不足	公路	是	运营	—
126	Interstate 29 West Bridge, Sioux City, Iowa	美国	1962	洪水	公路	是	运营	完全
127	prestressed concrete bridge near Kristiansund	挪威	1963	撞击	公路	是	运营	部分
128	Heidingsfeld motorway composite bridge	德国	1963	设计错误	公路	否	施工	部分
129	Lake Pontchartrain bridge	美国	1964	撞击	公路	是	运营	部分
130	Maracaibo stay-cable bridge	委内瑞拉	1964	撞击	公路	是	运营	部分
131	Showa Bridge	日本	1964	地震	公路	否	运营	部分
132	Bridge near Charleston, South Carolina	美国	1965	洪水	铁路	是	运营	—
133	timber bridge between Oberbüchel and Bangs	瑞士	1965	刮风	公路	否	施工	完全
134	Arch bridge in Ottawa	加拿大	1966	设计错误	—	是	施工	—
135	Bridge between Antwerp and Luttich	比利时	1966	洪水	公路	是	运营	完全
136	Bridge on Antwerpen-Aachen line	比利时	1966	自然侵蚀	铁路	否	运营	完全
137	Vorland Rees-Kalkar plate girder bridge	德国	1966	设计错误	公路	否	施工	部分
138	齐沙皮克湾	美国	1967	撞击	公路	是	运营	完全
139	Bridge in Mexico City	墨西哥	1967	—	公路	否	施工	—
140	Calder Bridge, Yorkshire	英国	1967	设计错误	—	否	施工	—
141	Silver bridge, chain suspension bridge	美国	1967	知识不足	公路	是	运营	完全
142	Steel bridge in Willemstad	北爱尔兰	1967	施工失误	公路	是	施工	—
143	Bickton Meadows Footbridge in Hampshire	英国	1967	结构性能退化	人行	否	运营	—
144	Steel bridge in Willemstad	北爱尔兰	1967	施工失误	—	是	施工	—
145	A2 bridge near Lichtendorf near Schwerte	德国	1968	知识不足	公路	否	运营	—
146	Bridge in Titograd, Montenegro	塞尔维亚	1968	超载	人行	是	运营	完全
147	Esslingen bridge	德国	1969	洪水	公路	是	施工	部分
148	Fourth Danube bridge, Vienna	奥地利	1969	知识不足	公路	否	施工	部分
149	A1 Cable stayed bridge in Hamburg	德国	1970	知识不足	公路	是	运营	完全
150	Bridge in Illinois (Kaslaski River)	美国	1970	设计错误	铁路	是	运营	完全

续上表

序号	桥　　名	国家	年份	原因	类型	航道桥	所处阶段	倒塌程度
151	Britannia tube bridge (Menai Straits)	英国	1970	设计错误	铁路	是	运营	—
152	Buckman Bridge near Jacksonville, Florida	美国	1970	知识不足	—	是	运营	部分
153	Cleddau Bridge, Milford Haven	英国	1970	知识不足	公路	否	施工	完全
154	Prestressed bridge between Janeiro and Niteroi	巴西	1970	设计错误	公路	否	施工	部分
155	Soboth prestressed concrete bridge	奥地利	1970	施工失误	公路	否	施工	完全
156	Westgate bridge, Melbourne (Yarra River)	澳大利亚	1970	设计错误	公路	是	施工	完全
157	Chesapeake Bay Bridge, Annapolis	美国	1970	撞击	—	是	运营	—
158	Bridge near Wenigsen, Niedersachsen	德国	1971	设计错误	公路	是	施工	部分
159	Bridge of the West motorway near Ringsted	丹麦	1971	设计错误	公路	否	施工	—
160	Motorway bridge, Junction Antelope Valley	美国	1971	地震	公路	否	运营	部分
161	Paulo de Fronton Viaduct in Tijuja	巴西	1971	设计错误	铁路	是	施工	完全
162	Prestressed bridge in Rio de Janeiro	巴西	1971	施工失误	公路	是	施工	完全
163	Steel box girder bridge Koblenz	德国	1971	知识不足	公路	是	施工	部分
164	Precast bridge of the Hilleröd - motorway	丹麦	1972	洪水	公路	是	运营	部分
165	2-span girder bridge near Katerini	希腊	1972	洪水	铁路	是	运营	部分
166	Bridge neaqr Victoria	澳大利亚	1972	设计错误	—	是	施工	—
167	Continuous Hangbrücke near Koblenz	德国	1972	设计错误	公路	否	施工	部分
168	Motorway bridge near Pasadena, California	美国	1972	设计错误	公路	是	施工	部分
169	Prestressed concrete bridge Cannavino	意大利	1972	温度变化	公路	否	施工	完全
170	Sidney-Lanier Bridge Brunswick, Georgia	美国	1972	撞击	公路	是	运营	部分
171	Steel-timber bridge in Naga City	菲律宾	1972	超载	公路	否	运营	完全
172	Loddon Bridge, Berkshire	英国	1972	设计错误	—	否	施工	—
173	Chesapeake Bay Bridge, Annapolis	美国	1972	撞击	—	是	—	在役
174	Bridge near Redwitz	德国	1973	超载	公路	是	运营	—
175	Composite box bridge Illarsaz	瑞士	1973	设计错误	公路	否	施工	完全
176	Drimsallie Bridge, Inverness, Scotland	英国	1973	洪水	铁路	是	运营	部分
177	Composite bridge in Valengin	瑞士	1973	设计错误	公路	否	施工	完全
178	Steel box girder bridge Zeulenroda	德国	1973	知识不足	公路	否	施工	部分
179	Vorland bridge Hochheim	德国	1973	温度变化	公路	否	运营	部分
180	Bridge near Kempten	德国	1974	设计错误	公路	是	施工	完全
181	Brohtalbridge, segmental construction	德国	1974	施工失误	公路	否	施工	部分

续上表

序号	桥　名	国家	年份	原因	类型	航道桥	所处阶段	倒塌程度
182	Lake Pontchartrain bridge	美国	1974	撞击	公路	是	运营	部分
183	Timber bridge near Zell am See, Pinzgau	奥地利	1974	结构性能退化	人行	否	运营	完全
184	威兰德	加拿大	1974	撞击	公路	是	运营	完全
185	Truss bridge near Luttre	比利时	1974	撞击	铁路	否	运营	部分
186	Bridge in Lafayette Street, St-Paul, Minnesota	美国	1975	知识不足	公路	否	运营	—
187	Bridge near Vranje	塞尔维亚	1975	洪水	铁路	是	运营	完全
188	Bridge over M62	英国	1975	撞击	人行	否	运营	完全
189	Prestressed concrete bridge Gmünd	奥地利	1975	施工失误	公路	否	施工	部分
190	Tasman-Bridge in Hobart, Tasmania	澳大利亚	1975	撞击	公路	是	运营	部分
191	Fraser River Bridge, New Westminster	加拿大	1975	撞击	—	是	运营	—
192	21-span, Pass Manchac Bridge, Louisiana	美国	1976	撞击	公路	是	运营	部分
193	Bridge in town centre of Tchesch	捷克共和国	1976	设计错误	公路	是	运营	完全
194	Fulton Yates Bridge near Henderson	美国	1976	超载	公路	否	运营	—
195	Reichsbrücke over Danube River, Vienna	奥地利	1976	结构性能退化	公路	是	运营	完全
196	steel-plate girder bridge in Agua Caliente	危地马拉	1976	地震	公路	否	运营	部分
197	Timber bridge in Vorarlberg	奥地利	1976	结构性能退化	人行	否	运营	完全
198	B-HMemorial Bridge near Hopewell, Virginia	美国	1977	撞击	公路	是	运营	部分
199	Bridge in Assam	印度	1977	超载	铁路	否	运营	—
200	Bridge in Punjab province	印度	1977	超载	公路	否	运营	—
201	Bridge in Sao Paolo over motorway	巴西	1977	施工失误	公路	否	运营	完全
202	Bridge in the North of Genova	意大利	1977	洪水	公路	是	运营	完全
203	Bridge near Granville – station	澳大利亚	1977	撞击	铁路	否	运营	完全
204	Bridge over Beki River	印度	1977	撞击	铁路	是	运营	完全
205	Motorway bridge between Turin and Milan	意大利	1977	洪水	公路	是	运营	完全
206	Pushkino bridge	俄罗斯	1977	超载	人行	否	运营	完全
207	Timber truss Bad Cannstatt	德国	1977	设计错误	人行	否	施工	完全
208	Truss bridge in Philippines	菲律宾	1977	超载	公路	否	运营	—
209	Bridge over Passiac River, Union Avenue	美国	1977	撞击	—	是	运营	—

续上表

序号	桥　　名	国家	年份	原因	类型	航道桥	所处阶段	倒塌程度
210	Gothenburg Harbour Bridge, Tingstad	瑞典	1977	撞击	—	是	运营	—
211	3-span concrete Mathabhanga Bridge	孟加拉国	1978	设计错误	公路	否	运营	完全
212	Interstate 17 Bridge, Black Canyon, Arizona	美国	1978	洪水	公路	是	运营	完全
213	Bridge in Bihar district	印度	1978	—	公路	否	施工	—
214	Bridge near San Sebastian	西班牙	1978	超载	人行	否	运营	—
215	Suspension bridge near Bristol	英国	1978	超载	公路	是	运营	—
216	Southern Pacific Railroad Bridge, Louisiana	美国	1978	撞击	铁路	是	运营	—
217	13-span Rottachtal bridge near Oy	德国	1979	施工失误	公路	否	施工	—
218	第二海峡铁路桥	加拿大	1979	撞击	铁路	是	运营	完全
219	2-span bridge near Dortmund	德国	1979	撞击	公路	否	运营	完全
220	2-span composite bridge near Duisburg	德国	1979	撞击	公路	否	运营	完全
221	2-span continuous bridge near Sitensen	德国	1979	撞击	公路	否	运营	—
222	K&I Railroad Bridge, Louisville	美国	1979	超载	铁路	否	运营	完全
223	Ayato prestressed concrete bridge	日本	1979	施工失误	公路	否	施工	完全
224	Alabama Rail Bridge, Alabama	美国	1979	撞击	铁路	否	运营	完全
225	Southern Rail Bridge, Indiana	美国	1979	超载	铁路	否	运营	完全
226	Bridge over the Hood canal, Washington	美国	1979	刮风	—	是	运营	完全
227	Interstate 10 Bridge, Phoenix, Arizona	美国	1979	洪水	公路	是	运营	部分
228	Concrete box girder bridge near Rockford	美国	1979	设计错误	公路	否	施工	—
229	Suspension bridge near Munster	德国	1980	撞击	公路	是	运营	完全
230	Almö Sound Bridge, Tjörn	瑞典	1980	撞击	—	是	运营	完全
231	Tjorn-Bridge, Goteburg (Askeröfjord)	瑞典	1980	撞击	公路	是	运营	完全
232	Sunshine Skyway Bridge near St. Petersburg	美国	1980	撞击	公路	是	运营	部分
233	Truss bridge in Trenton, Wisconsin	美国	1980	撞击	公路	是	运营	完全
234	Maracaibo stay-cable bridge	委内瑞拉	1980	结构性能退化	公路	是	运营	—
235	Bridge in British Columbia	加拿大	1981	洪水	公路	是	运营	部分
236	Bridge in Munich	德国	1981	撞击	人行	是	运营	完全
237	Suspension bridge	秘鲁	1981	超载	人行	否	运营	完全
238	Suspension bridge on Cheju Island	韩国	1981	设计错误	公路	是	施工	—
239	2-span truss bridge between Linz and Selzthal	奥地利	1982	洪水	铁路	是	运营	部分

续上表

序号	桥名	国家	年份	原因	类型	航道桥	所处阶段	倒塌程度
240	Rheinbrücke near Höchst, Vorarlberg	奥地利	1982	设计错误	—	是	施工	—
241	Bridge over Brajamanbari	孟加拉国	1982	超载	公路	否	运营	—
242	3-span arch bridge in Elwood	加拿大	1982	设计错误	—	否	施工	完全
243	Bridge near Dedensen	德国	1982	施工失误	公路	否	施工	完全
244	Simple span, steel truss bridge	德国	1982	设计错误	公路	否	施工	完全
245	Stone arches bridge, Milan and Bologna	意大利	1982	洪水	铁路	是	运营	部分
246	莫索河	法国	1982	撞击	—	是	运营	完全
247	密西西比河	美国	1982	撞击	公路	是	运营	完全
248	伏尔加河铁路桥	俄罗斯	1984	撞击	铁路	是	运营	完全
249	Box girder bridge in East Chicago	美国	1982	设计错误	公路	否	施工	部分
250	Concrete box girder bridge, Saginaw	美国	1982	设计错误	公路	否	施工	部分
251	Syracuse bridge, New York	美国	1982	设计错误	公路	是	施工	部分
252	Timber bridge on Cebu-Island	菲律宾	1983	超载	人行	是	运营	—
253	Connecticut Turnpike Bridge near Greenwich	美国	1983	结构性能退化	公路	是	运营	部分
254	Composite bridge near Sept-Iles near Quebec	加拿大	1984	设计错误	公路	否	施工	完全
255	Bridge near Kreuzwertheim	德国	1984	施工失误	铁路	否	施工	完全
256	Bridge between Jabalpur and Gondia	印度	1984	洪水	铁路	是	运营	—
257	Bridge in Tokyo West	日本	1984	设计错误	公路	是	施工	完全
258	Czerny bridge, Heidelberg	德国	1985	施工失误	公路	否	施工	部分
259	New Grosshessenlohe bridge, Munich	德国	1985	设计错误	铁路	否	施工	部分
260	Suspension bridge Sully-sur-Loire	法国	1985	知识不足	公路	是	运营	完全
261	Ynys-y-Gwas Bridge in West Glamorgan	英国	1985	结构性能退化	公路	否	运营	完全
262	Street viaduct over Interstate 20 in Denver	美国	1985	设计错误	公路	否	施工	部分
263	Hä derlisbrücke in the Schöllenen gorge	瑞士	1987	洪水	公路	是	运营	完全
264	Wassen Bridge, N2-motorway viaduct	瑞士	1987	洪水	公路	是	运营	部分
265	Glanrhyd Railway Bridge, near Llandeilo	英国	1987	洪水	铁路	是	运营	完全
266	Bridge in El Paso, Texas	美国	1987	设计错误	—	否	施工	—
267	Schoharie Bridge	美国	1987	洪水	公路	是	运营	部分
268	A3 bridge near Aschaffenburg	德国	1988	设计错误	公路	否	施工	完全

续上表

序号	桥　名	国家	年份	原因	类型	航道桥	所处阶段	倒塌程度
269	Quilon Bridge	印度	1988	洪水	铁路	是	运营	完全
270	Motorway bridge near Seattle	美国	1988	设计错误	公路	是	施工	—
271	Box girder bridge in Los Angeles	美国	1989	设计错误	公路	否	施工	—
272	Masonry arch viaduct in Inverness, Scotland	英国	1989	洪水	铁路	是	运营	完全
273	Bridge near Los Mochis	墨西哥	1989	洪水	铁路	是	运营	—
274	Bridge in Baltimore	美国	1989	设计错误	公路	否	施工	—
275	Cypress Freeway, Oakland, California	美国	1989	地震	公路	是	运营	完全
276	Section of East span of San Francisco Oakland Bay Bridge, California	美国	1989	地震	公路	是	运营	部分
277	Truss bridge in Shepherdsville, Kentucky	美国	1989	撞击	铁路	否	运营	部分
278	Box girder bridge near Kufstein	奥地利	1990	洪水	公路	是	运营	—
279	Herbert C. Bonner Bridge, North Carolina	美国	1990	撞击	—	是	运营	—
280	妥斯特鲁	瑞典	1990	撞击	公路	是	运营	完全
281	卡纳夫里河	缅甸	1990	撞击	—	是	运营	完全
282	汉堡港	德国	1991	撞击	—	是	运营	完全
283	Bridge in Hiroshima	日本	1991	设计错误	—	否	施工	—
284	西安市的桥	中国	1991	超载	—	否	运营	完全
285	Bridge over River Schelde	比利时	1992	结构性能退化	—	是	运营	完全
286	Bridge near Kilosa	坦桑尼亚	1992	洪水	铁路	是	运营	—
287	New Haengju Bridge, Seoul	韩国	1992	施工失误	公路	是	施工	部分
288	Motorwaybridge, jonction Antelope Valley	美国	1992	地震	公路	否	运营	部分
289	Ottoman stone bridge in Mostar	南斯拉夫	1993	人为故意	人行	是	运营	完全
290	Stone arch bridge, Nairobi and Mombasa	肯尼亚	1993	洪水	铁路	是	运营	—
291	Bridge at Forteviot, 10km south of Perth	英国	1993	洪水	铁路	是	运营	部分
292	Cicero Bridge, Messina and Palermo	意大利	1993	洪水	公路	是	运营	部分
293	Truss bridge in Concord, New Hampshire	美国	1993	施工失误	公路	否	施工	完全
294	Truss bridge near Mobile, Alabama	美国	1993	撞击	铁路	是	运营	部分
295	Sungsu truss bridge in Seoul	韩国	1994	施工失误	公路	是	运营	部分
296	Interstate 5 Bridge in Los Angeles, California	美国	1994	地震	公路	否	运营	部分

续上表

序号	桥 名	国家	年份	原因	类型	航道桥	所处阶段	倒塌程度
297	Bridge in Braz, Vorarlberg	奥地利	1995	洪水	铁路	是	运营	完全
298	Approach bridge on Cologne-Wahn Airport	德国	1995	设计错误	公路	否	施工	部分
299	Bridge in Aflou	阿尔及利亚	1995	下雨	—	是	运营	—
300	Nishihomiya bridge	日本	1995	地震	公路	否	运营	部分
301	Hanshin elevated expressway	日本	1995	地震	公路	否	运营	完全
302	3-span bridge near Clifton	美国	1995	施工失误	公路	是	施工	完全
303	Twin bridges, Interstate 5, Coalinga	美国	1995	洪水	公路	是	运营	完全
304	Koror-Babelhuap-bridge	帕劳共和国	1996	知识不足	公路	是	运营	完全
305	Grogol bridge Airport Jakarta	印度尼西亚	1996	施工失误	公路	否	施工	部分
306	米尤恩—多拉尔桥	美国	1996	撞击	—	是	运营	部分
307	Walnut Street Bridge in Harrisburg	美国	1996	洪水	人行	是	运营	完全
308	Yarkon River bridge in Tel Aviv	以色列	1997	设计错误	人行	是	运营	完全
309	温州龙港大桥	中国	1998	撞击	公路	是	运营	完全
310	2-span bridge near Eschede	德国	1998	撞击	公路	否	运营	完全
311	Bridge in Piura	秘鲁	1998	地震	公路	是	运营	完全
312	7-span continuous Bridge In Mpumalanga	南非	1998	设计错误	—	是	施工	完全
313	Wuppertal Schwebebahn bridge	德国	1999	施工失误	铁路	是	运营	—
314	河北平山桥	中国	1999	洪水	公路	是	运营	完全
315	四川重庆铁桥	中国	1999	设计错误	人行	是	运营	完全
316	台湾大甲溪桥	中国	1999	地震	公路	是	运营	完全
317	Bridge near Akyazi in the Arifiye area	土耳其	1999	地震	公路	是	运营	完全
318	Transeuropean motorway bridge	土耳其	1999	地震	公路	否	运营	完全
319	Bridge near Covington, Tennessee	美国	1999	洪水	公路	是	运营	部分
320	高屏溪大桥	中国	2000	洪水	公路	是	运营	部分
321	Bridge over motorway, North Carolina	美国	2000	超载	人行	否	运营	完全
322	Steel truss bridge, Paiva and Penafiel	葡萄牙	2001	洪水	铁路	是	运营	完全
323	广西鹿寨的桥	中国	2001	洪水	公路	是	运营	部分
324	Queen Isabella Causeway, Texas	美国	2001	撞击	公路	是	运营	部分
325	Pony truss bridge, Hunterdon County	美国	2001	撞击	—	否	运营	完全
326	Bridges in Austria	奥地利	2002	洪水	—	是	运营	—
327	Bridges in Germang	德国	2002	洪水	—	是	运营	—

续上表

序号	桥　　名	国家	年份	原因	类型	航道桥	所处阶段	倒塌程度
328	Bridge in Patagonia	阿根廷	2002	超载	人行	是	运营	完全
329	Interstate 40 Bridge, Oklahoma	美国	2002	撞击	公路	是	运营	部分
330	Marcy bridge	美国	2002	设计错误	人行	否	施工	完全
331	Turkey Creek Bridge, Sharon Springs, Kansas	美国	2002	施工失误	铁路	是	运营	完全
332	Highway 14 overpass, Texas	美国	2002	撞击	公路	否	运营	完全
333	Wood trestle bridge near McBride	加拿大	2003	结构性能退化	铁路	否	运营	完全
334	Pont de Giers, Givors	法国	2003	洪水	公路	是	运营	部分
335	Bridge in Daman	印度	2003	施工失误	公路	是	运营	完全
336	Cahir Bridge, County Tipperary	爱尔兰	2003	撞击	铁路	否	运营	完全
337	1900 built Kinzua Viaduct, steel bridge	美国	2003	刮风	铁路	否	运营	完全
338	Imola Avenue Bridge, Napa, California	美国	2003	施工失误	公路	是	施工	部分
339	岂风桥拱桥	中国	2003	撞击	公路	是	运营	完全
340	杭州渔临关大桥	中国	2004	撞击	公路	是	运营	完全
341	京杭大运河苏州段横塘亭子桥	中国	2004	撞击	公路	是	运营	完全
342	Interstate 95 Bridge in Bridgeport, Connecticut	美国	2004	施工失误	公路	否	运营	部分
343	Mungo Bridge	喀麦隆	2004	撞击	公路	是	运营	完全
344	Bridge in Arauca department	哥伦比亚	2004	洪水	公路	是	运营	完全
345	Dombivli Railway station foot overbridge	印度	2004	设计错误	人行	否	施工	完全
346	Bridge in the Kratie province	柬埔寨	2004	超载	公路	否	运营	完全
347	Ramu Bridge in Madang	巴布亚新几内亚	2004	设计错误	—	否	运营	完全
348	江苏三阳河东汇大桥	中国	2004	撞击	公路	是	运营	完全
349	Suramadu Bridge	印度尼西亚	2004	施工失误	公路	否	施工	完全
350	Cipunegara Bridge	印度尼西亚	2004	超载	公路	否	运营	完全
351	Bridge on Leningradskoye Shosse, Moscow	俄罗斯	2004	撞击	公路	否	运营	部分
352	West Grove Bridge in Silver Lake, Kansas	美国	2004	撞击	铁路	是	运营	—
353	Interstate 20 Bridge near Pecos, Texas	美国	2004	洪水	公路	是	运营	部分
354	Selmon Expressway, Tampa Bay, Florida	美国	2004	洪水	公路	是	施工	部分
355	Bridge near Pawnee City, Nebraska	美国	2004	设计错误	公路	否	施工	部分
356	Shannon Hills Drive Bridge, Arkansas	美国	2004	超载	公路	否	运营	—

续上表

序号	桥　　名	国家	年份	原因	类型	航道桥	所处阶段	倒塌程度
357	Interstate 70 Bridge in Denver, Colorado	美国	2004	设计错误	公路	否	施工	部分
358	Interstate 10 Bridge, Escambia Bay, Florida	美国	2004	台风	公路	是	运营	部分
359	McCormick County bridge east of Mount Carmel (Little River), South Carolina	美国	2004	漂流物	公路	是	运营	完全
360	Bridge northwest of Norcatur, Kansas	美国	2004	超载	公路	是	运营	部分
361	Rural bridge near Shelby, North Carolina	美国	2004	洪水	公路	是	运营	完全
362	30 Bridges	赞比亚	2004	洪水	—	是	运营	—
363	40km west of Charters Towers, Queensland	奥地利	2005	洪水	—	是	运营	完全
364	Bridge close to Almunecar	西班牙	2005	设计错误	公路	否	施工	部分
365	Bbridge at Codsall Railway Station	英国	2005	撞击	人行	否	运营	完全
366	Bridge near Veligonda	印度	2005	洪水	铁路	是	运营	完全
367	Bridge near Kulai, K. L and Singapore	马来西亚	2005	洪水	铁路	是	运营	完全
368	Wooden bridge in Tapijulapa, Amatlan River	墨西哥	2005	超载	人行	是	运营	完全
369	Bridge near Nuhaka	新西兰	2005	结构性能退化	铁路	否	运营	完全
370	贵州贵开高速小夹山桥	中国	2005	施工失误	公路	否	施工	完全
371	Wooden and metal bridge near Grand Goave	海地	2005	台风	公路	否	运营	完全
372	Bridge next to the Beirut Port	黎巴嫩	2005	洪水	公路	是	运营	完全
373	上海龙华铁路1号桥	中国	2005	撞击	铁路	是	运营	部分
374	Nukkei Bridge in Jalingo	尼日尔	2005	洪水	公路	是	运营	完全
375	Bridge, over Mekong River	泰国	2005	施工失误	公路	是	施工	部分
376	Laurel Mall Pedestrian Bridge	美国	2005	结构性能退化	人行	否	运营	完全
377	Wooden bridge in Pico Rivera	美国	2005	人为故意	公路	是	运营	部分
378	Lake View Drive Bridge, Pennsylvania	美国	2005	结构性能退化	公路	是	运营	部分
379	Viaduct Boulevard de la Concorde in Laval	加拿大	2006	施工失误	公路	否	运营	部分
380	Bridge over E45 Highway, near Aalborg	丹麦	2006	设计错误	公路	否	施工	部分
381	Bridge in Boureye	布基纳法索	2007	洪水	公路	是	运营	完全
382	昆山市大洋桥	中国	2007	撞击	公路	是	运营	完全
383	Bridge over the River Nyong	喀麦隆	2007	超载	公路	是	运营	完全

续上表

序号	桥　　名	国家	年份	原因	类型	航道桥	所处阶段	倒塌程度
384	Ballinager Steel Bridge near Lixnaw in Kerry	爱尔兰	2007	超载	公路	否	运营	完全
385	Suspension bridge in the West of Nepal	尼泊尔	2007	超载	人行	是	运营	完全
386	江苏常州云村桥	中国	2007	超载	公路	是	运营	完全
387	广东九江大桥	中国	2007	撞击	公路	是	运营	部分
388	湖南凤凰桥	中国	2007	施工失误	公路	否	施工	完全
389	Bridge over the River St-Etienne in St-Louis	留尼旺	2007	台风	公路	是	运营	部分
390	Bay Bridge, near Emeryville	美国	2007	施工失误	公路	是	运营	部分
391	Interstate 35-West Bridge in Minneapolis	美国	2007	设计错误	公路	是	运营	部分
392	Can-Tho Bridge in the Mekong Delta	越南	2007	施工失误	公路	是	施工	部分
393	高原大桥	中国	2008	地震	公路	否	运营	完全
394	百花大桥	中国	2008	地震	公路	否	运营	完全
395	小鱼洞大桥	中国	2008	地震	公路	否	运营	完全
396	寿江大桥	中国	2008	地震	公路	否	运营	完全
397	庙子坪岷江大桥	中国	2008	地震	公路	是	施工	完全
398	绝缘大桥	中国	2008	地震	公路	否	运营	完全
399	红东大桥	中国	2008	地震	公路	否	运营	完全
400	龙尾大桥	中国	2008	地震	公路	否	运营	完全
401	高树大桥	中国	2008	地震	公路	否	施工	完全
402	南坝大桥(新)	中国	2008	地震	公路	否	施工	完全
403	老南坝大桥(拱桥)	中国	2008	地震	公路	否	运营	完全
404	绵竹市回澜立交桥	中国	2008	地震	公路	否	运营	完全
405	金田坝大桥	中国	2008	地震	公路	否	运营	完全
406	北川擂鼓镇石拱桥	中国	2008	地震	公路	否	运营	完全
407	北川陈家坝砖拱桥	中国	2008	地震	公路	否	运营	完全
408	彭州银厂沟石拱桥	中国	2008	地震	公路	否	运营	完全
409	彭州白鹿镇中法桥	中国	2008	地震	公路	否	运营	完全
410	什邡马草滩铁路桥	中国	2008	地震	铁路	否	运营	完全
411	广东新会连腰大桥	中国	2008	撞击	公路	是	运营	部分
412	宁波金塘大桥	中国	2008	撞击	公路	是	运营	完全
413	海门市国强大桥	中国	2008	撞击	公路	是	运营	完全
414	高邮市三阳河四异大桥	中国	2008	撞击	公路	是	运营	完全

续上表

序号	桥　名	国家	年份	原因	类型	航道桥	所处阶段	倒塌程度
415	海城地震	中国	1975	地震	中国海城 7.3 级地震,21 座桥梁严重受损或倒塌,其中有 3 座桥梁位于航道上			
416	唐山地震	中国	1976	地震	中国唐山 7.8 级地震,18 座桥梁严重受损或倒塌,其中有 6 座桥梁位于航道上			
417	美国洛马·普里埃塔地震中的桥	美国	1989	地震	有 3 座钢筋混凝土桥梁部分塌落,10 座钢筋混凝土桥梁因结构遭受严重破坏而关闭,其中,奥克兰海湾大桥因钢支座毁坏导致一跨落梁,前面已统计 2 座			
418	美国北岭地震	美国	1994	地震	现其中有 9 座桥梁遭受严重破坏(包括 5 座桥梁部分塌落或完全倒塌),2 座桥梁有中等程度的破坏,17 座桥梁轻微损坏,前面已统计 1 座			
419	日本神户地震中的桥	日本	1995	地震	其中有 27 座公路桥梁严重破坏,还有大量的支座和伸缩缝遭受严重破坏,前面已统计 2 座			
420	高原大桥	中国	2008	汶川地震	公路	否	运营	完全
421	百花大桥	中国	2008	汶川地震	公路	否	运营	完全
422	小鱼洞大桥	中国	2008	汶川地震	公路	否	运营	完全
423	寿江大桥	中国	2008	汶川地震	公路	否	运营	完全
424	庙子坪岷江大桥	中国	2008	汶川地震	公路	是	在建	完全
425	绝缘大桥	中国	2008	汶川地震	公路	否	运营	完全
426	红东大桥	中国	2008	汶川地震	公路	否	运营	完全
427	龙尾大桥	中国	2008	汶川地震	公路	否	运营	完全
428	高树大桥	中国	2008	汶川地震	公路	否	在建	完全
429	南坝大桥(新)	中国	2008	汶川地震	公路	否	在建	完全
430	老南坝大桥(拱桥)	中国	2008	汶川地震	公路	否	运营	完全
431	绵竹市回澜立交桥	中国	2008	汶川地震	公路	否	运营	完全
432	金田坝大桥	中国	2008	汶川地震	公路	否	运营	完全
433	北川擂鼓镇石拱桥	中国	2008	汶川地震	公路	否	运营	完全

续上表

序号	桥　　名	国家	年份	原因	类型	航道桥	所处阶段	倒塌程度
434	北川陈家坝砖拱桥	中国	2008	汶川地震	公路	否	运营	完全
435	彭州银厂沟石拱桥	中国	2008	汶川地震	公路	否	运营	完全
436	彭州白鹿镇中法桥	中国	2008	汶川地震	公路	否	运营	完全
437	什邡马草滩铁路桥	中国	2008	汶川地震	公路	否	运营	完全
438	綦江县彩虹桥	中国	1999	材料质量	公路	是	在建	完全
439	Hintze-Ribeiro 大桥	葡萄牙	2001	设计失误	公路	是	运营	完全
440	达曼西部大桥	印度	2003	不明	公路	是	运营	完全
441	Almunecar 高速公路桥	西班牙	2005	不明	公路	否	运营	完全
442	查帕雷河大桥	玻利维亚	2003	洪水	公路	是	运营	完全
443	渔梁桥	中国	1990	设计	公路	否	运营	完全
444	白桥坑大桥	中国	1996	施工	公路	否	运营	完全
445	达县大桥	中国	1987	不详	公路	否	运营	完全
446	黄头大桥	中国	1992	施工	公路	否	运营	完全
447	焦家湾大桥	中国	1998	不详	公路	否	运营	完全
448	万沟大桥	中国	2002	施工	公路	否	运营	完全

国外船桥严重碰撞事故记录　　附表 II-2

编号	发生时间	桥　　名	国　　家	事 故 描 述
1	1960 年	塞文河铁路桥	英国	船:拖轮拖两艘驳船,每艘 450t 排水量; 事故:与桥墩宽边相撞; 损伤:两跨梁和一个支承桥墩坍毁,造成 5 人死亡; 原因:在浓雾中拖轮领航员疏忽
2	1963 年	克里斯蒂安松的 3 跨预应力混凝土桥	挪威	船:— 事故:— 损伤:部分倒塌 原因:船长失误
3	1964 年	马拉开波湖桥	委内瑞拉	船:36 000DWT 满载油轮; 事故:距航道 600m 以外两墩宽边碰撞; 损伤:三跨梁坍毁; 原因:影响转舵装置的电气系统失灵
4	1964 年	旁查村湖桥	美国路易斯安那州	船:拖轮拖两艘满载驳船; 事故:三个排架被拖轮及两驳船所撞; 损伤:四跨梁坍毁,造成 6 人死亡; 原因:舵手注意力不集中
5	1964 年	旁查村湖桥	美国路易斯安那州	船:拖轮拖两艘驳船; 事故:拖轮撞到一个桩排架; 损伤:一个桩排架摧毁,两跨梁坍毁; 原因:拖轮领航员失职(可能在睡觉)

续上表

编号	发生时间	桥　　名	国　　家	事 故 描 述
6	1967 年	齐沙皮克湾	美国弗吉尼亚州	船:漂浮的煤驳; 事故:船一再碰撞桥面; 损伤:六跨梁严重损伤; 原因:在暴风雨中驳船系泊松脱
7	1970 年	齐沙皮克湾	美国弗吉尼亚州	船:10 000DWT 美国海军货轮; 事故:对桥作 11h 的冲击; 损伤:五跨梁被撞掉,另外 11 跨梁严重损伤; 原因:在暴风雨中船松脱
8	1972 年	齐沙皮克湾	美国弗吉尼亚州	船:漂浮的驳船; 事故:驳船不断地推撞桥面; 损伤:两跨梁部分坍毁,其他五跨损伤; 原因:在大风中拖绳断开
9	1972 年	布朗斯维克	美国佐治亚州	船:13 000DWT 货船; 事故:船首撞到上部结构; 损伤:三跨梁倒坍,10 人死亡; 原因:舵手错误地理解领航员指令
10	1974 年	旁查村湖	美国路易 斯安那州	船:拖轮拖带四条空驳; 事故:在离通航跨一定距离处拖轮撞向桥墩; 损伤:两个桩排架损伤,三跨梁坍毁,3 人死亡; 原因:拖轮领航员失职
11	1974 年	威兰德	加拿大安大略	船:矿石船(长:204m); 事故:在开启桥打开时,船撞到提升跨; 损伤:提升跨落入运河,提升塔受损; 原因:不明
12	1975 年	德文	澳大利亚	船:7 200DWT 散装船; 事故:和两墩的迎面和宽边碰撞; 损伤:三孔梁坍倒,15 人死亡; 原因:引擎失灵,失去转弯能力
13	1975 年	法拉西河	加拿大, 哥伦比亚省	船:压舱驳船(长:183m); 事故:驳船撞到桥的上部结构; 损伤:一孔 120m 梁坍毁; 原因:在暴风雨中驳船从停泊处松脱系泊
14	1976 年	波曼渠	美国路易 斯安那州	船:拖轮拖带的驳船; 事故:驳船撞到一个桩排架上; 损伤:桩排架墩摧毁,三孔梁坍毁,至少 1 人死亡; 原因:拖绳断裂
15	1977 年	詹姆士	美国弗吉尼亚州	船:25 000DWT 压舱油轮; 事故:在距迎航孔中心线约 120m 处船首撞毁了一个排架墩; 损伤:两孔梁坍毁; 原因:操舵装置电气故障
16	1977 年	帕夏	美国新泽西州	船:空油驳; 事故:与桥墩相撞; 原因:拖轮拖绳断裂

续上表

编号	发生时间	桥　　名	国　　家	事 故 描 述
17	1977 年	哥德堡港	瑞典丁斯塔	船:1 600DWT 压舱天然气船; 事故:船撞到引桥梁跨; 损伤:两跨引桥梁摧毁; 原因:操舵装置电气失灵
18	1978 年	波威湾	美国路易 斯安那州	船:拖轮顶推四条驳船; 事故:导前驳击中边跨上部结构; 损伤:一孔 70m 钢梁落入水中并沉没; 原因:拖轮船长驾驶马功不足的拖船队
19	1979 年	第二海峡铁路桥	加拿大温哥华	船:22 000DWT 散装船; 事故:在距通航孔中心约 100m 处船艏击中边跨上部结构; 损伤:一孔梁坍毁; 原因:由于大雾,船长错误地判断地物
20	1980 年	泰佐桥	瑞典阿穆河	船:27 000DWT 成品货船压舱; 事故:在距航道中心线约 100m 处船的甲板室撞到靠近岸上基础处的拱结构; 损伤:整个主跨坍毁,8 人死亡; 原因:由于引擎马力降低,在恶劣天气和浓雾中驾驶困难
21	1980 年	Tjorn 桥	瑞典哥特堡	船:— 事故:— 损伤:完全倒塌; 原因:由于雾和冰
22	1980 年	坦博海湾	美国佛罗里达	船:35 000DWT 压舱散装船; 事故:在距航道约 250m 处船首击中墩顶以上桥柱; 损伤:三跨梁坍毁,35 人死亡; 原因:能见度低,在恶劣天气情况下领航员导航粗心
23	1981 年	那拉甘塞海湾	美国罗得岛	船:45 000t 排水量的油轮; 事故:船以 3m/s 航速迎面撞到悬索桥主塔墩上; 损伤:虽然碰撞力明显超过设计力,只有表面损伤; 原因:浓雾中领航员领航粗心
24	1982 年	莫索河	法国	船:拖船拖两艘驳船; 事故:驳船撞到桥墩; 损伤:一个桥墩被撞毁导致煤气管道坍毁和 7 人丧生; 原因:浓雾中拖轮领航员领航粗心
25	1982 年	密西西比河	美国密苏里州	船:拖轮顶拖 15 艘驳船; 事故:在通过平旋跨时驳船撞到桥台失控并使拖船摆到引桥桥跨上; 损伤;引桥一跨坍毁; 原因:领航粗心
26	1983 年	圣朵拉	新加坡	船:桅杆高度 69m 的石油钻船; 事故:船漂浮撞到架空索道,桅杆切断架空索道的架空索; 损伤:两个缆车坠入海中,造成 7 人死亡; 原因:当船被拖轮牵离泊位时拖缆破坏

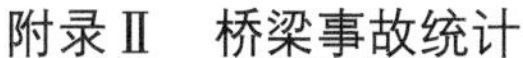

续上表

编号	发生时间	桥　　名	国　　家	事 故 描 述
27	1983 年	伏尔加河铁路桥	俄罗斯乌里扬诺夫斯克	船:客轮"亚历山大苏瓦洛夫"号; 事故:船偏离航线并离拱桥支柱过近,上甲板与桥上部结构相撞; 损伤:船的甲板室,包括一个电影放映所被撕开,约 170 人丧生; 原因:船长粗心驾驶
28	1990 年	保纳桥	美国北卡罗来纳州	船:底开式挖泥船"北方岛"号(长:60m); 事故:船漂移撞到桥的下部结构; 损伤:4 个桩排架墩毁坏,5 孔梁坍毁; 原因:在暴风雨中船拖着锚走
29	1990 年	妥斯特鲁	瑞典	船:货船亚里山德拉号(长:60m); 事故:船撞上平旋跨支承墩和边跨上部结构; 损伤:桥墩移位,边跨上部结构部分扯落; 原因:由于醉酒船长领航粗心
30	1990 年	卡纳夫里河	缅甸	船:不详; 事故:船漂移撞到桥的上部结构; 损伤:一孔上部结构坠落; 原因:由于旋风,船失去控制
31	1991 年	汉堡港	德国卡特维克	船:21 450t 货轮"库勒合斯基"号; 事故:货轮由三艘拖轮施航,在浓雾中失控,与升桥的边孔相撞; 损伤:边跨梁坠入河中,一个提升塔严重损伤; 原因:由于失去三条拖缆之一而使船失控
32	1993 年	西伯法官桥	美国路易斯安那州	船:— 事故:— 损伤:1 人死亡 原因:—
33	1993 年	贝育—廾诺脱桥	亚拉巴马州	船:拖驳船; 事故:浓雾中与桥相撞,导致桥梁结构巨大位移,几分钟后,旅客列车驶过,桥倒塌,列车出轨,47 人丧生; 损伤:桥严重损伤,后倒塌; 原因:—
34	1996 年	米尤恩—多拉尔桥	缅因州波特兰市	船:171m 长,25.9m 宽的满载油轮; 事故:油轮猛烈撞击桥梁,17 万加仑燃料油泄露; 损伤:防撞设施毁损,一侧开合翼严重破坏,船产生 9m 大小的开孔; 原因:①领航错误;②航道水平净空过窄(29m)
35	2002 年	阿肯色河大桥	美国俄克拉荷马州	船:顶推驳船; 事故:船舶撞击非通航孔墩柱; 损伤:桥梁两跨倒塌,落入河中 原因:船长突发疾病

国内船桥严重碰撞事故记录 附表Ⅱ-3

编号	发生时间	桥　　名	事故描述
1	1987 年	九江长江大桥	船:长江 220××号船; 事故:擦伤 7 号墩的混凝土表面保护层,相接触的节甲 210××号甲板驳轻损; 原因:—
2	1989 年	南京长江大桥	船:长江 48××号船; 事故:造成甲 410××驳船轻伤并导致 2 号红浮、1 号白浮移位; 原因:—
3	1989 年	南京长江大桥	船:“黄冈 401”轮; 事故:黄冈轮尾部与武穴船队右边驳相撞并被压卡不能脱离,造成舵失灵,船队操纵受阻,船位南移,撞 8 号墩后散绑,甲 1035 驳翻沉; 原因:“黄冈 401”轮下驶,在 8 孔航道内违章强行追越“武穴 206”轮船队,并在其前方突然停车、倒车
4	1990 年	南京长江大桥	船:大庆 412 号船; 事故:致桥墩表面混凝土脱落; 原因:—
5	1993 年	南京长江大桥	船:拖“901”船队; 事故: 造成 1 人落水,船队散绑,船队在桥下游电缆标内抛锚,叉钩断通信电缆,造成直接经济损失 40 万元; 原因:操作不当,船队右侧碰擦 8 墩
6	1994 年	武汉长江大桥	船:打校船; 事故:撞坏桥面使钢梁和桥面受影响; 原因:武汉长江大桥上游几百米的武昌船厂码头上的打校船失缆,该船离开系泊码头顺流移动,漂向江心撞向大桥
7	1997 年	西江大桥	船:“068”号货船; 事故:触碰尚未露出水面的 19 号桥墩,致使船舶底部甲板穿孔进水翻沉,直接经济损失 108 万元; 原因:疏于瞭望,操纵船舶从航道以外的桥区水域行驶
8	1997 年	西江二桥	船:147 号拖船; 事故:“147”号船当即倾覆沉没,直接经济损失 19 万元; 原因:风流的推压作用下,船舶偏航
9	1998 年	黄石长江大桥	船:长江 62024 船队(一拖四驳); 事故:防撞钢箱局部破坏,149 万元; 原因:误将上水红浮当成下水红浮,导致判断失误
10	1998 年	温州龙港大桥	船:“浙鄞油 6”号油轮; 事故:大桥被撞塌,油轮翻沉于江中,造成船上所载甲苯外泄,并有 4 人死亡,直接经济损失达 600 余万元,大桥交通中断 4 个月; 原因:不熟悉主航道桥洞的通航净高
11	2001 年	青州闽江大桥	船:1 000t 浮吊“上海港机 1 号”发生脱锚; 事故: 支座、斜拉索保护套破坏;风嘴破坏; 原因: 台风、脱锚
12	2003 年	蚌埠朝阳大桥	船:驳船; 事故:南侧墩身混凝土局部剥落,达到箍筋层面;船头相应部位严重受损,撞击深度约 1m 左右; 原因:—

续上表

编号	发生时间	桥　名	事故描述
13	2003 年	浙江省湖州市南浔岂风桥	船:拖船; 事故:桥面落入水中; 原因:—
14	2003 年	温州龙港大桥	船:浙苍机 33 号运输船; 事故:造成桥墩中部受损,桥墩底座的包铁严重变形; 原因:船只因舵机液压油管忽然断裂失去控制,撞向龙港大桥
15	2003 年	温州大桥	船:“舟海油 1”海轮; 事故:造成直接经济损失 16 万元; 原因:因辅机故障导致舵机失灵船舶失控,撞向主通航孔北侧主桥墩
16	2004 年	瓯南大桥	船:“霞运 159”海轮航; 事故:施工栈桥坍塌,直接经济损失约 70 万元; 原因:—
17	2004 年	江苏三阳河东汇大桥	船:驳船; 事故:中间一跨折断,落入水中; 原因:—
18	2004 年	杭甬运河渔临关大桥	船:拖 007 号机船; 事故:中间桥墩被船舶撞毁,两侧桥面落入水中; 原因:避让船只
19	2004 年	京杭运河横塘亭子桥	船:货船; 事故:上部结构落入水中;2 人轻伤 ,桥压在船上; 原因:—
20	2005 年	瓯江五桥	船:“温挖 83”船; 事故:船沉,大桥桥墩严重受损,至少 2 年未通车; 原因:“温挖 83”船只在瓯江林福水域被洪水冲下,撞击桥墩
21	2006 年	杭州湾大桥	船:新加坡籍货轮“沥青快车”号; 事故:引桥和北航道桥南高墩区接合部位的混凝土承台、墩身及箱梁结构物毁损,使大桥工程建设进度严重受阻; 原因:舶走锚
22	2005 年	上海龙华铁路 1 号桥	船:苏盐城货 92108,驳船; 事故:桥面、轨道破坏 ;驳船翻入河内; 原因: 河水涨潮速度太快,船舶驾驶人员判断失误
23	2006 年	东海大桥之颗珠山大桥	船:驳船; 事故:桥承台表面破损;船沉如海,3 人失踪; 原因: 误航,气象条件不好
24	2007 年	广东九江大桥	船:运沙船; 事故:三跨落梁,船沉,4 辆汽车落水,死亡 8 人; 原因:大雾;操作失误

续上表

编号	发生时间	桥　　名	事故描述
25	2007	大洋桥	船:货船; 事故:大桥部分桥面发生坍塌,2 人死亡,1 人受伤; 原因:船舶避让
26	2007 年	洞头大桥	船:不明; 事故:造成大桥防碰桩倒塌 原因:—
27	2007 年	昆山市大泽桥	落梁,死亡 2 人,伤 1 人
28	2008 年	广东新会连要大桥	船:"骅通 15"干货船; 事故:船舶左舷横压桥梁,造成桥梁护栏 2m 左右受损,事故船舶的船头轻微受损,部分通信线路损坏,桥面破坏,梁横向位移约 50cm; 原因:船舶失控碰撞连腰大桥
29	2008 年	宁波金塘大桥	船:"勤丰 128"轮; 事故:桥面箱梁塌落,4 人死亡; 原因:航道判断错误
30		三善大桥	船:"建功 518"号; 事故:7 个集装箱落水,大桥轻微损伤; 原因:—
31	2008 年	海门市国强大桥	船:货船; 事故:被撞后的大桥两侧龙骨脱落,桥面仅靠货船支撑,大桥几近报废,被爆破拆除; 原因:—
32	2008 年	高邮市三阳河四异大桥	船:货船; 事故:空载货船驾驶舱顶撞上四异大桥拱顶,长达 130 多米的大桥瞬间被撞塌; 原因:—
33	2009 年	老阁大桥	船: 20 多条货船组成的船队; 事故:桥桩撞断,桥面坍塌,高空坠落的桥板将领头的动力船"击沉" 原因:领头的动力船方向失控